本书获教育部2015年度人文社会科学研究青年基金项目"《古今名剧合选》研究"（项目批准号：15XJC751003）资助

金艳霞 著

孟称舜及其
《古今名剧合选》研究

中国社会科学出版社

图书在版编目（CIP）数据

孟称舜及其《古今名剧合选》研究／金艳霞著．—北京：中国社会科学出版社，2018.9

ISBN 978 – 7 – 5203 – 3030 – 5

Ⅰ.①孟… Ⅱ.①金… Ⅲ.①孟称舜—人物研究②《古今名剧合选》—研究 Ⅳ.①K825.6②I207.37

中国版本图书馆 CIP 数据核字（2018）第 193065 号

出 版 人	赵剑英
责任编辑	田 文
责任校对	郝阳洋
责任印制	王 超

出 版	中国社会科学出版社
社 址	北京鼓楼西大街甲 158 号
邮 编	100720
网 址	http://www.csspw.cn
发 行 部	010 – 84083685
门 市 部	010 – 84029450
经 销	新华书店及其他书店

印 刷	北京君升印刷有限公司
装 订	廊坊市广阳区广增装订厂
版 次	2018 年 9 月第 1 版
印 次	2018 年 9 月第 1 次印刷

开 本	710 × 1000 1/16
印 张	22.75
字 数	350 千字
定 价	96.00 元

凡购买中国社会科学出版社图书，如有质量问题请与本社营销中心联系调换
电话：010 – 84083683

序

李占鹏

    明清两代是中国戏曲继宋元之后的又一个隆盛时期。明清戏曲作家群星璀璨，作品多姿多彩，流派争奇斗艳，声腔曲律、角色行当趋向臻善、精细，以至出现了戏曲剧本几为昆剧而作、昆剧创演甲天下且独登庙堂、比肩大雅成为享誉朝野的主流娱乐的蒸腾局面。在中国戏曲史上，宋元南戏、杂剧具有披荆斩棘的开创意义，但南戏的疏落，杂剧的离隔都显而易见；而明清杂剧、传奇则完全是出于契合心灵、犀通精神需要的自觉主动的文学艺术。明清戏曲作家以其鲠介的禀性、横溢的才华、满腔的热情和博大的襟怀，使处于末位和边缘的中国戏曲与长期雄霸骚坛的诗文词赋并驾齐驱，没有了昔日的噤若寒蝉，苟延残喘，拥有了自己的天地和话语，赢得了被凝视、谛听甚至企慕和倾服。不论宋元还是明清戏曲，它们在中国文学艺术史上都在底层求生图存，孤弱卑微，不仅缺资寡助，相反常被围剿、攻击，却能光芒四射，万众瞩目。它们的经历极具传奇色彩，堪称文学艺术百花园中逆袭成功的典范。

    作为戏曲临川派四大作家之一，孟称舜品行端方，学富才敏，是一位著述颇丰的作家、理论家和文献学家。他创建学田，修葺学宫，解救义士，为社会做出了力所能及的可贵贡献，表现了关心教育、敢于担当的"天下兴亡，匹夫有责"的高尚品格。他踵武汤显祖，迈越吴炳、阮大铖，是临川派唯一杂剧和传奇创作兼擅的作家。代表作《娇红记》虽不似《牡丹亭》爆得大名，饮誉古今，却能别开生面，尤其悲剧的彻底洵为《牡丹亭》所不及。他的戏曲理论虽不如汤显祖高标的"情"使"生者可以死，死者可以生"那样震聋发聩，但论议的全面、具体可说是汤显祖曲论的补充和完善。而《古今名剧合选》的编选则使孟称舜与臧懋循、赵琦美、毛晋一样，荣膺戏曲文献学家的桂冠，为戏曲作品的保存和流传建立了不朽的功勋。这也是汤显祖不能比拟的。吴炳和阮大铖，前者仅有传奇《粲花别墅五种》传世，为清军所俘，自缢死，有气节；后者才情富丽，擅长诗文词曲，但品质卑劣，臭名昭著，以忠于史实闻名的《桃花扇》所塑造的阮大铖就是一个阴险毒辣、阿谀逢迎的典型的权奸形象。如此看来，他俩也难与孟称舜抗衡而不分轩轾。就临川派而言，孟称舜是一位仅次于汤显祖的非常独特的戏曲家。

值得注意的是，孟称舜除了戏曲，还有诗文词赋、传记、史评，是一位涉及创作领域广阔、体裁多样的大作家。著述宏富，成就卓越，我以为与他鲜能其匹的高寿有关。据学界已普遍采用的最新研究资料，孟称舜生于明万历二十二年（1594），卒于清康熙二十三年（1684），一生经历明万历、泰昌、天启、崇祯和清顺治、康熙六朝，享年91岁，是临川派春秋最高的作家。他诞生时，汤显祖（1550年生）已四十四岁；汤显祖辞世（1616年卒）时，他才二十二岁；他去世时，汤显祖仙逝六十八年，而吴炳（1647年卒）和阮大铖（1646年卒）则亡故三十七、八年了。这样长寿，对遭逢明清换代、江山易主的孟称舜来说，简直是一个奇迹。虽说他的同乡陆游（1125—1210）、徐渭（1521—1593）、朱彝尊（1629—1709）都以高龄名垂青史，但仍不能跟他媲美。而越籍的洪昇（1645—1704）、龚自珍（1792—1841）以至鲁迅（1881—1936）去世时年龄都不是很大。这除了先天的因素，大约也能看出孟称舜养光韬晦、以柔克刚且为别人所不能超拔的更加坚忍更加智慧的生存之道。在他身上，我们似乎看到了卧薪尝胆的越王勾践的影子。一个作家的成就虽不完全取决于年齿的长短，但年届九秩的高寿毕竟给他赢得了建功立业的澹定和从容。如果洪昇、龚自珍以至鲁迅再长寿些的话，那么，他们的事业肯定比我们今天看到的还壮阔。一个高寿的作家，留下的遗憾必然不会太深太多。孟称舜以他的高寿，较长时期独自扛旗，不仅使临川派戏曲创作维系时间延长，而且对中国戏曲的持续发展和不断繁荣起到了很重要的推动作用。

金艳霞博士撰写的《孟称舜及其〈古今名剧合选〉研究》是在她的博士学位论文的基础上修订而成的。鉴于孟称舜之于中国戏曲史尤其以汤显祖挂帅的临川派戏曲作家中的独特地位以及迄今为止的孟称舜暂付阙如、尚存缺憾的研究历史和现状，可以看出金艳霞的这一选题是经过审慎考虑、严格筛选和反复斟酌才确定下来的。从孟称舜的文学、文献学成就和他被后世的关注度看，选这一题目体现了著者能够及时发现研究薄弱点的敏锐的学术眼光。明代是一个戏曲选编很兴盛的朝代，除了《古今名剧合选》，《元曲选》《脉望馆钞校本古今杂剧》《六十种曲》《盛明杂剧》诸曲籍都是曲选库藏，也完全可作博士学位论文选题，然而，它们非但卷帙浩繁，而且不含编者创作，属于单纯曲选，难以领略编者创作才情和风骨。《古今名剧合选》不仅收录别的戏曲家的作品，还收录了孟称舜自己的杂剧作品，更可贵的是但凡入选剧作都有非止一条的众多点评，而孟称舜又是杂剧和传奇兼擅的作家，无论从文学、文献还是从创作、理论以及作者纵跨明末清初的生平看，孟称舜及其《古今名剧合选》都有不容忽视的典型性，它较大限度地储存了明末清初中国社会、文化和艺术的丰富信息，相对全面准确地反映了明末清初中国戏曲创作、理论和文献的原始风貌。

同时，选这一题目也体现了著者能够不畏困难、敢于挑战研究制高点的珍贵的学术勇气。适合做博士学位论文，不等于做起来就很顺手。何况金艳霞攻读硕士学位的专业是中国古代文学，攻读博士学位的专业是中国古典文献学。两者虽不可分割，但毕竟是两个专业。文献学研究要求冷静、客观、科学、严谨，实事求是，用证据说话，容不得裹挟个人感情和想象；文学研究则允许有特定的感情和合理的想象。一般读汉语言文学专业的年轻学子，对中国古典文献学都认为甚为枯燥无趣，遂敬而远之，读硕士生时分专业多不愿意选中国古典文献学。金艳霞从中国古代文学到中国古典文献学，又选了古代戏曲文学文献方向，而孟称舜及其《古今名剧合选》对开始攻读博士学位的她来说，无疑是陌生的，选择它就意味着克服困难，迎接挑战。即使中国古代文学，创作戏曲也比诗文词赋要艰难得多。制曲早就有所谓"三难"，即臧懋循提出的"情词稳称之难""关目紧凑之难"和"音律谐叶之难"。一个戏曲作家，除了考虑文学因素，还要面对诸如角色、演员、乐队、观众、舞台等等，比诗人、文人和词人难多了。中国戏曲作家比诗人、文人和词人都少，而在世界上戏剧家也是最少的。创作尚且如此之困难，学习则更是难上加难，比如宫调、曲牌、格律、声腔之类，即使有些专业基础，也未必能说出所以然来。更有甚者，自从王国维《宋元戏曲史》问世，戏曲不能入《四库全书》的禁网被打破了，一个多世纪以来，戏曲不再受到格外歧视和排挤。但是，就受欢迎的程度言，戏曲研究仍不能跟诗文词赋研究相比。这让从事戏曲研究的人多少有些气馁和无奈。而金艳霞自始至终竟毫无畏难情绪与拣易想法，况且做出来的东西还有模有样，真是难能可贵。

该著由绪论、主体部分六章和结语构成。绪论部分详细梳理了前人的研究状况，分两个阶段回顾成绩，揭指缺陷，作为主体部分之研究的缘起和依据。第一章对孟称舜的家世、生卒年、籍贯、仕宦经历以及交游、思想和著述进行了较为深入的考述，使孟称舜的生平轮廓更趋于清晰完整。第二章从文献学的角度考察了《古今名剧合选》的编选理念、选剧标准、著录文献与版本类别，对孟称舜作为一位文献学家进行了具体观照。第三章对《古今名剧合选》收录的56种剧作之于目录学著作著录与现存版本之于曲籍编纂作了全面检索和逐一叙录，这乍看起来似乎只是述而不作的机械劳动，实际却渗透了著者的心血和涵养。第四章将《古今名剧合选》与《元刊杂剧三十种》《脉望馆钞校本古今杂剧》《元曲选》作比较，分析各剧不同版本的差异，揭示杂剧由元至明发展演变的规律。第五章以《古今名剧合选》的点评为依据，从传情、人物、风格、语言四个方面对孟称舜戏曲理论作了较为系统的阐述，确立了孟称舜戏曲批评在中国古典戏曲理论史上的坚实地位。第六章对《古今名剧合选》所收剧作之于元、明、清曲选与曲谱的摘编和辑录作了通盘分析及整体解读，探究了它在中国古代杂剧传播和接受过程中所起的重要作用。结语对《古今名剧合选》的戏曲文献、理论批评及文化学价值进行了总结，进一步提高了它的地位，增强了它的意义。限于篇幅，著者删除了博士学位论文考察孟称舜现存五种杂剧的本事源流、剧目著录、版本种类、创作意图、总体特征和艺术成就的内容，突出了书稿的文献学特色，使书稿风格更为和谐统一，这种做法也很值得肯定。

应该说，这是迄今关于孟称舜生平与创作、著述最系统的一部著作。著者的专业是中国古典文献学，该著发挥和突出了专业的优势与特长，全书主体部分共六章，六章全部都论述《古今名剧合选》，而《古今名剧合选》研究，又是孟称舜研究的薄弱环节。以往研究多重视孟称舜的生平、创作和理论，也有关注《古今名剧合选》者，但分量、程度都显得轻浅，没有置于中心和主体地位。此著则改变了这种状况，除了论述孟称舜生平、交游和著述，《古今名剧合选》被摆在了显著位置。著者几乎把全副的精力和心思都用在了这部曲选上，不论从专业要求还是研究缺憾来说，这种考虑和安排都是特别合适的，既与此前研究有别，又突出了自己的特色，还弥补了往昔研究的不足，可谓一举三得。而对《古今名剧合选》的研究不仅有本体考察，而且有横向比较，还有流传和影响评述，既注重具体、微观、个案的分析，又善于概括和归纳特征与规律，每每能够把感性的认识上升到理论的高度，没有陷入纷乱、支离的材料，而是进得去，出得来。即使对研究较多的孟称舜的生平和创作，在积极吸收新成果的同时，往往也有自己的心得体会，做到尊重别人，又不亦步亦趋，使该著保持了独立的著述个性和优良的学术品质。从整体上看，该著观点鲜明，论证缜密，层次清晰，结构严谨，逻辑性强，新论灼见频出迭现，尤其文笔简洁晓畅，优美隽永，自始至终仿佛一气呵成，犹如飞流直下，毫无晦涩板滞，读来令人兴味盎然，神明爽俊。在中国古典戏曲文献学研究领域，可以说是一部值得阅读和参考的上乘之作。

金艳霞博士籍贯甘肃白银，聪颖敏悟，勤勉好学。2010 年秋从兰州文理学院以在职讲师到西北师范大学攻读中国古典文献学专业博士学位。她是西北师范大学优秀本科生。她的硕士生导师是兰州大学文学院著名古代文学专家赵建新教授。本科、硕士生都获得了十分扎实的基础和良好的训练，而在职教师的履历又使她具备了一定的社会经验和处事能力，再加之天赋灵拔，踏实刻苦，所以甫入学就进步很快。除了攻读博士学位，她还承担着不轻的教学任务，却把学业、家庭和工作兼顾、协调得比较圆宜。2013 年夏以优异的成绩如期参加学位论文答辩并顺利拿到了文学博士学位。近两年来，她仍非常努力，在教学和科研方面都取得了优异的成绩。我期冀她在今后的征程中能够持之以恒，再接再厉，不断进取，更上层楼。

2018 年 3 月 10 日于海口

目　　录

绪　论

　　《古今名剧合选》是孟称舜编选的一部元明杂剧集，刊于明崇祯六年（1633），原刻本今藏上海图书馆，《古本戏曲丛刊》第四集据以影印。现存《古今名剧合选》共 20 册，根据风格的不同分为《柳枝集》与《酹江集》两部分，收录元、明两代杂剧计 56 种。《柳枝集》全名《新镌古今名剧柳枝集》，入选剧本风格以婉丽为主，故选集名取柳永《雨霖铃》之"杨柳岸晓风残月"意，曰《柳枝集》，收元人杂剧 16 种，明人杂剧 10 种（含孟作 3 种），共计 26 种。《酹江集》全名《新镌古今名剧酹江集》，入选剧本风格以雄爽为主，选集名取苏东坡《念奴娇》之"大江东去""一樽还酹江月"意，曰《酹江集》，收元人杂剧 18 种，明人杂剧 12 种（含孟作 1 种），共计 30 种。除孟称舜所作的 4 种杂剧外，《古今名剧合选》中所有入选剧作都附有孟称舜所加的评点，累计 596 条，或是对所选剧本作者的考订与介绍，或是注明剧目底本与《元曲选》本的异同，或是从艺术角度对剧作的内容、曲词、风格等进行品评，形式多样，内容精彩，成为观照和解读孟称舜戏曲观念的重要依据。

　　《古今名剧合选》编成付刻后，在很长时期内研究范围不广，仅限于个别收藏者。由于各藏家视之为秘本，他人很难一睹，遂使流传大受限制。研究它的方式也十分单一，偶有书目著录，如清初祁理孙的《奕庆藏书楼书目》中虽著录了《古今名剧合选》，但仅录有《柳枝集》《酹江集》之名，而未详其剧目。又如，《曲海目》《也是园书目》《今乐考证》《曲录》等均著录了其中的一些剧目。从严格意义上讲，这些著录还算不上是对《古今名剧合选》的真正研究，却为此后研究提供了最初的线索。真正意义上的《古今名剧合选》研究肇始于郑振铎。1933 年初春，郑振铎在北平东安市场的一个书肆中发现了这部古籍，倾囊购买下来，后又于 1958 年将其影印，收入《古本戏曲丛刊》第四集。自此之后，《古今名剧合选》流传渐广，学者也才有了亲身接触、深入研究的机会。从发现至今，在八十余年的时间里，《古今名剧合选》研究在开头的三十多年内并未出现高潮，而是一直陷入低谷，直到 20 世纪 80 年代以后，孟称舜及其《古今名剧合选》才逐渐进入研究者的视野，并为学术界所普遍重视。总体来说，这八十余年的研究大体可以分为两个阶段，每个阶段又呈现出各不相同的鲜明特征。

第一阶段：研究低谷（20 世纪初至 20 世纪 70 年代）

《古今名剧合选》被发现之前，研究者对其了解仅限于个别书目的记载和个别收藏家所保存的残卷，故所谓的研究其实只是一些简要的介绍性文字。例如，1932 年出版的《插图本中国文学史》中是如此介绍孟称舜及其《古今名剧合选》的："在启、祯间，他是一位最致力于戏剧的人。他尝编《古今杂剧》五十余种；晋叔《百种曲》后，刊布元剧者，当以此集为最富。《古今杂剧》分《柳枝》《酹江》二集，盖以作风的秀丽与雄健为区别。其自作之《桃花人面》《英雄成败》《花前一笑》《眼儿媚》诸剧也附于后。"[1]

直至 1933 年，由于新文献的发现使这一情况发生了根本性改变。《古今名剧合选》作为元明杂剧选集的戏曲文献，郑振铎先生对其发现和推介做出了重要贡献。郑振铎在《记一九三三年间的古籍发现》一文中对《古今名剧合选》的情况做了较为全面的介绍：

> 今年春初，在北平东安市场某书肆，得孟称舜氏所编《古今名剧合选》，全书凡五十六种，完全不缺，殆为臧选外，最富之曲选矣。（王孝慈先生亦藏有此书，然残佚颇多）当时逐鹿者颇有其人，然终归我有。今年所发见的戏曲，当以此书为最重要。此书各家书目皆不载，仅祁氏《藏书楼书目》有《柳枝集》《酹江集》之名，然亦未详其目。今具录于下，论述元、明曲者当为

---

① 郑振铎：《插图本中国文学史》（下），中国文联出版社 2009 年版，第 691 页。

之一快也。①

郑振铎不仅详细罗列了《古今名剧合选》之《柳枝集》与《酹
江集》所含剧目，而且更进一步地指出其文献价值：

> 称舜此选，刊于崇祯癸酉（六年，即公元 1633 年），距臧选
> 之刻已十六年。称舜自己的序说："元曲自吴兴（即晋叔）本外
> 所见百馀十种，共选得十之七；明曲数百种，共选得十之三。"
> 然其实，出臧选外者亦殊寥寥。吴昌龄的《猪八戒》，盖即其
> 《西游记杂剧》里的一部分。其所附编者自作之四剧，《眼儿媚》
> 《桃源三访》《花前一笑》和《残唐再创》，却是全选里比较的最
> 为重要的部分。其他各剧，皆仅足资比勘异同而已。（《眼儿媚》
> 《花前一笑》绝未见之他选；《盛明杂剧》所载之《花舫缘》，盖
> 为卓人月的改本。《桃源三访》《残唐再创》二作，《盛明杂剧》
> 虽载之，然与此本亦不甚同。）称舜于每剧之端，所附批语，亦
> 有很可注意者。论述戏曲史的，当于此有所取材。称舜序里又
> 道："若夫曲之为词，分途不同，大要则宋伶人之论柳屯田、苏
> 学士尽之。一主婉丽，一主雄爽。婉丽者如十七八女娘唱'杨
> 柳岸晓风残月'，而雄爽者如铜将军铁绰板唱'大江东去'词
> 也。后之论辞者，以词之源出于古乐府，要须以宛转绵丽，浅至
> 儇俏为上；挟春华烟月于闺幨内奏之。一语之艳，令人魂绝，一
> 字之工，令人色飞，乃为贵耳。慷慨磊落，纵横豪健，抑亦其
> 次。故苏、柳二家轩轾攸分。曲之与词，约亦相类。而吾谓此固
> 非定论也。曲本于辞。辞本于诗。诗三百篇，国风雅颂，其端正
> 静好，与妍丽逸宕，兴之各有其人，奏之各有其地，安可以优劣
> 分乎？……予学为曲而知曲之难，且少以窥夫曲之奥焉。取元曲
> 之工者分其类为二，而以我明之曲继之。一名《柳枝集》，一名
> 《酹江集》。即取《雨淋铃》'杨柳岸'及《大江东去》'一樽还

---

① 郑振铎：《记一九三三年间的古籍发现》，《郑振铎全集》第 5 卷，花山文艺出版社
1998 年版，第 453 页。

酹江月'之句也。"这便是他所以分古今名剧为《柳枝》《酹江》二集之意。

郑振铎从两个方面详细论述了《古今名剧合选》的文献价值：第一，指出《古今名剧合选》是继《元曲选》后的一部所收颇富的杂剧选，虽"出臧选外者亦殊寥寥"，但"其所附编者自作之四剧，《眼儿媚》《桃源三访》《花前一笑》和《残唐再创》，却是全选里比较的最为重要的部分"，而且"其他各剧"也"足资比勘异同"，对元杂剧的版本整理和校勘意义匪浅；第二，认为各剧所附孟氏批语（包括总评及分评）"亦有很可注意者"，"论述戏曲史的，当于此有所取材"。

郑振铎此文掀开了《古今名剧合选》研究的序幕，却未引发《古今名剧合选》研究的高潮。据统计，本阶段研究仅有论文 3 篇，没有专著。对《古今名剧合选》的研究虽未形成气候，但还是有少数在曲学研究方面极有造诣的知名学者纷纷撰文从各个角度对其予以介绍与研究。如孙楷第撰写的《跋明孟称舜编柳枝集》，台湾学者郑骞《元明钞刻本元人杂剧九种提要》等文，使《古今名剧合选》的研究领域逐步拓宽，取得了较为丰硕的成果。

孙楷第继郑振铎《记一九三三年间的古籍发现》一文，于一九三四年撰写《跋明孟称舜编柳枝集》，后于一九六一年十二月改订，收入其《沧州集》。此文首先介绍了《古今名剧合选》乃"孟称舜选元明人曲，题曰《古今名剧合选柳枝酹江集》，共五十六种"。随即列举其所见《柳枝集》入选剧目的基本情况，"此《柳枝集》前之序目已失去。所收曲以见存者数之得元剧十六种：凡郑德辉二本，曰《倩女离魂》、曰《翰林风月》。马致远一本，曰《青衫泪》。乔吉三本，曰《两世姻缘》、曰《扬州梦》、曰《金钱记》。关汉卿二本，曰《玉镜台》、曰《金线池》。白仁甫一本，曰《墙头马上》。杨显之一本，曰《潇湘雨》。张寿卿一本，曰《红梨花》。李好古一本，曰《张生煮海》。吴昌龄一本，曰《猪八戒》（按猪八戒乃杨景贤《西游记》中之一本，非吴昌龄作）石子章一本，曰《竹坞听琴》。尚仲贤一本，曰《柳毅传书》。无名氏一本，曰《度柳翠》。明初人剧七种：

王子一一本，曰《误入桃源》。谷子敬一本，曰《城南柳》。贾仲名二本，曰《对玉梳》、曰《萧淑兰》。周宪王三本，曰《小桃红》、曰《庆朔堂》、曰《牡丹仙》。自著三种，曰《眼儿媚》、曰《桃源三访》、曰《花前一笑》"。指出孟称舜"选前人词以己作附之，亦王逸《楚辞章句》之比"。此作的最大亮点在于慧眼独具地点明了孟称舜《古今名剧合选》与臧懋循《元曲选》之异同：

> 明人改元曲由李开先开其端，至臧懋循而益甚。称舜此编即以臧懋循《元曲选》为底本，校以他本而斟酌损益之，不尽依原文，其失与懋循同。唯改定处多疏于上方，体例实较懋循本为善。考懋循擅改元曲，世人多知其谬。如沈德符及叶堂等，皆先后抨击。然自明以来唯百种曲盛行于世，凡百种曲中文字，何者为原文，何者为臧懋循所改，皆了不可知。虽今日秘本多出，如元刊本杂剧，如尊生馆刊本《阳春奏》，如息机子《杂剧选》，如陈与郊《正续古名家杂剧》皆选元曲，可资校刊。其间有重至三四本者，固可援从众之义定懋循本之非。然考异之书，至今无之。读《元曲选》者，于其文之得失犹未能一一辩明之也。称舜此编批注详载去取始末。至今读之，不唯称舜之意旨可见，即懋循所增改者亦多藉以证明。今略举数例。①

孙楷第列举了大量孟称舜的评语来论证《古今名剧合选》对于元杂剧版本校勘之功，赞扬"其校勘文字极有裨于曲学，与懋循书不可同日而语"。同时也公允地指出此选"亦有沿懋循书而误者"，"亦有懋循依原文而此本改之反失者"。全文论证严密，材料翔实，不失为《古今名剧合选》研究方面的一篇力作。

在数量有限的论文中，著名学者郑骞对《古今名剧合选》的价值评价亦不同凡响：

> 孟称舜编刊此书在"息机子""古名家诸汇编"及"臧氏元

---

① 孙楷第：《戏曲小说书录解题》，人民文学出版社 1990 年版，第 432—433 页。

曲选"之后，故于各剧内容皆斟酌旧本与臧选之间，择其所认为善者而从之；又往往于眉批中注明旧本如何，吴兴本（即元曲选本）如何，评其得失，或舍或从。称舜为明末曲家，南北造诣俱深，眼光见解亦高，斟酌取舍之间，颇为超卓公允。有时自出己见，改动曲文，亦较臧懋循为稳妥。此书价值，实在元曲选之上，惜收剧略少，原书流传亦不广，遂使臧氏之书独据曲坛至二三百年之久。①

郑骞不仅指出《古今名剧合选》在版本学方面的独特价值，而且认为"此书价值，实在元曲选之上，惜收剧略少，原书流传亦不广，遂使臧氏之书独据曲坛至二三百年之久"。所论切中肯綮，可资借鉴。

总体而言，这一阶段的研究成果很少，与研究对象的重要性相比显然是极不相称的，但却均为方家之论，既有宏观评述，也有微观分析，使《古今名剧合选》的研究领域逐步拓宽，为后来的研究打下了较为坚实的基础。

第二阶段：研究热潮（20 世纪 80 年代至今）

改革开放后，孟称舜及其《古今名剧合选》再度进入学人研究视野，总体来说，研究成果较多，远远超过了第一阶段的研究。从研究倾向上看，也呈现出一个完全有别于前一阶段的特征，即非独立性。此期并未出现关于《古今名剧合选》研究的专论，多数论文都是在论述孟称舜的戏曲理论和美学思想时兼及《古今名剧合选》的，使得研究成果呈现出极大的零散性。研究者们或考论孟称舜的生平及创作，或集中探讨其代表作《娇红记》，或专述孟称舜戏曲理论的某一方面，或以入选《古今名剧合选》的某一剧作为研究对象进行版本考察，研究的侧重点也有较大不同。要之，此期学界对孟称舜《古今名剧合选》的已有研究，从整体上来说可梳理出两条走向，一是以孟称舜研究为中心，略有言及；二是结合孟称舜的戏曲理论，对《古今名剧合选》相关内容的理论探讨。

---

① 郑骞：《元明钞刻本元人杂剧九种提要》，《景午丛编》上集，（台北）中华书局1972 年版，第430—431 页。

（一）孟称舜研究

郑振铎先生的《插图本中国文学史》是较早给予孟称舜及其戏曲创作较高评价的，如认为"孟称舜也是一步一趋的追逐于临川之后的；然他的作为，却比阮大铖要疏荡而近于自然些"，"在启、祯间，他是一位最致力于戏剧的人"。① 其中关于孟称舜生平事迹的论述虽然极其简略，却对之后的孟称舜研究产生了不小的影响。但现代学者对于孟称舜的研究也只是在最近的二三十年里才取得了一些突破性的进展。20 世纪 80 年代以来，学界对孟称舜的研究日渐增多，主要涉及以下几个方面。

1. 关于孟称舜生平的考证研究

对孟称舜生平的研究主要集中在 80 年代，取得突出成就的主要有欧阳光、胡绪伟和朱颖辉。由于孟称舜生平资料的严重匮乏，所以研究者们只能从其同时代的著述中找寻片言只语进行考证。如欧阳光《孟称舜的生平及其他》②《孟称舜生平史料新见》③ 两篇专论较早对孟称舜的生年作了明确的阐释，并对其生平提出了一些新的见解。对孟称舜的生平作较为详备而准确考证的是朱颖辉先生，其《孟称舜新考》④ 一文对弄清孟称舜的本来面目做出了巨大贡献。此文共分籍贯考、家族考、生平考、交游考、著作考五个部分，材料翔实，论证有据，为孟称舜生平研究奠定了最坚厚的一块基石，使后来的学者在考证时大多难以脱离此文而重新立论。朱颖辉此文与前述欧阳光文一样均将孟称舜的生年确定在 1600 年前后，但没能确证孟称舜的卒年。稍后发表的郑闰《孟称舜补考三则》⑤、刘文峰《孟称舜史料补遗》⑥都是在朱颖辉此文研究基础上的进一步完善。徐朔方《孟称舜行实系年》⑦ 一文在孟称舜生平方面又进一步提出了新的观点，考订其生卒

---

① 郑振铎：《插图本中国文学史》（下），中国文联出版社 2009 年版，第 691 页。

② 欧阳光：《孟称舜的生平及其他》，《中山大学研究生学刊》1981 年第 4 期。

③ 欧阳光：《孟称舜生平史料新见》，《艺谭》1982 年第 1 期。

④ 朱颖辉：《孟称舜新考》，《戏曲研究》1982 年第 6 辑。

⑤ 郑闰：《孟称舜补考三则》，《戏曲研究》1985 年第 17 辑。

⑥ 刘文峰：《孟称舜史料补遗》，《戏曲研究》1990 年第 33 辑。

⑦ 徐朔方：《孟称舜行实系年》，徐朔方《晚明曲家年谱》第二卷，浙江古籍出版社1993 年版。

年为万历二十七年（1599）和康熙二十三年（1684），并对孟称舜所作传奇《二胥记》《贞文记》的创作时间进行了考辨。胡绪伟《孟称舜的卒年及其后人》①根据徐文中的新材料推定了孟称舜的卒年。邓长风《明清戏曲家考略三编》②则考订孟称舜的生年为万历二十二年（1594），卒年为康熙二十三年（1684），享年 91 岁，此说为学界较普遍地接受。尽管已有研究已取得了一些突破性进展，但由于文献资料的欠缺，仍有一些悬而未决的问题亟待解决，例如关于孟称舜的籍贯就有山阴、会稽、乌程三种说法。时至今日，关于孟称舜生平事迹的研究仍然存在着许多空白和矛盾。

2. 关于孟称舜的戏曲创作研究

20 世纪 80 年代以来，随着朱颖辉、郑闰、刘文峰、徐朔方等一大批现代学者的考证，孟称舜的历史面目并未湮没在历史的洪流中，而是变得日渐清晰，其戏曲创作也越来越受到更多人的关注。对孟称舜戏曲创作的研究历来多集中于其代表作《娇红记》，这一学术现象肇始于王季思先生。80 年代初，王季思率先将孟称舜埋没已久的传情杰作——《娇红记》传奇列入其主编的《中国十大古典悲剧集》③，并在后记中给予了很高评价，显示出非同一般的过人理论眼光。自此之后，此剧一度备受学者关注，盛誉如潮，从文学、思想、时代等多角度进行诠释的论文不绝如缕，影响较大者如欧阳光《孟称舜和他的〈娇红记〉》④、萧作铭《时代的浩歌——孟称舜剧作思想内容浅析》⑤、朱颖辉《承前启后的爱情悲剧〈娇红记〉》⑥、胡绪伟《"诚"的颂歌——孟称舜剧作思想研究》⑦、徐朔方《论孟称舜的戏曲创

---

① 胡绪伟：《孟称舜的卒年及其后人》，《戏曲研究》1982 年第 6 辑。
② 邓长风：《明清戏曲家考略三编》，上海古籍出版社 1999 年版，第 223—233 页。
③ 王季思主编：《中国十大古典悲剧集》，齐鲁书社 1991 年版，第 577 页。
④ 欧阳光：《孟称舜和他的〈娇红记〉》，《论古代戏曲诗歌小说》，中山大学出版社 1984 年版。
⑤ 萧作铭：《时代的浩歌——孟称舜剧作思想内容浅析》，《武汉大学学报》1985 年第 6 期。
⑥ 朱颖辉：《承前启后的爱情悲剧〈娇红记〉》，《戏剧》1988 年春季号。
⑦ 胡绪伟：《"诚"的颂歌——孟称舜剧作思想研究》，《中央戏剧学院学报》1989 年第 4 期。

作》① 等。自 90 年代起，学界开始冷静客观地重新解读《娇红记》，力求对其给予实事求是的评价，如李梦生《对孟称舜〈娇红记〉的重新剖析》②、郑尚宪、张冬菜《〈娇红记〉新论》③ 等。其中李文是反面立论最突出的文章，认为《娇红记》在思想深度和艺术创造上对前人都没有明显的突破，"对《娇红记》的过分肯定，恰是对我国戏剧成就的全面否定"。

孟称舜的戏曲创作是一个复杂的整体，故不少学者对《娇红记》之外的其他剧作也投去了关注的目光，出现了一系列质量上乘的研究论文，或进行比较研究，如胡绪伟《金批〈水浒〉与〈英雄成败〉杂剧之比较研究》④、周永忠《〈桃花人面〉版本比较》⑤ 及《〈桃花人面〉与〈桃源三访〉语言风格比较》⑥；或从历时的视角进行研究，如赵俊玠《"人面桃花"的衍变》⑦、刘勇刚《从〈桃花人面〉看晚明的才子佳人戏曲》⑧；或阐释剧作的传情意识，如吕茹《从情到理：孟称舜爱情剧创作内涵变化》⑨、窦开虎《孟称舜爱情戏剧中"真情"内涵的三次转变》⑩；或从文化的角度进行解读，如赵长杰《论"人面桃花"的文化意蕴》⑪。

总之，此期研究孟称舜戏曲创作的论文有近 70 篇，多集中于《娇红记》与《桃花人面》二剧，或分析思想内容，或考察社会背

---

① 徐朔方：《论孟称舜的戏曲创作》，《戏曲研究》1990 年第 33 辑。

② 李梦生：《对〈娇红记〉的重新剖析》，《广播电视大学学报》1998 年第 2 期。

③ 郑尚宪、张冬菜：《〈娇红记〉新论》，《艺术百家》2001 年第 4 期。

④ 胡绪伟：《金批〈水浒〉与〈英雄成败〉杂剧之比较研究》，《湖北大学学报》1988 年增刊。

⑤ 周永忠：《〈桃花人面〉版本比较》，《艺术百家》2006 年第 4 期。

⑥ 周永忠：《〈桃花人面〉与〈桃源三访〉语言风格比较》，《广西梧州师范高等专科学校学报》2006 年第 3 期。

⑦ 赵俊玠：《"人面桃花"的衍变》，《西北大学学报》1995 年第 1 期。

⑧ 刘勇刚：《从〈桃花人面〉看晚明的才子佳人戏曲》，《南通师专学报》1996 年第 3 期。

⑨ 吕茹：《从情到理：孟称舜爱情剧创作内涵变化》，《绥化学院学报》2008 年第 6 期。

⑩ 窦开虎：《孟称舜爱情戏剧中"真情"内涵的三次转变》，《和田师范专科学校学报》2007 年第 3 期。

⑪ 赵长杰：《论"人面桃花"的文化意蕴》，《重庆三峡学院学报》2010 年第 2 期。

景，或总结艺术特色，或追溯本事源流，限于篇幅，不再一一列举。

进入 21 世纪，关于孟称舜作品的文献整理取得了大的突破，最引人瞩目的是两部专著的出版。一是 2005 年 6 月出版的由朱颖辉辑校的《孟称舜集》①，该书收集点校了孟称舜现存的全部戏曲作品和诗词文作品，有关孟称舜生平事迹的材料亦搜罗殆尽，是一部较为完备精确的史料集。二是 2006 年 10 月出版的由王汉民、周晓兰点校的《孟称舜戏曲集》②，收录了孟称舜现存的全部杂剧、传奇作品，附录了孟称舜的诗词文及与孟称舜著作有关的其他资料。这两部作品为孟称舜研究以及《古今名剧合选》的相关研究都将带来极大的便利，必将推动研究的全面发展。

（二）对《古今名剧合选》相关内容的理论探讨

此期并未出现关于《古今名剧合选》研究的专论，多数论文都是在论述孟称舜的戏曲理论和美学思想时兼及《古今名剧合选》的。总体而言，对孟称舜戏曲理论的研究主要涉及其所作的三篇题词（即《娇红记题词》《二胥记题词》《贞文记题词》）、《古今名剧合选序》以及《古今名剧合选》中对各杂剧的评点，总结归纳出孟称舜重言情、追求本色当行等戏曲艺术观。

具体而言，此期出现的大量论文虽有各自不同的侧重点，但都或多或少论及《古今名剧合选》，这对于今后《古今名剧合选》的研究还是不无裨益的。现择要列举如下：顾乐真《孟称舜的戏剧主张》③是较早全面研究孟称舜戏曲理论的文章，从不同视角展开论述，颇具开启之功。沈尧《传情·当行·雅俗·气骨——孟称舜剧论简释》④和《明末古典剧论的新篇章——孟称舜编剧理论综述》⑤ 二文均从编剧理论入手对《古今名剧合选》进行了分析，前一篇指出孟称舜的

---

① 朱颖辉辑校：《孟称舜集》，中华书局 2005 年版。

② 孟称舜著，王汉民、周晓兰集校点：《孟称舜戏曲集》，巴蜀书社 2006 年版。

③ 顾乐真：《孟称舜的戏剧主张》，《戏剧艺术资料》1980 年第 3 期。

④ 沈尧：《传情·当行·雅俗·气骨——孟称舜剧论简释》，《上海戏剧》1983 年第 1 期。

⑤ 沈尧：《明末古典剧论的新篇章——孟称舜编剧理论综述》，《戏曲研究》1983 年第 9 辑。

《古今名剧合选序》《古今词统序》以及《古今名剧合选》中的大量评点，"是对编剧理论的探讨。它们构成一个较完备的体系，按照当时人的说法，可以分作传情、当行、雅俗、气骨四个部分，涉及戏曲的抒情、人物塑造、语言提炼、创作风格等问题，是古典剧论中极有价值的著述，在今天也有借鉴意义"。后一篇认为"他的编剧理论，大致可以归纳为戏曲的抒情、戏曲的人物塑造、戏曲语言、戏曲的创作风格等四个方面。用那个时代的古典式的语言来说，可以标作曲贵传情、当行尤难、雅俗之间、'柳枝'与'醡江'等四个题目。孟称舜虽然没有写过诸如'曲论'、'曲律'之类的专著；但是，散见于他的序言和评点中的论述，实际上构成一个较完备的体系，表现了理论的系统性"。叶长海《孟称舜的戏曲批评》①、刘文峰《笃于其性，发于其情，本于其诚：孟称舜戏曲创作理论初探》② 亦从宏观角度进行论述。叶长海的文章从孟称舜对杂剧的评论、传奇题词论性情、《古今名剧合选序》关于戏曲创作和戏曲风格的论述等方面入手，比较全面地分析了孟称舜的戏曲批评。俞为民《论孟称舜的戏曲创作论》③ 一文则从传情论、戏曲人物论、戏曲风格论、戏曲语言论等四个方面对孟称舜的戏曲创作理论进行了较为全面的阐发，论述时大量罗列《古今名剧合选》各剧所附评点以及《古今名剧合选序》作为论据，逻辑严密，学理性强。余慧菊《谈谈孟称舜的编剧理论》④ 一文着眼于孟称舜的戏曲见解，重点以其《古今名剧合选》为源本，通过对其中的评点进行整理归纳而认为孟称舜的编剧理论能紧抓戏曲的代言体特征，"以摹像为基础，以传情为灵魂，并且对宾白的叙事提出了独到的见解"，"对于戏曲创作和理论的发展有着不可抹煞的贡献"。

除了从整体上对孟称舜的戏曲理论进行分析外，还有不少研究者结合《古今名剧合选》序及评点，就各个层面对孟称舜的戏曲批评进行了详细阐发。如萧作铭《古典戏剧美学的新贡献——孟称舜"当

① 叶长海：《孟称舜的戏曲批评》，《曲苑》1986 年第 2 辑。
② 刘文峰：《笃于其性，发于其情，本于其诚：孟称舜戏曲创作理论初探》，《蒲剧艺术》1990 年第 1 期。
③ 俞为民：《论孟称舜的戏曲创作论》，《南京大学学报》1996 年第 3 期。
④ 余慧菊：《谈谈孟称舜的编剧理论》，《写作》2005 年第 17 期。

行"论试析》① 一文从当行论的角度展开论述。王汉民《论孟称舜戏曲的传情意识》②、彭茵《孟称舜"传情"理论及其戏曲创作》③、吴庆晏《论孟称舜传情理论新内涵》④ 则从孟称舜的"传情"理论出发，进行探讨。王汉民的文章提出"传情"是孟称舜戏曲理论的核心，也是其《古今名剧合选》的选剧标准及评剧准则，从以传情达意为理论宗旨，以男欢女爱、忠孝节义为实际内容，抒情、叙事相结合的传情方法等方面分析了孟称舜戏曲的传情意识。马衍、王永恩在孟称舜戏曲理论研究方面用力较勤，写了多篇论文分别论述了孟称舜的人物论、当行论、语言论、风格论等，分析较为全面。马衍《论孟称舜戏曲创作与其戏曲理论的关系》⑤ 一文从孟称舜戏曲创作的角度去观照其戏曲理论，结合《古今名剧合选》之评点，着重就"言传真情""人物塑造""戏曲语言"等方面论析。《简论孟称舜的"人物论"》⑥ 指出孟称舜的"人物论"主要遵循"性格化"原则，即既突出人物的主要性格，又揭示人物性格的丰富性，从《古今名剧合选》中大量的评点可以看出孟称舜强调刻画人物形象应注意其身份、环境、心态等，孟氏"人物论"对清代金圣叹的"人物论"有直接影响。《宾白须与曲词等量齐观——略论孟称舜的"宾白说"》⑦ 一文从宾白与曲词并重的角度论述孟称舜独特的戏曲语言观。另一文《论孟称舜的"风格说"》⑧ 仍结合《古今名剧合选序》及评点指出孟称舜力矫时弊将豪放与婉约并举，主张戏曲风格的多样性，赋予风格新的内涵。王永恩《孟称舜的人物塑造论》则主要联系《古今名剧合选序》及选集中的评点，提出孟称舜的人物塑造论是"由表及里的，

① 萧作铭：《古典戏剧美学的新贡献——孟称舜"当行"论试析》，《武汉大学学报》1987 年第 5 期。

② 王汉民：《论孟称舜戏曲的传情意识》，《中国文学研究》1998 年第 1 期。

③ 彭茵：《孟称舜"传情"理论及其戏曲创作》，《文史杂志》1999 年第 3 期。

④ 吴庆晏：《论孟称舜传情理论新内涵》，《绍兴文理学院学报》2008 年第 2 期。

⑤ 马衍：《论孟称舜戏曲创作与其戏曲理论的关系》，《艺术百家》2001 年第 4 期。

⑥ 马衍：《简论孟称舜的"人物论"》，《徐州教育学院学报》2001 年第 2 期。

⑦ 马衍：《宾白须与曲词等量齐观——略论孟称舜的"宾白说"》，《艺术百家》2001 年第 1 期。

⑧ 马衍：《论孟称舜的"风格说"》，《徐州教育学院学报》2001 年第 4 期。

不仅认识到了戏剧的最高任务在于塑造人物，而且就如何塑造人物形象，提出了许多具体可行的方法，这和同时代的曲论家相比，无疑是在戏剧人物论上迈出了一大步"①。其另一文《孟称舜的语言、曲风论》② 结合《古今名剧合选》中的大量评点，从语言和风格两大视角论述了孟称舜独特的戏曲理论，行文追源溯流，颇显功力。朱万曙《明代戏曲评点中的风格论》③ 专门分析了孟称舜的戏曲风格论，并总结道："孟称舜的风格论在明代戏曲理论史上乃至整个中国戏曲理论史上都是独特的。他对于'婉丽'、'雄爽'两种风格类型的区分，对于戏曲创作风格的丰富性与差异性的认识，以及对所选作品的批评，都是极富理论眼光的。"此外，杨光的《匡世救民真豪杰 以曲寄志一儒生——试论孟称舜的人格定位》④ 从孟称舜的人格定位这一独特视角入手，认为孟称舜人生最精彩之处当是其戏曲创作与戏曲理论，其戏曲理论许多地方超越了前人的见解，为中国古典剧论的发展做出了很大贡献。李艳霞的《突破中的逆流——简析明末孟称舜等杂剧创作的"趋元"倾向》⑤ 论述了以孟称舜为主的剧作家在杂剧创作及理论取向上追慕元人的特点。

赵天为《元杂剧选本研究初探（下）——从选本看元杂剧理论的发展》⑥ 一文指出，由《古今名剧合选》的序和眉批共同构成的孟称舜杂剧理论"已是一种较全面的真正的戏曲理论，它反映了元杂剧理论由'案头'到'场上'，由'曲本位'到'剧本位'的转化"。周永忠《论孟称舜的戏曲理论——以〈古今名剧合选〉序及评点为视点》⑦ 是此期唯一一篇在题目上明确提到《古今名剧合选》的论文，

---

① 王永恩：《孟称舜的人物塑造论》，《戏曲艺术》2001 年第 4 期。

② 王永恩：《孟称舜的语言、曲风论》，《中国戏曲学院学报》2003 年第 4 期。

③ 朱万曙：《明代戏曲评点中的风格论》，《南京师大学报》2000 年第 1 期。

④ 杨光：《匡世救民真豪杰 以曲寄志一儒生——试论孟称舜的人格定位》，《开封大学学报》2005 年第 3 期。

⑤ 李艳霞：《突破中的"逆流"——简析明末孟称舜等杂剧创作的"趋元"倾向》，《湖北教育学院学报》2006 年第 5 期。

⑥ 赵天为：《元杂剧选本研究初探（下）——从选本看元杂剧理论的发展》，《徐州教育学院学报》2000 年第 1 期。

⑦ 周永忠：《论孟称舜的戏曲理论——以〈古今名剧合选〉序及评点为视点》，《广西大学学报》2006 年第 2 期。

尤为值得注意。该文从《古今名剧合选》的序言及评点入手,重点介绍了《古今名剧合选》的特点,以及《古今名剧合选》序兼评点中所彰显的孟称舜的戏曲当行论(包括人物塑造论、语言论)和风格论,认为其对清代李渔等人的戏曲理论有先导作用。

值得一提的是,本阶段还出现了几部以孟称舜为研究对象的研究生学位论文,如安徽师范大学 2005 年硕士学位论文《孟称舜戏曲研究》①、河北师范大学 2007 年硕士学位论文《孟称舜戏曲创作及理论研究》②、首都师范大学 2008 年硕士学位论文《孟称舜戏曲"言情说"研究》③、山西师范大学 2009 年硕士学位论文《孟称舜及其剧作研究》④以及华东师范大学 2010 年博士学位论文《孟称舜研究》⑤。虽然研究的侧重点不同,但在论述孟称舜的戏曲理论时都殊途同归地涉及了《古今名剧合选》,援引《古今名剧合选》序言及评点作为立论的根据,一定程度上推动了《古今名剧合选》的研究。吴庆晏的博士学位论文《孟称舜研究》则列专章对《古今名剧合选》进行研究,分综论、评点特色、校勘特征三节较全面地进行审视与阐发,很有启发意义。

本阶段一些专门对戏曲进行研究的戏曲史著作都不同程度地提到了《古今名剧合选》,如金宁芬《明代戏曲史》⑥、徐子方《明杂剧史》⑦、戚世隽《明代杂剧研究》⑧、许金榜《中国戏曲文学史》⑨、郭英德《明清传奇史》⑩、叶长海《中国戏剧学史稿》⑪ 等都在评述孟称舜的杂剧创作时进一步论及其《古今名剧合选》,但只对之进行了简要介绍与评价,并未展开专门的较为深入的探讨。这种情况出现在文学史中是正常的(此期出版的中国古代文学史中很少有提及《古

---

① 武影:《孟称舜戏曲研究》,硕士学位论文,安徽师范大学,2005 年。
② 吕茹:《孟称舜戏曲创作及理论研究》,硕士学位论文,河北师范大学,2007 年。
③ 储崇炎:《孟称舜戏曲"言情说"研究》,硕士学位论文,首都师范大学,2008 年。
④ 杨灵巧:《孟称舜及其剧作研究》,硕士学位论文,山西师范大学,2009 年。
⑤ 吴庆晏:《孟称舜研究》,博士学位论文,华东师范大学,2010 年。
⑥ 金宁芬:《明代戏曲史》,社会科学文献出版社 2007 年版。
⑦ 徐子方:《明杂剧史》,中华书局 2003 年版。
⑧ 戚世隽:《明代杂剧研究》,广东高等教育出版社 2011 年版。
⑨ 许金榜:《中国戏曲文学史》,中国文学出版社 1994 年版。
⑩ 郭英德:《明清传奇史》,江苏古籍出版社 2001 年版。
⑪ 叶长海:《中国戏剧学史稿》,中国戏剧出版社 2005 年版。

今名剧合选》的），这是因为文学史从文学的角度而不是从文献角度
对中国古代文学予以观照，但作为戏曲研究的戏曲史在本阶段仍未对
其进行专门深入的探讨，这也从一个侧面体现了本阶段《古今名剧合
选》研究仍没有得到学人的充分关注。

　　与前一阶段相较，本阶段研究出现一个新的现象，即一些戏曲工
具书纷纷将《古今名剧合选》作为词条予以解释。例如，1981 年
《中国戏曲曲艺词典》①、1983 年《中国大百科全书·戏曲曲艺》② 均
设 "古今名剧合选" 词条。1988 年贺新辉主编的《元曲鉴赏辞典》③
在附录 "元曲主要书目介绍" 中设 "古今名剧合选" 一条。1989 年
袁世硕主编的《元曲百科辞典》④ 设 "古今名剧合选" 词条。1990
年上海辞书出版社出版的《元曲鉴赏辞典》⑤ 设立了 "古今名剧合
选" 词条，简单介绍了其收录元杂剧的情况。1997 年齐森华等主编
的《中国曲学大辞典》⑥ 设立 "古今名剧合选" 词条，对其进行了较
为详细的介绍。2003 年李修生主编的《元曲大辞典》⑦ 亦设 "古今
名剧合选" 词条，并加以简要介绍。此外，俞为民、孙蓉蓉主编的
《历代曲话汇编》（明代编）⑧ 收录了《古今名剧合选序》，同时辑录
了《古今名剧合选》中的部分评点，具有较强的资料性质。

　　综观这八十余年《古今名剧合选》的研究，总体上已取得了一定
的成就，但仍存在较多不足。

　　首先是宏观研究尚付阙如。迄今为止还未出现一部对《古今名剧
合选》从宏观角度予以考索的著作。大多数学者都是将其中部分内容
作为研究内容，还没有一部著作以戏曲本体内容研究为中心对其做全
面的观照。

---

　　① 汤草元、陶雄主编：《中国戏曲曲艺词典》，上海辞书出版社 1981 年版。
　　② 中国大百科全书总编辑委员会编：《中国大百科全书·戏曲曲艺》，中国大百科全
书出版社 1983 年版。
　　③ 贺新辉主编：《元曲鉴赏辞典》，中国妇女出版社 1988 年版。
　　④ 袁世硕主编：《元曲百科辞典》，山东教育出版社 1989 年版。
　　⑤ 蒋星煜主编：《元曲鉴赏辞典》，上海辞书出版社 1990 年版。
　　⑥ 齐森华等主编：《中国曲学大辞典》，浙江教育出版社 1997 年版。
　　⑦ 李修生主编：《元曲大辞典》（修订本），凤凰出版社 2003 年版。
　　⑧ 俞为民、孙蓉蓉：《历代曲话汇编》（明代编），黄山书社 2009 年版。

　　其次是微观研究相对冷落。多数研究者是在研究孟称舜及其戏曲理论时附带介绍《古今名剧合选》，很少有人以其为中心和重心进行戏曲本体方面的研究。迄今为止，专门论述《古今名剧合选》的文章仍寥若晨星。

　　再次是文献整理欠缺。《古今名剧合选》的文献整理虽有《古本戏曲丛刊》第四集本，但其文献整理远远落后于《元刊杂剧三十种》与《元曲选》，迄今还没人对其进行系统的标点校勘。

　　最后是还没有研究者对《古今名剧合选》所存56种杂剧在其他戏曲选本、曲谱及戏曲论著中的文本流传进行研究。所有这些，都有待在今后的研究中加以改进或拓展。

第一章　孟称舜考述

学界关于孟称舜的研究，较早的要数郑振铎先生。郑振铎对孟称舜的戏曲创作给予了很高的评价，认为"在启、祯间，他是一位最致力于戏剧的人"①，然而，资料的缺乏使孟称舜这一历史人物在郑振铎之后长时期内少人问津。现代学者对孟称舜的考证研究也是在近二三十年内才取得了一些突破性进展，虽然仍有不少疑问和缺憾，但随着研究的深入，孟称舜终未湮没于时光的洪流之中，其面目日渐清晰，其戏曲创作的意义与价值得到认可与重视，在戏曲发展史上逐渐占据了应有的一席之地。

经历了明清易代的历史巨变，孟称舜的思想中既有着传统士人积极入世、匡世救民的一面，又表现出不同时俗的愤世心态。这对于其文学创作及《古今名剧合选》的编选及评点都有一定影响。本章试从家世生平、交游唱和、思想著述等三个方面来把握其生命历程与思想特征，为后文的论述奠定基础。

第一节　家世与生平

关于孟称舜的家世生平，现存方志、史传等资料中皆有相关记载，但仍有一些问题存在一定争议，如孟称舜的生卒年、籍贯等，有待进一步确定。

---

① 郑振铎：《插图本中国文学史》（下），中国文联出版社 2009 年版，第 691 页。

一　孟称舜的家世

孟称舜（1594—1684）①，字子塞，又字子若、子适，号卧云子、花屿仙史。明崇祯间诸生，屡试不中。曾加入祁彪佳等人组织的枫社，也是复社的重要成员之一。入清后，于顺治六年（1649）被举为贡生，任松阳教谕。工诗文，擅词曲，是明末清初著名的戏曲作家、理论家。

《道光会稽县志》卷十四"孟庙"条记载：

> 在县东南二里罗汉桥南。宋时，孟子四十七世孙孟忠厚知绍兴府事，建庙卧龙山麓，日久颓废无存。顺治十八年辛丑，六十四世孙孟称舜呈明县府道，舍其父孟应麟遗宅为庙，后被住兵残毁。复呈督抚捐助修复，免其户田供修，备祀勒石，永垂不朽。②

文中称孟称舜是孟子六十四世孙。另据《绍兴县志资料》之《氏族谱》所载《孟氏南北分支本末》与《绍兴孟氏分支本末》二文可知："春秋时，孔族有三，孟族惟一"③，其后"三桓微弱，孟氏散居邹、鲁间，故孟子居邹为邹人。后孟氏又散居四方，有居东海兰陵者，有居会稽上虞者……然溯流而穷之，则俱出于一源可知也。……在子彦弼扈后驾南渡至越州，子孙世居焉。今越孟氏皆公随之后，此孟氏南北两支之所从判也"④，而"姑就吾绍言之，则其支系班班可考也"⑤。文献互证，孟称舜当为孟子后代。原散居于邹鲁间的孟氏一族，其支裔几经辗转后在两宋之际分为南北二支。孟称舜就是在两

---

① 关于孟称舜的生卒年，有多种说法，此处采用邓长风之说。

② 王蓉坡、沈墨庄纂：《道光会稽县志》，《中国地方志集成》本，上海书店出版社1993年版。

③ 孟称舜：《绍兴孟氏分支本末》，《绍兴县志资料》，民国二十七年（1938）绍兴县修志委员会刊，（台北）成文出版有限公司1983年影印本。

④ 孟称舜：《孟氏南北分支本末》，《绍兴县志资料》，民国二十七年（1938）绍兴县修志委员会刊，（台北）成文出版有限公司1983年影印本。

⑤ 孟称舜：《绍兴孟氏分支本末》，《绍兴县志资料》，民国二十七年（1938）绍兴县修志委员会刊，（台北）成文出版有限公司1983年影印本。

宋之际南渡至越州（今绍兴地区）的南支孟氏的后裔。

《康熙会稽县志》卷十九称孟称舜为：

> 顺治六年贡生，称尧弟，有《史法》诸书及传奇数种。①

清代吴山嘉《复社姓氏传略》之《会稽志》记载：

> 孟称舜字子塞，兖州别驾应麟次子。顺治六年贡生，任松阳教谕。有《史法》诸书。②

据此可知，孟称舜是兖州别驾孟应麟次子，孟称尧之弟。

孟称舜之父孟应麟，《康熙会稽县志》卷二十三《人物志》中有传：

> 孟应麟字文叔，万历甲辰以明经授兖州别驾，寻命监军援辽左，署东阿、寿张二县篆。时郓城妖人杨子云等以白莲社倡乱，徐鸿儒乘势据邹峄攻兖州，东阿、寿张俱恃应麟为保障。阿素称盗薮，有奸民煽乱，立帜山中，民惊扰。应麟使人拔其帜，禁民无妄动，至期果无恙。有寡妇以妖术聚诸少年，应麟擒斩之，余党无所问，城赖以安。应麟为人廉正不阿，为部所撼，抗辞奉母归里，年八十有二而卒。长子称尧，天启丁卯举人。次子称舜，以明经司训松阳，皆以家学有名于时。③

此传以寥寥数笔勾勒出一位忠君爱国、廉正不阿、有决断、政声著的封建儒士形象。他除奸民、斩妖妇，使民得安，为子孝顺，"是封建时代比较典型的忠臣孝子和耿介儒士"④。孟应麟与世俗格格不

---

① 赵景深、张增元：《方志著录元明清曲家传略》，中华书局1987年版，第143页。
② 吴山嘉辑：《复社姓氏传略》，中国书店影印1990年版。
③ 董钦德辑：《康熙会稽县志》，（台北）成文出版社有限公司，1983年据民国二十五年（1936）绍兴县修志委员会校刊本影印。
④ 朱颖辉：《孟称舜新考》，《戏曲研究》1982年第6辑。

入的耿介性格，使他终"为部所撼"，不得不以奉养母亲为由辞职归里，人生充满了英雄失志的悲壮。但其宁折不弯的人格、为民立命的行动，对其子孟称舜的为人、治学均产生了很大影响，奠定了孟称舜爱国忧民的思想基础。

　　孟称舜之兄孟称尧，是孟应麟的长子，明天启丁卯举人。《康熙会稽县志》与《复社姓氏传略》均有记载。上引《康熙会稽县志》卷二十三《人物志》称"长子称尧，天启丁卯举人。次子称舜，以明经司训松阳，皆以家学有名于时"①。《复社姓氏传略》卷五浙江之绍兴府会稽部分有孟称尧的略传："孟称尧，字子安，应麟长子，天启丁卯举人。"② 孟称尧与其弟孟称舜志趣相投，共同加入了由张溥、张采领导的成立于明崇祯二年（1629）的进步团体复社，兄弟二人的姓名均被列入陆世仪《复社纪略》及吴山嘉《复社姓氏传略》二书中。孟称尧应该也是一个喜爱交游的人，他与晚明绍兴地区名士祁彪佳等人皆有交往。在祁彪佳致孟称舜的一封信中如此写道："闻仁兄同令兄左顾小园，竟不使弟知之，遂失倒屣。虽剡溪之棹，以不见戴为高，然良晤无期，能不怅怅哉！……"③ 据此可知，孟氏兄弟均为祁彪佳的友人，二人一起造访祁之寓园，因不期而至未能与祁一叙，致使祁倍感遗憾。此外，在《祁忠敏公日记·感慕录》中有这样一则："（崇祯庚辰六月）十五日与陈绳之入城晤金楚畹、姜光扬，吊孟子安。"④ 记载了崇祯十三年（1640）六月十五日，祁彪佳会同诸友一起吊唁孟称尧，此处孟子安即孟称尧。于此亦可知孟称尧生前与诸人皆存交谊。

　　关于孟称舜夫人的事迹，仅见于清代丽水县儒学教谕徐开熙的《修学建田记略序》。序文云："……松学自鼎革之会，几为榛莽。子塞孟先生司训兹士，慨焉欲新之。首捐百金为多士倡，夫人亦出其簪

---

① 董钦德辑：《康熙会稽县志》，（台北）成文出版社有限公司，1983 年据民国二十五年（1936）绍兴县修志委员会校刊本影印。
② 吴山嘉辑：《复社姓氏传略》，中国书店影印 1990 年版。
③ 朱颖辉辑校：《孟称舜集》，中华书局 2005 年版，第 608 页。
④ 祁彪佳：《祁忠敏公日记》第十册《感慕录》，1937 年绍兴县修志委员会校刊，第 21 页。

珥相助。由是邑之慕义者乐输，费寡而功倍。……"① 孟称舜在松阳就任期间，卓有作为，修葺学宫，创建学田，为了带动众人的积极性，他"首捐百金"，慷慨解囊，而孟夫人"亦出其簪珥相助"，表现出一位大家闺秀无私奉献、热心重义的品质及对于夫君事业的理解与支持。

胡绪伟《孟称舜的卒年及其后人》与朱颖辉《胡绪伟〈孟称舜的卒年及其后人〉书后》对孟称舜的后人都有一定的考证。现有资料显示，孟称舜有二子一女。长子孟达，字仲嘉，号伯通，但同为绍兴乡贤的清代浙江山阴人平步青所著的《霞外捃屑》对其名的记载却为空缺。关于这一点，胡绪伟认为伯通本名达，"因其不良死"，"故讳而署远名"，冯山公《解春集》之《答孟次远问丧服书》中称"伯通足下"。② 朱颖辉《胡绪伟〈孟称舜的卒年及其后人〉书后》一文也推断孟称舜的长子当为孟达。③ 次子孟远，字次微，号傭菴，姚椿《国朝文录小传》有《孟远传》：

> 孟远文六篇，字次微，号傭菴，会稽人。前诸生，考授州判。著有孟次微集，无卷数。目有傭菴集、傭菴北游集。④

孟远所著《傭菴集》《傭菴北游集》，今不可见。平步青《樵隐昔寱》卷六《题辞》之"会稽孟次微远集"条，《霞外捃屑》卷四之"孟次微监州"条也都较为详细地介绍了孟远的基本情况。孟远"少与朱朗诣、晋叔、敬身、友身、董子揩（玉）兄弟交"，才华出众，"与张用宾（宗观）、骆叔夜、姜武孙齐名，为越郡四才子"，虽少有英才，却"九试棘闱不见纳，一赴殿陛不见用。不得已就试于吏部，而仅得一不可获之虚职"⑤，屡试不第，仕途坎坷，一生怀才不遇。

---

① 朱颖辉辑校：《孟称舜集》，中华书局2005年版，第601页。
② 胡绪伟：《孟称舜的卒年及其后人》，《戏曲研究》1988年第26辑。
③ 朱颖辉：《胡绪伟〈孟称舜的卒年及其后人〉书后》，《戏曲研究》1988年第26辑。
④ 姚椿：《国朝文录小传》，朱颖辉辑校《孟称舜集》，中华书局2005年版，第598页。
⑤ 平步青：《霞外捃屑》（上），上海古籍出版社1980年版，第232页。

孟称舜有一女名孟思光,清代山阴人王端淑《名媛诗纬初编》中有
其小传:"孟思光,字仲齐,会稽人,训导孟称舜女。"① 孟思光是一
位才女,《名媛诗纬初编》中辑有其诗《读柏楼吟一首(有序)》和
《校〈兰雪集〉三章四句》。《读柏楼吟一首(有序)》之序云:"柏
楼吟者,家姑守志不字所作也。贞姑坐卧楼上,垂数十年而殁,相传
吟咏甚多,今所存止二十章,无一语不为想念其夫君而作。吾家君将
锓而传之,命余校正,聊赋一章,以志景慕焉。"② 孟思光与父亲孟
称舜一同校订刊刻了《柏楼吟》和《兰雪集》,前者为孟称舜同族前
辈女诗人孟蕴的诗文集,后者为元末明初松阳女诗人张玉娘的诗词
集。清完颜恽珠《国朝闺秀正始集》辑有孟思光《吊鹦鹉冢诗(并
序)》,序中称:"张玉娘者,松阳人,文章博雅,诗词得风人旨。时
以班大家比之,自号一贞居士。……顺治初余兄任松阳校官,数过其
地,遗址渐湮,因为之封树立碑。又访得张大家《兰雪集》,嘱余重
校付梓。……"③ 其中将孟称舜与孟思光的身份关系定为兄妹,记载
当有误。

二 孟称舜的生卒年

关于孟称舜的生卒年,因为没有明确的史料记载,历来争议颇
多。由于孟称舜生平资料的严重匮乏,所以研究者们只能从其同时代
的著述中找寻片言只语进行考证。自 20 世纪 80 年代起,对孟称舜生
卒年的考证逐渐引起了学界的重视。欧阳光《孟称舜的生平及其
他》④《孟称舜生平史料新见》⑤ 两篇专论较早对孟称舜的生年作了清
晰的阐释,认为孟称舜当生于明万历二十八年(1600)前后,并对
其生平提出了一些新的见解。对孟称舜的生平作出较为详备而准确考
证的是朱颖辉先生,其《孟称舜新考》⑥ 一文对弄清孟称舜的本来面

① 王端淑辑:《名媛诗纬初编》,康熙六年(1667)清音堂刻本。
② 同上。
③ 完颜恽珠辑:《国朝闺秀正始集》,道光十一年(1831)红香馆刻本。
④ 欧阳光:《孟称舜的生平及其他》,《中山大学研究生学刊》1981 年第 4 期。
⑤ 欧阳光:《孟称舜生平史料新见》,《艺谭》1982 年第 1 期。
⑥ 朱颖辉:《孟称舜新考》,《戏曲研究》1982 年第 6 辑。

目做出了巨大贡献。此文共分籍贯考、家族考、生平考、交游考、著作考五个部分，材料翔实，论证有据，为孟称舜生平研究奠定了最坚厚的一块基石，使后来的学者在考证时大多难以脱离此文而重新立论。朱颖辉此文与前述欧阳光文一样均将孟称舜的生年确定在 1600 年前后，他以孟称舜对《古今名剧合选》中《王粲登楼》一剧的评点为据，指出此剧第三折〔石榴花〕有曲词曰"恰便似睡梦里过了三十"，孟称舜于其上加批曰"我亦如之"，而《古今名剧合选》刊于明崇祯六年（1633），据此，则孟称舜当生于明万历二十八年（1600）前后。① 但是此文没能确证孟称舜的卒年。稍后发表的郑闰《孟称舜补考三则》②、刘文峰《孟称舜史料补遗》③ 都是在朱颖辉此文研究基础上的进一步补充完善。再后来的徐朔方《孟称舜行实系年》④ 一文，拓开了孟称舜研究的新局面。此文从内容上大概可分为孟称舜的戏曲创作和年谱两部分，在孟称舜生平方面补充了许多新材料，进而提出新的观点，考订其生卒年分别为万历二十七年（1599）和康熙二十三年（1684），还对其所作传奇《二胥记》《贞文记》的创作时间进行了考辨。徐文从孟称舜好友陈洪绶的生年推断孟称舜的生年，较之朱颖辉《孟称舜新考》一文依据孟氏曲作及其评点来论证其生年，研究视角迥然不同，却因考证的周密性较为欠缺而影响了论文的史据分量，未引起现代研究者的足够重视。胡绪伟《孟称舜的卒年及其后人》⑤ 根据徐文中的新材料再次推定孟称舜的卒年为清康熙二十三年（1684）。邓长风《明清戏曲家考略三编》⑥ 则考订孟称舜的生年为万历二十二年（1594），卒年为康熙二十三年（1684），一生纵跨两个朝代，享年 91 岁，此说为学界较普遍地接受。

---

① 朱颖辉：《孟称舜新考》，《戏曲研究》1982 年第 6 辑。
② 郑闰：《孟称舜补考三则》，《戏曲研究》1985 年第 17 辑。
③ 刘文峰：《孟称舜史料补遗》，《戏曲研究》1990 年第 33 辑。
④ 徐朔方：《孟称舜行实系年》，徐朔方《晚明曲家年谱》第二卷，浙江古籍出版社 1993 年版。
⑤ 胡绪伟：《孟称舜的卒年及其后人》，《戏曲研究》1982 年第 6 辑。
⑥ 邓长风：《明清戏曲家考略三编》，上海古籍出版社 1999 年版，第 223—233 页。

三 孟称舜的籍贯

现存关于孟称舜籍贯的记载主要见于一些方志、史集和戏曲研究著作等，综合起来大致有三种说法：会稽说、山阴说与乌程说，以会稽说为主。考察清代以来戏曲文献中涉及孟称舜籍贯的表述，也基本未超出这一范围。或以为是会稽，如《顺治松阳县志》卷七载孟称舜小传："孟称舜字子塞，会稽人。"① 此志之前还附有松阳县修志姓氏，其中协修部分列有"儒学署教谕事、举人会稽凌元鼎、训导会稽孟称舜"，均将孟称舜的籍贯定为会稽。署名悔堂老人的《越中杂识》下卷之"著述"部分录孟称舜《史发》一书，亦称其为会稽人："《史发》，明会稽孟称舜，取许由至谢枋得事迹，著论四十篇。"② 吴山嘉《复社姓氏传略》将孟称舜列入浙江卷之绍兴府会稽县部分。《曲海总目提要》卷八孟称舜小传，称孟称舜为浙江会稽人。王国维《曲录》卷三称孟称舜"字子若，又作子适，会稽人"③。或以为是山阴，如清人焦循《剧说》卷三提到《花前一笑》杂剧，对作者孟称舜的记载则为"山阴孟称舜，字子若"。④《曲海总目提要补编》卷二十四著录《伽蓝救》并称孟称舜为山阴人。傅惜华《明代杂剧全目》称孟称舜为"浙江山阴人"，《辞海》与《中国戏曲曲艺辞典》承此说。此外，庄一拂《古典戏曲存目汇考》，赵景深《戏曲笔谈》，刘大杰《中国文学发展史》，陆侃如、冯沅君《中国文学史简编》以及中国社会科学院文学研究所编《中国文学史》等提到孟称舜的籍贯时都持山阴说。或以为是乌程，如清无名氏《传奇汇考标目》增补本第108条称"孟称舜字子若。会稽人"，又补称："一云'字子适。乌程人。'"⑤ 清王昶《明词综》主乌程说。除此而外，亦有概而论之

---

① 佟庆年修，胡世定纂：《顺治松阳县志》，《中国地方志集成》本，上海书店出版社1993年版。

② 悔堂老人：《越中杂识》，浙江人民出版社1983年版，第196页。

③ 王国维：《曲录》，《王国维文集》第二卷，中国文史出版社1997年版，第84页。

④ 焦循：《剧说》，《中国古典戏曲论著集成》（八），中国戏剧出版社1959年版，第128页。

⑤ 无名氏：《传奇汇考标目》，《中国古典戏曲论著集成》（七），中国戏剧出版社1959年版，第274页。

的，如姚燮《今乐考证》如此介绍孟称舜："子若名称舜，一本字子塞，越人。"① 将其籍贯笼统地划定为越中。明清时期的越中主要指浙江绍兴地区，当时称为绍兴府，下辖八县，即：会稽、山阴、萧山、诸暨、余姚、上虞、嵊县、新昌。②

众说纷纭，孟称舜的籍贯到底是哪里，且来查阅孟称舜自己的题署。孟称舜自署籍贯的记载中以"会稽"居多，如其在为好友卓人月《古今词统》所作的序言末尾题署："己巳中秋会稽友弟孟称舜书"③；其《古今名剧合选序》落款为"崇祯癸酉夏会稽孟称舜题"④；其《娇红记题词》落款为"崇祯戊寅仲夏会稽孟称舜题"⑤；其《二胥记题词》落款为"崇祯癸未春日会稽小蓬莱卧云子题"⑥。除此而外，有时题为"山阴"，如孟称舜《柏楼吟兰雪集序》末署"山阴卧云子孟称舜书"⑦；有时题为"古越"，如明崇祯刊本《娇红记》与《贞文记》均署"古越孟称舜著"；有时又题为"稽山"，如《贞文记题词》落款题："时癸未孟夏望日稽山孟称舜书于金陵雨花僧舍"⑧。古代人在自署籍贯时往往会出现"以大代小"或"以小代大"的情况，在上述题署中，"古越"指包括会稽和山阴在内的绍兴地区的俗称，是以地区名代里贯，属于"以大代小"；"稽山"为会稽山的简称，是以名山代里贯，属于"以小代大"。

从关于孟称舜家人籍贯的文献记录也可以推知孟称舜的籍贯。如清人姚椿所辑的《国朝文录》卷三十七有孟称舜次子孟远所作书信六篇，其中《上总宪魏蔚州书》中有"远会稽贱士也。九试棘闱不见约，一赴殿陛不见用，不得已就试于吏部，而仅得一不可获之虚职

---

① 姚燮：《今乐考证》，《中国古典戏曲论著集成》（十），中国戏剧出版社1959年版，第155页。
② 参见《浙江通志》卷七"建制"，《文渊阁四库全书》本。
③ 孟称舜：《古今词统序》，朱颖辉辑校《孟称舜集》，中华书局2005年版，第556页。
④ 孟称舜：《古今名剧合选序》，朱颖辉辑校《孟称舜集》，第558页。
⑤ 孟称舜：《娇红记题词》，朱颖辉辑校《孟称舜集》，第559页。
⑥ 孟称舜：《二胥记题词》，朱颖辉辑校《孟称舜集》，第561页。
⑦ 参见孟蕴《柏楼吟》，清嘉庆十六年（1811）刻本，转引自徐永明《女诗人孟蕴和戏曲作家孟称舜》，《浙江大学学报》2007年第5期。
⑧ 孟称舜：《贞文记题词》，朱颖辉辑校《孟称舜集》，第562页。

者，又十七八年。……"① 等文字。"远会稽贱士也"，表明孟远的籍贯为会稽。姚椿《国朝文录小传》中有《孟远传》，文曰："孟远文六篇，字次微，号傭菴，会稽人。……"② 清人平步青《樵隐昔瞡》卷六《题辞》之"会稽孟次微远集"条，《霞外捃屑》卷四之"孟次微监州"条均称孟远为会稽人。此外，清人王端淑《名媛诗纬初编》中有孟称舜之女孟思光的小传："孟思光，字仲齐，会稽人，训导孟称舜女。"③ 称孟思光为会稽人。清人完颜恽珠所辑《国朝闺秀正始集》中也有孟思光的小传，曰："孟思光字仲齐，浙江会稽人，教谕称舜女弟。"④ 此处亦称孟思光为会稽人，但认为孟思光乃孟称舜之妹，当有误。以上几条材料可互证，由此推断孟称舜的籍贯当为会稽。

孟称舜是一个喜爱交游的人，从其友人的记载中，也可得知其籍贯何处。与孟称舜"友善称相知"的陈洪绶曾为孟称舜《孟叔子史发》和《娇红记》二书作序，并评点了孟作四种：杂剧《眼儿媚》《桃源三访》《花前一笑》及传奇《娇红记》。在其《孟叔子史发序》中曰："会稽孟叔子，无贤愚少长，皆知其为文人……"⑤ 文中称孟称舜为会稽人。马权奇字巽倩，会稽人，康熙《会稽县志》有传。与孟称舜既为同乡，又是学友，曾为孟称舜《娇红记》《二胥记》二剧撰写题词。由马之籍贯可推知孟称舜的籍贯。祁彪佳作为枫社的领袖，与枫社成员孟称舜的交往也很频繁，二人交谊颇深。孟称舜曾为祁彪佳的寓山十六景撰写题咏，祁彪佳在《寓山志》中收录了这些题咏，并于作者孟称舜名下标注其籍贯为会稽。浙江仁和（今杭州）人卓人月、沈泰对孟称舜籍贯的记载则与上述诸人全然不同。卓人月与孟称舜志趣相投，过往颇密，其《古今词统》之"氏籍"部分称孟称舜"字子塞，山阴人"⑥。沈泰编有《盛明杂剧初集》与《盛明

① 朱颖辉：《胡绪伟〈孟称舜的卒年及其后人〉书后》，《戏曲研究》1988 年第 26 辑。
② 姚椿：《国朝文录小传》，朱颖辉辑校《孟称舜集》，第 598 页。
③ 王端淑辑：《名媛诗纬初编》，康熙六年（1667）清音堂刻本。
④ 完颜恽珠辑：《国朝闺秀正始集》，道光十一年（1831）红香馆刻本。
⑤ 陈洪绶：《孟叔子史发序》，《宝纶堂集》卷一，清光绪十四年（1888）刻本。
⑥ 卓人月汇选，徐士俊参评：《古今词统》，辽宁教育出版社 2000 年版。

杂剧二集》，初集卷十七、十八分别收孟称舜《桃花人面》和《死里
逃生》，二集卷二十三收孟称舜《英雄成败》，于作品下均有"山阴
子若孟称舜编"的标注。孟称舜的友人们对其籍贯记载的不一致，在
现代学者朱颖辉看来，当是与会稽、山阴两地的地理位置和历史建置
之间的渊源有关。朱颖辉曾于1982年发表《孟称舜新考》一文，从
籍贯、家族、生平、交游等方面对孟称舜的生平作出较为详备的考
证。关于孟称舜籍贯的记载不一，文中指出"据我推断，这恐怕是与
会稽、山阴两邑相连的地理位置和忽分忽合的历史建置有密切关
系。"① 考之《绍兴县志》，秦时推行郡县制，首设山阴县，南朝陈时
山阴县则析为山阴、会稽两县，同城而治。自南朝陈时起以迄清代，
山阴、会稽两地一直延续着邑地相连、同城而治的传统，这使一般人
在认识上往往会将两地相混。卓人月、沈泰等人当也是将会稽混同于
山阴了。

综上所述，在关于孟称舜籍贯的三种说法中，乌程说最缺乏根
据，且持论者很少，可以被否定。至于会稽说与山阴说哪个更接近事
实，结合孟称舜自己的题署来看，其中署会稽的居多；关于其子女的
籍贯题署，也都记载为会稽；从其友人的记载中也可以看到以会稽为
主。因此，可以推定，孟称舜的籍贯当为会稽。

四 孟称舜的仕宦经历

良好的家学渊源再加上自身的勤奋好学，使孟称舜成为一个文名
早负的人，但他的科举之路却并不平坦。孟称舜多次参加科考都未得
一第，在明没有官职，直至入清后于顺治六年（1649）才被举为贡
生，后出任松阳县训导，时年五十六岁。《钦定四库全书总目》之
《史部》卷九十在评价孟称舜《孟叔子史发》一书时曾指出"是书凡
为史论四十篇。其文皆曲折明畅，有苏洵、苏轼遗意，非明人以时文
之笔论史者。惟其以屡举不第，发愤著书，不免失之偏颇。……前有

---

① 朱颖辉：《孟称舜新考》，《戏曲研究》1982年第6辑。

崇祯辛未自序，述不得志而立言之意"①。"屡举不第""不得志而立言"的表述，印证了孟称舜仕途坎坷的真实性。

以贡生身份任松阳县训导，孟称舜终于走上了仕宦之途，开始了其平凡却又伟大的"广文先生"的生涯。松阳县是地处浙江南部山区的一个小县城，始建于东汉建安四年（199），又名松州，明代时隶属处州。训导是明清两代地方学校学官之职，明洪武二年（1369）始设，于各府、州、县学均置，分别为府学教授、州学学正、县学教谕之副职，辅助教授、学正、教谕教诲生员。训导虽为卑微之职，但孟称舜却对这份工作倾注了极大的热情，将之作为追求理想和体现自我价值的一个平台，他任劳任怨、身体力行，建学田、修学宫、救士人，可谓胸怀天下、功高德馨。

孟称舜不仅能为曼妙之文，更具济世之才。他在松阳任职期间卓有作为，颇得当地百姓的信任与爱戴。就现存文献来看，孟称舜此期主要干了四件大事：其一是广兴教化。《顺治松阳县志》卷七《孟称舜传》记载：

> 孟称舜字子塞，会稽人。训导。品方正孤介，不肯与俗伍，不肯以私阿，力以励风俗、兴教化为己任。朔望升堂讲道，阐明镰闽心学，课士严整，勿敢或哗。学富才敏，昕夕诵读不绝，寒暑著述无休。②

踏入官途的孟称舜没有变成"禄蠹"，依然保持着自身可贵的品格，"不肯与俗伍，不肯以私阿"，他"学富才敏"，却依然求学若渴，"昕夕诵读不绝，寒暑著述无休"，将"励风俗、兴教化"作为自己的职业理想，诲人不倦，"课士严整"。

其二是请复学田。孟称舜任职期间创建学田，造福当地百姓的事迹在其撰写的《松学义田说》《志公祠义田碑记》及徐开熙的《修学

---

① 永瑢等：《钦定四库全书总目》之《史部》卷九十，中华书局 1997 年版，第1862 页。

② 佟庆年修，胡世定纂：《顺治松阳县志》，《中国地方志集成》本，上海书店出版社1993 年版。

建田记略序》、浙江处州府知府王崇铭的《儒学义田碑记》等文献中均有记载。一般来说"凡郡国州邑之间，有学则有田，以供缮修，以资赈济"，可"独松则有异"，松阳县的情况偏偏不是这样。松阳县学本来"有田二顷余"，但是所有权"不隶之学而隶之县"，① 租额收入统归县府抽调，"上有公费皆于是取给焉。租额所入，不足以供上之取，而学之师儒糈粒，不得与焉"，从而造成了"有田而无田""名与实而皆无"② 的局面。孟称舜到任后，一面明察暗访，"力起以经纪其事"，使"祀之废者举之，田之湮者清之，豪奸之侵占者，不避罪谤以争之"，通过力请复田、捐金置田、加强管理等手段，使松学之田不断恢复扩大至"一顷五十亩"。另一面又从长远出发，爰设义田，通过变"官之田"为"众人之田"的办法，使学田"租之所入，还以供众人之用，而官不得问，民不得侵"，③ 彻底改变了过去县学名有田而实无田的尴尬境况，使学田真正做到了"储资以赈贫士，供社课，岁备葺修罔替"，④ 具备了济贫、自给、供缮修等实际功能。孟称舜自己曾经说过"事不计其久远者，非策之善也"，⑤ 的确，他以自己非凡的为政才华和高瞻远瞩的眼光创建学田，清除流弊，革故鼎新，为松阳当地的县学做了切切实实的善事。正如王笃甫《松学义田说评语》所云："昔范希文立义田为一族计，今子塞立义田为一学计，想见其以天下为任襟怀，盖有同者而功更宏远矣！我松士将世食其德，安得忘其功哉。"⑥ 孟称舜以天下为己任，爰设义田，的确是创建了"不朽之功"，可此举不但触犯了当地豪强，也触动了官府的既得利益，以至"訾议纷起"，但是孟称舜并没有退缩放弃，依然大刀阔斧地前进，诚如徐开熙在《修学建田记略序》中所赞赏的那样，"夫先生以宏济之才，郁郁不得志，乃能以风化自任而建不

---

① 孟称舜：《志公祠义田碑记》，朱颖辉辑校《孟称舜集》，第 565 页。
② 孟称舜：《松学义田说》，朱颖辉辑校《孟称舜集》，第 567 页。
③ 同上书，第 568 页。
④ 徐开熙：《修学建田记略序》，朱颖辉辑校《孟称舜集》，第 601 页。
⑤ 同上。
⑥ 王笃甫：《松学义田说评语》，朱颖辉辑校《孟称舜集》，第 600 页。

朽之功。虽訾议纷起，屹然不顾而卒能以有成，真人杰也哉！"①

其三是修理学宫、缮补庙庑。孟称舜认为"欲修理学宫，必自清复学田始。学田不复，则修理无资"，② 在创建学田的同时设法筹资修理学宫、缮补庙庑。据《顺治松阳县志》卷七记载，孟称舜到任后，"适学宫颓废"，他便"谋如家事，汲汲不休"，若"庙庑俎豆有未备者"，皆"缮补之"，"尊经阁藉其落成。其有功圣门盖不少云"。③ 孟称舜修学宫、缮庙庑，其大公无私、不辞辛苦的精神深得民心，其事迹在清代丽水县儒学教谕徐开熙作于顺治十三年（1656）的《修学建田记略序》中有更为详细的记载：

> 松学自鼎革之会，几为榛莽。子塞孟先生司训兹土，慨焉欲新之。首捐百金为多士倡，夫人亦出其簪珥相助。由是邑之慕义者乐输，费寡而功倍。……盖先生之视公事也甚于视家事，以故不避谤，不辞难，不治私室，夙夜乾乾，一以实心成务，故事用速成。于稽其役，则由殿而堂而庑，而启圣祠、尊经阁、棂星门、青云路，皆焕然改观也。且创省牲所、志公祠、景贤祠以洁粢盛，以崇先祀也。④

其四是勇救士人。孟称舜在任期间，松阳地区发生了一起枉杀士人的事件，"乃于时适有无罪杀士之变，诸士哭庙，涂墙抒其愤抑。当事者移檄，欲罪诸士。先生毅然以去就争之，诸士得无恙。而先生亦力辞求归，行李萧然，夷犹自若"⑤。据徐开熙记载，事发后，孟称舜仗义执言，大义凛然，丝毫不惧祸及自身，最后诸士无恙，他却不得不离职返乡，虽行李萧然，却泰然处之。或许是早已洞察官场的黑暗和腐败，生来"品方正孤介"的孟称舜感到自己无法真正融入

---

① 徐开熙：《修学建田记略序》，朱颖辉辑校《孟称舜集》，第601—602页。
② 孟称舜：《志公祠义田碑记》，朱颖辉辑校《孟称舜集》，第565页。
③ 佟庆年修，胡世定纂：《顺治松阳县志》，《中国地方志集成》本，上海书店出版社1993年版。
④ 徐开熙：《修学建田记略序》，朱颖辉辑校《孟称舜集》，第601页。
⑤ 同上。

这种生活，便逐渐萌生了归隐之志。他在任上所写的《硕人》一赋可以为证，赋曰："松菊犹存，莼鲈正美。张翰、陶潜，吾愿从之游焉。"① 文中表达了孟称舜的思归之意，机缘巧合，这次"诸生哭庙"事件也促成了他的归隐之志。

离任返乡之后的孟称舜，其事迹文献鲜有记载。我们只能从《会稽县志》卷十四"孟庙"条中搜寻到其行踪的蛛丝马迹。该条记载"孟庙在县东南二里罗汉桥南。宋时，孟子四十七世孙孟忠厚知绍兴府事，建庙卧龙山麓，日久颓废无存。顺治十八年辛丑，六十四世孙孟称舜呈明县府道，舍其父孟应麟遗宅为庙，后被住兵残毁。复呈督抚捐助修复，免其户田供修，备祀勒石，永垂不朽"②。从这则材料可以看出，虽已年近古稀，可回到故乡的孟称舜依然具有强烈的社会责任感，做着"有功圣门"的善事。

第二节　交游与唱和

孟称舜学识淹博，性格旷达，从青年时代起就喜好交游。检视相关文献，与孟称舜有往来者不下百人。就其主要交游对象而言，包括以祁彪佳为首的枫社诸友以及马权奇、陈洪绶、卓人月、王业浩、宋之绳、朱士稚、张宗观等人，他们志趣相投，倾心相交。就地域而论，孟称舜的交游并不算广阔，基本集中在本土，与其相交的多为越中名士，但其交游内容却比较丰富，既有与枫社诸友的结社同游，也有与知己同道的书信往来，形式多样，既有诗文赠答，也有剧作评点。总体来看，孟称舜的交游主要体现为一种思想之交、文学之交。丹纳曾言："艺术家本身，连同他所产生的全部作品，并不是孤立的。有一个包括艺术家在内的总体，比艺术家更广大，就是他所隶属的同时同地的艺术宗派或艺术家家族。"③ 从广义上讲，任何个人都是属于社会的，都可以划归为某个小圈子的一分子，个体生命的存在意义

---

① 徐开熙：《修学建田记略序》，朱颖辉辑校《孟称舜集》，第601页。
② 王蓉坡、沈墨庄纂：《道光会稽县志》，《中国地方志集成》本，上海书店出版社1993年版。
③ 丹纳：《艺术哲学》，傅雷译，人民文学出版社1997年版，第4—5页。

往往缠绕于这个社会化的群体中，文人雅士的交游即是如此。了解一名艺术家，绝对不可忽视他的交游活动。作为一名越中骄子，孟称舜及其友人在学术思想、戏曲观念、政治抱负等方面的互动影响值得注意。对这些交游活动进行钩稽梳理，既可更为深入地了解孟称舜的思想变化，又有助于更好地解读其作品，探究其艺术见解。对于后文重点展开的《古今名剧合选》研究，也大有裨益。

一　孟称舜与祁彪佳、王业洵等枫社诸友的交游

祁彪佳是孟称舜交游圈中的核心人物。祁彪佳（1602—1645），明代政治家、著名戏曲作家、理论家。字虎子、幼文、弘吉等，号世培，别署远山主人。山阴（今浙江绍兴）人。取欧阳修诗"远山来与此堂平"意，名所居曰"远山堂"，言其藏书富瞻。明天启二年（1622）进士，历官至右佥都御史，巡抚江南。清军南下，破山阴后，自沉殉国。平生好戏曲，家藏曲籍甚富，且有家班。著有《祁忠敏公日记》《祁忠惠公遗书》等，主要戏曲理论著作有《远山堂曲品》和《远山堂剧品》，剧作有传奇《全节记》《玉节记》（一说即《全节记》）两种，均未传。

崇祯八年（1635），祁彪佳受权臣排斥，离京返乡，赋闲家居，开始了诗酒宴游、逍遥自在的里居生活。崇祯十年（1637）四月，祁彪佳组织成立了枫社。在晚明社会矛盾激化、王朝大厦将倾的时代大背景下，士大夫结社已然成为一种风尚，他们或借酬唱赠答以自娱娱人，或借游山玩水以求远离现实，或借同道知己之力以期实现共同的政治抱负。以祁彪佳为盟主的枫社则是一个以文人交游唱和为主的非政治性组织。该社的元老级成员有王思任、倪元璐、张岱、孟称舜等人。作为该社的中坚，孟称舜广泛参与枫社的各种活动，并且多次为祁彪佳之寓山园林题咏，二人同气相求，交往颇深，常有书信往来。在《祁忠敏公日记》中有大量关于二人交游的记录。

据《山居拙录》记载："（崇祯丁丑四月）十三日同汪照邻至山，候枫社诸友。午间，谢寐云、詹无咎、赵孟迁、孟子塞、张毅孺、张亦寓、张子威、李受之、王士美、王尔瞻、王伯含、季采二舅至，举酌于负四堂。散憩山上，复酌舟中，与游柯园、密园，酣饮至月上始

去。是日蒸湿复雨，而彻夜晴爽，主客之怀甚畅。"① 崇祯十年
（1637）四月十三日，孟称舜与枫社诸友一起至祁彪佳之寓山参加了
聚会，主客宴饮酣畅。同年八月十三日，祁彪佳致书孟称舜，邀请其
参加枫社的中秋之会："（崇祯丁丑八月）十三日，致书张毅孺、孟
子塞，邀社友为中秋之会。"② 作为盟主与东道主的祁彪佳，以家为
社，经常延约孟称舜等枫社诸友至家设宴款待，诗酒唱和。

　　祁、孟二人的交往除了盟主与成员这一层关系而外，私交亦颇
厚。《祁忠敏公日记》中还记录了二人枫社集体活动之外的交往。如
《山居拙录》崇祯丁丑八月初十记曰："初十日至寓山，草申明疏竟。
柳集玄、孟子塞过访，留之饭……"③ 同年十二月初二记曰："初二
日笺吴中去书。午后，孟子塞同徐友过访。徐友了俗事。子塞坐谈于
紫芝轩……"④ 又如，《感慕录》中记载了祁彪佳与孟称舜等人为张
天如饯行的一幕："（崇祯庚辰二月）初九日归省拜德公兄寿，闻张
天如至。……薄暮，张天如乃同叶行可年兄过访，所携之友仍在舟
中。越友有送之者，为王士美、孟子塞、王玄趾、王升之、王标梅、
刘北生、沈予良及奕远侄。同举酌四负堂，登咸畅阁，求天如作偕隐
处匾。言别已三鼓。孟子塞亦别，诸兄留宿阁上。"⑤ 张天如即复社
领袖张溥，崇祯十三年（1640）二月初九，张溥过访祁彪佳，祁彪佳
设宴，与孟称舜及越中诸友为张送行。《感慕录》中还有这样一则日
记："（崇祯庚辰六月）十五日与陈绳之入城晤金楚畹、姜光扬，吊
孟子安。"⑥ 记载了同年六月十五日，祁彪佳与陈绳之、金楚畹等一同
吊唁孟称舜之兄孟称尧，可见二人交谊之深。此外，《小抶录》中有一
则日记云："（崇祯辛巳九月）十八日早至外家，拜外母忌辰。……出
至余武贞宅，会姜玉洲、孟子塞、谢云生、王抟九舅、姜七兄，共议

① 《祁忠敏公日记》第七册，1937 年绍兴县修志委员会校刊，第 11 页。
② 同上书，第 27 页。
③ 同上。
④ 同上书，第 39 页。
⑤ 《祁忠敏公日记》第十册，第 8 页。
⑥ 同上书，第 21 页。

禁贩事。"① 记载了崇祯十四年（1641）九月十八日，祁彪佳与孟称舜等人出于对越中私贩之事的担忧，曾共商禁贩之策，即防粮食出境。当时越中地区因自然灾害导致粮食歉收、民不聊生，一些不良商贾囤积居奇、乘机渔利，致使人心惶惶。孟称舜与祁彪佳急百姓之所急，忧患时艰，积极应对，表现出传统士人所具有的以天下为己任的襟怀。

孟称舜与祁彪佳书信往来频繁。《山居拙录》崇祯丁丑闰四月二十八日记云："……诸友别去，舟中作书复应霞城、孟子塞、秦广文弘忠，作园记二三段。"② 同年十月二十五日记云："……午后至寓山，即归。晚作书致吴石袍，复孟子塞、杨石攻。子塞作寓山词，言谢之。"③《自鉴录》崇祯戊寅六月初十日记云："……作书复王金如。又数行致王士美、孟子塞、董天孙。"④ 同年六月二十五日记云："……是日得路广心、姚兢初、林自名、胡公占、孟子塞、董天孙、邢吉先、王云岫及外父书。"⑤ 二十六日记云："……作书复孟子塞、路广心、董天孙、六如师、邢吉先。"⑥《壬午日历》崇祯壬午五月十二日记云："……是日得王修仲、孟子塞、浦文学龙渊书，且观其诸刻。"⑦ 孟、祁二人有大量的书信往来，可是留存至今的不多。祁彪佳《林居尺牍·与孟子塞》是现存保留完整的信件之一，从中可以进一步获知不少关于二人交游的情况，现转录原文如下：

> 闻仁兄同令兄左顾小园，竟不使弟知之，遂失倒屣。虽剡溪之棹，以不见戴为高，然良晤无期，能不怅怅哉！前是奕远舍侄云：闻之王之仙兄，言令郎已招取。弟信以为实，是以十三日晤府公祖，弟为邵康侯乃郎置一语，而不及令郎，盖以不必及也。

① 朱颖辉辑校：《孟称舜集》，第607页。
② 同上书，第605页。
③ 同上。
④ 同上书，第606页。
⑤ 同上。
⑥ 同上。
⑦ 同上书，第607页。

数日前询令兄，始知其讹。绵力莫效，深为愧歉。然邵兄文止篇半，首篇颇不惬意，太祖公尚云已在副取，则留心可知，令郎必不置孙山外也。若其不然，则他日当先推毂于邑尊，以为府间前列地。寸丹自矢，勿谗癏寐矣。《寓山志》容俟小注刻完日呈览政。大作鼓吹词坛，以汤若士、屠赤水作玄晏先生，尚恐不尽赞美，弟之固陋，何堪佛头着粪？迩来即社集诸诗，亦且逋负，则不能勉强操觚可知。谨此固辞，万非套饰，祈垂亮之。小园近为诸友拟十六景，向见仁兄小词极佳，敬奉题式，伏乞高吟。多寡迟速，则不敢拘也。昨正托柳集玄兄一致鄙愫，而大教适至，敬附复不一。①

信中透露了四方面的信息：一是对孟氏兄弟造访寓园而自己却未能尽主人之谊深感歉疚；二是论及为孟称舜之子应府试效力一事；三是婉拒为孟称舜《古今名剧合选》作序（徐朔方认为："'大作'当指评点《古今名剧合选》，此书虽有四年前自序，迁延今日始付刻，或已刻，求序于彪佳，亦当时所常见。"②）；四是恳请孟称舜为其寓山十六景撰写题咏；可见二人相交颇厚。祁彪佳固辞为孟称舜《古今名剧合选》作序，且诚邀孟为其寓山十六景作题咏，表现出对孟之创作才华的激赏。孟称舜当然是答应了撰写题咏之事，并且仅用一日就又快又好地完成了任务，这在祁彪佳写给孟称舜的另一封信《远山堂尺牍·与孟子塞》中可见：

公郎汗血神驹，千里一息。偶作顺风之呼，何敢贪天为力。齿芬之及，益甚愧矣。快读佳词，以高古之风，映秀润之色。彼周美成、秦少游一流，全以妩媚胜者，视此直当退三舍矣。昨拟请一二阕，而霏玉碎金，倾箧相授。贫儿骤富，快矣何如。昔古宿以"临去秋波"之句直悟禅宗。苏玉局唱借君拍板词，老僧亦为点首。然则绮语何妨，正须善会耳。使生公而在，即此便为高

---

① 祁彪佳：《林居尺牍·与孟子塞》，朱颖辉辑校《孟称舜集》，第 608 页。
② 徐朔方：《晚明曲家年谱》第二卷，浙江古籍出版社 1993 年版，第 566 页。

座上说法可也。率复，容走谢不尽。①

很显然，祁彪佳对孟称舜所作的题咏非常满意，认为它们是"以高古之风，映秀润之色"，较之周邦彦、秦观等婉约词人"全以妩媚胜"而言，自然更胜一筹。言词中虽不无溢美，却可见祁对孟才华的推许以及二人之深情厚谊。

《里中尺牍》己卯春夏季册《与孟子塞》，是现存祁彪佳致孟称舜的又一封信，信中所云如下：

> 契阔如许，时形梦寐。弟近来为俗冗困迫，山水友朋都无寄托，自觉形秽，惟仁兄高斋静课，如天际真人，可望不可即矣。披对妙辞，即实甫再生，义仍复出，不足匹。此种笔舌，弟谓无论说性说情，但到极至，便是第一义谛。闻家兄向劝以净业勾销艳语，不知此正是庭前柏子，岩下花香，逗露消息，痴人乃作词场观耳。读未终篇，惟有合掌礼拜，安能复赘一言也哉。家兄近病颇剧，今幸愈矣。承念附谢，不尽驰仄。②

这封信主要是谈论孟称舜的代表作《娇红记》。祁彪佳称赞孟称舜"高斋静课，如天际真人，可望不可即矣"，创作出千古之"妙辞"（当为孟称舜传奇《娇红记》）。祁彪佳对此剧给予了极高的评价，认为"即实甫再生，义仍复出，不足匹"，"读未终篇，惟有合掌礼拜，安能复赘一言哉"。信中对其兄曾劝孟称舜"以净业勾销艳语"的建议并不表示认同，相反，却非常赞同孟氏剧作一直以来所具有的"言情"倾向，指出《娇红记》"无论说性说情，但到极至，便是第一义谛"，已然达到了艺术的高峰。

除上述书信外，祁彪佳还作有《孟子塞五种曲序》③，对孟称舜的五种剧作进行了高度评价。祁彪佳注重戏曲的社会意义，此文着重

---

① 祁彪佳：《远山堂尺牍·与孟子塞》，朱颖辉辑校《孟称舜集》，第609页。
② 转引自徐朔方《晚明曲家年谱》第二卷，第567页。
③ 关于此文作者，学界还有其他观点，或以为作者未详，或以为是冯梦龙，或以为是孟称舜自撰而托名祁彪佳等。

以孟称舜的戏曲创作为例，强调戏曲通过"动之以情"达到"晓之以理"的巨大社会作用。祁彪佳认为孟称舜剧作不仅擅长人物塑造，使"一人尽一人之情状，一事具一事之形容"，而且本色当行、适合表演，"按拍填词，和声协律，尽善尽美，无容或议"。如此"尽善尽美"的作品完全可以与《五经》相提并论，"可兴、可观、可群、可怨，《诗》三百篇，莫能逾之。则以先生之曲为古之诗与乐可；而且以先生之五曲作《五经》读，亦无不可也"，将孟氏剧作的价值与儒家经典画上了等号。

祁彪佳的戏曲批评著作《远山堂剧品》亦表现出对孟称舜剧作的关注与欣赏。此书以著录明人杂剧为主，将所收杂剧分为妙、雅、逸、艳、能、具六品，并附上祁彪佳的评点。祁彪佳将孟称舜的五种杂剧全部著录，并加以点评。将《死里逃生》《残唐再创》与《眼儿媚》列入"雅品"，将《花前一笑》《桃花人面》列入"逸品"。其剧作评论往往能从各个角度挖掘分析，褒贬适度，切中肯綮。如指出《残唐再创》是"为落第士子吐气，篇中俱是愤语。作手轻倩，元人之韵，呼集笔端"[1]，就点明了此剧的创作主旨及语言特色。评《眼儿媚》曰："陈教授多情至此哉，可为《牡丹亭》之陈教授解嘲矣。词如鸟语花笑，韵致娟然"[2]，将《眼儿媚》与《牡丹亭》互作比照，对剧中人物的性格进行概括，亦论及剧作语言风格。又如，认为《花前一笑》"结胎于《西厢》，得气于《牡丹亭》，故触目俱是俊语"[3]，评点时注意剧作风格溯源。祁彪佳的这种戏曲评论方法在孟称舜《古今名剧合选》的评点中亦不鲜见，二人戏曲观念的相近与知己之情不言自明。

除盟主祁彪佳外，孟称舜与枫社其他成员亦有着广泛交游。这在《祁忠敏公日记》中都有记载，如前文所引《山居拙录》记载："（崇祯丁丑四月）十三日同汪照邻至山候枫社诸友。午间，谢癯云、詹无咎、赵孟迁、孟子塞、张毅孺、张亦寓、张子威、李受之、王士美、

---

① 祁彪佳：《远山堂剧品》，《中国古典戏曲论著集成》（六），中国戏剧出版社1959年版，第166页。

② 同上。

③ 同上书，第171页。

王尔瞻、王伯含、季采二舅至，举酌于负四堂。散憩山上，复酌舟中，与游柯园、密园，酣饮至月上始去。是日蒸湿复雨，而彻夜晴爽，主客之怀甚畅。"又如，《小抶录》记云："（崇祯辛巳九月）十八日早至外家，拜外母忌辰。……出至余武贞宅，会姜玉洲、孟子塞、谢云生、王抟九舅、姜七兄，共议禁贩事。"① 如此等等，此处不再一一赘述。于此可见，孟称舜与枫社诸友交游广泛，如王士美、谢寉云、张亦寓等，都是孟称舜之挚友。

王士美，名业洵，《绍兴府志》中有其小传曰："王业洵，字士美，余姚人。新建伯王承勋无子，欲以业洵为嗣，业洵自以非正派不可。为诸生，有名于时。时蕺山讲学，其弟子多假道于二氏，谈因果者蜂起。蕺山遏之不听，每讲席而叹。业洵知之，乃推择一时才士得数十人，同师蕺山以缀为二氏之学者，其风为之少衰。又怪其徒张皇言误混入致知。业洵曰：此风乱吾宗旨也。删《传习录》中记之失实者，重刻之。"② 王士美还与孟称舜等越中友人一起为复社领袖张溥送行，《感慕录》中记载了这一幕："（崇祯庚辰二月）初九日归省拜德公兄寿，闻张天如至。……薄暮，张天如乃同叶行可年兄过访，所携之友仍在舟中。越友有送之者，为王士美、孟子塞、王玄趾、王升之、王标梅、刘北生、沈予良及奕远侄。同举酌四负堂，登咸畅阁，求天如作偕隐处圖。言别已三鼓。孟子塞亦别，诸兄留宿阁上。"③

谢寉云，即谢国，《中国曲学大辞典》专门列辞条加以介绍："谢国生卒年不详。字弘仪，又字弘义、简之，号寉云，又号镜湖钓碣，会稽人。明万历三十八年（1610）武进士第一，官至左都督兼右都御史。……所著传奇《蝴蝶梦》叙演庄子导妻子飞升的故事，与通常小说及旧传奇《蝴蝶梦》庄子妻自杀的结局不同，一名《蟠桃宴》。"④ 谢寉云能诗工曲，自然与孟称舜为同道。

---

① 朱颖辉辑校：《孟称舜集》，第607页。
② 李亨特总裁，平恕等修：《绍兴府志》卷五十三《人物志》，影印乾隆五十七年（1792）刊本，（台北）成文出版社有限公司1975年版，第1285页。
③ 《祁忠敏公日记》第十册，第8页。
④ 齐森华等主编：《中国曲学大辞典》，第132—133页。

张岱《公祭张亦寓文》对张亦寓的生平事迹作了详细介绍："吾辈之获交于张亦寓也，有交之总角者，克见亦寓之豪放；交之少壮者，克见亦寓之繁华；交之暮年者，克见亦寓之高旷。至其百折不回之性，一往不挠之气，则自少至壮至老，实未尝纤毫少变也。……盖亦寓具用世大才，生不逢辰，贫病相寻，赍志以老。其胸中真有一段不可磨灭之气，巨鱼失水、老骥伏枥之悲。不能如祢衡之挝鼓，灌夫之骂座，范亚父之撞破玉斗，曹孟德之击碎唾壶，徒厄塞终身，胸怀莫吐，以致磊块郁结，安得不昏昏闷闷、鲠咽以死也？呜呼痛哉！"①性格刚直的张亦寓，虽"具用世大才"，却生不逢时，"赍志以老"。怀才不遇的痛苦，巨鱼失水的悲叹，是张亦寓与孟称舜乃至张岱共同的精神之殇。

除上述众人外，张岱亦当为孟称舜交游圈中不可忽视的一员。越中名士张岱"与祁彪佳为表兄弟，性豪放，喜宾客，于诗词文赋、琴棋书画无所不工。……又特爱戏剧"②。孟称舜与张岱同为枫社成员，又都与陈洪绶交契，并且均于清顺治三年（1646）入嵊县山区避兵，二人之间当有唱和往来。可惜二人的直接交往未见于文献记载，容待新材料的发现。

二　孟称舜与马权奇的交游

据现有资料显示，马权奇是孟称舜交往最早的同乡挚友，《康熙会稽县志》有其小传云："马权奇，字巽倩。幼负奇气，受《易》董中峰玘曾孙懋策门下。事母极孝。辛未年成进士，授工部主事，司琉璃厂。与阉官相抵牾，为所中，后事白得释。家素贫，复不能事家人产业，惟饮酒读书，手丹铅不辍。国变避兵，死于田间。所著有《易经解》《诗经志》《麟经志》《老子解》《名臣言行录》诸书。"③

"幼负奇气"的会稽才俊马权奇与其乡友孟称舜相比，科举之路远为畅达，"辛未年成进士，授工部主事，司琉璃厂"，中举得官，

---

① 张岱：《公祭张亦寓文》，《琅嬛文集》卷六，岳麓书社 1985 年版，第 272 页。
② 齐森华等主编：《中国曲学大辞典》，第 138 页。
③ 董钦德辑：《康熙会稽县志》卷二十四《人物志》，（台北）成文出版有限公司，1983 年据民国二十五年（1936）绍兴县修志委员会校刊本影印，第 522 页。

前程似锦。可与孟称舜相似的是，同样由于性格中与生俱来的耿介忠直使其无法在官场这个大染缸里左右逢源，因"与阉官相抵牾，为所中"，好在最终"事白得释"。虽然马权奇年长孟称舜许多，可类似的性格却使二人彼此靠近，成为一生挚友。

孟称舜与马权奇不仅是同乡，还是同处读书、相互研辩的学友与文友。谈及二人共同求学的经历，马权奇曰："孟子塞，方行纡视之士也。与余同研席，时余壮而子塞弱冠耳。然其心则苍然，好读《离骚》《九歌》，讽咏若金石。余时治韩婴诗传，与之辩问往复，未尝不叹谓三益也。盖独行不欺，论世不诬，余信之稔矣。"① 对于孟称舜小小年纪便具有如此不凡的学识和修养，马权奇表示出极高的赞赏，而同席研读的交往使得二人对彼此的了解也更为深入，在评价对方的文学作品时往往能够切中肯綮、不同俗流，这为他们成为文友奠定了坚实的基础。

在孟称舜的戏曲创作活动中，马权奇占有重要的一席。对于孟称舜的剧作，马权奇往往能慧眼识珠，表现出知音般的共鸣，如孟称舜创作于早期的杂剧《花前一笑》，因内容敷演文人的风流韵事而受到"老生凤儒"的非议，"乡人颇有訾之者"，马权奇对此却不以为然，为孟称舜起而辩白，"使挑人者必唐伯虎，受挑女郎必如知唐伯虎而后可，车来贿迁之事久宜断迹于世矣"，② 指出此剧表面看来是在敷演大才子唐伯虎的风流韵事，实质上却抒发了封建社会体制下文士所共有的知音难求的人生感慨。对剧作主旨的把握可谓精准到位。

孟称舜现存剧作有传奇三部、杂剧五部，马权奇即为其中的两部传奇《娇红记》和《二胥记》作了序，并评点了《二胥记》与杂剧《残唐再创》，是与孟称舜关系最为密切的文友之一。崇祯戊寅（1638）年春，孟称舜就其新作传奇《娇红记》请教于马权奇，马权奇于同年五月为之作序一篇。序中对《娇红记》高妙的传情艺术颇为激赏，赞曰："已阅之，而果然春雨萧疏，书台迥寂。读至《私怅》《诘祟》以后，未始不泪浪浪也。深于情者，世有之矣，能道深

---

① 马权奇：《鸳鸯冢题词》，朱颖辉辑校《孟称舜集》，第 615 页。
② 同上。

情委折微奥——若身涉之，顾安得再一子塞乎！"对于剧中所体现的
与传情不太相谐的封建节义观念，马权奇则从作者追求剧作的社会教
育作用这一视角予以解释："或曰：子塞自题云'节义'者何？余
曰：此方行纤视之左契，亦广大教化之弘愿也。"①

　　崇祯癸未（1643）年季夏六月，马权奇又为孟称舜传奇《二胥
记》作序，深刻阐释了该剧的创作思想，并分析比较了《娇红记》
与《二胥记》之异同。序中首先指出孟称舜是一个"深于情"亦
"能道其深情"之人，并对其"道儿女子之情委折微奥如身涉之"的
艺术创作才能表示赞赏。接着又以"天下忠孝节义之事，何一非情之
所为"发起议论，得出"天下之大忠孝人，必天下之大有情人"②的
观点，从而阐明《二胥记》的主旨仍在于言情。为了说明这一点，
马权奇将人称"情史中第一佳案"③的《娇红记》与《二胥记》从
人物、情节方面细细分析比照，指出："申生感王娇之死而以身殉；
包胥欲自践其复楚之一言，至痛哭秦庭，水浆不入口者七日，而甘以
身殉。虽事之大小不同，后之成否各异，而要其之死靡他之心，则匪
特《二胥》等也，即前后二申，岂有异乎？余谓此记以'二胥'名，
合云子两词，而以'二申集'名之可也。"在马权奇看来，"二申"
（申纯与申包胥）一为儿女之情，一为国家兴亡的行为虽迥异，然二
剧的内涵却趋于一致，"顾其所认于赋情之至者则均也"，④故从《娇
红记》到《二胥记》，二剧具有共同的言情特征。此外，马权奇还从
艺术风格的角度对孟称舜的几部杂剧与传奇创作进行了梳理评析，并
比较说明了《娇红记》与《二胥记》的艺术特色。他指出，孟称舜
早期创作的杂剧《桃花人面》《花前一笑》因"道闺房宛娈之情，委
曲深至"而蒙受"老生凤儒"们的非议，孟称舜"因作《残唐再创》
辞以解其嘲"，该杂剧在风格上迥异于《桃花人面》《花前一笑》二
剧；而孟称舜后来的传奇创作就艺术风格而言，则"今之《娇红》
犹昔之《桃》《花》，而今之《二胥》犹昔之《再创》也"，《娇红

　　①　马权奇：《鸳鸯冢题词》，朱颖辉辑校《孟称舜集》，第615页。
　　②　马权奇：《二胥记题词》，朱颖辉辑校《孟称舜集》，第619页。
　　③　王业浩：《鸳鸯冢序》，朱颖辉辑校《孟称舜集》，第616页。
　　④　马权奇：《二胥记题词》，朱颖辉辑校《孟称舜集》，第619页。

记》类于《桃花人面》《花前一笑》，而《二胥记》类于《残唐再创》。概言之，《桃花人面》《花前一笑》《娇红记》三剧的风格以婉丽为主，而《残唐再创》《二胥记》二剧的风格以雄爽为主。马权奇进一步指出，由于《娇红记》和《二胥记》二剧的艺术风格不同，其带给读者的审美感受也是截然不同的，"往余读《鸳鸯冢》词，春雨萧疏，书台闻寂，辄涕琅琅不能止。今读《二胥记》词，则壮气岳立，须髯戟张。觉吴市之浚，秦庭之哭，两人英魂浩魄，至今犹为不死"。① 可见，孟称舜不仅善为"杨柳岸晓风残月"般的婉丽之曲，亦善为"大江东去"般的雄豪之曲。

除了《二胥记题词》，马权奇还为《二胥记》写有总评一则，曰："昔称马东篱之词如凤鸣朝阳，乔梦符之词如神鳌鼓浪，此曲可为兼之。曩见其《鸳鸯冢》词，酸楚幽艳，风流蕴藉，为传情家第一手，此又何苍凉雄壮也。乃知情至之人，可以为义夫节妇，即可为忠臣孝子。"② 评点时着眼于《二胥记》的曲风特征，认为虽然《二胥记》的主导风格是雄爽，但也兼具婉丽之美；另外又重申了《二胥记题词》中的观点，指出不管是何种风格的剧作，孟称舜笔下的人物都是"情至之人"，可见其是将传情作为自己一以贯之的创作追求。

马权奇还评点了孟称舜的杂剧《残唐再创》，计有评语十三条，从剧作风格、语言、传情、人物塑造及社会效应等多个角度进行了细致点评，言简意赅，见解独到。例如，其《残唐再创》总评曰："读子塞《桃花》诸剧，风流旖旎，谓是柳七黄九一流人。若此则雄文老笔，直与胜国马东篱诸公争座位。《雨霖铃》、'大江东'殆为兼之。此剧作于魏监正炽之时，人俱为危之。然使忠贤及媚忠贤者能读此词，正如半夜闻鹃，未必不猛然发深痛也。"③ 马权奇首先指出《残唐再创》的风格特点是兼具婉丽与雄爽之美，然后论及此剧的创作背景乃"魏监正炽之时"，如此一部指斥权奸之作的问世，无疑会

---

① 马权奇：《二胥记题词》，朱颖辉辑校《孟称舜集》，第 620 页。
② 巽倩龙友氏：《二胥记总评》，朱颖辉辑校《孟称舜集》，第 626 页。
③ 孟称舜：《醉江集》，《续修四库全书》第 1764 册，上海古籍出版社 2002 年版，第 354 页。

将作者孟称舜推到政治斗争的风口浪尖，当时"人俱为危之"，孟称舜却夷犹自若，可见其不同凡俗的胆识与勇气。孟称舜如此置自身安危于不顾，就是期望此剧能产生巨大的社会效应与教育作用，使"忠贤及媚忠贤者"读后"如半夜闻鹃"，"猛然发深痛也"。又如，评第一折［仙吕·点绛唇］曲曰："通折骂得尽情痛快。"就是着眼于剧作语言及传情效果来评点。再如，第二折折首总评曰："此折为英雄失志之悲，然温柔和婉，气味固在，与前折裂眦露龈作贼人口语不同。"① 初步分析了人物塑造、语言及风格三者之间的关系，并比较了第一折与第二折的语言风格之不同，一"裂眦露龈"，一"温柔和婉"，一剧之中而兼有多种风格美。此外，评第二折［喜迁莺］曰："古今同恨"，第四折折首总评曰："首折尚是读书人私愤，此折痛骂千秋，为朝廷扶翼名义厥功不小"②，评［塞鸿秋］曰："千古同慨，句句实录"等，主要是就剧作的现实意义加以评点。

三 孟称舜与陈洪绶的交游

陈洪绶（1598—1652），字章侯，号老莲，晚号老迟、悔迟，又号悔僧、云门僧，浙江诸暨人，明末著名画家，擅画人物、仕女，兼善花鸟、草虫、山水。虽以画业出名，但亦工诗文，善书法，对于戏曲创作，亦见解独到，具有多方面的艺术成就。生性怪僻，愤世嫉俗。顺治三年（1646），清兵下浙东，因拒画而险遭杀害。后避难绍兴云门寺，落发为僧。晚年学佛参禅，靠卖画为生。著有《宝纶堂集》。

相似的性格与人品，对于戏曲的共同爱好，使孟称舜与陈洪绶成为至交。据孟称舜次子孟远《陈洪绶传》介绍，"远先人与先生交甚厚，其天性孝友，经世之大节，时时言之。余少犹得从先生游，读其文，见其咏歌之志，何异《离骚》《天问》"③。从中可见，孟称舜非常仰慕陈洪绶的人品、气节及才华，还让儿子以之为师，提高自身修

① 孟称舜：《酹江集》，第358页。
② 同上书，第363页。
③ 孟远：《陈洪绶传》，陈洪绶《宝纶堂集》卷首，清光绪十四年（1888）刻本。

养，树立远大志向。

同样，对于孟称舜的道德学问，陈洪绶也是极为推重，这在其为孟称舜《孟叔子史发》所作的序中可见一斑："古今文章，有国贼巨奸而称说贤圣，摘发奸壬，其口不如其心者。故以文章匿其情事，人亦第玩其文章而并贱恶，以其文章市名誉，乃恣肆其奸恶也。仁人善士而称说贤圣，摘发奸壬，其口必如其心者。故以情事为其文章，人岂第玩其文章而并叹慕，以其行事券文章，载歌咏其懿美也。会稽孟叔子，无贤愚少长，皆知其为文人，予与友善称相知。逮仁人善士，非与史发之流传不在是欤。其议论高卓精详者，予与社中诸君子悉评之，不赘。"① 序中称"会稽孟叔子，无贤愚少长，皆知其为文人，予与友善称相知"，对孟称舜"其口必如其心"的人品表示欣赏，并且对《孟叔子史发》中"高卓精详"的议论及该书的艺术价值给予高评。

其实，孟称舜与陈洪绶在天启年间就已成为挚友。陈洪绶《宝纶堂集》中存有《邀孟子塞》一诗，诗名下题有"丁卯九月"四字，当为此诗的创作时间，即天启七年丁卯（1627）九月。诗云："吾思孟十四，的的是吾兄。诗与文皆淡，神和品共清。不能常痛饮，每想数同行。今到西湖上，何为游不成？"② 可见二人在三十岁之前已然交好，而"诗与文皆淡，神和品共清"，就是陈洪绶对孟称舜的人品和作品所作的赞美与概括。《宝纶堂集》中还有《寄孟十四兼问赵五》一诗，曰："来眸为道君无病，作意踏春酒店多。尝得赵郎为伴否，赵郎近况复何如？"③ 充分体现了对孟称舜的思念之情。

陈洪绶是孟称舜人生中极为重要的一位知交。除上述两首诗外，检阅现存史料，陈洪绶还为孟称舜的作品撰写序文两篇，即《孟叔子史发序》和《娇红记序》；评点了孟称舜剧作四种，即杂剧《泣赋眼儿媚》《桃源三访》《花前一笑》和传奇《娇红记》。在孟称舜的友人中，陈洪绶评点孟称舜剧作数量最多、用力最勤，对孟称舜的戏曲

---

① 陈洪绶：《孟叔子史发序》，《宝纶堂集》卷一，清光绪十四年（1888）刻本。
② 陈洪绶：《宝纶堂集》卷五，清光绪十四年（1888）刻本。
③ 同上。

创作给予了多方面的关注，他的评点对于孟氏剧作的传播也起到了积极作用。

崇祯六年（1633）夏，孟称舜编选的元明杂剧选集《古今名剧合选》刻成，陈洪绶为《柳枝集》中所收孟剧《泣赋眼儿媚》《桃源三访》和《花前一笑》作了评点，共计53条。陈洪绶的评点，既有对剧作的传情思想与艺术特色的评议，又有对铸词锻句、叶韵入律、情节设置、人物塑造、版本流变及通变问题的考察；既有宏观分析，也有微观研究，对孟称舜的剧作进行了全方位、立体化的解读，真不愧为与孟称舜"友善称相知"的知己。兹择取数例以说明：例如，《桃源三访》总评曰："《桃源》诸剧，旧有刻本盛传于世，评者皆谓当与实甫、汉卿并驾。此本出子塞手自改，较视前本更为精当，与强改王维旧画图者自不同也。传情写照，句抉空濛，语含香润。能令旧日诸人嘘之欲生，后来读者对之愁死，可为王、郑之极笔矣。"① 一方面从版本流变的角度对剧作表示欣赏，认为孟称舜的改编非常成功；另一方面，又对剧作的传情思想与语言特点进行点评，认为此剧可与王实甫、郑光祖之作相媲美。又如评《花前一笑》曰："今人所以不及古人者，其气味厚薄不同故也。子塞诸剧，蕴藉旖旎，的属韵人之笔，而气味更自不薄，故当与胜国诸大家争席。"② 从"气味"这一独特概念入手，指出孟称舜的剧作虽然在风格上以婉丽为主，但"气味更自不薄"，别有一番气象。如总评《泣赋眼儿媚》曰："蕴藉旖旎，绰有余致，而凄清悲怨处，尤足逗人幽泪。正如花下美人，半啼半笑，令见者莫能为情。《会真》不足多也。"③ 将此剧与《会真》加以对比，赞赏其高超的传情艺术。又如，评《泣赋眼儿媚》第一折［水仙子］曲曰："此下许多唧哝烦絮，画出一段风流。"评同折［山石榴］曲曰："是妓人语致。"④ 评第二折曰："此折铺叙语亦自

---

① 孟称舜：《柳枝集》，《续修四库全书》第1763册，上海古籍出版社2002年版，第544页。

② 同上书，第558页。

③ 同上书，第534页。

④ 同上书，第535页。

韵。"① 分别从人物塑造、语言及用韵等角度来点评剧作。总体来看，陈洪绶的评点视野开阔，领悟独特，对孟氏剧作做出了深刻精准的解读。

孟称舜的《娇红记》是陈洪绶最为激赏的作品，他对此剧大力推介，既详加点评，又为之作序，还配上人物绣像插图，并作题画诗一首。崇祯十二年（1639）腊月，陈洪绶为《娇红记》作序，对《娇红记》的创作主旨、人物塑造及语言、韵律诸方面都做出了切中肯綮的分析与评价。序中首先从"盖性情者，理义之根柢也"的观点入手，引发议论，叙及孟称舜及其《娇红记》。接着指出孟称舜并非"乡里小儿"眼中的"迂生""腐儒"，虽然其"为人则以道气自持"，实际却是一个"深情一往"，具有"高微杳渺之致"的至情至性之人。文中称赞像孟称舜这样的"性情之至者"是人间极品，在俗世的男女中很难寻觅到，唯有"问之天荒地老古今上下之人，而庶几或有得焉"。与孟称舜一样，其笔下的人物王娇娘、申生同样也是"性情之至者"，较之时下那些表面上道貌岸然，背地里却"不免行鸟兽之行"的"道学之士"，王、申二人却能于"儿女婉娈中，立节义之标范"，所以孟称舜才以二人之故事为题材创作了传奇《娇红记》，旨在通过宣扬性情之至，来广施教化，正如序中所言："则子塞此辞，所以言乎其性情之至也，而亦犹之乎体明天子广励教化之意而行之者也。"在陈洪绶看来，"百道学先生之训世，不若一伶人之力也"，《娇红记》以情劝善的教育意义无疑是巨大的。除了深入分析作品的创作主旨与人物塑造，陈洪绶还指出此剧"铸辞冶句，超凡入圣。而韵叶宫商，语含金石。较汤若士欲拗折天下人嗓子者，又进一格"，② 是文辞与音律并重的"双美"之作，在这一点上，完全超越了汤显祖。

在为《娇红记》作序时，陈洪绶还同时绘制了卷首插图四幅。这四幅绣像插图，是陈洪绶艺术巅峰时期的作品，每一幅都栩栩如生，尤以第三幅最为人所称道。此幅画是娇娘全身像，画中的娇娘楚楚动

---

① 孟称舜：《柳枝集》，第 536 页。
② 陈洪绶：《节义鸳鸯冢娇红记序》，吴毓华《中国古代戏曲序跋集》，中国戏剧出版社 1990 年版，第 223—224 页。

人，造型独特，眼帘下垂若有所思，真正达到了以形传神、形神毕肖的艺术高度。陈洪绶还作有《题娇娘像》诗一首："青螺斜继玉搔头，知为伤春花带愁。别离几经多是恨，汪洋不浊泪中流。"诗与画相得益彰，可谓诗中有画，画中有诗。

对于自己最钟爱的《娇红记》，陈洪绶不仅为之作序、配图、题诗，而且详细地加以点评。不过，《娇红记》评点中所表达的基本思想，其实就是对《娇红记序》所阐发的内容的提炼。如其总评曰："昔人云：读《出师表》而不泣下者必非忠，读《陈情表》而不泣下者必非孝。吾谓读此记而不泣下者，必非节义人也。李卓老称作《西厢》者必大有感于君臣、父子、兄弟、朋友之间。此记其亦然耶？此曲之妙，彻首彻尾一缕空描而幽酸绣艳，使读者无不移情，故当比肩实甫，弟视则诚。"对剧作巨大的移情作用及情理结合的创作主旨再次加以提点，并赞叹其完全可以"比肩实甫，弟视则诚"。对孟称舜的艺术创作才华，陈洪绶极为推诩。毋庸置疑，陈洪绶为《娇红记》所作的序、插图、题诗及评点，在一定程度上加快了《娇红记》的流传，对其广泛传播产生了积极影响。

四　孟称舜与卓人月的交游

卓人月也是孟称舜交往较早且性情相投的朋友。卓人月（1606—约1636），字珂月，一字蕊渊，别署江南月中人。浙江仁和（今杭州）人。崇祯八年（1635）贡生。明末诗人、剧作家。才华横溢，诗文词曲皆精，有诗集《蕊渊集》、文集《蟾台集》、词集《寱歌词》，另有与徐士俊合辑《古今词统》十六卷，剧作有杂剧《花舫缘》、传奇《新西厢》。《新西厢》今已佚，仅存卓人月自序一篇。

卓人月天资聪颖，喜交友，重维新，曾与孟称舜、徐士俊等人于崇祯二年（1629）一起加入复社。在戏曲创作方面，他常与孟称舜、袁于令等交流切磋，多有创获。可惜天亦恋其才而疾收之，英年早逝。《乾隆浙江通志》对卓人月的一生做出了高度评价："才情横溢，诗亦不为格律所拘，以未遇早逝。世谓才命并同长吉。"[1] 将卓人月

---

① 转引自齐森华等主编《中国曲学大辞典》，第141页。

与唐代著名诗人李贺相提并论。

孟称舜与卓人月的交往始于青年时期。天启年间,孟称舜《残唐再创》杂剧写成,便将书稿携至杭州,请卓人月为之作序。卓人月称:"今冬遇凫公、子塞于西湖,则凫公复示我《玉符》南剧,子塞复示我《残唐再创》北剧,要皆感愤时事而立言者。……子塞将还会稽,别我于桃花巷中,酒杯在手,舆夫在旁,匆匆书此。"①《残唐再创》是孟称舜"感愤时事而立言"之作,"假借黄巢、田令孜一案,刺讥当世。"卓人月非常佩服孟称舜直陈时弊、借古讽今的勇气,在为孟称舜饯别时,一挥而就,为此剧写成了洋洋洒洒的一篇序言,即《孟子塞残唐再创杂剧小引》。卓人月对孟称舜的创作才华极为欣赏,在此序中高度赞扬孟称舜是"具十分才情,无一分愆谬,可与马、白、关、郑、荆、刘、拜、杀颉之颃之者",认为孟称舜的杂剧《花前一笑》《桃源三访》和《眼儿媚》与沈自徵的杂剧《霸亭秋》《鞭歌伎》《簪花髻》并为"北曲之最",而且指出,《残唐再创》一剧是孟称舜对北曲"研讨数年"而后所作,故而"于我所陈诸公十余本之内,岂不又居第一哉?"将此剧评为北剧第一,虽不乏文人间的相互推诩,更可见二人情谊之厚密。

卓人月还对孟称舜《花前一笑》杂剧进行了改编,名为《花舫缘》。焦循《剧说》曾简要介绍了孟称舜及其《花前一笑》:"山阴孟称舜,字子若。其《柳枝集》有《花前一笑》杂剧,即唐伯虎遇侍婢事。卓珂月本其事作《花舫缘》,改华为沈,改秋香为申慵来。"②而卓人月虽高度评价《花前一笑》,将之与其他几剧并列为冠绝一时的"北曲之最"③,却对此剧中"易奴为佣书,易婢为养女"的内容颇不以为然,曰:"友人有唐解元杂剧,易奴为佣书,易婢为养女。

---

① 卓人月:《孟子塞残唐再创杂剧小引》,焦循《剧说》卷四,《中国古典戏曲论著集成》(八),第171页。

② 焦循:《剧说》卷三,《中国古典戏曲论著集成》(八),第128页。

③ 卓人月:《孟子塞残唐再创杂剧小引》,焦循《剧说》卷四,《中国古典戏曲论著集成》(八),第171页。

余为反失英雄本色，戏为改正。"① 因此，在《花前一笑》的基础上，"改华为沈，改秋香为申慵来"，创作出《花舫缘》一剧。

崇祯二年（1629）秋，卓人月与徐士俊编选《古今词统》一书，其中收录孟称舜词作四首，即［诉衷情］《筵前赠美人》、［卜算子］《江上》、［渔家傲］《塞上》、［金人捧露盘］《闺思》。卓人月将书稿送至会稽孟称舜处，孟称舜阅后为之作序一篇。卓人月的艺术观点与孟称舜十分接近，孟称舜在《古今词统序》中曾言："予友卓珂月，生平持说，多与予合。己巳秋过会稽，手一编示予，题曰'古今词统'，予取而读之，则自隋、唐、宋、元，以迄于我明，妙词无不毕具。其意大概谓词无定格，要以摹写情态，令人一展卷而魂动魄化者为上，他虽素脍炙人口者弗录也。"② 孟称舜对《古今词统》中所收录的词作表示认同与欣赏，切中肯綮地概括出此书的选录标准是不拘词之定格，以摹写情态而能感动人心之作为上，可谓知音之言。在卓人月看来，不管是婉约之词还是豪放之词，本身并没有高下之分，只要具有高超的传情艺术，能打动人心，便都是上乘之作。卓人月在《古今诗余选序》中清晰地阐述了这一见解，指出"昔人论词曲，必以委曲为体，雄肆其下"，对于词坛的这种偏见，他明确表示反对，故而在编选《古今词统》时"并存委曲、雄肆二种，使之各相救也"③。卓人月所体现出的编选理念，与孟称舜的不谋而合。在评价《古今词统》的同时，孟称舜表达了自身对诗词曲之文体流变问题的认识，指出"诗变而为词，词变而为曲，词者诗之余而曲之祖也。……盖词与诗、曲，体格虽异，而同本于作者之情"。认为诗词曲虽同源而异流，各为一体，却"同本于作者之情"，在传情写志方面是一致的，本身并无定格。可世俗却偏偏认为"乐府以皦迳扬厉为工，诗余以婉丽流畅为美"，词作就应追求婉丽流畅之美。孟称舜对俗世偏重婉约之词而轻视豪放之词的成见并不表示认同，旗帜鲜明地提出"词无定格"，认为不管是"柔音曼声"之词，还是"轻俊雄放"之词，只要

① 卓人月：《〈花舫缘〉、〈春波影〉二剧序》，吴毓华《中国古代戏曲序跋集》，第304页。
② 孟称舜：《古今词统序》，朱颖辉辑校《孟称舜集》，第556页。
③ 卓人月：《古今诗余选序》，吴毓华《中国古代戏曲序跋集》，第305页。

能"达其情而不以词掩",是"作者极情尽态而听者洞心耸耳"之作,就"皆为当行,皆为本色",也应皆为"填词者之所宗,不可以优劣言也"。孟称舜进一步指出,婉约和豪放二词派,"两家各有其美,亦各有其病",婉约词适于表现"幽思曲想"而失之"俗而腻",豪放词适于表现"伤时吊古"而失之"莽而俚",二者各有优劣,不应强分轩轾。孟称舜的这一观点无疑是进步而辩证的,并在其《古今名剧合选序》中得到了更为深入的阐述。孟称舜对于文体特征及风格的深刻认识,为其后来编选、校勘、评点《古今名剧合选》奠定了坚实的理论基础(详见第五章,此处不赘言)。

对于卓人月的词作,孟称舜评价道:"珂月所作诗余甚多,兴会所到,无不曲尽两家之美。"对卓人月的词作表现出极大的欣赏,指出其兼具婉约和豪放二者之美。并且认为,正因为卓人月具有丰富的创作实践经验,故而在编选《古今词统》时"能出其手眼,以与作者之情合",相较于那些使"选者之情隐而作者之情亦掩"的选本,无疑是鹤立鸡群。

五 孟称舜与王业浩、宋之绳、沈泰等人的交游

在孟称舜的交游中,祁彪佳、马权奇、陈洪绶、卓人月等人处于核心交游圈,堪称与孟称舜莫逆于胸者。除此而外,孟称舜还与王业浩、宋之绳、朱士稚、张宗观、沈泰、倪元璐、汪橒等颇有交谊。

(一) 孟称舜与王业浩

王业浩乃前文所述王业洵之兄,明代"心学"代表人物王阳明的后人。《绍兴府志》有传:"王业浩,字士完,余姚人,万历癸丑进士。由襄阳令入为御史,章首篆。中官魏忠贤专恣,凡直言者数罹诏狱。业浩疏称深文罗致,株连实繁,揆以公论,不无颠倒,遂大拂忠贤意。方拟杖,会乾清宫震,乃止。……"① 王业浩不满魏忠贤弄权,上疏弹劾,遭阉党迫害,其性格中的刚正不阿、忠直敢言于此可见。相似的人生遭际,相近的性格气质,使孟称舜与王业浩成为同气相求、惺惺相惜的朋友。关于二人交游,今仅见一则材料,即王业浩

---

① 李亨特总裁,平恕等修:《绍兴府志》卷四十九《人物志》,第1194页。

《鸳鸯冢序》。

崇祯十二年（1639）年仲春，王业浩为孟称舜《娇红记》传奇作序一篇，名《鸳鸯冢序》。序中认为一部剧作的悲剧结局远胜于团圆结局，前者让人"击节叹赏"，"可涕可歌"，后者则因"子女成行，形影相守"的套式而使人"味如嚼蜡"，《娇红记》就是一部"巧阻魔分，俾各尽其孤行之致，独擅千秋之可涕可歌"的感人悲剧。王业浩称赞孟称舜"邃于理而妙于情"，对其传情之作《娇红记》极为称赏："予友孟子塞，邃于理而妙于情者也。暇日弄笔墨，有感于斯，即谱为传奇。令娇、申活现，而儿女子之私，顿成斩钉截铁，正觉正法，为情史中第一佳案。"称《娇红记》为"情史中第一佳案"，是对此剧传情思想及传情技法的高度赞美。在分析该剧剧情的基础上，王业浩进一步指出，《娇红记》之所以成为千古妙文，正在于情与理的统一："且阿娇非死情也，死其节也；申生非死色也，死其义也。两人争遂其愿而合于理之不可移，是'鸳鸯记'而'节义'之也。"对剧中所表现的传情与节义的关系进行了透辟解析。

作为临川派后劲，孟称舜追步前贤，在《娇红记》的创作方面展示出卓越的创作才能。王业浩对《娇红记》的艺术成就极为推许："至其摛词遣调，隽倩入神。据事而不幻，沁心而不淫，织巧而不露，酸鼻而不佻。临川让粹，宛陵让才，松陵让律，而吴苑玉峰，输其浓至淡荡，进乎技矣。"[①] 从遣词用调、情节铺设、结构安排、传情效果等方面着眼点评，认为此剧完全超越了汤显祖、梅鼎柞、沈璟、王玉峰诸人之作，所言未必尽当，但其知音之情跃然。序文末尾宣称"予深悲娇、申之始，亟赏娇、申之终，鼓掌称绝于《鸳鸯冢》得孟先生长不坏也"，对剧作起伏跌宕的情节及出神入化的传情艺术再次加以肯定，而"鼓掌称绝于《鸳鸯冢》得孟先生长不坏也"，无疑是对孟称舜及其《娇红记》的最高评价。

（二）孟称舜与宋之绳

宋之绳（1612—1667），字其武，号柴雪，江苏溧阳人，明崇祯十六年（1643）进士，授翰林院编修。天资聪颖，少有文名，曾与

---

① 王业浩：《鸳鸯冢序》，朱颖辉辑校《孟称舜集》，第616页。

友人联合成立文社。多才多艺，诗、书、画兼善。甲申之变后，携家人投奔南明弘光政权。继而江南沦陷，遂避居深山。清顺治年间，被举荐补为侍从，后任江西参议。康熙六年（1667），被"裁缺"归里，三月后病卒。著有《柴雪诗抄》等。

孟称舜与宋之绳订交于何年，现已无从稽考。今仅存宋之绳于崇祯甲申（1644）秋所作《二胥记叙》一篇。《二胥记叙》形象生动地描述了孟称舜的性格特征："东越卧云子，长才博洽，矩则一本先民。于时少可，既慨且慷。往往抚长剑作浩歌，不复知唾壶口缺。"宋之绳眼中的孟称舜"长才博洽"、慷慨任气，却英雄无用武之地，只能将一腔报国热忱付诸戏曲创作，"抚长剑作浩歌"。宋之绳还将孟称舜的传奇《娇红记》与《二胥记》进行比较，精辟地概括出二剧的总体特征："所著二传奇，《鸳鸯冢》婉丽入情，《二胥记》则有忾乎中，凛乎忠孝相感。"二剧一"婉丽入情"，一"忠孝相感"，充分彰显了孟称舜在传奇创作方面所取得的卓越成就。宋之绳纵论古今，指出他人之作多"遵路秉简之遗旨"，而孟称舜"独庄语忠孝，近于迂"；"市里恢笑"亦多"转喉触忌之禁"，而孟称舜却"正言不顾，近于戆"，对孟称舜《二胥记》的思想特色及其批判现实的勇气表示欣赏。正如文末所云："迂也，戆也，有知云子者，而云子可以无憾；有罪云子者，而云子亦可以无憾矣。"① 宋之绳作为"知云子者"，对孟称舜及其《二胥记》的分析评价可谓中的之论，孟称舜可以无憾了。

（三）孟称舜与朱士稚、张宗观

朱士稚（1614—1660），字朗诣，一字伯虎，山阴人。晚明著名抗清志士，也是孟称舜的学生。《绍兴府志》有传："朱士稚，字朗诣，赓之孙也。与同邑张宗观朗屋交最善，号'山阴二朗'。遭乱，散千金结客。坐事系狱，宗观为出之。宗观死于盗，士稚往来吴越，以诗、古文称于时。卒年四十七。朱彝尊表其墓。"② 朱士稚与同为山阴人的著名抗清志士张宗观交契深厚，曾一起秘密参加了魏耕、祁

---

① 宋之绳：《二胥记叙》，朱颖辉辑校《孟称舜集》，第 621 页。
② 李亨特总裁，平恕等修：《绍兴府志》卷五十四《人物志》，第 1318 页。

班孙、祁理孙等人组织的抗清复明运动。后因事败下狱论死，幸赖张宗观奔走呼号、筹重资贿狱吏而得释。张宗观闻知，欣喜之极，急欲相见，夜晚渡江前往，不幸为盗贼所害。《绍兴府志》张宗观小传可与此条材料互证，传云："张宗观，字用宾，一字朗屋，山阴人。以王霸之略自许，与朱朗诣齐名，称'山阴二朗'。士稚坐事系狱，宗观号呼于所知，敛重资贿狱吏，得不死，既而论释。宗观大喜，夜渡江，为盗所杀。其诗瑰奇磊落，乐府、古风尤绝伦品。"① 朱士稚少好游侠，张宗观"以王霸之略自许"，二人胸怀大志，心系社稷，志趣相投、往来密切，人称"山阴二朗"。"山阴二朗"不仅有着令人钦敬的爱国热情，在文学创作方面亦具有卓荦不凡的成就，朱士稚"以诗、古文称于时"，张宗观"诗瑰奇磊落，乐府、古风尤绝伦品"，二人还与孟称舜次子孟远文名相当，交结广泛："次微名远，会稽人，子塞广文称舜仲子。……少与朱朗诣、晋叔、敬身、友身、董子擂（玉）兄弟交。西河叙称其与张用宾（宗观）、骆叔夜、姜武孙齐名，为越郡四才子。"② 朱士稚与孟远兄弟相交，张宗观与孟远并入"越郡四才子"之列，作为孟远之父，孟称舜当也与二人有交。检视现存文献，事实的确如此。

在《越中耆旧诗》所录孟称舜七律《为太平胡令公寿》后附有这样一则弥足珍贵的史料：

> 门人朱士稚日记："丙戌之夏，师与元晦、次微居嵊东，士稚与朗屋避兵至嵊，抵掌为远游之策。七八年间而朗屋、元晦皆罹平陵之惨，师遁于广文，士稚流行三若。回顾当日之言，竟无一当。言念旧事，慷慨系之。"③

记载了顺治三年丙戌（1646），清军进攻浙江，五月占领杭州，六月攻破绍兴。此年夏季，孟称舜带着两个儿子流寓至浙江嵊县的山

---

① 李亨特总裁，平恕等修：《绍兴府志》卷五十四《人物志》，第 1318 页。
② 平步青：《霞外捃屑》（上），上海古籍出版社 1980 年版，第 232 页。
③ 朱颖辉辑校：《孟称舜集》，第 597 页。

区避乱。面对故土沦陷，越中曲家孟称舜虽未效仿祁彪佳、刘宗周等乡贤以身殉节，但也心存抵抗之意，暂避以图大计，他与同样避兵至嵊的门人朱士稚及其密友张宗观往来频繁，"抵掌为远游之策"。自甲申事变后，江南涌现出众多的复明抗清团体，如活跃于浙江、江苏一带，由魏耕、朱士稚、陈三岛、祁班孙、祁理孙等人领导的复明组织就是其中影响较大的。在反清事业如火如荼的当下，想必孟称舜与"山阴二朗"所商的"远游之策"应为抗清对策。可惜在清政府的镇压下，七八年间张宗观、元晦均死于非命，孟称舜那颗反抗的心逐渐冷却，战斗的热情也熄灭了，朱士稚则放荡江湖，奔徙辛劳，终卒于病。

在鼎革之变的政治斗争中，孟称舜与朱士稚、张宗观二人曾有过共同的政治理想与目标，这使他们的交游活动也抹上了一缕浓郁的政治色彩。不过，他们之间的交游并不仅仅体现在政治方面，同时还反映在文学方面。以孟称舜与朱士稚的交游为例，由朱士稚参与编选的诗选《越中耆旧诗》共收录了孟称舜诗作三首，即《过闻鸡起舞处》《送鲁十六翰林移镇惠韶》和《为太平胡令公寿》。由此可见，他们之间的交往也具有明显的文学色彩。

孟称舜还与沈泰、倪元璐、汪樗等人有交，但相关史料记载不多。孟称舜与沈泰的交游主要体现为一种文学之交。沈泰，生卒年不详。字林宗，号福次居主人，杭州人。明末戏曲家。沈泰曾于崇祯二年（1629）编选完成《盛明杂剧》初、二两集，编成后即付刻。《盛明杂剧》所收多为明嘉靖以后的作品，两集共选录作品六十种。其中，《盛明杂剧》初集收录了孟称舜杂剧二种：《桃花人面》和《死里逃生》；《盛明杂剧》二集选入了孟称舜《英雄成败》杂剧一种。沈泰在凡例中提出自己的选录标准是"快事、韵事、奇绝、趣绝"，孟称舜剧作能入其法眼，可见其对于孟称舜创作才华的赏识。

倪元璐与孟称舜广有交往。倪元璐（1593—1644），字汝玉，一作玉汝，号鸿宝，浙江上虞人。明末著名书法家。天启二年（1622）进士，历官至户、礼两部尚书。李自成陷京师，倪元璐自缢殉国。福王谥文正，清谥文贞。诗、书、画俱工，有《倪文贞集》。对孟称舜所展现出的戏曲创作才能，倪元璐极为欣赏，评价很高，马权奇在其

《二胥记题词》中曾转述了这一评价："往云子有《桃》《花》两剧，道闺房宛娈之情，委曲深至。余友倪鸿宝称为我朝填辞第一手。"①孟称舜创作于早期的杂剧《桃源三访》和《花前一笑》因"道闺房宛娈之情"而颇受老生宿儒之訾。倪元璐却对其中"委曲深至"的传情艺术称赏不已，赞扬孟称舜为"我朝填辞第一手"，并为二剧作序，名《孟子若〈桃〉〈花〉剧序》②。序文主要以孟称舜的戏曲创作为例，比较了时文与戏曲的异同，张扬了戏曲的价值。文中指出二者之同在于"其法皆以我慧发他灵，以人言代鬼语"，均为代言体；但前者是代圣贤立言，后者却是代生旦净末丑等世间诸色立言，两下相较，轩轾立显，戏曲的价值远胜于时文。倪元璐赞扬了孟称舜的"襟豪才阔"，认为其《桃源三访》《花前一笑》二剧可与徐渭《四声猿》、汤显祖"临川四梦"等剧并传于世，若"朝呷夕唔"，便可助长灵气，有裨科考。表现出对孟称舜剧作的肯定及对于戏曲艺术价值及社会作用的推崇。

汪樗，生卒年不详，曾评点孟称舜《死里逃生》《英雄成败》二杂剧。此二剧被沈泰《盛明杂剧》收录，于剧名下标注"山阴子若孟称舜编，钱塘彦雯汪樗评"，可推知汪樗字彦雯，钱塘人。通过汪樗的评点可以见出其对作者孟称舜的知赏，二人相交当不薄。如《死里逃生》总评云："近世宰官往往护秃斯如骄子，阅此可为殷鉴。"③恰如其分地点出此剧的现实意义。又其《英雄成败》总评云："黄巢以下第书生而搅翻世界，郑畋以笠仕书生而整顿残唐。均是英雄伎俩，固不得以成败论也。"④则是对剧情、剧名及剧作主旨进行了言简意赅的分析。

第三节　思想与著述

出生于儒士之家的孟称舜，从小便受到传统儒学的浸染以及父亲

① 马权奇：《二胥记题词》，朱颖辉辑校《孟称舜集》，第 619 页。
② 参见郑超宗辑《媚幽阁文娱》，《四库禁毁书丛刊》集部（第 172 册）。
③ 参见沈泰《盛明杂剧》初集，《续修四库全书》第 1764 册。
④ 参见沈泰《盛明杂剧》二集，《续修四库全书》第 1765 册。

孟应麟耿介不阿、爱国为民的儒士性格的熏陶，成为一位"论世不诬，独行不欺"①的谦谦君子。在其挚友马权奇的眼中，青少年时期的孟称舜就博学敏思，具有儒家传统的积极入世精神："孟子塞，方行纤视之士也。与余同研席，时余壮而子塞弱冠耳。然其心则苍然，好读《离骚》《九歌》，讽咏若金石。余时治韩婴诗传，与之辩问往复，未尝不叹谓三益也。"②年仅弱冠，便有一颗苍然之心，可见"方行纤视"的孟称舜并非"两耳不闻窗外事，一心只读圣贤书"的迂生，其"好读《离骚》"隐隐昭示出对于屈原爱国精神的仰慕与追随。如此勤学不辍、饱读诗书，就是为了日后报效国家，一展宏图。

良好的家学渊源再辅以后天的敏而好学，使孟称舜文名早负，更让他踌躇满志。可事与愿违，孟称舜的科场之路却走得艰辛而无奈。这从《钦定四库全书总目》对孟称舜《孟叔子史发》一书的评价中可见一斑："是书凡为史论四十篇，其文皆曲折明畅，有苏洵、苏轼遗意，非明人以时文之笔论史者。惟其以屡举不第，发愤著书，不免失之偏驳。……前有崇祯辛未自序，述不得志而立言之意。"③孟称舜才高志远，却科场蹭蹬，屡举不第，便逐渐丧失了科考的热情，转而将满腹才华寄托于文学创作，感愤时事，不平而鸣。

孟称舜的戏曲创作最能体现其思想，仕途的失意促使他将更多的精力投入他所热爱的戏曲创作中，借他人酒杯浇胸中块垒，佳作迭出。他一生共创作了杂剧六种：《桃花人面》《花前一笑》《残唐再创》《泣赋眼儿媚》《死里逃生》和《红颜年少》，前五种今存；传奇五种：《娇红记》《二胥记》《贞文记》《二乔记》和《赤伏符记》，前三种今存。此外，"清阙名《传奇汇考标目》别本著录其《风云会》《绣被记》两种，然他书均无记载"④。从《桃花人面》到《残唐再创》，从《娇红记》到《贞文记》，孟称舜的创作轨迹生动而清晰地展示出其思想的变化。

孟称舜的戏曲创作活动始于杂剧，现存五种杂剧均属其青年时期

① 马权奇：《二胥记题词》，朱颖辉辑校《孟称舜集》，第 619 页
② 马权奇：《鸳鸯冢题词》，朱颖辉辑校《孟称舜集》，第 615 页。
③ 永瑢等：《钦定四库全书总目》之《史部》卷九十，第 1862 页。
④ 齐森华等主编：《中国曲学大辞典》，第 139 页。

的成果。早在天启年间（1621—1627）之前，孟称舜就完成了《桃花人面》与《花前一笑》两部爱情剧的创作。据孟称舜同乡好友马权奇所言，此二剧"道闺房宛变之情，委曲深至。余友倪鸿宝称为我朝填辞第一手，至比之《国风》之遗。而老生夙儒则又呰之。云子因作《残唐再创》辞，以解其嘲"①。由于内容以表现才子佳人的浪漫恋情为主，此二剧颇受"老生夙儒"非议。为了展示自身多样的创作风格，孟称舜又创作了《残唐再创》。此剧一改之前《桃花人面》与《花前一笑》风流旖旎的创作风格，"感愤时事而立言……假借黄巢、田令孜一案，刺讥当世"②，以犀利的笔触揭露了当时社会的黑暗与腐败。此剧"作于魏监正炽之时，人俱为危之"③。剧中借田令孜来影射魏忠贤，贬斥其擅权窃政的误国行为："你那里擅朝纲，施奸诈，播弄得破国亡家。提起这眼前无限伤心话，猛叫人挥泪浑如把。"④ 将批判的矛头直接对准了当时炙手可热的当权者魏忠贤，其指斥时弊的勇气令人肃然起敬。关于《残唐再创》的创作时间，可据马权奇的评语大概推知：魏忠贤事败于天启七年（1627）十一月，此剧"作于魏监正炽之时"，说明则当于是年前已创作完成。又，卓人月《孟子塞残唐再创杂剧小引》述"今冬遘凫公袁于令、子塞于西湖，则凫公复示我《玉符》南剧，子塞复示我《残唐再创》北剧，要皆感愤时事而立言者"，据徐朔方考证，"今冬"即崇祯元年（1628）冬⑤，孟称舜将《残唐再创》"复示"卓人月，可见卓人月当时所阅已是改定稿，此剧应初成于魏忠贤极盛而渐趋衰败的那段时间，徐朔方推断为天启三年癸亥（1623）⑥。孟称舜的另一部爱情杂剧《泣赋眼儿媚》当作于《残唐再创》之后。祁彪佳作于崇祯三年庚午（1630）的《远山堂尺牍·与沈林宗》有言："孟子塞《眼儿

---

① 马权奇：《二胥记题词》，朱颖辉辑校《孟称舜集》，第 619 页。
② 卓人月：《孟子塞残唐再创杂剧小引》，焦循《剧说》卷四，《中国古典戏曲论著集成》（八），第 171 页。
③ 马权奇：《郑节度残唐再创总评》，孟称舜《酹江集》，第 354 页。
④ 孟称舜：《郑节度残唐再创》，《酹江集》，第 363 页。
⑤ 徐朔方：《晚明曲家年谱》第二卷，第 562 页。
⑥ 同上书，第 561 页。

媚》如在卓（人月）兄处，乞借之一录"，托沈泰转求《眼儿媚》于卓人月，徐朔方曾据此推断《眼儿媚》"当草就不久"①。然卓人月在其作于崇祯元年（1628）冬的《孟子塞残唐再创杂剧小引》中就已经高度赞扬了《眼儿媚》："沈君庸之《霸亭秋》《鞭歌伎》《簪花髻》，孟子塞之《花前笑》《桃源访》《眼儿媚》，斯为此曲之最，余平时定论盖如此。"②可见，此剧至迟应于崇祯元年（1628）完成。《死里逃生》则是一部社会剧，讲述寺僧作乱，奸淫妇女，危害百姓的故事，揭露了官府庇护下的佛教徒的虚伪肮脏，具有深刻的现实意义。此剧与《桃花人面》一同被收入沈泰编选于崇祯二年（1629）的《盛明杂剧》中，则当作于是年以前。由此可见，这五种杂剧在孟称舜三十五岁之前均已创作完成。青年时代的孟称舜其戏曲创作主要以杂剧为主，与同时代的许多青年才俊一样，他亦"多情常自为情痴"，钟情于才子佳人的悲欢离合题材，叙写了不少爱情杂剧，但并未沉浸于情爱的象牙塔中，依然积极关注社会、勇于批判现实，具有强烈的爱国热情和高度的社会责任感，也创作了一些反映社会现实的佳篇。

青年时代的孟称舜不仅关注国计民生，而且身体力行，有着传统儒士的积极入世心态。为了实现济世救国的理想，崇祯二年（1629），孟称舜与其兄孟称尧共同加入复社。据清吴山嘉辑《复社姓氏传略》可知，孟氏兄弟均列名于书中浙江卷之绍兴府所辖会稽县复社人员的姓氏序列中。复社本为一文社，以"复兴古学"为号召，在张溥、张采的领导下组织日益壮大，影响极为深远，成员声气相通，逐渐由读书会文变而求经世致用，以致干预政治，以"清议"救国救民。据祁彪佳《祁忠敏公日记·感慕录》中一则日记载："薄暮，张天如乃同叶行可年兄过访，所携之友仍在舟中。越友有送之者，为王士美、孟子塞、王玄趾、王升之、王标梅、刘北生、沈予良及奕远侄。"③可以得知，孟称舜与复社领袖张溥有一定交谊，应该

① 徐朔方：《晚明曲家年谱》第二卷，第563页。
② 卓人月：《孟子塞残唐再创杂剧小引》，焦循《剧说》卷四，《中国古典戏曲论著集成》（八），第171页。
③ 《祁忠敏公日记》第十册，第8页。

也是社中比较重要的人物。由于复社声势日隆，关系盘根错节，最后
沦为交势求利之场。异己者因嫉恨而扬言复社乱天下，在这种攻击
下，复社成员屡遭迫害。孟称舜救国的理想再一次破灭了，便于崇祯
十年丁丑（1637）加入了越中乡贤祁彪佳组织的枫社。此时的孟称
舜已是人到中年。枫社成员多为致仕乡绅和失意文人，皆工诗善画。
检视祁彪佳《祁忠敏公日记·山居拙录》可知，该社的活动内容大
抵以饮宴游赏、诗酒唱和等为主，活动场所主要是祁彪佳的别墅寓
山。孟称舜是该社中坚，广泛参与社中活动，酬唱赠答，吟咏性情。
虽然枫社是一个文人气息浓厚而政治色彩淡薄的文社，却也时时关注
时事，心系苍生。如《祁忠敏公日记·小柉录》中有一则日记云：
"（崇祯辛巳九月）十八日早至外家，拜外母忌辰。……出至余武贞
宅，会姜玉洲、孟子塞、谢云生、王抟九舅、姜七兄，共议禁贩
事。"① "共议禁贩事"，即共商防粮食出境之策。当时越中地区因自
然灾害导致粮食歉收、民不聊生，一些不良商贾囤积居奇、乘机渔
利，致使人心惶惶。孟称舜与祁彪佳忧患时艰，积极应对，表现出传
统士人所具有的以天下为己任的襟怀。这也让孟称舜那颗爱国之心暂
时有了归属。

在此期间，孟称舜完成了两部作品。一是于崇祯四年辛未
（1631）创作完成史评类著作《孟叔子史发》。孟称舜因"不得志而
立言"，发愤著书，不平而鸣，书中借古人自叹，讽喻现实。二是于
崇祯六年癸酉（1633），完成了元明杂剧选集《古今名剧合选》的编
选、评点工作，并于此年夏天为该选作长序一篇，深入阐述了自己的
戏曲理论及编选理念。关于此选，后文自第二章起将重点展开论述，
此处不赘述。

步入中年后，孟称舜的戏曲创作由青年时期的杂剧转向了传奇。
崇祯十一年（1638），他创作完成了《娇红记》，并在此年仲夏撰写
了《娇红记题词》，同时填词四阕，即［蝶恋花］《题娇娘像》之一
至四。《娇红记》是孟称舜的代表作，叙写了申纯与王娇娘感人至深

---

① 朱颖辉辑校：《孟称舜集》，第 607 页。

的爱情故事，被时人誉为"情史中第一佳案"①。此剧一方面改变了孟称舜前期《桃花人面》《花前一笑》《眼儿媚》等爱情杂剧所秉承的叙事模式，摒弃了才子佳人，一见钟情，终缔良缘的旧有程式，明确提出了追求"生同舍，死同穴"的"同心子"的恋爱观。另一方面，在表现爱情的同时融入了时代因素，不仅"反映了《牡丹亭》之后，爱情作品从浪漫主义到现实主义的发展"②，亦"非止为儿女细事所作"③，剧中主人公申纯与王娇娘的悲欢离合自始至终都缩合着政治，折射出"明末政治风云突变下，以门第为基础的婚姻仍然占据主导地位的社会现实"④。此外，孟称舜给剧名冠以"节义"二字，让申、娇二人为情而殉，关于这一点，其好友王业浩分析道："阿娇非死情也，死其节也；申生非死色也，死其义也。两人争遂其愿而合于理之不可移，是'鸳鸯记'而'节义'之也"⑤，马权奇亦认为此乃孟称舜"广大教化之弘愿也"⑥，可谓知音之言。由此可见，年逾不惑的孟称舜，在经历了个人屡举不第的打击和明王朝内外交困的政治败落后，创作思想也发生了很大改变，青年时期热烈、单纯而又乐观的诗情一变而为对现实的冷峻沉思，期望借申、娇故事改良社会，达到"广大教化之弘愿"。

崇祯十六年（1643），《二胥记》完稿，孟称舜作《二胥记题词》。《二胥记》是一部历史剧，也是一曲英雄的悲歌，主要铺叙了伍子胥覆楚、申包胥复楚的历史故事。从《娇红记》到《二胥记》的转变，正如孟称舜昔日杂剧创作从《桃花人面》《花前一笑》到《残唐再创》的转变，都是从一种风格走向另一种风格。追求创作风格的多样化，彰显出作者非凡的创作才能，正所谓"有十七八女郎唱'杨柳岸晓风残月'以鸣其艳，则不可无丈二将军铁绰板唱'大江东

---

① 王业浩：《鸳鸯冢序》，朱颖辉辑校《孟称舜集》，第 616 页。
② 王季思：《中国十大古典悲剧集》，齐鲁书社 1991 年版，第 576 页。
③ 孔尚任：《桃花扇》，人民文学出版社 2002 年版，第 5 页。
④ 翟丽娟：《试论清代戏曲、小说对孟称舜传奇〈娇红记〉的接受》，《陕西广播电视大学学报》2008 年第 4 期。
⑤ 王业浩：《鸳鸯冢序》，朱颖辉辑校《孟称舜集》，第 616 页。
⑥ 马权奇：《鸳鸯冢题词》，朱颖辉辑校《孟称舜集》，第 615 页。

去'辞以抒其豪。填词家固必兼此两种,乃为当家"①。同时,也均表现出作者对于黑暗现实的强烈不满与怨愤。所不同的是,较之前期创作的杂剧《残唐再创》,后期传奇《二胥记》在人物塑造、剧作思想等方面都有极大的变化,显示出随着时间的推移,孟称舜对社会现实的认识逐渐走向全面、深入。例如,两剧都痛斥权奸误国,但《残唐再创》是把国家的覆灭直接归因于播权弄政的田令孜、刘允章等人,认为是这些奸臣们蒙蔽了圣聪,剧中第四折〔滚绣球〕曲将批判的矛头对准误国权奸,痛快淋漓地大骂道:"太平时乔坐衙,骋多般胡乱煞,靠着田令孜那一个李家奴,势如天大,狠施为,毒蟒张牙。把一位唐天子撇那厢,恰当做小哇哇调弄着他。到如今是处里称王道寡,都是你几顶歪纱帽树起的槎枒,觑着那尸横夜雨麒麟冢,血洒秋风燕子家,痛恨难加!"②而《二胥记》虽也表现出对费无忌一类奸臣的切齿痛恨与指责,却将批判的矛头最终指向了封建社会的最高统治者国君,如此剧第四出《久要》申包胥劝伍子胥念在君臣之义不要报复楚王,应"把这伙奸邪诛尽",伍子胥则愤然回复道:"若不是老魔君识见昏,便有赛飞廉,怎把谗词进?他是俺父兄即世冤,还有甚大小君臣分呀。猛提起则教这恶狠狠怒气卷风云,惨凄凄,白昼转黄昏。"③一针见血地指出"乱自上作",正是君王的昏聩才造成了诸多冤案。其实就连申包胥这种典型的忠臣到最后也不得不承认"覆楚者,非伍员,乃平王也"(第十六出《悼亡》)。剧中将申包胥与伍子胥分别作为忠与孝的化身,认为二人所为均是合情合理的:"你为亲仇,要摧残故君;我尽臣职,怎忍见,江山齑粉。亡楚复楚,我和你,各展生平蕴,你做的是子当然,我做的是殉君恩、完臣谊,一般儿着紧。"(第四出《久要》)表现出孟称舜对于封建社会传统忠孝观的新认识,而剧中对申包胥复楚的极力铺叙,又隐隐昭示出孟称舜对明王朝大厦重建的企盼。

同年孟夏,孟称舜作《贞文记题词》,文中谈到传奇《贞文记》

---

① 马权奇:《二胥记题词》,朱颖辉辑校《孟称舜集》,第619页。
② 孟称舜:《酹江集》,第363页。
③ 孟称舜:《二胥记》,朱颖辉辑校《孟称舜集》,第281—282页。

的写作缘起及与友人募资刻书等内容，可知此时《贞文记》业已完成。《贞文记》据史载贞女故事改编而成，塑造了一个恪守封建礼教的贞女张玉娘。孟称舜十分仰慕张玉娘的才华与德行，称赞"玉娘之才，天下之奇才，而玉娘之行，天下之奇行也"①，为使其事迹能"被诸管弦""广传而征信"，乃撰《贞文记》传奇，以"表扬幽贞，风励末俗"。关于此剧的主旨，孟称舜直言不讳地宣称既在于"言情"，又在于"言性"，指出"男女相感，俱出于情。情似非正也，而予谓天下之贞女，必天下之情女者何？"将"情"与"贞"联系起来，达到以情传理的目的。剧中还安排了《闺酹》一出，写玉娘于闺中祭奠为国捐躯的王将军，并借玉娘之口发出感慨："丈夫则以忠勇自期，妇人则以贞节自许"，"家亡国破守贞忠，男忠女节两相同"。② 由此可见，孟称舜正是想通过张玉娘与沈生的男女之情来表达对于"男忠女贞"的赞许，并期望以此来感动人心，达到改良社会的愿望。从《贞文记》的创作意图及主题思想不难见出，此时的孟称舜其思想、心态都发生了极大变化。明末王朝政治动荡，危如累卵，受此倾危现实的影响，孟称舜由情痴一变而为端士，在抒写男女真情的同时融入了对于忠孝节义的宣扬，追求所谓的"情之正"，以期借此来挽救世道人心，改变明王朝即将败落的命运。

同大多数成功作家一样，孟称舜在戏曲之外的正统文学领域亦颇有建树，诗、词、文、赋、史评皆工，作品甚丰。检览相关文献，孟称舜现存诗作约十五首，其中《题瓶隐》《题妙赏亭》《题柳陌》《题试莺馆》《题即花含》等五首乃受邀为祁彪佳寓山十六景所作的题咏，后为祁彪佳《寓山注》所收，原诗均无题，题目乃朱颖辉后来所加，朱颖辉《孟称舜集》在辑校时为便于查阅，依次加上题目；③《松阳县志》卷十一录有《一贞居士》一首；孟称舜曾刊刻张玉娘作品《兰雪集》，在其附录部分载有孟称舜《鹦鹉冢》一诗；《过闻鸡起舞处》《宋鲁十六翰林移镇惠韶》和《为太平胡令公寿》

---

① 孟称舜：《贞文记题词》，朱颖辉辑校《孟称舜集》，第562页。
② 孟称舜：《贞文记》，朱颖辉辑校《孟称舜集》，第460页。
③ 朱颖辉辑校：《孟称舜集》，第543页。

三首为《越中耆旧诗》收录；郑闰《孟称舜补考三则》一文载有《卯山道士（叶静能）》和《雪庵和尚（叶希贤）》二首。上述十二首诗作均见录于朱颖辉《孟称舜集》一书。此外，《松阳县志》卷八还录有孟称舜吊松阳三异人诗三首，分别题为《卯山道士》《一贞居士》和《雪庵和尚》，朱颖辉《孟称舜集》未载。①

孟称舜有词集《花屿集》，惜已散佚，其词作流传下来的较少。朱颖辉《孟称舜集》共辑录孟词八首，即：［卜算子］《江上》、［渔家傲］《塞上》、［金人捧露盘］《闺思》（此三首分别录自《古今词统》之卷四、卷十及卷十一）、［蝶恋花］题娇娘像词四首（录自《节义鸳鸯冢娇红记》卷首题词）及［蝶恋花］《春去》（录自《全清词钞》）。而王汉民、周晓兰编辑校的《孟称舜戏曲集》则辑有孟称舜词作九首，于朱颖辉《孟称舜集》所罗列的八首之外又增加了［诉衷情］《赠筵前美人》一首（录自《古今词统》卷三）。②再检索《全清词》（顺治卷），共收录孟词三首，分别为［蝶恋花］《春去》、［渔家傲］《塞上》和［诉衷情］《午夜》，前两首均为《孟称舜集》和《孟称舜戏曲集》所收录，［诉衷情］《午夜》虽未见录于二书，但其内容与《古今词统》卷三［诉衷情］《赠筵前美人》一词完全一致，可见二作属同质异名。如此，孟称舜今存词作当有九首。

孟称舜能诗工词，亦善文。其文形式多样，不拘一格，有序有记，有谱有说，有祭文有尺牍，表现出非常全面的文学素养与艺术功底。检视《孟称舜集》和《孟称舜戏曲集》，除去重复，二集累计收录孟称舜文十三篇，分别为：《古今词统序》《古今名剧合选序》《节义鸳鸯冢娇红记题词》《二胥记题词》《贞文记题词》《置田记》（片段）《贞文祠记》《孟氏南北分支本末》《绍兴孟氏分支本末》《志公祠义田碑记》《松学义田说》《祭张玉娘文》和《答人言谤书》。此外，孟称舜还有序言、传记各一篇，均为《孟称舜集》和《孟称舜戏曲集》所未载。合而论之，现存孟文当为十五篇。

序言即《合刻〈柏楼吟〉、〈兰雪集〉序》，据胡文楷《历代妇女

---

① 吴庆晏：《孟称舜研究》，博士学位论文，华东师范大学，2010 年。
② 王汉民、周晓兰：《孟称舜戏曲集》，巴蜀书社 2006 年版，第 525 页。

著作考》记录，孟称舜曾合刊《柏楼吟》《兰雪集》二集，并作有序文一篇："《柏楼吟》二卷，（明）孟蕴著。……明山阴孟称舜刊本，与张玉娘《兰雪集》并镌。前有孟称舜序、宣德六年蒋玉华等奏章及圣旨。……"① 至于该序的具体内容，徐永明《女诗人孟蕴和戏曲作家孟称舜》一文则据《柏楼吟》浙图藏本中的孟称舜序转引②，兹将全文引录于下：

> 士委质而后为人臣，女结褵而后为人妻贞女。女也而以妇道自居者何？君臣夫妇虽以人合，而其义无所逃，则皆天之制也。女未字而从一以终，士未仕而矢志不二，其不因宠利而后自效者均也。殷夷、齐，汉李业、王皓、王嘉，晋王裒，唐周朴，皆不受禄于君，而以身殉焉。夫贞女夫，其亦犹是乎？远不具论，当宋之末，则有张若琼氏，迨明之初，则有吾家子温氏焉。两人之贞同，其贞而文也则又同，若琼著有《兰雪集》，盖兰以比馨，雪以比洁也。子温著有《柏楼吟》，盖柏以言其霜雪零而青青者，不渝其色也。昔人言宋广平铁心石肠，而其《梅花赋》清丽艳发，绝不类其为人，吾于两大家诗亦云。且人固有以文重者，文亦有以人重者，女子有才而行或不称，说者比之蕙面棘心，文虽佳，其人不足尚也。今以两人之才合之两人之行，其人与文岂不并重也哉？若琼文不概见，而仅以诗传；子温文不概见，并其诗亦不尽传。古称才女辄推道蕴，道蕴虽有集，人不多见，只"柳絮因风起"一语便足千古，乃知语不在多，期于可传而已。两家之诗多寡不同，其为可传，一也。此吾所以举《柏楼吟》与《兰雪集》录而传之也。山阴卧云子孟称舜书。

序中将未嫁而守的贞女与未仕而殉的志士并举，提出"女未字而从一以终，士未仕而矢志不二，其不因宠利而后自效者均也"，赞扬了她们"不因宠利而后自效"的义举。接着指出宋末张玉娘与明初

---

① 胡文楷：《历代妇女著作考》（增订本），上海古籍出版社 1985 年版。
② 徐永明：《女诗人孟蕴和戏曲作家孟称舜》，《浙江大学学报》2007 年第 5 期。

孟蕴堪为贞女之楷模，"两人之贞同，其贞而文也则又同"，二女不仅有节，而且有才。如此才德相称的两个人理应流芳百世，孟称舜于序末继而阐明了自己合刻《柏楼吟》与《兰雪集》的初衷："今以两人之才合之两人之行，其人与文岂不并重也哉。……两家之诗多寡不同，其为可传，一也。此吾所以举《柏楼吟》与《兰雪集》录而传之也。"孟称舜期望通过合刻二女诗集，使其诗、其事、其人皆能并传千古，而孟称舜独到的文学眼光及时时不忘广兴教化的社会责任感亦随此二集并显，为世人所敬慕。

传记即《丁夫人传》，系孟称舜为清初山阴人王端淑所作。王端淑乃王季重次女，字玉映，别号映然子，清初著名女诗人，后嫁与钱塘贡生丁睿为妻。著有《玉映堂集》《吟红集》。《丁夫人传》见录于王端淑《名媛诗纬初编》①，孟称舜以曼妙之笔叙写了传主王端淑充满传奇色彩的人生，并将之与徐渭、陈洪绶等大家相对比，彰显出其在诗、画领域的卓然才气与独特成就，将一代才女的形象描绘得栩栩如生。孟称舜在文中感叹王端淑与徐渭、陈洪绶一样，均"失志于时"，正所谓"才人不偶"，推人及己，字里行间隐然表现出英雄无用武之地的失意及对黑暗现实的不满。

据清代丽水县儒学教谕徐开熙《修学建田记略序》所载，孟称舜曾作有《硕人赋》一篇，中云："松菊犹存，莼鲈正美。张翰、陶潜，吾愿从之游焉"②，表现出对于田园生活的向往。序中所载仅此二句，惜无完帙。

更为可惜的是孟称舜所作史评《孟叔子史发》一书的散佚，此书"取古人事迹，为论四十篇，始许由论，终谢枋得论"③，《钦定四库全书总目》称其为"瑕瑜互见之书"，认为"其文皆曲折明畅，有苏洵、苏轼遗意，非明人以时文之笔论史者"，所论多"能破门户之见"，但因"述不得志而立言"，故"不免失之偏驳"④。因而只将此书列入《存目》，而未收录。主流意识形态的摒弃，限制了此书的传

① 王端淑辑：《名媛诗纬初编》，康熙六年（1667）清音堂刻本。
② 徐开熙：《修学建田记略序》，朱颖辉辑校《孟称舜集》，第601页。
③ 《浙江采集遗书总录》，朱颖辉辑校《孟称舜集》，第613页。
④ 永瑢等：《钦定四库全书总目》之《史部》卷九十，第1862页。

播，造成了今日无法重阅的遗憾，也使得在孟称舜的思想及创作研究方面又少了一份至关重要的文献资料，无疑是一笔巨大的损失。

甲申剧变，国破家亡，改朝换代。入清以后，孟称舜虽未效法刘宗周、祁彪佳等人以身殉国，但也对故明充满了眷恋之情。顺治三年丙戌（1646）夏，孟称舜与二子避乱浙江嵊县，在此期间，曾与门人朱士稚、张宗观等抗清志士共商反清大计。然而命运的捉弄，使他身边的人一个个远去了，"七八年间而朗屋、元晦皆罹平陵之惨，师遁于广文，士稚流行三若。回顾当日之言，竟无一当。言念旧事，慷慨系之"①，张宗观与孟称舜长子先后遭兵祸而亡，朱士稚长期奔徙在外，事态的发展无异于一瓢冷水当头浇下，此时的孟称舜已是年近花甲的老人，尽管内心仍然满怀黍离之悲与失亲之痛，但他"如火一般的热情在这个艰难时世中慢慢冷却了"②，最终于顺治六年（1649）被举为贡生，并以贡生身份出任松阳训导，"遁于广文"，开始了教书先生的生涯。孟称舜在江山鼎革巨变中所走过的从愤懑、抗争到无奈的心路历程于此可见。不过，任松阳训导期间，孟称舜任劳任怨，力以己任，他课士严整，"肃风教而振流败"③，修学宫、建学田，做了许多有利民生的好事，也展示出自身卓尔不凡的政治才华，其《志公祠义田碑记》《松学义田说》等均作于此时。虽然政绩卓著，但现实的黑暗与腐败，让孟称舜逐渐萌生了思归之意，其写于任上的《硕人》一赋表达了此时的归隐之志："松菊犹存，莼鲈正美。张翰陶潜，吾愿从之游焉。"④ 而后来松阳地区发生的一起枉杀士人的事件促成了孟称舜的"陶潜之志"。据徐开熙《修学建田记略序》所载："于时适有无罪杀士之变，诸士哭庙，涂墙抒其愤抑。当事者移檄，欲罪诸士。先生毅然以去就争之，诸士得无恙。而先生亦以力辞求归，行李萧然，夷犹自若。"⑤ 孟称舜仗义执言，勇救士人，虽祸及自身却泰然处之。辞官归里之后，孟称舜"舍其父孟应麟遗宅为庙，

---

① 《越中耆旧诗》，朱颖辉辑校《孟称舜集》，第 597 页。
② 朱颖辉辑校：《孟称舜集》前言，第 12 页。
③ 徐开熙：《修学建田记略序》，朱颖辉辑校《孟称舜集》，第 601 页。
④ 孟称舜：《硕人赋》，朱颖辉辑校《孟称舜集》，第 554 页。
⑤ 徐开熙：《修学建田记略序》，朱颖辉辑校《孟称舜集》，第 601 页。

后被住兵残毁。复呈督抚捐助修复，免其户田供修，备祀勒石，永垂不朽"①。

综上所述，如果以甲申剧变为界，孟称舜的思想及创作则呈现出截然不同的两种走向：入清前，孟称舜虽科场蹭蹬、屡举不第，但在文学领域尤其是曲学方面却成就斐然，创作出大量的优秀剧作，正所谓"文人不幸文坛幸"。他感愤现实，寄情词曲，积极加入复社、枫社，既有传统儒士的入世心态，又表现出不满时弊的愤世心态，同时也流露出一定的救世思想。入清后，孟称舜的文学创作数量虽明显减少，但在政治上却颇有作为。总之，孟称舜因不满现实而参与抗清，继而任清职，最终辞官归隐的人生经历，反映出其思想上从感愤时事到激烈抗争，再到无奈隐忍，终至遁世归里的过程，这也使其不同时期的文学创作相应地呈现出反映现实、批判现实、拯救现实、隐逸思归的特点。

① 《会稽县志》卷十四，朱颖辉辑校《孟称舜集》，第603页。

第二章 《古今名剧合选》的编选与版本

第一节 编选理念

中国古代戏曲选本的发展历程可以分为三个阶段:从元代至明代嘉靖、隆庆时期,为戏曲选本的草创期;从明万历时期至清代康熙、雍正时期,为戏曲选本的繁盛期;从清代乾隆时期至宣统三年,为戏曲选本的转型期。① 以此为据,孟称舜编选的元明杂剧选本《古今名剧合选》则属于繁盛期的产物。当然,俗文学的繁荣、出版印刷业的昌盛是戏曲选本进入繁盛期的重要条件。

自明代万历年间起,资本主义萌芽的出现带动了城市工商业的快速发展,《明实录》中曾记载了当时苏州纺织业的盛况:"染房罢而染工散者数千人,机房罢而织工散者又数千人;此皆自食其力之良民也。"② 城市经济的繁荣带来了市民阶层逐渐扩大,也为小说、戏曲等俗文学地位的提高创造了条件。与此相呼应,在思想界,以李贽为代表的王学左派反对程朱理学,崇尚自由,肯定人欲,张扬个性,掀起了一股个性解放的热潮,为俗文学的繁荣提供了适宜的土壤。众多作家投身俗文学的创作,以平民的视角审视人的合理情欲,高扬人的主体精神,追求审美趣味的世俗化。此时的戏曲创作也进入了空前的鼎盛时期,不仅文人学士不再视之为鄙野淫邪之辞,主动参与其中,

---

① 朱崇志:《中国古代戏曲选本研究》,上海古籍出版社 2004 年版,第 6 页。
② 《明实录·神宗卷》,第 361 页。

就连村儒优人也以编戏为常事："年来俚儒之稍通音律者，伶人之稍习文墨者动辄编一传奇"①，一时"曲山词海"，剧作如林。戏曲创作的繁荣促进了戏曲表演的常态化，不管是民间的迎神赛社，还是文绅富豪的宾客宴请，都能看到艺人们搭台组班，粉墨登场。演剧活动可谓遍布城乡，既有全本演出，也有摘锦挑出，还有套曲清唱，形式多样，内容丰富，皆为观者所喜闻乐见。红氍毹上的热闹繁华反过来又刺激了戏曲刊刻的昌盛。

中国的印刷业至明代进入了全盛期，印刷技术突飞猛进，既有活字印刷也有套版印刷，出版机构遍布全国，有官刻、私刻、坊刻，形成从中央到地方的三级出版系统。明中叶以后，伴随着城市经济的发展，市民文化的勃兴，戏曲、小说等俗文学的刊刻便蔚然成风，胡应麟称："今海内书，凡聚之地有四，燕市也、金陵也、阊阖也，临安也。"② 可见江南一带此风更炽，一些著名的市井书坊如唐氏富春堂、世德堂、陈氏继志斋等，都印行小说戏曲，热衷于戏曲选本的整理出版，既借此牟取较高的商业利润，又凭着自身精湛的刊刻技术和严肃认真的态度赢得了口碑。在这样的背景下，戏曲选本的黄金时期到来了。

据粗略统计，明代的戏曲选本有六十余种之多，《古今名剧合选》无疑是众多选本中的上乘之作。作为繁盛期的杂剧选本，《古今名剧合选》的编选并不像草创期的《元刊杂剧三十种》那样稚拙、随意，"题'大都新编'者三，'大都新刊'者一，'古杭新刊'者七；又小字二十六种，大字四种，似元人集各处刊本为一帙者。然其纸墨与板式大小，大略相同，知仍是元季一处汇刊。其署'大都新刊'或'古杭新刊'者，乃仍旧本标题耳"③，同时剧本内容大多有曲无白甚至曲全白缺，缺乏清晰的选录观念与统一的选编体例，而是具有明确的编选理念与独特的审美情趣。首先是追求文本内容的精确性，《古今名剧合选》不再采取《元刊杂剧三十种》那样实录元剧底本内容

① 沈德符：《顾曲杂言》，《中国古典戏曲论著集成》（四），第206页。
② 胡应麟：《少室山房笔丛》，上海书店出版社2009年版，第41页。
③ 王国维：《〈元刊杂剧三十种〉序录》，《王国维戏曲论文集》，中国戏剧出版社1984年版，第242页。

的简单做法，而是胪列了清晰的选目，并且选择了较为精良的底本，自觉将所用良本与他本对勘，品评优劣。其次是形式更为整饬美观，除了统一了各剧的体例而外，《古今名剧合选》还为入选剧作各附精美插图两幅，图文并茂，相得益彰。较之同时期的其他杂剧选本，如《元曲选》《盛明杂剧》等，《古今名剧合选》虽然与它们一样选录了大量的文人剧，见证了杂剧由场上之曲向案头作品的过渡，加快了杂剧的文人化进程，但同时也折射出编选者孟称舜与众不同的编选理念与曲学见解。

一　独立的曲体观

孟称舜在其《古今名剧合选序》中指出"诗变为词，词变为曲。其变愈下，其工益难"，认为诗、词、曲三者同源，曲是由诗、词逐渐演变而来的，体现出一种比较科学的文体代变论思想。回溯文学理论史，人们对曲与诗词之关系的认识经历了一个由模糊到清晰的变化过程。早期的曲与诗词并无称谓上的严格界限，如张炎《词源》中屡屡提及的"曲"，并非戏曲而是指可以入乐歌唱的词；罗宗信《中原音韵序》中所称的"大元乐府"则是以"乐府"代指戏曲。这些均反映了论者对曲体本质认识上的模糊性。到了明清时期，尽管曲早已以其独特的性质区别于诗词，可仍然有论者不时将三者有意粘连，将曲与诗词并提，借以提高曲体的地位，使之获得上层文人的心理认同。如清初戏曲家尤侗曰："今之人，往往高谈诗而卑视曲，词在孟季之间。予独谓能为曲者方能为词，能为词者方能为诗"，刘熙载亦言："未有曲时，词即是曲；有曲时，曲可悟词。"所论显然是借论述曲与诗词乐统承续的必然性，张扬尊崇曲体的观念。

戏曲选本也呈现出这一特征，仅就题名来看，显得毫无文体特色，或以向来涵括诗词的"乐府"一词为名，如《太平乐府》《乐府新声》《乐府群玉》《雍熙乐府》等；或以"词"作为曲选之号召，如《词林白雪》《词林逸响》《词林摘艳》等，可见视诗、词、曲三位一体已成为当时的习惯。无怪乎有论者指出："明代戏曲理论主要涉及的是戏曲的形式、风格尤其是技巧问题，而基本上没有涉及戏曲的本质、地位、功能与社会生活的关系问题，或者说基本上没有从本体论的角度，阐述戏曲的根本观念问题。"① 认为明代的戏曲理论只侧重形式，而缺少本体论的眼光。如若联系孟称舜的戏曲理论来看，此言不免显得偏颇。

孟称舜在其《古今名剧合选序》中不仅立足于文学自身的发展演变规律指出"诗变为词，词变为曲"，深入探索了曲的本源，而且在对《古今名剧合选》中的诸剧进行评点时也屡屡将曲与诗词文等正统文体相提并论，多次指出好的戏曲堪与《史记》等高文典册媲美，这集中表现在对《赵氏孤儿》一剧的评点中：

> 此是千古最痛最快之事，应有一篇极痛快文发之。读此觉太史公传犹为寂寥，非大作手不易办也。（总评）
>
> 有心人实地商量，堪与《史记》相映，此等处作一段实事看。（第二折［牧羊关］评点）
>
> 非了达生死大英雄不能为此语。大文字可当千经万典。（第二折［菩萨梁州］评点）
>
> 此折曲白俱妙，是世间绝大文章，勿以小曲视之。（第四折总评）
>
> 文字到好处便山歌。曲白与高文典册同一机局，试看此段叙述，缓急轻重多少处，便解作文法则。（第四折［斗鹌鹑］评点）②

在《天赐老生儿》的总评中孟称舜再次指出："如此剧与《赵氏孤儿》等白，直欲与太史公《史记》列传同工矣。盖曲体似诗似词，而白则可与小说演义同观。"③ 认为《天赐老生儿》一剧的"一篇白文绝妙，点醒胜过《战国策》、太史公"④ （第三折［调笑令］评点）。又如评《重对玉梳记》云："辞气似是卤莽却愈觉雅醇，当与

① 田守真：《明代曲论概观》，《四川师范大学学报》1988 年第 6 期。
② 孟称舜：《酹江集》，第 114—128 页。
③ 同上书，第 164 页。
④ 同上书，第 178 页。

韩昌黎诗并观。"① 这些评点将戏曲与诗词甚至《史记》《战国策》等
并列，可见孟称舜对于提升曲体地位所做的努力。

不过，孟称舜的努力并未止于此，他从艺术创作的角度进一步探
讨了曲与诗词的差别，从而真正触及了曲体的本质：

> 诗变为词，词变为曲。其变愈下，其工愈难。吴兴臧晋叔之
> 论备矣：一曰情辞稳称之难，一曰关目紧凑之难，又一曰音律谐
> 叶之难。然未若所称当行家之为尤难也。盖诗词之妙，归之乎传
> 情写景。顾其所为情与景者，不过烟云花鸟之变态，悲喜愤乐之
> 异致而已。境尽于目前，而感触于偶尔，工辞者皆能道之。迨夫
> 曲之为妙，极古今好丑、贵贱、离合、死生，因事以造形，随物
> 而赋象。时而庄言，时而谐诨，狐末靓狙，合傀儡于一场，而征
> 事类于千载。笑则有声，啼则有泪，喜则有神，叹则有气。非作
> 者身处于百物云为之际，而心通乎七情生动之窍，曲则恶能
> 工哉。②

孟称舜认为曲虽与诗词同源，但在创作上明显难于诗词。较之臧
懋循在《元曲选序》中所提出的戏曲创作"三难"说，孟称舜在比
较分析了诗词曲的创作过程后，抛出一个掷地有声的观点："未若所称
当行家之为尤难也"，切中肯綮地指出戏曲创作的真正难度在于当行。
在孟称舜之前，尽管也有曲家涉及了曲体的独特性，如孟称舜的同乡
前辈王骥德就曾指出："词之异于诗也，曲之异于词也，道迥不侔也。
诗人而以诗为曲也，文人而以词为曲也，误矣，必不可言曲也。"③
认为诗词曲同源异流，具有各自不同的文体属性，"夫诗之限于律与
绝也，即不尽于意，欲为一字之益，不可得也。词之限于调也，即不
尽于吻，欲为一语之益，不可得也。若曲，则调可累用，字可衬增。
诗与词，不得以谐语方言入，而曲则惟吾意之欲至，口之欲宣，纵横

---

① 朱颖辉辑校：《孟称舜集》，第 579 页。
② 孟称舜：《古今名剧合选序》，朱颖辉辑校《孟称舜集》，第 556 页。
③ 王骥德：《曲律》，《中国古典戏曲论著集成》（四），第 159 页。

出入，无之而无不可也。故吾谓：快人情者，要毋过于曲也"。并进一步从传情达意的角度指出曲具有一定的优越性，正所谓"诗不如词，词不如曲，故是渐进人情"①。如果说王骥德所论局限于形式上的浅层次析辨，那么孟称舜则更为深入地分析了戏曲与诗词传情写意的具体不同。他指出"盖诗词之妙，归之乎传情写景，顾其所为情与景者，不过烟云花鸟之变态，悲喜愤乐之异致而已。境尽于目前而感触于偶尔"，诗词是以景物为媒介，抒发一己之感触，故"工辞者皆能道之"，而戏曲不仅要传情写景，更要"极古今好丑、贵贱、离合、死生，因事以造形，随物而赋象"，旨在塑造形象生动的人物。这一认识在其对《智勘魔合罗》一剧的总评中再次被深化："曲之难者，一传情，一写景，一叙事。然传情写景尤易为工，妙在叙事中绘出情景，则非高手未能矣。"② 在孟称舜看来，戏曲之难不在于追求"情辞稳称""关目紧凑""音律协叶"，也不在于单纯的写景抒情，而在于融描写、写景、抒情、叙事为一体，尤"妙在叙事中绘出情景"，抓住了戏曲的叙事性，所论已然涉及了戏曲的本质。宗白华先生曾说过："戏曲的艺术史融合抒情文学和叙事文学而加之新组织的，他是文艺中最高的制作，也是最难的制作。"③ 孟称舜在诗词曲的比较中，准确地把握住了戏曲通过写景抒情来塑造人物、反映生活的根本特质，较之臧懋循单纯就创作技巧论戏曲创作，以及王骥德从格律语言等形式角度入手谈戏曲创作，其认识无疑更加趋于戏曲的本质。

二 追求本色当行的审美观

如前所述，孟称舜强调戏曲的本质特征，指出戏曲是叙事、写景、抒情三位一体的，既要塑造人物形象，又要抒发主体情感，更要反映社会现实。基于这种独立的曲体观，在《古今名剧合选序》中，对于臧懋循提出的"曲有三难"说，孟称舜并未表示认同，相反却提出了一个新的观点："未若所称当行家之为尤难"，表现出追求本

---

① 王骥德：《曲律》，《中国古典戏曲论著集成》（四），第160页。
② 孟称舜：《酹江集》，第198页。
③ 《宗白华全集》第一卷，安徽教育出版社1994年版，第185页。

色当行的独特审美取向。在对《古今名剧合选》的各剧进行评点时，孟称舜多次以本色当行作为品评剧作的主要视角，其所选剧作也多为本色当行之作。

需要指出的是，"本色""当行"二词并非孟称舜首倡，早在魏晋六朝时期，《晋书》《文心雕龙》中"本色"一词即已出现，而"当行"一词首见于严羽《沧浪诗话·诗辩》："大抵禅道惟在妙悟，且孟襄阳学力下韩退之远甚，而其诗独出退之之上者，一味妙悟而已。惟悟乃为当行，乃为本色。"① 严羽将"本色""当行"并举，强调"妙悟"乃诗道之根本。自元代起，"本色""当行"逐渐从诗文领域进入戏曲领域，成为论者品评剧作的标尺之一。

在晚明曲论中，曲家多将"本色""当行"分而论之，如冯梦龙曾言："词家有当行、本色二种。当行者，组织藻绘而不涉于诗赋；本色者，常谈口语而不涉于粗俗。"② 较之冯梦龙较为混乱的论述，吕天成所论显得逻辑清晰："当行兼论做法，本色只指填词，"③ 在将二者分述的同时，又指出其内在的紧密联系："殊不知果属当行，则句调必多本色；果其本色，则境态必是当行。"④ 不过，也有一些曲家将"本色"与"当行"合而论之。如凌濛初就指出："曲始于胡元，大略贵当行不贵藻丽，其当行者曰'本色'。"⑤ 关于什么是本色当行，孟称舜有着独特的认识："作者极情尽态而听者洞心耸耳，如是者则皆为当行，皆为本色。"⑥ 将本色与当行合而论之，认为本色即是当行，当行必显本色，既体现出辩证的理论眼光，又切中肯綮。在孟称舜看来，戏曲是叙事文学，以塑造人物形象为中心，故剧作家必须"极情尽态"，才能使观听者"洞心耸耳"，唯有如此，才算得上本色当行。概言之，冯、吕、凌诸家所论的本色当行多着眼于戏曲

---

① 郭绍虞：《沧浪诗话校笺》，人民文学出版社 1961 年版。
② 冯梦龙：《太霞新奏》，俞为民、孙蓉蓉《历代曲话汇编·明代编》第三集，黄山书社 2009 年版，第 24 页。
③ 吕天成：《曲品》，《中国古典戏曲论著集成》（六），第 211 页。
④ 同上。
⑤ 凌濛初：《谭曲杂札》，《中国古典戏曲论著集成》（四），第 253 页。
⑥ 孟称舜：《古今词统序》，朱颖辉辑校《孟称舜集》，第 555 页。

语言层面，相形之下，孟称舜的本色当行论则紧扣戏曲的代言体特征，更多的是从叙事的角度展开论说，内涵丰富，既涉及人物形象塑造，又关注戏曲语言，同时亦不忘戏曲的舞台性，显示出理论的全面性。

孟称舜所谓的本色当行首先是针对剧作的语言风格而言，在表述时使用"本色"一词。在对诸剧进行批点时，他时时不忘对于本色语的赞赏。如评《金钱记》"本色中自觉高华秀拔，固是大手笔。其争工不在字句上，读之朗朗自异"①；评《三度任风子》曰："此剧机锋隽利，可以提醒一世。尤妙在语语本色，自是当行人语，与东篱诸剧较别"②；在《昆仑奴》总评中重申徐渭之言："语入要紧处，不可着一毫脂粉。越俗、越家常、越警醒，此才是好水碓不杂一毫糠衣真本色。"③ 这些评点都是从语言风格的角度来使用本色一词。孟称舜对于本色语的认识继承了王骥德的观点，追求一种介于浅深、浓淡、雅俗之间的戏曲语言，既不过分追捧典雅蕴藉的语言，也不排斥清新直白的家常俗语。他激赏《青衫泪》"用俗语愈觉其雅，板语愈觉其韵"的语言魅力，感叹《金钱记》中"俗语、韵语彻头彻尾，说得快性尽情"，赞叹《重对玉梳记》"辞气似是卤莽却愈觉雅醇"，在对戏曲语言雅与俗的辩证认识中拓宽了本色语的内涵。认为真正的本色语就是不事雕琢，清新自然，文而不文，俗而不俗。

其次是针对人物形象塑造，在表述时使用"当行"一词。孟称舜在《燕青博鱼》一剧的总评中提出："文章之妙，在因物赋形，矧词曲尤为其人写照者"④，认为戏曲是一种代言体艺术，剧作家要代剧中人物立言，必须真实生动地塑造人物形象，揣摩其语言、心理、体验其情感，做到"因事以造型，随物而赋象"。如若"男语似女，是为雌样，女语似男，是为雄声"，显然就成为戏曲创作的败笔，无法真实地反映现实生活；反之，若能"化其身为曲中之人"，细心体会剧中人物的情感，把握其特定的身份、地位与性格，那么就能取得本

---

① 朱颖辉辑校：《孟称舜集》，第 575 页。
② 同上书，第 581 页。
③ 同上书，第 589 页。
④ 同上书，第 585 页。

色当行的艺术效果，如《燕青博鱼》一剧"作燕青语，又粗莽又精细，似是蓼儿洼上人口气"，孟称舜就由衷地赞叹"固非名手不办"。在孟称舜看来，那些成功的剧作往往都无一例外地塑造出形神毕肖的人物形象。康进之的《李逵负荆》就是这样一部成功的剧作，不仅得以入选《酹江集》，而且获得孟称舜极高的赞赏："曲语句句当行，手笔绝高绝老。至其摹像李山儿，半粗半细，似呆似慧，形景如见，世无此巧丹青也"①，认为李逵形象的塑造极为成功，甚至以此剧为标准来评价其他水浒剧，指出《黑旋风仗义疏财》第一折"通折写墟原旅景及壮夫声口已到五六分矣，但出李山儿口尚须再粗莽为妙，较元人负荆剧殆为逊之"②。可见，孟称舜对于人物当行的重视。不过，在他看来，人物塑造的当行既要达到语言的个性化，还要准确抒发内心情感，这就要求剧作家"身处于百物云为之际，而心通乎七情生动之窍"，置身作品之中，深入体察人物内心，这样才能准确地传达出人物的情感，使人物"极情尽态"，才称得上当行本色。在《翰林风月》第二折眉批中，孟称舜表达了这一认识："西厢窥柬一套，写出莺红两人许多做作委折，情味甚妙，此折光景相同，但樊素语比红出得较伉直者，以获赃在手，不怕他妆乔也。且莺红两人一说便了，而素尽情嘲笑，以莺虽暂时做作，平日实未尝瞒却红娘耳。至小蛮遗生香囊，实出素意外。素盖愠其瞒己而销之，刺刺不能休。于此知作者用意自别。"③ 在将《翰林风月》与《西厢记》进行比较时指出二剧虽然在情节上有相类之处，但《翰林风月》中樊素形象的塑造却丝毫不逊色于红娘，由于作家在传樊素之情时注意契合人物的身份及情节的发展，所以樊素的"尽情嘲笑""刺刺不能休"才显得合情合理，并且也因此成为一个个性鲜明、血肉丰满的婢女形象，与红娘一样深入人心。由此指导剧作家应当结合人物的身份、地位、处境乃至心境等因素来传达其内心丰富的情感。

在明代戏曲理论界，关于本色的论争一直是见仁见智、聚讼纷

---

① 孟称舜：《酹江集》，第 59 页。
② 同上书，第 241 页。
③ 同上书，第 251 页。

绖，这主要缘于曲论家们对戏曲文体认识上的差异。孟称舜的本色当行论比较准确地把握住了戏曲的代言体特征，侧重从语言描写、人物塑造、传情达意等角度评价剧作的高下，探讨戏曲的特质，对戏曲的艺术特征与创作规律做出了更进一步的合理认识和科学探索。清代著名曲论家徐大椿在其《乐府传声·元曲家门》中曾如此解释本色："元曲为曲之一变……若其体则全与诗词各别，取直而不取曲，取俚而不取文，取显而不取隐，盖此乃述古人之言语，使愚夫愚妇共见共闻，非文人学士自吟自咏之作也。若必铺叙故事，点染词华，何不竟作诗文，而立此体耶？譬之朝服游山，艳妆玩月，不但不雅，反伤俗矣。但直必有至味，俚必有实情，显必有深义，随听者之智愚高下，而各与其所能知，斯为至境。又必观其所演何事，如演朝廷文墨之辈，则词语仍不妨稍近藻绘，乃不失口气；若演街巷村野之事，则铺述竟作方言可也。总之，因人而施，口吻极似，正所谓本色之至也。此元人作曲之家门也。知此，则元曲用笔之法晓然矣。"① 徐大椿以元曲为例，指出戏曲创作与诗词不同，因为要演之场上，适应不同观众的审美需求，所以一定要浅近通俗，追求"本色之至"，简言之，就是要做到"因人而施，口吻极似"。徐大椿充分认识到戏曲作品的舞台性与代言体特征，强调通过人物形象塑造及人物语言的个性化，达到本色的艺术效果，其"因人而施，口吻极似，正所谓本色之至也"的论断在一定程度上印证了孟称舜本色当行论的科学性，也反衬出孟称舜理论眼光的前瞻性与深刻性。

三　文人雅趣与救世情怀的互渗

《古今名剧合选》的编选既体现出孟称舜独立的曲体观，又彰显出其注重本色当行的审美追求，同时也蕴含着孟称舜的文人雅趣与救世情怀。对于戏曲选本的编选初衷，朱崇志在其《中国古代戏曲选本研究》一书中如此概括："戏曲选本选编作品，一般会考虑两个方面，一是激赏其文字情致，一是看重其流行程度。"② 《古今名剧合

---

① 徐大椿：《乐府传声》，《中国古典戏曲论著集成》（七），第158—159 页。
② 朱崇志：《中国古代戏曲选本研究》，第27 页。

选》可谓二者兼顾：就选本的题名而言，此选以"古今名剧合选"为名，旨在强调所选剧作均为"名剧"，都是在当时脍炙人口、流传广泛的佳作；就选本的结构而言，此选依据入选剧作的不同风格，分为《柳枝集》与《酹江集》二编，表现出对于文字情致的激赏，于此可见编选者孟称舜的文人雅趣。《古今名剧合选》共选录元明杂剧五十六种，其中元杂剧三十四种，明杂剧二十二种。所收剧作与《元刊杂剧三十种》重复者有六种，与《元曲选》重复者有三十六种，与《脉望馆钞校本古今杂剧》重复者有二十五种，与《古杂剧》重复者有十四种，与《古名家杂剧》重复者有二十三种，与《元人杂剧选》重复者三种，与《盛明杂剧》重复者十二种，这种趋同性恰恰反映出入选剧作确为元明二季广为流传的作品。孟称舜将自己所作的四种杂剧也收录其间，既可见其对于自创作品的自信，亦有借此"名剧"选本使之"传之后世"的期许。

《古今名剧合选》的编选体现了编选者文人雅趣与救世情怀的互渗。孟称舜不仅借入选剧作寄寓其才情抱负、浇胸中块垒，而且以精美的插图彰显其雅致的文人情趣。《酹江集》中的《王粲登楼》《渔阳弄》《真傀儡》《郁轮袍》《沽酒游春》诸剧揭露了官场与科场的黑暗，是有识之士振聋发聩的呐喊，饱含着不平之意与愤激之情，也折射出孟称舜对自身坎坷际遇的感叹；《赵氏孤儿》《风云会》《残唐再创》诸剧所传达的"叱奸骂谗""君明臣良"主题，也隐隐透出身处鼎革之际的孟称舜对于国家政治的担忧，对于太平盛世的渴望。

《古今名剧合选》的插图艺术也流露出孟称舜的文人志趣。选本中每剧附有插图两幅，共计112幅。每剧的插图以一页为限，正反各绘一幅，各题剧中正名之一句，通过细腻流畅的线条刻画出生动传神的人物，再现剧中主要场景，使读者获得如置身剧场现场观演的艺术感受。如《汉宫秋》前一幅画昭君与单于大军行至黑河边，昭君面露悲戚之色，单于则笑逐颜开，一喜一悲，形成鲜明对比，画面左上方题"沉黑江明妃青冢恨"；后一幅画汉元帝在宫中思念昭君，秋风萧瑟中一只孤单的大雁在空中哀鸣，象征着汉元帝痛失所爱，画面右上角题"破幽梦孤雁汉宫秋"，生动地展现了题意。鲁迅曾经指出插图应该既有趣，且亦有益，他所"强调的是图文并置、互相阐发的特

殊功用，而非具体画作艺术水平之高低。因为，对于插图来说，首先
是'切题'，而后才是画面自身的美感"①。《古今名剧合选》中的插
图往往很好地展现了剧中的关键场面，以形象写意的方式补充了文字
描述的不足，但"这种写意式的场景描摹，却又不是游离于整个作品
之外自然景观的纯粹再现，它既彰显了文人们浓郁高雅的意趣，又能
够主动参与人物内心世界的塑造，实现情景契合，达到象意相生，从
而内化为整个作品的有机组成部分"②。

的确，《古今名剧合选》通过这些写意式的插图，不仅使读者更
为直观地获得对于剧作主题的审美感受，而且也透视出孟称舜追求案
头化的选编倾向。明代万历以后，戏曲选本的出现如雨后春笋，这一
方面是顺应现实演出的需要，但另一方面也是方便文人雅士的阅读。
所以，编选者不仅关注那些广为流行、屡屡上演的剧目，将之尽入篋
中，还要使选本昭显出浓郁的文人情趣，博得文人阶层的青睐。于
是，在戏曲选本中序言、插图、评点等各种文学要素陆续登场，使得
戏曲由场上之曲向案头文学迈进了一大步。《古今名剧合选》中不仅
附录了 112 幅精工细致的插图，还有孟称舜自己所作的序言以及对其
中 52 种剧作所加的评点，编选者的文人情致尽在其中。

《古今名剧合选》的编选同样也昭显出孟称舜的救世情怀。孟称舜
编选此书的目的，既非臧懋循那样期许其选本能"藏之名山而传之通
邑大都，必有赏者如元朗氏者"③，也非邹式金那样因追忆昔日演出盛
况，在"风流云散，舞衫歌扇，皆化为异物"的情形下，为"过雁
之一唳"④，而是有着明确的文化传播与版本保存意识，表现出儒生
所特有的社会使命感。《古今名剧合选》刊于明崇祯癸酉六年
（1633），距臧懋循《元曲选》的诞生已有十六年，孟称舜在《古今
名剧合选序》中声明："元曲自吴兴本外所见百余十种，共选得十之

---

① 陈平原：《看图说书》，生活·读书·新知三联书店 2003 年版，第 106 页。
② 张玉勤：《从明刊本〈西厢记〉版刻插图看戏曲的文人化进程》，《学术论坛》
2010 年第 5 期。
③ 臧懋循：《元曲选序》，吴毓华《中国古代戏曲序跋集》，第 149 页。
④ 邹式金：《杂剧三集小引》，吴毓华《中国古代戏曲序跋集》，第 460 页。

明曲数百种，共选得十之三。"① 指出其所选剧作有相当一部分为
《元曲选》所未收，隐然有为文化续脉之意。仅就所收元杂剧而言，
《古今名剧合选》尽管"出臧选外者亦殊寥寥"②，但其独特的版本价
值却是不容忽视的。在编选过程中，对于那些《元曲选》业已收录
的剧作，因为其经典性，《古今名剧合选》同样加以收录，孟称舜的
高明之处就在于将《元曲选》与《元人杂剧选》《古名家杂剧》等旧
本加以比勘，择善而从，并且通过大量的评点注明各剧内容的取舍，
评骘各本的优劣，显示出极强的版本保存意识。对此，一些知名学者
如孙楷第、郑骞等均给予了很高的赞誉。孙楷第指出：

> 明人改元曲由李开先开其端，至臧懋循而益甚。称舜此编即
> 以臧懋循《元曲选》为底本，校以他本而斟酌损益之，不尽依原
> 文，其失与懋循同。唯改定处多疏于上方，体例实较懋循本为
> 善。考懋循擅改元曲，世人多知其谬。如沈德符及叶堂等，皆先
> 后抨击。然自明以来唯百种曲盛行于世，凡百种曲中文字，何者
> 为原文，何者臧懋循所改，皆了不可知。虽今日秘本多出，如
> 元刊本杂剧，如尊生馆刊本《阳春奏》，如息机子《杂剧选》，
> 如陈与郊《正续古名家杂剧》皆选元曲，可资校刊。其间有重至
> 三四本者，固可援从众之义定懋循本之非。然考异之书，至今无
> 之。读《元曲选》者，于其文之得失犹未能一一辩明之也。称舜
> 此编批注详载去取始末。至今读之，不唯称舜之意旨可见，即懋
> 循所增改者亦多藉以证明。今略举数例。③

孙楷第列举了大量孟称舜的评语来论证《古今名剧合选》对于元
杂剧版本校勘之功，赞扬"其校勘文字极有裨于曲学，与懋循书不可
同日而语"。同时也公允地指出此选"亦有沿懋循书而误者"，"亦有

---

① 孟称舜：《古今名剧合选序》，朱颖辉辑校《孟称舜集》，第 558 页。
② 郑振铎：《记一九三三年间的古籍发现》，《郑振铎全集》第 5 卷，花山文艺出版社
1998 年版。
③ 孙楷第：《戏曲小说书录解题》，人民文学出版社 1990 年版，第 432 页。

懋循依原文而此本改之反失者。"①

台湾著名学者郑骞对孟称舜在编选《古今名剧合选》时所体现出的深厚的理论素养评价颇高："孟称舜编刊此书在'息机子'、'古名家诸汇编'及'臧氏元曲选'之后，故于各剧内容皆斟酌旧本与臧选之间，择其所认为善者而从之；又往往于眉批中注明旧本如何，吴兴本（即元曲选本）如何，评其得失，或舍或从。称舜为明末曲家，南北造诣俱深，眼光见解亦高，斟酌取舍之间，颇为超卓公允。有时自出己见，改动曲文，亦较臧懋循为稳妥。此书价值，实在元曲选之上，惜收剧略少，原书流传亦不广，遂使臧氏之书独据曲坛至二、三百年之久。"②

除此之外，《古今名剧合选》之《柳枝集》卷前还附录了著名戏曲文献《录鬼簿》，成为众多《录鬼簿》版本中的重要版本之一，对《录鬼簿》的版本研究及元杂剧研究而言意义重大。《古今名剧合选》在版本学、校勘学方面所具有的重要价值，与孟称舜独特的选编理念是分不开的。孟称舜一方面出于保护文化遗产的考虑，将各剧版本异同做了清晰阐述；另一方面，也希望《古今名剧合选》能肩负起指导时人杂剧创作的使命，成为一部真正的"名剧"选。他在《古今名剧合选序》中曾谦虚地说："予学为曲而知曲之难，且少以窥夫曲之奥焉"③，为了让观者能"窥曲之奥"，他选择了各类题材的代表性剧作，并且通过大量精彩的评点对剧中人物塑造、情节设置、语言表现乃至剧作的社会意义等进行审美分析，所论深刻精到，的确达到了令观者知有所取的艺术效果。

对于剧作教化功能的重视，也是孟称舜救世情怀的体现。孟称舜认识到"百道学先生之训世，不若一伶人之力也"④，在《古今名剧合选》中不仅选录了大量激劝人心、感移风化之作，如歌颂忠臣烈士的《赵氏孤儿》，赞扬朋友信义的《范张鸡黍》，称赏执着进取精神的《一世不伏老》，摹写浪子回头的《东堂老》，以及批判忘恩负义

① 孙楷第：《戏曲小说书录解题》，人民文学出版社1990年版，第434页。
② 郑骞：《元明钞刻本元人杂剧九种提要》，《景午丛编》上集，第430—431页。
③ 孟称舜：《古今名剧合选序》，朱颖辉辑校《孟称舜集》，第557页。
④ 陈洪绶：《节义鸳鸯冢娇红记序》，朱颖辉辑校《孟称舜集》，第618页。

之辈的《中山狼》等剧，而且借评点揭示剧作的现实意义，指斥时弊，惩劝世人，弘扬传统道德。如《重对玉梳记》总评曰："辞气似是粗莽，却愈觉雅醇，当与韩昌黎诗并观。马巽倩云：说尽子弟们痴态，婆娘家毒狠。只看作嫖赌下场头，犹非善知识；当以推《广绝交论》《卜居》《渔父》诸文。"①《误入桃源》第一折［青哥儿］眉批曰："骂来刻毒痛快，作者一肚皮愤懑倾囊倒峡而出之，然却语语是实，令此辈见者敢怒不敢言也。"②《范张鸡黍》第一折［寄生草］眉批曰："前后数枝，说得快畅，真是古今同慨。"③《三度任风子》总评曰："此剧机锋隽利，可以提醒一世"，第三折［满庭芳］曲眉批曰："一语提醒几多人。"④《汉宫秋》第二折［哭皇天］眉批曰："痛骂千古。"⑤《春风庆朔堂》第一折［赚煞尾］眉批曰："元曲中多借妓女口劝化子弟，未免说得太狠毒，此独点醒有雅致。"⑥《二郎收猪八戒》第四折［尾］眉批曰："裴女不想朱郎，也未必遇怪。一语便为世人说法。"⑦ 这些评点言简意赅，发人深省，或针砭时弊，或畅谈伦理，或劝善救恶，既彰显了剧作的主旨，又触动了读者的心灵。

第二节　选剧标准

一　词足达情

作为临川派后期的代表人物之一，孟称舜的戏曲创作继承了汤显祖的传情思想，不管是前期的杂剧创作，还是后期的传奇创作，均体现出一以贯之的言情特征。《桃花人面》可谓最为典型的一例。沈泰注意到此剧对《牡丹亭》的继承，在该剧第二回眉批中评道："临川

---

① 孟称舜：《柳枝集》，第 474 页。
② 同上书，第 453 页。
③ 孟称舜：《酹江集》，第 648 页。
④ 同上书，第 602—610 页。
⑤ 同上书，第 597 页。
⑥ 孟称舜：《柳枝集》，第 513 页。
⑦ 同上书，第 407 页。

声口，忽应接山阴道上。"① 陈洪绶亦在此剧的改本《桃源三访》第三折点评："首折是入梦，此折是寻梦，尤妙在句句似重来光景"；在第四折总评中指出："自二折到此折前数枝皆是虚想，情景悲楚，逗人幽泪。见诗后至末折，真啼真痛，千死千生，宛然在目，直压倒一部《牡丹亭》矣。"② 孟称舜不仅在戏曲创作方面传承了汤显祖"世总为情"的思想，在戏曲编选过程中也贯彻了这一认识。他在《古今名剧合选序》中提出了自己选剧的首要标准："予此选去取颇严，然以词足达情者为最，而协律者次之。"明确将"词足达情"作为衡量入选剧作的第一条件。当然，这与孟称舜对于戏曲文体特征的认识是密切相关的。

关于曲体，孟称舜认同文体代兴论，曾言"诗变而为词，词变而为曲，词者诗之余而曲之祖也"，从源头上点明曲与诗、词的密切关系；同时又指出"盖词与诗、曲，体格虽异，而同本于作者之情"③，表面是谈词，其实是在说曲，把戏曲提到与诗、词同等重要的地位，强调曲亦"本于作者之情"，曲贵传情。孟称舜认为，戏曲作品不仅要重视传情，还要恰当精妙地传情。所以，他提出"词无定格，要以摹写情态，令人一展卷而魄动魂化者为上"④，"达其情而不以词掩，则皆填词者之所宗"⑤，"以词足达情者为最"，把是否传情，传情是否精妙作为评价一部剧作成就高低的首要批评标准。不过，孟称舜所强调的"情"有着丰富的内涵，"细之见于儿女幄房之际，巨之形于上下天地之间"⑥，小至男女恋情，大至爱国忠君之情，无所不包。对于"情"的理解，孟称舜的认识也是比较独特的，他一方面继承了汤显祖的观点，表现出对于人与生俱来的自然主义情感的推崇与肯定；另一方面又指出"情与性咸本之乎诚，则无适而非正也"⑦，认

---

① 沈泰：《盛明杂剧》初集，《续修四库全书》1764 册。
② 孟称舜：《柳枝集》，第 550—552 页。
③ 孟称舜：《古今词统序》，朱颖辉辑校《孟称舜集》，第 555 页。
④ 同上书，第 556 页。
⑤ 同上书，第 555 页。
⑥ 孟称舜：《二胥记题词》，朱颖辉辑校《孟称舜集》，第 560 页。
⑦ 同上。

为"诚"乃情与性的本源，在诚的影响下，情才会归于"正"途，从而使情具有了一定的伦理道德色彩。孟称舜并未像汤显祖那样将情高度理想化，他强调情的社会性与道德内涵，追求情之正，希望借此以挽救晚明颓靡的世风。对于孟称舜的言情思想，有学者批评"这种理在情中，情即是理，言情即是言理，情之至则理之至的主张，鲜明地表现了情欲道德化的倾向，昭示出由汤显祖倡导的以情为主、情理对立的人性观念在明末发生了深层的倒退"①。孟称舜给情注入了一定的道德内涵，对汤显祖尖锐对立的情理观做了釜底抽薪式的改造，虽然引发了不少论者的批判，但我们也应看到其积极的一面。罗宗强先生认为"情有无道德内涵，一直是个有争议的问题。……若情具有道德内涵，则情自当有高尚、庸俗、卑下之别。若情为自然人性所本有，本身并无道德内涵"②。在晚明社会的滥情风气下，孟称舜强调情的道德内涵，将情纳入了传统伦理道德的体系中，希望时人能追求高尚、纯真的情感，其匡时救世的意图显而易见。

孟称舜的好友陈洪绶曾言："子塞所著所选又皆以情而出于正者"③，可见，《古今名剧合选》与孟称舜的剧作一起践行了孟称舜追求情之"正"的理论观点。选本中收录了大量情思深远、荡气回肠的爱情剧，以《柳枝集》为例，除《猪八戒》《度柳翠》《城南柳》《小桃红》《风月牡丹仙》诸剧之外，全部敷演男女恋情；同时也不乏有裨风教的公案剧、神仙道化剧、社会家庭剧、历史剧等，可谓"纲常风月两堪称"④。孟称舜借入选各剧以调和情理二元对立关系的编选意图于此可见。《倩女离魂》可谓一部风流节义兼善的剧作，张倩女为了爱情，可以离魂私奔，追随王文举于千里之外，表现出冲破封建伦理道德的极大勇气，但魂归肉身之后，竟又大谈"父母之命，媒妁之言"，重归体制之中。由于此剧对情理关系的处理较为理智，所以深得孟称舜喜爱，将之作为首选入编。

《倩女离魂》作为《柳枝集》的压卷之作，不仅表明孟称舜对此

---

① 郭英德：《明清传奇史》，第 292 页。
② 罗宗强：《明代后期士人心态研究》，南开大学出版社 2006 年版，第 445 页。
③ 陈洪绶：《节义鸳鸯冢娇红记序》，朱颖辉辑校《孟称舜集》，第 618 页。
④ 谢谠：《四喜记》剧末下场诗，毛晋《六十种曲》，《续修四库全书》1768 册。

剧的爱赏，更彰显出其对上述选剧标准的坚持。在此剧总评中，孟称舜赞曰："此剧余所极喜。……酸楚哀怨，令人肠断。昔时《西厢记》，近日《牡丹亭》，皆为传情绝调。兼之者其此剧乎？《牡丹亭》格调原祖此，读者当自见也。"① 将《倩女离魂》誉为可与《西厢记》《牡丹亭》相媲美的"传情绝调"，认为《牡丹亭》也是得其神髓，充分肯定了传情在戏曲创作中的重要性。

在《古今名剧合选》中，孟称舜将这一理念贯穿在对许多作品的具体评点中，处处强调曲贵传情，词足达情。如对《范张鸡黍》，他深深感受到这部对权豪势要把持仕途作出激烈抨击的杂剧"以俱有感而言"，"通篇如听薤露歌，使人悲涕不禁"，"说千载肺腑如见，是一篇大文字"②；又如，对《赵氏孤儿》赞赏备至，说它传达了作者的"愤烈肚肠"，"此是千古最痛最快之事，应有一篇极痛快文发之。读此觉太史公传犹为寂寥，非大作手不易办也"③，认为此剧是用最痛快的曲白，表现了千古最痛快的事情，连司马迁《史记》中的"列传"都相形见绌；再如对《窦娥冤》中窦娥自叹身世的曲子，批为"何等真切"④；对《诨范叔》，他认为整部杂剧是作者在"自道其胸臆"，"恩恩怨怨，凄凄楚楚，都从血性男子口中出来"⑤……在上述评点中，孟称舜实际强调的是剧作家只有满怀一腔真情，才能深入挖掘到剧中人物丰富的内心世界；只有"置身于场上""化身为曲中之人"⑥ 才能恰如其分地传达出主人公的情感，使作品真实感人，成功地彰显作家本人的欲达之情。总之，戏曲作品不传情，就不成功。曲贵传情，词足达情，孟称舜既拈出了自己戏曲选本的选剧标准，也理论地概括出戏曲创作的一个普遍规律。

二 崇尚元剧

明末朝纲败坏，社会动荡，王道沦落，在张扬人欲、个性解放的

① 孟称舜：《柳枝集》，第 226 页。
② 孟称舜：《酹江集》，第 644 页。
③ 同上书，第 114 页。
④ 同上书，第 22 页。
⑤ 同上书，第 72 页。
⑥ 孟称舜：《古今名剧合选序》，朱颖辉辑校《孟称舜集》，第 557 页。

呼声导致社会伦理滑向滥情主义的泥沼后，思想界重新掀起了一股复兴儒学的思潮，以期挽救世道人心。这种复古思潮逐渐渗透到文学创作领域，在诗文创作方面，人们追随前后七子的"文必秦汉，诗必盛唐"的尊古、复古主张，重新追寻古诗文中的风人之旨。在杂剧创作方面也逐渐兴起了一股复兴元剧的热潮，不仅在内容上由重主观抒情转向重再现现实，在体制上也表现出刻意向元杂剧靠拢的趋势。与此相适应，"一方面由于当时复古意识的深厚，时时以古之风雅来批判当前某些曲的不合古训；另一方面，又要运用北曲这一传统来建构南曲的规范"①。所以，一大批整理和改编元杂剧的选本也应运而生，诸如《元曲选》《脉望馆钞校本古今杂剧》《古名家杂剧》《元人杂剧选》等如雨后春笋，成为当时剧坛的一大景观。

《古今名剧合选》也是在明末复古主义创作思潮背景下出现的，在选剧标准上表现出对于元人杂剧的推重。在对待明杂剧的态度上，臧懋循表现得比较决绝，他将明代诸家剧作批评得体无完肤："新安汪伯玉《高唐》《洛水》四南曲，非不藻丽矣，然纯作绮语，其失也靡；山阴徐文长《祢衡》《玉通》四北曲，非不伉侠矣，然杂出乡语，其失也鄙；……他虽穷极才情，而面目愈杂，按拍者既无绕梁遏云之奇，顾曲者复无辍味忘倦之好，此乃元人所唾弃而戾家蓄之者也"，故而编《元曲选》，"选杂剧百种，以尽元曲之妙，且使今之为南者知有所取则"②。孟称舜虽未像臧懋循那样仅取元人剧作入编，认为明杂剧一无可取，而是将元明二季杂剧共选，但在入选剧作数量以及观念上却都体现出以元为尊的倾向。从数量上来看，《古今名剧合选》共选元明杂剧 56 种，其中元杂剧 34 种，占入选剧作总数的 61%，明杂剧 22 种，占入选总数的 39%，元杂剧占有明显的优势，可见编选者对于元杂剧的推崇。在《古今名剧合选序》中，孟称舜鲜明地提出以元为尊的观点："元设十二科取士，其所习尚在此，故百年中作者云涌，至与唐诗、宋词比类同工。而明之世相习为时文，三百年来，作曲者不过山人俗子之残沈，与纱帽肉食之鄙谈而已矣。

---

① 戚世隽：《明代杂剧研究》，广东高等教育出版社 2011 年版，第 214 页。
② 臧懋循：《〈元曲选〉后集序》，吴毓华《中国古代戏曲序跋集》，第 150 页。

间有一二才人，偶为游戏，而终不足尽曲之妙，故美逊于元人也。"①
认为元杂剧均能做到曲尽其妙，而明杂剧则较元杂剧远为逊色。

出于对元杂剧的尊崇，《古今名剧合选》所录多为体制规范、思
想深刻、艺术高妙的元杂剧的典范之作，集中而鲜明地体现出元杂剧
高超的艺术成就。在对各剧进行评点时，孟称舜常着眼于曲词、宾
白、人物塑造等各个方面，指出元杂剧的独到之处。如评《青衫泪》
"用俗语愈觉其雅，用板语愈觉其韵，此元人不可及处"②，对元杂剧
用语方面的俗中见雅、腐中见趣表示赞赏。又如，评《天赐老生儿》
曰："此剧之妙，在宛畅入情，而宾白点化处更好。或云元曲填词皆
出辞人之手，而宾白则演剧时伶人自为之，故多鄙俚蹈袭之语。予谓
元曲固不可及，其宾白妙处更不可及。如此剧与《赵氏孤儿》等白，
直欲与太史公《史记》列传同工矣。"③ 表现出对宾白的重视，认为
元杂剧的宾白对剧作传情及人物塑造都有举足轻重的作用，好的宾白
堪与《史记》媲美。在《燕青博鱼》一剧的总评中，孟称舜再次强
调："文章之妙，在因物赋形，矧词曲尤为其人写照者。男语似女，
是为雌样；女语似男，是为雄声。他如此类，不可悉数。至曲中尤忌
者，则酸腐打油腔也。元人之高，在用经典子史而愈韵愈妙，无酸腐
气。用方言俗语而愈雅愈古，无打油气。"④ 指出元人杂剧的高妙之
处主要在于人物形象塑造的生动传神，以及语言运用的雅俗兼善。就
戏曲语言创作而言，基本手段不外乎引经据典和使用方言，元人能顺
手拈来，运用自如，而明人则把握得稍欠火候。

当然，孟称舜也并非一味地厚古薄今，对于当代的杂剧，他也酌
情进行了选录。《古今名剧合选》中也有为数不少的明杂剧，但仔细
阅读就会发现，这些都是明代剧坛影响深远的杂剧，不仅在体制上，
而且在创作旨趣上均表现出对元人杂剧的追步。对于这些"犹有金元
风范"⑤ 的明杂剧，孟称舜往往在将之与元杂剧比较后，分析其优劣

---

① 孟称舜：《古今名剧合选序》，朱颖辉辑校《孟称舜集》，第 558 页。
② 孟称舜：《柳枝集》，第 265 页。
③ 孟称舜：《酹江集》，第 164 页。
④ 同上书，第 148 页。
⑤ 沈德符：《顾曲杂言》，《中国古典戏曲论著集成》（四），第 206 页。

高下之处，对其中接近元杂剧的地方加以称扬。如评朱有燉《春风庆朔堂》一剧"用俗语偏雅，极似元人"①，肯定了当代人的成就。

孟称舜在《古今名剧合选》的评点中还多次提到"气味"这一概念。例如，评《诗酒红梨花》"字字淹润，语语宛隽。近来度曲家以此为鼻祖，而气味浑涵，则令人终让此一筹也。"② 评《风月牡丹仙》"古质俊丽，与宪王他制，气味稍别。"③ 由此可见，孟称舜所谓的"气味"当指剧作所表现出来的整体审美特质，即能激起欣赏者美感的意趣和情致，应包括语言的含蓄蕴藉及意境的浑厚悠长。孟称舜尊崇元杂剧，青睐于元杂剧所体现出的这种"气味"，慧眼独具地提出"今人不及古人者，气味厚薄自是不同"④，在评点时经常将明杂剧与元杂剧相比较，肯定元杂剧之"气味"质朴醇厚，不满明杂剧之"气味"浇薄。如评《黑旋风仗义疏财》："宪王诸剧，于音调格律俱谐，亦俱有老气，而微少警语。然古人正以不事雕刻为胜，今则警调时有，而元气尽以琢矣。"⑤ 但对于一些接近元杂剧"气味"的剧作，则不吝赞美之词，如评《误入桃源》："元人高处在佳语、秀语、雕刻语络绎间出而不伤浑厚之意，王系国初人，所以风气相类，若后则俊而薄矣，虽汤若士未免此病也。此剧有悲愤语、凄凉语，然语语自是秀逸清丽，不得以粗雄目之。"⑥ 评《三度小桃红》："气味浑厚，音调复谐，毕竟是本朝第一能手。"⑦ 评《沽酒游春》："此剧雕隽自喜，而不失浑厚之气，固应与胜国诸名家伯仲。"⑧ 孟称舜的剧作也是很有"味道"的，语言含蓄蕴藉，富有诗意美，《桃花人面》《花前一笑》《眼儿媚》等剧均以此见长。其好友陈洪绶曾曰："今人所以不及古人者，其气味厚薄不同故也。子塞诸剧，蕴藉旖旎，

---

① 孟称舜：《柳枝集》，第 518 页。
② 同上书，第 376 页。
③ 同上书，第 524 页。
④ 孟称舜：《酹江集》，第 349 页。
⑤ 同上书，第 240 页。
⑥ 孟称舜：《柳枝集》，第 451 页。
⑦ 同上书，第 494 页。
⑧ 孟称舜：《酹江集》，第 251 页。

的属韵人之笔，而气味更自不薄，故与胜国诸大家争席。"① 虽不乏溢美之嫌，但的属确论。

孟称舜在《古今名剧合选》的编选及评点中处处表现出对于元杂剧的推崇，可见作为"一代之文学"的元杂剧所取得的成就在其心目中是令人"高山仰止"的。《古今名剧合选》所收的孟称舜《花前一笑》《眼儿媚》《桃源三访》《残唐再创》四剧，虽然具有一定的南杂剧特征，但从总体上体现出孟称舜对于元杂剧的追慕与继承，具有鲜明的趋元倾向。如《泣赋眼儿媚》全剧四折，由旦主唱到底，符合元杂剧一本四折，一人主唱的基本体制特点，是一部典型的旦本戏。剧作所用之曲皆为北曲，依次为双调、仙吕、越调、中吕，可谓遵守元人科范。又如，《桃源三访》也表现出对于元杂剧创作体制的回归。通过《桃源三访》与《桃花人面》的版本比较来看，这一点显得尤为突出。《桃源三访》是《桃花人面》的改编本，《桃花人面》被收入沈泰选编的《盛明杂剧》，孟称舜在编选《古今名剧合选》时将之做了修改，更名为《桃源三访》。《桃源三访》对《桃花人面》的具体改动之处有三：其一，改"出"为"折"，改"副末开场"为楔子。其二，增加了外、旦、小旦等元杂剧的脚色行当。其三，改变了"科""介"混用的情况，统一使用符合元杂剧体制规范的"科"。《桃花人面》划分段落时用"出"而不用"折"，开始部分使用"副末开场"，"科""介"混用等显然是受传奇体制影响而显现出的典型的南杂剧特征。孟称舜在将之收入《柳枝集》的时候，从力图恢复元杂剧创作体制规范的角度出发予以改编，更名为《桃源三访》，体现了孟称舜尊崇元剧、追慕元人的编选倾向。

三　南北曲并重

回溯中国古代曲学史，关于南北曲之争可谓由来已久。早在南宋时期，南北曲之别就已出现，现存较早的南戏《宦门子弟错立身》中已有南北合套之例。自元代起，南曲开始进入文人视野，许多杂剧作家同时也参与南曲戏文的写作，《录鬼簿》对此均有详细记载，其

---

① 孟称舜：《柳枝集》，第 558 页。

中就有创作南北合套的最早实践者沈和。然而，关于南北曲的差异，在明代之前的曲论中所论却甚少，较为著名的是燕南芝庵"南人不唱，北人不歌"① 的论断，燕南芝庵语焉不详，据李昌集解读，"南人不唱"意指南人不会"唱"，南曲的歌唱技法低陋，不可与北曲的乐府的演唱同日而语，"北人不歌"其意指北人不屑于南人低水平的"歌"，唯有北曲的乐府的演唱才称得上唱。②

自明代起，南北曲势力消长逆转，南曲不再偏于一隅而是日趋昌盛，北曲则逐渐成为"广陵散"，南北曲的差异才开始真正引起了曲学家们的关注，关于南北曲风格之论盛极一时。当时曲学界亲南疏北的现象十分严重，徐渭、王世贞、王骥德等曲学大家均主张北曲豪放，南曲柔婉，流露出重南轻北的倾向。王世贞指出："大抵北主劲切雄丽，南主清峭柔远，虽本才情，务谐俚俗。譬之同一师承，而顿、渐分教；俱为国臣，而文、武异科。"③ 王骥德亦谓："南北二调，天若限之。北之沉雄，南之柔婉，可画地而知也"④。孟称舜则针对上述诸家的"南北之说"提出了独特的见解："夫南之与北，气骨虽异，然雄爽婉丽，二者之中亦皆有之。即如曲一也，而宫调不同，有为清新绵邈者，有为感叹伤悲者，有为富贵缠绵者，有为惆怅雄壮者，有为飘逸清幽者，有为旖旎妖媚者，有为凄怆怨慕者，有为典雅沉重者，诸如此类，各有攸当，岂得以劲切、柔远画南北而分之邪？"⑤ 直陈地域风格论之弊，否定了"北主劲切，南主柔远"的成说，认为戏曲风格具有多样性，主张戏曲风格应以作品的实际情况来划分，而不能简单绝对地以地域来区别。

在《古今名剧合选》的编选过程中，孟称舜践行了其不以地域论风格的理论主张，做到了南北曲并重。他从整体上明确地将戏曲风格分为"婉丽"和"雄爽"两大类，指出："若夫曲之为词，分途不同，大要则宋伶人之论柳屯田、苏学士者尽之。一主婉丽，一主雄

---

① 燕南芝庵：《唱论》，《中国古典戏曲论著集成》（一），第 161 页。

② 李昌集：《中国古代曲学史》，华东师范大学出版社 1997 年版，第 134 页。

③ 王世贞：《曲藻序》，《中国古典戏曲论著集成》（四），第 25 页。

④ 王骥德：《曲律》，《中国古典戏曲论著集成》（四），第 146 页。

⑤ 孟称舜：《古今名剧合选序》，朱颖辉辑校《孟称舜集》，第 557 页。

爽。婉丽者如十七八女娘,唱'杨柳岸晓风残月';而雄爽者如铜将军铁绰板,唱'大江东去'词也。"① 在这一理论思想的指导下,他将自己编选的《古今名剧合选》也分为两集,一为《柳枝集》,属婉丽风格,取宋柳永〔雨霖铃〕词"杨柳岸晓风残月"之意;一为《酹江集》,属雄爽风格,取苏轼〔念奴娇〕《赤壁怀古》词"一樽还酹江月"之意。二集之中所选剧作既有既有南曲,也有北曲,表现出南北曲并重,不以地域论风格的理论观念与选剧标准。孟称舜的这一分法看似简单,实则较为合理,在理论建树上远远超越了他的前辈们。《古今名剧合选》共收录元明杂剧五十六种,其中《柳枝集》收入元人杂剧十六种,明人杂剧十种;《酹江集》收入元人杂剧十八种,明人杂剧十二种。首先从剧作的数量上就具有了一定的说服力,充分说明"婉丽"与"雄爽"这两种风格并非分别是南曲与北曲的"专有标签",而是在南曲作家及北曲作家的作品中都有。例如,梁辰鱼《红线女》、徐渭《渔阳三弄》、梅鼎祚《昆仑奴》等杂剧作品均出于南方剧作家之手,但确有雄爽的风格,故而被录入《酹江集》。再如,白朴《墙头马上》、马致远《青衫泪》、郑光祖《倩女离魂》等杂剧作品,虽均出于北方剧作家之手,且全为北曲,但诚有婉丽风格,自然被选入《柳枝集》。《古今名剧合选》的编选,以有力的论据驳斥了前人"北主劲切,南主柔远"的偏见,亦完全契合了孟称舜在《古今名剧合选序》中提出的"夫南之与北,气骨虽异,然雄爽婉丽二者之中亦皆有之"的观点。

不同的文学风格有不同的审美价值,亦给人以不同的审美享受。文学风格多种多样,各有各的审美价值,一般不分轩轾。然而由于人们的审美心理基础不同,所以对风格美就有了不同的偏好和选择,这本不足为奇,但若因此而主观随意地褒此而贬彼,则失之偏颇。一个典型的例子就是宋代的词坛,当时形成了截然对立的两大风格,一为豪放,一为婉约,时人多重婉约而轻豪放,风格在这里被主观地分出了高下优劣。明代的王世贞、王骥德等人沿袭了宋人的观点,并将之运用于戏曲领域。王世贞认为"北主劲切,南主柔远",且主张"须

---

① 孟称舜:《古今名剧合选序》,朱颖辉辑校《孟称舜集》,第557页。

以宛转绵丽、浅至儇俏为上"①。王骥德也指出"词曲不尚雄劲险峻，只一味妖媚闲艳，便称合作"②。由于他们在文坛举足轻重的地位及影响，一时抑北扬南褒婉约贬豪放之风吹遍曲坛。及至孟称舜，他不媚流俗，力斥这种由地域及个人爱好而导致的片面之论，一方面强调"词无定格"③，戏曲风格应是多种多样的；另一方面主张不能以优劣来论风格，"若夫曲之为词，分途不同，大要则宋伶人之论柳屯田、苏学士者尽之。一主婉丽，一主雄爽。婉丽者如十七八女娘，唱'杨柳岸晓风残月'；而雄爽者如铜将军铁绰板，唱'大江东去'词也。后之论辞者，以辞之源出于古乐府，要须以宛转绵丽、浅至儇俏为上，挟春华烟月于闺幨内奏之。一语之艳，令人魂绝；一字之工，令人色飞，乃为贵耳。慷慨磊落，纵横豪健，抑亦其次。故苏柳两家，轩轾攸分。曲之于词，约亦相类，而吾谓此固非定论也。曲本于辞，辞本于诗。诗三百篇，国风雅颂，其端正静好与妍丽逸宕，兴之各有其人，奏之各有其地，安可以优劣分乎？"④ 孟称舜指出，不同风格的剧作犹如《诗经》中的国风和雅、颂，各臻其妙，各尽其情，本无高下轩轾之分，同样，若戴着有色眼镜来评价南北剧作的风格，褒南抑北，一味推崇南曲婉丽的风格，则失之公允，"是谓北之词专似苏，而南之词专似柳。柳可为胜苏，则北遂不如南欤？"⑤ 他还通过具体的论述来强化这一观点，"古来才人豪客，淑姝名媛，悲者喜者，怨者慕者，怀者想者，寄兴不一，或言之而低徊焉，宛恋焉；或言之而缠绵焉，凄怆焉；又或言之而嘲笑焉，愤怅焉，淋漓痛快焉"。若一味固守词以婉丽为上的偏见，"宁必姝姝媛媛，学儿女子语，而后为词哉？"⑥

孟称舜不仅从理论上指出婉丽、雄爽两种风格并无优劣之分，它们各有特色，各领风骚，而且在《古今名剧合选》的编选理念上

---

① 王世贞：《曲藻序》，《中国古典戏曲论著集成》（四），第25页。
② 王骥德：《曲律》，《中国古典戏曲论著集成》（四），第179页。
③ 孟称舜：《古今词统序》，朱颖辉辑校《孟称舜集》，第556页。
④ 孟称舜：《古今名剧合选序》，朱颖辉辑校《孟称舜集》，第557页。
⑤ 同上。
⑥ 孟称舜：《古今词统序》，朱颖辉辑校《孟称舜集》，第555页。

（两集分量约略相等，名家名作亦旗鼓相当）亦充分体现了其婉丽、雄爽同等重视的美学观念，从而扭转了王世贞、王骥德等人专重婉丽的偏向，亦纠正了王骥德编选《古杂剧》时不选"雄劲险峻"作品的极端片面性。

四 文律兼美

《古今名剧合选》的编选体现了孟称舜文辞、音律兼美的选剧标准。孟称舜于序言中称："予此选去取颇严，然以词足达情者为最，而协律者次之。可演之台上，亦可置之案头。"① 叶长海指出："这是以辞重于律，而情更重于辞，还是落实到他一贯主张的'性情'为重这一点上。"② 尽管孟称舜提出了"以词足达情者为最"的首要标准，但总体来看，在对待文辞与音律的关系上，还是显得较为辩证，追求剧作"可演之台上，亦可置之案头"的双美效果。

文辞与音律的关系问题是戏曲批评史上论争的焦点之一。戏曲作为一门综合艺术，其文学性与舞台性的特殊结合使得自身既摆脱不了文人以之遣兴抒怀的历史命运，又要借演于氍毹展现自身价值，文辞与音律、案头与场上的矛盾成为戏曲创作所面临的首要问题。对此，元代曲论家多从二者结合的角度来论述，如虞集提出"文律兼美"的主张，罗宗信也提出"必使耳中耸听，纸上可观"③ 的双重评判标准，强调文与律的结合。明代曲论家在一次次的论争中逐渐深化了对戏曲创作文与律的关系的认识。何良俊首次将音律放在戏曲创作的首位，他推崇《拜月亭》，贬斥《琵琶记》，主张"宁声叶而辞不工，无宁辞工而声不叶"④。对于这种绝对化倾向，王世贞加以驳斥，为《琵琶记》辩护道："则诚所以冠绝诸剧者，不唯其琢句之工、使事之美已；其体贴人情，委曲必尽；描写物态，仿佛如生；问答之际，了不见扭造：所以佳耳。至于腔调微有未谐，譬如见钟、王迹，

---

① 孟称舜：《古今名剧合选序》，朱颖辉辑校《孟称舜集》，第558页。
② 叶长海：《中国戏剧学史稿》，第282页。
③ 罗宗信：《中原音韵序》，吴毓华《中国古代戏曲序跋集》，第12页。
④ 何良俊：《曲论》，《中国古典戏曲论著集成》（四），第12页。

不得其合处，当精思以求诣，不当执末以议本也。"① 倡导文律并重。
万历年间的汤、沈之争将文与律的论争推向了高潮。作为当时最负盛
名的两位曲学大师，他们的戏曲观却几乎是针锋相对的。在汤显祖看
来："凡文以意趣神色为主。四者到时，或有丽词俊音可用，尔时能
一一顾九宫四声否？如必按字摸声，即有窒滞迸拽之苦，恐不能成句
矣！"② 剧作应以传情达意为主，如若斤斤于音律，唯唯于曲谱，势
必会影响曲意的表达。沈璟在推动南曲音律的规范化过程中做出了卓
越贡献，论曲时继承了何良俊偏执于音律的观点："何元朗，一言儿
启词宗宝藏。道欲度新声休走样。名为乐府，须教合律依腔。宁使时
人不鉴赏，无使人挠喉捩嗓。……纵使词出绣肠，歌称绕梁，倘不谐
律吕，也难褒奖。"③ 在文与律的较量中，处处捍卫律的尊严。汤、
沈之争势不相让，王骥德对此给予了客观中肯的评价，认为二人主张
各有短长，戏曲创作应兼顾内容与格律，只有"不废绳检，兼具妙
情，甘苦匠心，丹臒应度，剂众长于一冶"，才能"成五色之斐然"。
从而提出了一个两全其美的观点："夫曰'神品'，必法与词两擅其
极"④。在王骥德看来，汤显祖长于"词"而疏于"法"，沈璟苟于
"法"而短于"词"，都未尽戏曲之美，所以对于吕天成在《曲品》
中将汤、沈二人列为上之上品的做法，他评价道："然二君既属偏长，
不能合一，则上之上尚当虚左。"⑤ 吕天成《曲品》虽将汤、沈二人
均列为上之上品，但"以沈先汤"的排列顺序，昭显出偏重音律的
个人喜好。同样，王骥德尽管追求文与律的统一，但他却更看重才
情，就汤、沈二人的成就而言，他对汤显祖评价更高："词隐之持法
也，可学而知也；临川之修辞也，不可勉而能也。大匠能与人规矩，
不能使人巧也。其所能者，人也；所不能者，天也。"⑥

---

① 王世贞：《曲藻》，《中国古典戏曲论著集成》（四），第 33 页。
② 汤显祖：《答吕姜山》，徐朔方笺校《汤显祖诗文集》卷四十七，上海古籍出版社
1982 年版，第 1337 页。
③ 沈璟：《词隐先生论曲》，俞为民校点《冯梦龙全集》卷十四《太霞新奏》卷首，
江苏古籍出版社 1993 年版。
④ 王骥德：《曲律》，《中国古典戏曲论著集成》（四），第 172 页。
⑤ 同上。
⑥ 王骥德：《曲律》，《中国古典戏曲论著集成》（四），第 166 页。

明代的戏曲选本在编选时也力求处理好剧作的文辞与音律的关系。早期的三大曲选之一《盛世新声》因未协调好这一关系而颇为论者所訾："……名曰《盛世新声》，版行已久。识者又以为泥文采者失音节，谐音节者亏文采。"① 编定于嘉靖年间的《改定元贤传奇》也追求文采与音节兼擅，李开先自述其选录标准曰："取其辞意高古，音调协和"②，可见对曲文与曲律是同等重视的。明末著名曲家孟称舜继承了前人的观点，主张文辞与音律兼美，认为"沈宁庵专尚谐律，而汤义仍专尚工辞，二者俱为偏见"，在编选《古今名剧合选》时"以词足达情者为最，而协律者次之"，既避免了某些选本"意在搬演，不重修词"③ 的粗鄙之弊，又使观者在音律协谐中获得美听的艺术享受。在对待汤、沈之争的态度上，孟称舜与其同乡先辈王骥德趋于一致，在客观公正地指出"二者俱为偏见"后，又流露出对于汤显祖高妙才情的激赏："然工词者不失才人之胜，而专尚谐律者则与伶人教师登场演唱者何异？"④ 这与王骥德所说的"《还魂》、'二梦'如新出小旦，妖冶风流，令人魂销肠断，第未免有误字错步……吴江诸传如老教师登场，板眼场步，略无破绽，然不能使人喝彩"⑤ 在意旨上何其相似，可谓异曲同工，明显地流露出文人选家激扬文字的风雅情怀。但是，作为剧作家的孟称舜，对于戏曲的本质特征有着非常深刻的认识，剧作不仅是作家反映现实借以抒怀的载体，更要适应舞台演出的需要，所以他又补充道："可演之台上，亦可置之案头，赏观者其以此作《文选》诸书读可矣。"虽然将《古今名剧合选》与《文选》相比附而突出了其文学性，但将"演之台上"列于"置之案头"之前，可见其对于剧作舞台性的重视。《古今名剧合选》所选诸剧，既是工于文采的名家之作，也是音韵谐畅的场上之曲。尽管今天没有直接的材料记载这些剧作在当时的演出盛况，但《金瓶梅》中的一

---

① 刘楫：《词林摘艳序》，俞为民、孙蓉蓉《历代曲话汇编·明代编》第一集，第245页。

② 李开先：《改定元贤传奇后序》，吴毓华《中国古代戏曲序跋集》，第52页。

③ 邹式金：《杂剧三集小引》，吴毓华《中国古代戏曲序跋集》，第460页。

④ 孟称舜：《古今名剧合选序》，朱颖辉辑校《孟称舜集》，第558页。

⑤ 王骥德：《曲律》，《中国古典戏曲论著集成》（四），第159页。

段记载却可以作为间接证据："少顷，阶下鼓乐响动，笛歌拥奏，递酒上座。教坊呈上揭帖，薛内相拣了四折《韩湘子升仙记》，又陈舞数回，十分齐整。"① 可见，杂剧全本演出在明代中叶尚属常见，那么，孟称舜的《古今名剧合选》确乎是有着舞台演出的可能。关于戏曲选本，郑振铎曾经说过："我们在这些选本中，便可以看出近三百年来，'最流行于剧场上的剧本，究竟有多少种，究竟是什么性质的东西'，更可以知道'究竟某一种传奇中最常为伶人演唱者是那几出'。"②《古今名剧合选》中的许多剧作不仅盛行于杂剧舞台，而且经过二度创作与改编后再次流行于传奇舞台，如《窦娥冤》之于《金锁记》，《红梨花》之于《红梨记》，《两世姻缘》之于《玉环记》等，《法场》《卖花》《寄真》等出分别是上述三剧最常演的出目，透过明清传奇演出的盛况，依稀可以窥见《古今名剧合选》所选诸剧的场上风流。

总之，孟称舜文辞与音律兼美的选剧标准与戏曲观念既超越了前人的意气之争，又兼顾了创作与表演、作家与观众的现实需求，深化了对于戏曲文体特征的认识。《古今名剧合选》的选本价值与孟称舜深厚的戏曲理论素养是密切相关的，正所谓"非恃传者，恃传之者也。"③ 正是孟称舜独特的编选理念与全面的选剧标准，才使得《古今名剧合选》在明代大量涌现的杂剧选本中独树一帜，脱颖而出。

第三节　著录与版本

《古今名剧合选》是一部由孟称舜编选的元明杂剧集，刻于明崇祯六年（1633）。收录元明两代杂剧凡56种，分为两个部分：一为《新镌古今名剧柳枝集》，简名《柳枝集》，取意于柳永词"杨柳岸晓风残月"，收杂剧26种，其中元剧16种，明剧10种（含孟作3种），风格皆以婉丽为主；一为《新镌古今名剧酹江集》，简名《酹江集》，

---

① 兰陵笑笑生：《金瓶梅》卷四，王汝梅校点，齐鲁书社1987年版。
② 郑振铎：《中国戏曲的选本》，《郑振铎全集》第六卷，花山文艺出版社1998年版，第398页。
③ 王骥德：《古杂剧序》，吴毓华《中国古代戏曲序跋集》，第137页。

取意于苏轼词"一樽还酹江月",收杂剧 30 种,其中元剧 18 种,明剧 12 种(含孟作 1 种),风格以雄爽为主。卷前有崇祯六年(1633)孟称舜自序,并附刻钟嗣成《录鬼簿》一书,今习称为孟本《录鬼簿》,是现存《录鬼簿》最早的刻本。各剧眉端刻有眉批,或介绍作者,或比勘版本,或评点曲文,或分析人物,所论精辟,常为今人征引。所收剧作大抵以臧懋循《元曲选》为底本,并结合其他版本加以校订,校本与《古名家杂剧》系统相近。

一 著录

《古今名剧合选》在明代的戏曲书目中鲜有著录,今仅见祁理孙所编《奕庆藏书楼书目》(一作《祁氏读书楼书目》)加以著录。在该书目的"子部"第十类"乐府家"三之"杂剧"目中著录了《古今名剧合选》,但仅录《柳枝集》二十六种、《酹江集》三十种,而未详其细目。《古今名剧合选》在清代的戏曲书目中未见著录。即便是堪称近代国学大师的王国维在其《曲录》中亦未曾加以著录。《古今名剧合选》之所以未被明、清两代戏曲书目广泛著录,除了因传本稀少导致其晦而不著外,很大的原因在于戏曲选本未引起目录学家们的充分重视,"综观明季以至清初的目录学著作,戏曲选本始终处于被漠视的地位,这主要是因为戏曲本身的类属具有不确定性。传统的目录分类学显然不能确认戏曲的文学性质,才会出现将其或入诗类,或入子类,又或编入词曲类的状况,戏曲选本自然也安身无所;同时,这一现象也说明,目录学家较多关注戏曲作品本身,而尚未对戏曲选本产生兴趣"①。

二 版本

《古今名剧合选》的版本有足本与残本之分。足本主要有二:一为刻本,明崇祯六年(1633)刻,今藏上海图书馆。排列顺序上《新镌古今名剧柳枝集》在前,《新镌古今名剧酹江集》在后。前者标注"朱曾莱订正",后者标注"刘启胤订正"。《新镌古今名剧柳枝

---

① 朱崇志:《中国古代戏曲选本研究》,第 3 页。

集》卷前有崇祯六年（1633）孟称舜自序一篇，并附刻钟嗣成《录鬼簿》一书。二为影印本，1958 年由商务印书馆出版的《古本戏曲丛刊四集》中所收录的《古今名剧合选》即据上海图书馆藏明崇祯本影印，成为《古今名剧合选》的通行本。

　　残本有数种，今藏北京图书馆。残本的具体情况不一，兹以《柳枝集》《酹江集》为限分而述之。《柳枝集》的较早刻本有朱曾莱订正本、潘可传订正本两种，前者为初印本，后者为重印本。残本《柳枝集》每卷题"孟称舜评点""潘可传订正"，"前不载序目，已失去"，"《误入桃源》与《对玉梳》第一折皆残缺不全，其他亦间有残叶，又其书附刻元钟嗣成《录鬼簿》，此本亦无之"。① 序文、目录、内容均有残缺，并佚失《录鬼簿》。

　　《酹江集》残本有二：一为十卷残本，"于元曲仅存《汉宫秋》《任风子》《荐福碑》《范张鸡黍》《风云会》《魔合罗》六本，于明曲仅存《渔阳三弄》《替父从军》《真傀儡》《鞭歌妓》四本，仅得原书三分之一"②。一为六卷残本，"仅存元明人曲六种，其中《狂鼓史》《替父从军》《真傀儡》《鞭歌妓》，皆与十卷残本复重，唯《燕青博鱼》及《残唐再创》为十卷残本所无，实存《酹江集》遗文二卷"，"此本于六剧外尚有《录鬼簿》残叶，审其行款形式，与《酹江集》诸剧同，盖即附刻以行者。通行本自董解元至张洪范宣慰目为前辈已死名公，自郝新庵至王继学中丞为方今名公，此本则以郝新斋、曹以斋、刘时中并入前辈已死名公目中，方今名公自李溉之起，亦足以广异闻"。③

---

① 孙楷第：《戏曲小说书录解题》，人民文学出版社 1990 年版，第 434 页。
② 同上书，第 436 页。
③ 同上书，第 437 页。

第三章 《古今名剧合选》剧作叙录

第一节 《柳枝集》

一 《倩女离魂》

元郑光祖作。全名《迷青琐倩女离魂》。曹本《录鬼簿》《永乐大典目录》《宝文堂书目》《也是园书目》《今乐考证》《曲录》等皆著录全名。贾本《录鬼簿》《太和正音谱》《元曲选目》《曲海目》等均著录简名。其中，贾本《录鬼簿》有注云："次本。"《太和正音谱》注云有"二本"。盖郑德辉之前，赵公辅亦有同名剧作。本剧为郑光祖代表作。四折，旦本，正旦扮张倩女。本事出于唐陈玄祐传奇《离魂记》，宋元南戏有《王文举月夜追倩魂》，金诸宫调有《倩女离魂》，郑光祖在前代诸作的基础上进行了二度创作。本剧"以离魂的形式表现少女对爱情的追求，很是新颖。它是对《西厢记》'草桥惊梦'描写的发展，对明汤显祖《牡丹亭》杜丽娘鬼魂的描写有一定影响"①。人物心理描写也极为细腻传神，语言清丽流畅，具有强烈的艺术感染力。王季烈称第一折 ［点绛唇］［村里迓鼓］［柳叶儿］和第二折 ［秃厮儿］［圣药王］诸曲"皆绝妙好词"。青木正儿云："虽然此剧结构单调，简直可说只是其事奇异而已，但因曲辞艳丽，几能令人眩目，尤其第二折登舟一场的叙景，更使人恍惚。"② 王国维赞赏第三折 ［醉春风］［迎仙客］诸曲写男女离别之情"如弹丸脱

---

① 李修生主编：《古本戏曲剧目提要》，文化艺术出版社 1997 年版，第 60 页。
② ［日］青木正儿：《元人杂剧概说》，中国戏剧出版社 1957 年版，第 103 页。

手，后人无能为役"①。贺昌群指出楔子中的［仙吕·赏花时］［幺］
二曲传情写意极佳，"正道尽我国数千年来两性间为礼教所束缚住的
深隐的感情"②。李修生则认为在语言和关目安排上此剧受《西厢记》
的影响较明显，"诸如让男女主人公以兄妹之礼相见引起不满，以不
招白衣女婿逼令应举，折柳亭送别、离魂追舟等，都可以看出摹拟
《西厢记》的痕迹"，由此可见，"郑光祖的抒情才华远胜过他组织戏
剧冲突的才华"③。与此剧同题材的剧作较多，杂剧有元赵公辅《楼
凤堂倩女离魂》、明王骥德《倩女离魂》；传奇有明沈鲸《青琐记》；
无名氏《离魂记》。

此剧现存版本主要有四：一为脉望馆本，题目正名作"凤阙诏催
征举子，阳关曲惨送行人；调素琴书生写恨，迷青琐倩女离魂"。二
为顾曲斋本，题目正名同前，唯"写恨"为"寄恨"。三为《元曲
选》本，题目正名作"调素琴王生写恨，迷青琐倩女离魂"。四为
《柳枝集》本，正目同脉望馆本。另有日译本。《永乐大典》卷二〇
七五二"杂剧十六"、《童云野刻杂剧》《今乐府选》亦收此剧，未
传。《太和正音谱》收入第四折［水仙子］［塞儿令］［尾声］三曲。

二 《翰林风月》

元郑光祖作。一简名作《㑇梅香》，全名《㑇梅香骗翰林风月》。
贾本《录鬼簿》《太和正音谱》《曲海目》《曲海总目提要》皆著录
简名。《元曲选目》著录简名《㑇梅香》，并加注曰"一作《翰林风
月》"。曹本《录鬼簿》《永乐大典目录》《宝文堂书目》《也是园书
目》《今乐考证》《曲录》等皆著录全名。本剧四折一楔子，旦本，
正旦扮樊素。剧中人物虽多用唐人姓名，但关目情节纯属虚构。樊
素、小蛮历史上均实有其人，都是唐代大诗人白居易的姬妾，白居易
曾有诗云："樱桃樊素口，杨柳小蛮腰。"可见樊素能歌，小蛮善舞。
剧中改小蛮为白居易从弟白敏中之妻，改樊素为小蛮之侍女。由于此

---

① 王国维：《宋元戏曲史》，上海古籍出版社1998年版，第100页。
② 贺昌群：《元曲概论》，中国书籍出版社2006年版，第100页。
③ 李修生主编：《古本戏曲剧目提要》，文化艺术出版社1997年版，第60页。

剧在关目、宾白、科诨方面都明显模拟《西厢记》，故颇为后世曲论家所指责。明人王世贞贬斥其"宾白皆剽《西厢》"。清人梁廷枏曰："《㑇梅香》如一本小《西厢》，前后关目、插科、打诨，皆一一照本模拟"，并详细罗列了此剧与《西厢记》的二十个相同之处，讥评此"不得谓无心之偶合"。① 但青木正儿则认为"虽说此剧毕竟不过是把《西厢》二十折压缩成了四折，做为侍女樊素主演的剧，然其排场与曲白并工，犹不失为佳剧"，就连"王实甫的《西厢》，也还是因袭董解元的《西厢》"，所以像王世贞、梁廷枏那样"只责备此剧，恐怕是不应该"。② 此剧在引人非议的同时，因曲辞清新，亦颇为曲家所称道。明何良俊评其第一折〔寄生草〕〔六幺序〕曲"何等蕴藉有趣"；第二折〔初问口〕〔好观音〕曲"语不着色相，情意独至，真得词家三昧者也"③。清李调元云："《㑇梅香》虽不出《西厢记》窠臼，其秀丽处究不可没。"④

此剧现存版本主要有四：一为脉望馆本，原本未署作者，后墨笔补题"元郑德辉"撰，题目正名作"挺学士傲晋国婚姻，㑇梅香骗翰林风月"，版心署简名《㑇梅香》。二为顾曲斋本，题目正名同前。三为《元曲选》本，题目正名同前。四为《柳枝集》本，正目同前。另有法译本。《永乐大典》卷二○七五五"杂剧十九"、《童云野刻杂剧》《四段锦》亦收此剧，惜未传。《太和正音谱》收入第二折〔念奴娇〕〔喜秋风〕二曲。

三 《青衫泪》

元马致远作。全名《江州司马青衫泪》。《录鬼簿》《也是园书目》《今乐考证》《曲录》等著录全名。《太和正音谱》《元曲选目》《徐氏家藏书目》《曲海目》《曲海总目提要》等皆著录简名。本剧四折一楔子，旦本，正旦扮裴兴奴。

剧情据白居易诗《琵琶行》敷演而成，将诗中所抒发的"同是

---

① 梁廷枏：《曲话》，《中国古典戏曲论著集成》（八），第262页。
② ［日］青木正儿：《元人杂剧概说》，第102页。
③ 何良俊：《曲论》，《中国古典戏曲论著集成》（四），第7页。
④ 李调元：《雨村曲话》，《中国古典戏曲论著集成》（八），第14页。

天涯沦落人，相逢何必曾相识"的感慨，一变而为情人间的悲欢离合，以琵琶妓为主角，以白乐天配之。妓借名裴兴奴，亦自《琵琶行序》"尝学琵琶于穆、曹二善才"而来。唐段安节《乐府杂录》：曹保保子善才，孙纲，裴兴奴与纲同辈，以拢撚擅名，时人谓曹纲有右手，兴奴有左手。剧中情节颇类《双渐赶苏卿》故事，宋金诸宫调有《双渐豫章城》名目，金院本有《调双渐》名目。双渐、苏小卿故事亦为元代剧作家、散曲家热衷的题材，马氏此剧可能即受此影响。此剧赞扬士妓之间真挚坚定的恋情，批判唯利是图的虔婆与以利取色的商人，真实而细腻地表现了妓女内心的苦闷及对幸福的向往与追求。此类题材，元杂剧中多有创作。青木正儿就曾将此剧与乔吉《两世姻缘》加以比较，指出"此剧第三折以前的结构，大体没有什么毛病，但是第四折把这件事弄到朝廷上，过于小题大做，太滑稽了。后来乔梦符《两世姻缘》一剧的收场，虽然也是使用着这种方法，但是因为那本剧的女主脚是天子的驸马的养女，感觉不到象此剧这样的不自然。不过此剧这一点虽是失败了，然而曲辞毕竟是名手之作，很是典雅。马致远的作品，女脚主演的只此一种，好象他到底不擅长作风流艳曲"[①]。王骥德亦云："马于《黄粱梦》《岳阳楼》诸剧，种种妙绝，而一遇丽情，便伤雄劲。……尺有所短，信然。"[②]后世与此剧同题材的剧作有明顾大典《青衫泪》传奇，清蒋士铨《四弦秋》杂剧，赵式《琵琶记》传奇，敦诚改写《琵琶行》杂剧等，后者今已不存。

此剧版本现有《改定元贤传奇》本、脉望馆本、顾曲斋本、《元曲选》本、《柳枝集》本、《阳春奏》本等。现存各本文字相同，独《元曲选》本第三折［太清歌］曲文缺二句，与曲律不合。脉望馆本题目正名作"一曲拨成莺燕约，四弦续上鸳鸯会；浔阳商妇琵琶行，江州司马青衫泪"。顾曲斋本、《柳枝集》本题目正名同。《元曲选》本题目正名作"浔阳商妇琵琶行，江州司马青衫泪"。

---

① ［日］青木正儿：《元人杂剧概说》，第93页。
② 王骥德：《曲律》，《中国古典戏曲论著集成》（四），第147页。

四 《两世姻缘》

元乔吉作。一简名作《玉箫女》，全名《玉箫女两世姻缘》。乔吉（1280？—1345）元代后期著名杂剧家、散曲作家。一称乔吉甫，字梦符，号笙鹤翁，又号惺惺道人。太原人，流寓杭州。关于其生平为人，钟嗣成《录鬼簿》有云："美容仪，能词章，以威严自饬，人敬畏之"，又作吊词云："平生湖海少知音，几曲宫商大用心。百年光景还争甚，空赢得雪鬓侵，跨仙禽路绕云深。"① 剧作存目共十一种，今仅有《杜牧之诗酒扬州梦》《李太白匹配金钱记》《玉箫女两世姻缘》三种传世。此三剧均入选《柳枝集》，可见孟称舜对于乔吉剧作的爱赏。乔吉的散曲创作成就明显高于其杂剧，明清二季的理论家都把他与张可久相提并论，看作元散曲后期作家的杰出代表。乔吉曾提出作乐府之法，云："作乐府亦有法，曰'凤头，猪肚，豹尾'六字是也。大概起要美丽，中要浩荡，结要响亮；尤贵在首尾贯穿，意思清新。苟能若是，斯可以言乐府矣。"② 其戏曲创作极好地实践了这一理论主张。乔吉的散曲以蕴藉绮丽见长，明人李开先曾有评："蕴藉包含，风流调笑，种种出奇而不失之怪；多多益善而不失之繁；句句用俗而不失其为文。"③ 朱权论其词"如神鳌鼓浪"，有"波涛汹涌、截断众流之势"④。

此剧贾本《录鬼簿》《太和正音谱》《元曲选目》《徐氏家藏书目》《曲海总目提要》等皆著录简名。曹本《录鬼簿》《也是园书目》《今乐考证》《曲录》等著录全名。本剧共四折（息机子《古今杂剧选》本多一楔子），旦本，正旦扮韩玉箫、张玉箫。本事采自唐人《玉箫传》、范摅《云溪友议》及《太平广记》卷二七四所引之《西川节度使韦皋》等，叙写妓女韩玉箫与韦皋凄美婉转历两世而不衰的爱情故事，剧情起伏跌宕，人物心理刻画细腻传神，曲辞典丽。青木正儿云："此剧因为后半描写着奇怪的事迹，结构稍嫌繁杂，但

---

① 钟嗣成：《录鬼簿》，《中国古典戏曲论著集成》（二），第126—127页。
② 陶宗仪：《南村辍耕录》，中华书局1959年版，第103页。
③ 李开先：《乔梦符小令序》，《乔梦符小令》，《续修四库全书》1738册。
④ 朱权：《太和正音谱》，《中国古典戏曲论著集成》（三），第17页。

作者能比较巧妙的使情节移动着。第三折描写再生的玉箫和韦皋接近时，两人不由都有似曾相识之感，一面互相惊疑，一面两情相和。这手法若以当时的技巧而论，是值得称赞的。第二折极其凄艳，是最好的一场；就是在元曲殆成绝响的今天，此折还在《集成曲谱》中保留着它的谱，似乎是还可以唱的。明汤显祖的杰作《还魂记》传奇第十四出《写真》的粉本，也好像就是此折。"① 孟称舜在评点此剧第三折 [调笑令] 时曰："不知为甚，蓦地情生。三个'莫不是'，正是自不信自处，摹写极妙。"② 后世同一题材的剧作有明无名氏《古玉环记》传奇、陈与郊《鹦鹉洲》传奇及清周昂《玉环缘》传奇。京剧有《玉箫再世》剧目。

此剧现存版本有《改定元贤传奇》本（中间缺一页）、息机子《古今杂剧选》本、脉望馆本、顾曲斋《元人杂剧选》本、《元曲选》本及《柳枝集》本。《古今杂剧选》本剧首有楔子，写金童玉女凡心偶动，被梓潼帝君贬至凡间为夫妻；结尾又有二人宿愆已满重回天界的情节，题目正名作"梓潼君谪降金仙，张延赏大闹西川；韦元帅百年风月，玉箫女两世姻缘"。《元曲选》本将此部分内容皆删去，使剧情显得更为紧凑，题目正名改作"韦元帅重谐配偶，玉箫女两世姻缘"。《柳枝集》本正目作"梓潼君谪降金仙，张延赏大闹西川；韦元帅重谐匹偶，玉箫女两世姻缘"。而其他各本题目正名均同息机子《古今杂剧选》本。另陈与郊《古名家杂剧》、黄正位《阳春奏》卷一、姚燮《今乐府选》、明刻《四段锦》等皆收此剧，惜未传。

五 《诗酒扬州梦》

元乔吉作。简名《扬州梦》，全名《杜牧之诗酒扬州梦》。贾本《录鬼簿》著录简名《扬州梦》，题目正名作"李梦娥花月洞房春，杜牧之诗酒扬州梦"。孟本《录鬼簿》《太和正音谱》《元曲选目》《曲海目》《曲海总目提要》仅著录简名。曹本《录鬼簿》《宝文堂书目》《也是园书目》《今乐考证》《曲录》著录全名。本剧共四折

---

① ［日］青木正儿：《元人杂剧概说》，第107页。
② 孟称舜：《柳枝集》，第289页。

一楔子，末本，正末扮杜牧。本事采自杜牧《张好好诗序》及《太平广记》所记载的杜牧在扬州疏野放荡，丞相牛僧孺出镇扬州劝诫杜牧事，"作者将二事参错成文"①，并取杜牧《遣怀》诗"十年一觉扬州梦，赢得青楼薄幸名"之命意为剧名，敷演了杜牧与妓女张好好的爱情故事。就剧情本身而言，亦未脱才子佳人剧的窠臼，情节也较简单，但"三次宴会的场景不同，情趣亦各异，可见作者运思之苦心"②。青木正儿也指出"此剧情节是单纯的，因为五段都是酒宴之场，一看似乎很平凡；不过各酒宴场的情趣都不相同，曲辞也有变化。在这些地方，可以看得出作者的苦心和本领吧。而贪花恋酒的诗人杜牧的面目，也活跃着。曲辞典丽，并且生气泼剌"③。孟称舜评"此剧似太秾丽矣，然其词如太真妃出浴华清，虽丰艳动人，而委实濯濯，幽质亦自不减"④。梁廷柟评第一折［那吒令］乃"一剧中之警句"⑤。后世敷演杜牧的戏曲有明卜世臣《乞麾记》传奇、清陈栋《维扬梦》杂剧、黄家舒《城南守》杂剧、黄之隽《梦扬州》杂剧、嵇永仁《扬州梦》传奇等，但只有陈栋《维扬梦》杂剧剧情与此剧一脉相承，其余皆搬演他事。

此剧现存版本主要有《改定元贤传奇》本、继志斋本、元明杂剧本（影印《古名家杂剧》本）、《元曲选》本及《柳枝集》本。各本内容曲辞基本一致，唯继志斋本第四折与他本不同，其眉批云："此一折杨升庵重订"，当经过杨慎的修改。各本题目正名均作"张好好花月洞房春，杜牧之诗酒扬州梦"。另《阳春奏》卷二、《今乐府选》原收此剧，惜未传。

六 《金钱记》

元乔吉作。全名为《李太白匹配金钱记》，一作《唐明皇御断金钱记》。贾本《录鬼簿》《太和正音谱》《元曲选目》《曲海目》《曲

---

① 董康：《曲海总目提要》，人民文学出版社 1959 年版，第 112 页。

② 李修生主编：《古本戏曲剧目提要》，第 67 页。

③ ［日］青木正儿：《元人杂剧概说》，第 106 页。

④ 孟称舜：《柳枝集》，第 295 页。

⑤ 梁廷柟：《曲话》，《中国古典戏曲论著集成》（八），第 261 页。

海总目提要》著录简名《金钱记》，贾本《录鬼簿》并录题目正名作
"韩老卿救赐锦华袍，唐明皇御断金钱记"。曹本《录鬼簿》《今乐考
证》《曲录》著录正名。《也是园书目》别作《李太白匹配金钱记》。
《徐氏家藏书目》著简名《李太白金钱记》。天一阁本《录鬼簿》石
君宝名下有《李太白匹配金钱记》。各家书目除《也是园书目》外均
著录为《唐明皇御断金钱记》，故严敦易认为现存本著作权应归石君
宝。但核之其他各本《录鬼簿》，石君宝此剧均被著录为《柳眉儿金
钱记》，今依旧说，将此剧仍归乔吉名下。本剧共四折，末本，正末
扮韩翃。剧中以唐代"大历十才子"之一韩翃入剧，将这一历史人
物进行了艺术化处理，"剧中事迹，皆出虚构，这一定是把韩寿偷香
的故事翻案而成的"①。此剧曲辞秀艳，然华丽中不失本色，"本色中
自觉高华秀拔，固是大手笔。其争工不在字句上，读之朗朗自异"②。
戏剧冲突紧张激烈，关目设置自然合理，确为元剧佳作。清凌廷堪
《论曲绝句》其十曰："天子朝门撮合新，后园高吊榜头人。青衫泪
与金钱记，祗许临川步后尘"，并自注云："元《青衫泪》朝门救配，
《金钱记》吊拷韩翃，皆汤临川之粉本也。"③ 由此可知，《牡丹亭》
中杜宝吊拷柳梦梅的情节即出自《金钱记》第二折，而其第三折曲
文亦为《牡丹亭·惊梦》出所承袭。此剧在后世的巨大影响力可见
一斑。除了《牡丹亭》外，借用此剧故事为题材的剧作有清薛旦
《九龙池》、谢堃《十二金钱》传奇等。

  此剧现存版本主要有《古名家杂剧》本、顾曲斋本、《元曲选》
本、《柳枝集》本。各本相较，《古名家杂剧》本与顾曲斋本相同，
为一个系统。《元曲选》本与其他各本有所不同，较顾曲斋本第一折
多［那吒令］［鹊踏枝］［醉扶归］三曲，少［青哥儿］曲，第四折
多［沽美酒］［太平令］二曲；与《柳枝集》相较，第一折少［寄生
草］曲，而《元曲选》中之［寄生草］在《柳枝集》中作［幺］，
第四折多［沽美酒］［太平令］曲。各本题目正名均作"老相公不许

---

  ① ［日］青木正儿：《元人杂剧概说》，第105页。
  ② 孟称舜：《柳枝集》，第306页。
  ③ 凌廷堪：《校礼堂诗集》卷二，《续修四库全书》第1480册，第23页。

招良婿，俏书生强要成佳配；韩飞卿醉赶柳眉儿，李太白匹配金钱记"。唯《元曲选》作"韩飞卿醉赶柳眉儿，李太白匹配金钱记"。另《永乐大典》卷二〇七五七"杂剧十五"、《童云野刻杂剧》《今乐府选》均收此剧，惜未传。

七　《玉镜台》

元关汉卿作。全名《温太真玉镜台》。关汉卿，号已斋叟，汉卿为其字，其名已不可考。大都（今北京）人。曾任太医院尹（一说"尹"乃"户"之误）。约生于金兴定四年（1220）前后，卒于元大德四年至七年（1300—1303），一生八十余岁。[1] 与杂剧作家杨显之、康进之、费君祥，演员朱帘秀等都有交游往来。熟谙戏曲艺术，不仅编写了大量杂剧剧本，还"躬践排场，面傅粉墨"，"偶倡优而不辞"[2]，被钟嗣成誉为"驱梨园领袖，总编修师首，捻杂剧班头"[3]。一生共创作杂剧六十余种，今存《闺怨佳人拜月亭》《杜蕊娘智赏金线池》《温太真玉镜台》《感天动地窦娥冤》等 18 种。关汉卿在戏剧上的杰出贡献，使他在当时就享有盛名，这从高文秀被称为"小汉卿"，沈和甫被称为"蛮子汉卿"就可见出。今人亦将之看作元代杂剧创作的杰出代表，推为"元人第一"。在散曲创作方面，关汉卿"亦为有元一人"[4]，郑振铎指出："他的许多小令，写闺情，写别怨，写小儿女的意态，写无可奈何的叹息，写称心快意的满足的，几乎没有一首不好，不入木三分，比柳词还要谐俗，却也比柳词还要深刻活泼；比山谷词还要艳荡，却也比山谷词还要令人沉醉，同时却又那样的温柔敦厚，一点也不显出粗鄙恶俗。"[5]

此剧贾本《录鬼簿》《太和正音谱》《元曲选目》《曲海目》均著录简名《玉镜台》，贾本《录鬼簿》并录题目正名作"晋公子水墨宴，温太真玉镜台"。曹本《录鬼簿》《徐氏家藏书目》《也是园书

---

① 李占鹏：《关汉卿评传》，南京大学出版社 2000 年版，第 28—37 页。
② 臧懋循：《元曲选自序二》，《元曲选》，中华书局 1958 年版，第 5 页。
③ 钟嗣成：《录鬼簿》，第 151 页。
④ 谭正璧：《元曲六大家略传》，古典文学出版社 1957 年版，第 109 页。
⑤ 郑振铎：《中国俗文学史》，上海书店出版社 1984 年版，第 169 页。

目》《今乐考证》《曲录》著录全名。本剧共四折，末本，正末扮温
峤。温峤，东晋名臣，《晋书》有传。此剧借历史人物之传闻附会而
成，本事出自《世说新语》之温峤娶妇的故事，原文如下：

> 温公丧妇，从姑刘氏，家值乱离散，唯有一女，甚有姿慧。
> 姑以属公觅婚。公密有自婚意，答云：“佳婿难得，但如峤比，
> 云何？”姑云：“丧败之余，乞粗存活，便足慰吾余年，何敢希汝
> 比。”却后少日，公报姑云：“已觅得婚处，门第粗可，婿身名
> 宦，尽不减峤。”因下玉镜台一枚。姑大喜。既婚，交礼，女以
> 手披纱扇，抚掌大笑曰：“我固疑是老奴，果如所卜。”①

原文中温峤之表妹虽识破其婚意，但并未拒绝，而是欣然接受。
此剧中温之表妹倩英则一再拒绝其爱慕之意，老夫少妻的婚姻几经波
折才最终成就。结构紧凑而巧妙，排场张弛有度，元杂剧一般至第四
折而为强弩之末，但象“此剧却可以说到第四折而强弩发机者”，
“第四折成了最高潮”②。剧中传情写意自然真妙，语言本色当行，孟
称舜在评点此剧时屡屡以“尽情”二字特别表示出对剧中情语的赞
赏，如于楔子前总评曰：“俗语、韵语，彻头彻尾，说得快性尽情，
此汉卿不可及处”③，评第四折［乔牌儿］曰：“尽情勒揸得妙。”④
与此剧题材相关的剧作有元无名氏戏文《温太真》（今仅存残曲，见
《九宫正始》）、明卢楠《玉镜台》传奇、朱鼎《玉镜台记》传奇、
范文若《花筵赚》传奇等。

现存版本主要有三：一为脉望馆藏《古名家杂剧》本，题目正名
作“王府尹水墨宴，温太真玉镜台”，版心署简名《玉镜台》。二为
《元曲选》本，题目正名同前。三为《柳枝集》本，正目同前。各本
内容基本相同，唯《元曲选》本第一折［那吒令］［鹊踏枝］、第四
折［鸳鸯煞］曲文与其他二本全异，且第三折少［六煞］［五煞］二

---

① 杨勇：《世说新语校笺》，中华书局 2006 年版，第 766 页。
② ［日］青木正儿：《元人杂剧概说》，第 59 页。
③ 孟称舜：《柳枝集》，第 322 页。
④ 同上书，第 331 页。

曲。另《阳春奏》《今乐府选》亦收此剧,未传。

八 《智赏金线池》

元关汉卿作。简名《金线池》,全名《杜蕊娘智赏金线池》。本剧各本《录鬼簿》均著录简名《金线池》,贾本并著录正名作"杜蕊如智赏金线池","如"当为"娘"之误。《太和正音谱》《元曲选目》《徐氏家藏书目》《曲海目》《曲海总目提要》均著录简名。《也是园书目》《曲录》著录全名。本剧共四折一楔子,旦本,正旦扮杜蕊娘。本事虽无考,但山东济南确有金线池,在今济南市趵突泉公园尚志堂旁。《唐诗纪事》云:"杜牧佐宣城,游湖州,刺史崔君张水戏,使州人毕览,令牧间行阅奇丽,得垂髫者十余岁。剧中石府尹为韩作合,盖仿佛崔刺史之意。"盖故事偶合,非尽取其事也。清无名氏《乐府考略》卷一说:"《金线池》,元关汉卿作。记杜蕊娘金线池事,备极花柳场中翻云覆雨情形,可为冶游之戒。事之有无,不必论也。""可为冶游之戒"之说,乃夫子自道。不过,由于关汉卿深谙倡优生活,且极同情妓女的遭遇,"于此剧中对所谓'肉解库'的卖笑生涯作了非常深刻的揭露,在戏曲史乃至文学史上俱属罕见。对鸨儿淫威下生生被拆散的一对恋人——特别是女方的心态刻画极为灵秀,在反映妓女生活的戏曲题材中无疑是上乘之作"①。对于此剧传神细腻的心理描写技法及语言艺术,孟称舜早有定评:"写唧哝哀怨之语,字字如大珠小珠落玉盘时也。岂非大作手!"②

现存版本主要有四:一是脉望馆本,题目正名作"韩辅臣轻负花月约,老虔婆间阻燕莺期;石好问复任济南府,杜蕊娘智赏金线池"。二是顾曲斋本,题目正名同前。三是《元曲选》本,题目正名作"韩辅臣轻负花月约,老虔婆故阻燕莺期;石好问复任济南府,杜蕊娘智赏金线池"。四是《柳枝集》本,正目作"韩解元轻负花月约,老虔婆故阻燕莺期;石好问复任济南府,杜蕊娘智赏金线池"。各本内容大致相同,唯《元曲选》本第一、二、四折增加了几支曲牌,

---

① 李修生主编:《古本戏曲剧目提要》,第4页。
② 孟称舜:《柳枝集》,第333页。

部分曲辞做了文字上的订正。

九 《墙头马上》

元白朴作。全名《裴少俊墙头马上》。贾本《录鬼簿》著录简名《墙头马上》，题目正名作"千金女眼角眉尖，裴小（少）俊墙头马上"。《太和正音谱》《元曲选目》《徐氏家藏书目》《曲海目》《曲海总目提要》均著录简名。曹本《录鬼簿》《今乐考证》《曲录》著录作《鸳鸯简墙头马上》。《宝文堂书目》《也是园书目》著录全名。本剧共四折，旦本，正旦扮李千金。此剧脱胎于白居易新乐府诗《井底引银瓶》，取其"墙头马上遥相顾"句意为剧名。据宋周密《武林旧事》及元陶宗仪《辍耕录》记载，宋元戏文有《裴少俊墙头马上》，宋官本杂剧有《裴少俊伊州》，金院本有《鸳鸯简》《墙头马》各一本，诸宫调有《井底引银瓶》。此剧叙写了裴少俊与李千金扣人心弦的爱情故事，人物形象塑造极为成功，尤其是李千金这一大胆泼辣、勇于追求自由爱情的少女形象早已深入人心。结构紧凑，曲辞工丽。孟称舜评曰："此剧潇洒俊丽，又是一种。……说佳人求偶处亦自奕奕神动，真大家手笔也。"① 青木正儿曰："曲辞之典丽，可与《西厢记》相比，而女主人公的性格，又比《西厢记》的更为热情、果敢、意志坚强。结构则直截简明，而并不平板；第四折团圆那一场的紧张，尤其写的出色。"② 卢前曰："至《梧桐雨》与《墙头马上》，俊语如珠，是元曲中所罕观者。"③

现存版本主要有四：一为脉望馆本，题目正名为"千金守志等儿夫，裴少俊墙头马上"，版心署简名。二为《元曲选》本，题目正名作"李千金月下花前，裴少俊墙头马上"。三为《柳枝集》本，正目作"游春郊彼此窥望，动关心两情狂荡；李千金守节存贞，裴少俊墙头马上"。此剧有日译本。《南北词广韵选》收录剧中［南吕·一枝花］［双调·新水令］二套。另《童云野刻杂剧》《今乐府选》亦收

---

① 孟称舜：《柳枝集》，第 346 页。
② ［日］青木正儿：《元人杂剧概说》，第 85—86 页。
③ 卢前：《裴少俊墙头马上跋》，蔡毅《中国古典戏剧序跋汇编》，齐鲁书社 1989 年版，第 633 页。

此剧，未传。

十 《秋夜潇湘雨》

元杨显之作。简名一作《潇湘雨》，又作《临江驿》，全名《临江驿潇湘夜雨》。贾本《录鬼簿》著录简名《潇湘夜雨》，题目正名作"秦川道烟寺晚钟，临江驿潇湘夜雨"。题目与现存本情节不合，可能现存本经过后人修改，已非原本。曹本《录鬼簿》《也是园书目》《今乐考证》《曲录》均著录全名。《太和正音谱》《元曲选目》著录简名《潇湘夜雨》。《曲海总目提要》著录简名《潇湘雨》。《曲海目》著录简名《临江驿》。杨显之，生卒年不详，大都人。与关汉卿为莫逆交，与当时的勾栏艺人亦多有交游往还，因擅长修改剧作，人称"杨补丁"。一生共作杂剧 8 种，今仅存《潇湘雨》与《酷寒亭》。本剧共四折，旦本，正旦扮张翠鸾。叙写张翠鸾与夫崔通之间的爱恨情仇，是元杂剧中唯一一部批判文人发迹变泰，富贵易妻的作品。此剧本事可能出自金院本《张天觉》与元南戏《临江驿》，但二本一佚一残，未知孰先孰后。关于剧名，《曲海总目提要》解释曰："崔女驿中遇雨，正临湘江，故曰'潇湘雨'。"① 剧中语言本色而富于艺术表现力，尤其是第三折翠鸾带枷走雨的描写很是成功，孟称舜评曰："通折就情写景语，不修饰而楚楚堪痛。"② 青木正儿云："元曲中秋雨的描写，此剧和白仁甫的《梧桐雨》第四折，大概可以称为双璧。不过彼此的情趣正相反：《梧桐雨》是宫殿的雨，是在染着铜绿色的梧桐树上，用银线去画的；《潇湘雨》是荒野的雨，是用水墨轻描淡写的。其辞虽亦有文采与本色的分别，而其价值却应在伯仲之间。"③ 与此剧同题材的剧作南戏有《崔君瑞江天暮雪》，明无名氏有传奇《江雪舟记》，清无名氏有传奇《江天雪》。此剧至今仍被搬演于京剧舞台上。

本剧现存版本有三：一为顾曲斋本，题目正名作"赏中秋人月团

---

① 董康：《曲海总目提要》，第 76—77 页。
② 孟称舜：《柳枝集》，第 368 页。
③ ［日］青木正儿：《元人杂剧概说》，第 61 页。

圆，临江驿潇湘夜雨"，简名《潇湘夜雨》；二为《元曲选》本，题目正名作"淮河渡波浪石尤风，临江驿潇湘秋夜雨"，简名《潇湘雨》；三为《柳枝集》本，正目同《元曲选》本，简名作《秋夜潇湘雨》。前二本曲词略有出入，分折亦不同。顾曲斋本较《元曲选》本第一折少〔醉中天〕，第二折少〔隔尾〕，第四折少搽旦嘌唱〔醉太平〕、正旦所唱〔醉太平〕〔尾煞〕，且有些曲牌格律与通行曲律不同，故《元曲选》本作了相应修改。

十一 《诗酒红梨花》

元张寿卿作。简名一作《红梨花》，全名《谢金莲诗酒红梨花》。张寿卿，生卒年及名皆不详，东平人。约元世祖至元中前后在世，官浙江省掾吏。所作杂剧仅此一种。本剧贾本《录鬼簿》著录简名《诗酒红梨花》。曹本《录鬼簿》《也是园书目》《今乐考证》《曲录》著录全名。《太和正音谱》《元曲选目》《徐氏家藏书目》《曲海总目提要》著录简名《红梨花》。本剧四折，旦本，正旦扮谢金莲、卖花三婆。金院本有《红梨花》，南戏有《诗酒红梨花》。此剧本事或出于此。明冯梦龙《情史·赵汝州传》亦有记载。此剧堪称风情剧中的佳构，情节跌宕起伏，语言蕴藉婉丽，在曲坛具有深远的艺术影响。孟称舜在此剧第一折有评曰："字字淹润，语语宛隽，近来度曲家以此为鼻祖，而气味浑涵则令今人终让此一筹也。""首折次折语更香楚，近来汤临川极学此。"[①] 青木正儿将此剧与元石子章《竹坞听琴》杂剧加以比较，指出"《红梨花》的事迹是有根据的，而《竹坞听琴》则是又模仿《红梨花》的。并且结构的手腕，也还是《红梨花》做得好。《红梨花》从开端起，汝州就一贯的把金莲误认着，直到最后一瞬，知道了实情，全剧也就完了，所以四折都是紧张的。……至于曲辞，则《红梨》浓艳，属王实甫一流"[②]。后世剧作沿袭此剧题材的有明徐复祚《红梨记》传奇、王元寿《梨花记》传奇、无名氏《红梨花记》传奇。徐复祚《红梨记》受《红梨花》影响较大，其

---

① 孟称舜：《柳枝集》，第376—377 页。

② ［日］青木正儿：《元人杂剧概说》，第97 页。

《卖花》一出即脱胎于此杂剧的第三折,《纳书楹曲谱》收录有此出
昆曲演唱本。

现存版本主要有顾曲斋本、《古名家杂剧》本、《元曲选》本、
《柳枝集》本、明末凌濛初校印《红梨花记传奇》附刻本,题目正名
均作"赵汝州风月白纨扇,谢金莲诗酒红梨花"。《柳枝集》本第四
折〔沉醉东风〕上有孟称舜评语曰:"此下数枝多从吴兴本增改"①,
可知《元曲选》本第四折与其余各本差异较大,《柳枝集》本从之。

十二 《张生煮海》

元李好古撰。全名《沙门岛张生煮海》。李好古,其名不详。保
定(今属河北)人,一说东平(今属山东)人,又一说西平(今属
河南)人。家江南,官南台御史,生卒年及生平事迹无考,《录鬼
簿》列为"前辈已死名公才人"。宋末元初另有两李好古,一作《碎
锦词》,自署"乡贡免解进士";一字敬仲,见《阳春白雪》。未知三
者是否一人。著有杂剧三种,皆神仙故事,今仅存《沙门岛张生煮
海》一种,《赵太祖镇凶宅》《巨灵神劈华岳》已佚。本剧曹本、天
一阁本《录鬼簿》《太和正音谱》《元曲选目》《宝文堂书目》《曲海
目》《曲海总目提要》《曲录》皆著录简名《张生煮海》。《也是园书
目》著录全名。贾本《录鬼簿》与《太和正音谱》注云有"二本",
孟本《录鬼簿》则仅于尚仲贤名下著录此剧,盖元尚仲贤亦作有同
名剧作,或许因为李好古的《张生煮海》更好,因此便独存于世了。
本剧共四折,正旦与正末分别主唱,正旦扮龙女、仙姑,正末扮长
老。本事无考。金院本有《张生煮海》,惜不传。李好古此剧与尚仲
贤《柳毅传书》一样,都是敷演龙女事,清李渔将此剧与《柳毅传
书》合二为一,创作了《蜃中楼》传奇。青木正儿将二剧加以比较,
认为"结构方面,《柳毅传书》为优","《张生煮海》是把单纯的事
迹,勉强延长为四折,因此结构显得松懈。正旦龙女主演的剧,而第
三折却夹杂着正末石佛寺长老的主演,稍嫌贫窘。然如就曲辞而论,
则《张生煮海》实在是被美辞丽句装饰着,尤其像第一、第二两折,

---

① 孟称舜:《柳枝集》,第385页。

陆续铺陈的叙海洋风景的曲辞，更是壮丽眩目，可以作为一篇'海赋'来看吧。"① 此剧的结构虽平淡松散，但语言却清新典丽，人物形象塑造也较为成功，孟称舜评曰："旧称李好古词如孤松挂月，若此剧闲淡高雅，自是佳手。"②

现存版本主要有《元曲选》本与《柳枝集》本，题目正名均作"石佛寺龙女听琴，沙门岛张生煮海"。二本内容大体一致，但《柳枝集》本将《元曲选》本中的石佛寺长老做媒依原本改为仙母做媒。另《今乐府选》亦收此剧，惜未传。

十三 《二郎收猪八戒》

元杨景贤作。元明以来各家戏曲书目均未著录此剧。关于此剧作者，孟称舜《柳枝集》中题为元吴昌龄著，但据孙楷第考证，该剧实为元杨景贤所撰《西游记》杂剧中之一本，非吴昌龄作。③ 搜检《录鬼簿续编》可知，杨景贤，原名暹，后更名讷，号汝斋。本蒙古族人，因跟随姐夫杨镇抚，人便以"杨"姓称之。精乐府，善琵琶，好戏谑。明成祖永乐初年，与贾仲明、汤舜民等一起受到朱棣恩遇。④ 后卒于金陵。所作杂剧十八种，其中《西游记》存本多被后世误题为吴昌龄作。核之《录鬼簿》，吴昌龄所著为《唐三藏西天取经》。⑤ 杨景贤《西游记》杂剧共六本，其中第四本题目正名为"朱太公告官司，裴海棠遇妖怪；三藏托孙悟空，二郎收猪八戒"，与《柳枝集》中《猪八戒》一剧的正目完全一致，内容也无甚出入，可见《猪八戒》确系《西游记》杂剧之第四本，而非吴昌龄所作。

此剧共四折一楔子。除第四折为二郎主唱外，其余三折均为裴女所唱，旦本。剧演猪八戒原为摩利支天部下御车将军，后盗窃金铃，逃离天界，来到黑风洞藏身，自号黑风大王。裴家庄裴公之女裴海棠，本已许与北山朱太公之子为妻，但因朱生家贫，裴公意欲悔亲。

① ［日］青木正儿：《元人杂剧概说》，第99—100页。
② 孟称舜：《柳枝集》，第387页。
③ 孙楷第：《戏曲小说书录解题》，第432页。
④ 无名氏：《录鬼簿续编》，《中国古典戏曲论著集成》（二），第284页。
⑤ 钟嗣成：《录鬼簿》，《中国古典戏曲论著集成》（二），第109页。

海棠得知，为表真心修书一封，于后花园约见朱生。朱生胆小未至，黑风大王化作其模样，摄走海棠，强占为妻。裴朱两家则因海棠失踪要打官司。恰唐僧一行途经黑风山，正逢黑风大王背着海棠夜间行走，孙悟空无意间探知海棠不幸，便以海棠手帕为凭，为之寄信，裴朱两家纷争得缓。孙悟空救走海棠，黑风大王回洞不见海棠便至裴家庄找寻，因不敌孙悟空转而将唐僧摄走。孙悟空从海棠及土地神口中得知黑风大王只惧二郎细犬，实乃猪精，乃求助观音派二郎神协助降妖救师。激烈打斗中猪精为细犬咬住，最后遵二郎法旨，追随唐僧西去取经。此剧音律协谐，优美动听，孟称舜评曰："首折、此折皆于用韵中见手段。"① 传情写意亦极有佳处，如第三折〔正宫·端正好〕〔滚绣球〕〔叨叨令〕〔滚绣球〕诸曲摹写情景极为出色。此剧版本今仅见《柳枝集》本。

十四 《竹坞听琴》

元石子章作。全名《秦翛然竹坞听琴》。贾本《录鬼簿》《太和正音谱》《元曲选目》《徐氏家藏书目》《曲海目》《曲海总目提要》均著录简名《竹坞听琴》，贾本《录鬼簿》并著录题目正名作"郑彩鸾茅庵悟道，秦翛然竹坞听琴"。曹本《录鬼簿》《也是园书目》《今乐考证》《曲录》著录全名。石子章，一作石子璋，生平事迹不详，大都人。《录鬼簿》将之置于"前辈已死名公才人"类。据孙楷第《元曲家考略》载子章名建中，寓居郑州。金之遗民，金亡后，尝随使至西域。与元好问、李显卿有交游。元好问《遗山全集》卷九有《答石子章因送其行》诗，可知子章去过蓝田一带。李显卿《寓庵集》卷二有《送石子章北上》诗，可知子章去过真定府赵州桥，桥上有其刻诗②。作有杂剧二种，今仅存《秦翛然竹坞听琴》。贾仲明评其作品"戛金锵玉"③，朱权评其词如"蓬莱瑶草"④。本剧共四折一楔子，旦本，正旦扮郑彩鸾。本事无考。剧中着力表现了青年男女

① 孟称舜：《柳枝集》，第398页。
② 孙楷第：《元曲家考略》，第137页。
③ 钟嗣成：《录鬼簿》，《中国古典戏曲论著集成》（二），第198页。
④ 朱权：《太和正音谱》，《中国古典戏曲论著集成》（三），第18页。

对于爱情婚姻的美好向往与不懈追求，对郑彩鸾这一艺术形象的塑造很成功，细腻生动地展现了其内心世界，笔法简洁传神，曲辞通畅易晓，雅中见丽。孟称舜评此剧曰："如月夜闻琴，音韵泠然，曲中令品。时本《玉簪记》全从此本脱胎，然玩其词气，真有仙凡之别。"[1]青木正儿指出此剧与张寿卿《红梨花》剧均摹写才子佳人成亲的事，情趣也有相通之处，但就结构而言"还是《红梨花》做得好。……而《竹坞听琴》呢，作者先把那偶然碰见的两个人，作为只是彼此闻名的有过婚约关系的人，这也是苦心的小手法；但对于曾经一度相识的许字的女子，仅因老妪的一句话，便相信她是鬼，这未免浅薄。并且把第四折充当婚礼之场，也是蛇足，所谓强弩之末了。至于曲辞，则《红梨》浓艳，属王实甫一流；《竹坞》清楚，属马致远一流"[2]。

现存版本主要有四：一为《元明杂剧》本（系影印《古名家杂剧选》），题目正名作"惜花人引转真心，知音人远遇知音；郑彩鸾茅庵慕道，秦脩然竹坞听琴"；二为顾曲斋本，题目正名同前；三为《元曲选》本，题目正名作"郑彩鸾茅庵学道，秦脩然竹坞听琴"；四为《柳枝集》本，正目作"惜花人引转花心，知音人还遇知音；郑彩鸾茅庵学道，秦脩然竹坞听琴"。各本曲辞基本一致。另息机子《古名家杂剧选》《阳春奏》《今乐府选》均收此剧，惜未传。

十五 《柳毅传书》

元尚仲贤作。全名《洞庭湖柳毅传书》。本剧贾本《录鬼簿》《太和正音谱》《元曲选目》《曲海目》《曲海总目提要》均著录简名，贾本《录鬼簿》并著录题目正名作"钱塘江火龙认女，洞庭湖柳毅传书"。曹本《录鬼簿》《也是园书目》《今乐考证》《曲录》均著录全名。本剧共四折，旦本，正旦扮龙女三娘。本事采自唐李朝威传奇《柳毅传》。宋杂剧《柳毅大圣乐》、宋元南戏《柳毅洞庭龙女》可能是其近源。本剧与《张生煮海》都以人神之恋为题材，被并称

---

[1] 孟称舜：《柳枝集》，第 408 页。
[2] ［日］青木正儿：《元人杂剧概说》，第 97—98 页。

为元代神话剧中的双璧,但在关目安排上,此剧明显优于《张生煮海》。青木正儿在将二剧比较后指出:"结构方面,《柳毅传书》为优。第一折的场面,是悲哀而寂静的河岸;第二折的场面,是雄壮的战争;第三折的场面,是在柳毅宅中举行婚礼。场面有变化,情节的移动也没有不合理的地方。尤其是第二折的前半,仅用科白来上演战争,后半泾河老龙从电母口中听他用曲辞报告战况,这排场是很成功的。在第三折柳毅既已辞却和龙女结婚,在第四折他被强迫着和卢氏结婚,而卢氏就是龙女,这虽是幼稚的技巧,却得到了虚实之妙,使结构紧张起来了。《张生煮海》则是把单纯的事迹勉强延长为四折,因此结构显得松懈。"① 此剧情节动人,结构紧凑,语言本色质实,在后世影响较大,流传广泛。如明黄惟楫《龙绡记》、许自昌《桔浦记》、清李渔《蜃中楼》、何墉《乘龙佳话》等传奇均与此剧之题材相关。在戏曲舞台上,此剧有京剧、秦腔等不同剧种的改编本上演,仅京剧就有梅兰芳、尚小云等不同的演出本。现存版本主要有《元曲选》本、顾曲斋本、《柳枝集》本,题目正名均作"泾河岸三娘诉恨,洞庭湖柳毅传书"。另《童云野刻杂剧》及《今乐府选》亦收录此剧,惜未见传本。

十六 《月明和尚度柳翠》

元无名氏作。简名《度柳翠》。此剧各本《录鬼簿》《太和正音谱》等均有著录。核之《录鬼簿》,元李寿卿有《月明和尚度柳翠》杂剧,一名《月明三度临歧柳》,检其文字,与《柳枝集》本《月明和尚度柳翠》完全一致。故有人认为此剧作者即李寿卿②。《元曲选》本此剧未标明作者,《古今名剧合选》本主要以《元曲选》为版本来源,故仍之。

此剧共四折一楔子。末本,正末扮月明和尚。关于此剧本事,青木正儿云:"剧中的事迹,是古时杭州流行的有名的传说。……不过我们所能看到的关于柳翠的文献,以明嘉靖年间田汝成编的《西湖游

---

① [日]青木正儿:《元人杂剧概说》,第99页。
② 李修生主编:《古本戏曲剧目提要》,第38页。

览志》卷三十所记载者为最早；《西湖游览志》既在此剧之后，此剧是怎样的传说，还不得其详。"① 还是语焉不详。金院本今存有《月明法曲》《净瓶儿》两种名目，或即此剧出处。② 此剧情节较为单纯，剧演观音净瓶内的杨柳枝因染尘垢，被贬至凡间托生为上厅行首柳翠，三十年后经人点化才能返本归元。柳翠与老母相依为命，父亲去世已近十年。柳母请显孝寺众僧为亡夫十年忌辰念经，住持见人手不足，便命香积厨下烧火的腌臜和尚充数，此和尚即上界派来点化柳翠的月明罗汉。月明借到柳家看经，以戏言向她说法，劝其出家，未果。后又以释梦、造梦，博弈、赌双陆等手段接二连三试探柳翠，巧设禅喻，最终使之醒悟，断绝尘缘，圆寂坐化。二人返归南海，重登仙籍。就该剧的题材而言，属于度脱剧，但与马致远所创作的度脱剧又有明显不同，"马致远取材于道教，此则取材于佛教。元曲中取材于佛教的作品很少，和取材于道教的作品相比，实在是寥寥无几，《度柳翠》和郑廷玉的《忍字记》都是罕见的例"③。此剧在艺术上也取得了较高的成就，青木正儿认为"此剧结构既自然，曲和白也都好。曲词随处插入月与柳的缘语以说法，极其巧妙。应当算是元曲杰作之一"④。此剧现存版本有三：一为息机子《元人杂剧选》本；二为《元曲选》本；三为《柳枝集》本。各本题目正名略有不同，息机子本作：风光独占出墙花，月明和尚度柳翠。《元曲选》本、《柳枝集》本俱作：显孝寺主颂金经，月明和尚度柳翠。除此而外，曲辞各本间无甚差异。

十七 《误入桃源》

明王子一作。一名《误入天台》，又名《刘阮天台》。全名《刘晨阮肇误入桃源》。各本著录不一，《太和正音谱》著录简名《刘阮天台》。《也是园书目》著录此剧正名。《今乐考证》著录简名《误入桃源》，并加注曰："一作《刘阮天台》。《也是园目》作《刘晨阮肇

---

① [日]青木正儿：《元人杂剧概说》，第95—96页。
② 李修生主编：《古本戏曲剧目提要》，第38页。
③ [日]青木正儿：《元人杂剧概说》，第95页。
④ 同上。

误入天台》。"①《元曲选目》著录简名《误入桃源》，注曰："一作
《误入天台》。"《曲录》著录正名《刘晨阮肇误入桃源》。作者王子
一，生平事迹不详，《太和正音谱》将之列为明初戏曲作家十六人之
首，可知其于明太祖洪武初前后在世。作有杂剧四种，今仅存《误入
天台》一种，《海棠风》《楚岫云》《花间四友》等三种均佚。所作
散曲，今散见于《太和正音谱》及《雍熙乐府》中。朱权评其词
"如长鲸饮海"，并赞曰："风神苍古，才思奇瑰，如汉庭老吏判辞，
不容一字增减，老作老作！其高处，如披琅玕而叫闾阖者也。"② 本
剧共四折一楔子，楔子介于第二折与第三折之间。末本，正末扮刘
晨。此剧敷演了刘晨阮肇入天台山采药迷路，遇仙女结为夫妇的故
事。本事出自《太平广记》。唐人曹唐有《刘阮遇仙子》《仙子怀刘
阮》等七律游仙诗。剧中故事与小说记载相同，所赋诗歌均采自曹唐
之游仙诗。由元迄清，以此为题材的剧作不少，杂剧有元马致远《刘
阮误入桃源洞》，汪元亨、陈伯将同名剧作等；传奇有明吴琪《天台
梦》，清袁于令《长生乐》等。现代戏曲舞台上亦时常可以见到此剧
的搬演，如京剧《长生乐》、川剧《长生草》以及徽剧、滇剧、河北
梆子的《天台山》等。此剧虽为神仙道化剧，但也具有较强的现实
意义，尤其是"第一折中对晋室衰颓、政治腐败和社会动乱的揭露，
实际上是对元末社会的影射，流露出作者的不满情绪"③。本剧曲辞
典雅，青木正儿云此剧"关目平板，虽不足称，然曲辞之端庄流丽，
具有元马致远之风格。此一点，当可冠其他诸人之作"④。吴梅也云：
"通本词藻浓丽，与元词以本色见长者不同。"⑤ 对于剧中独特的语言
艺术，孟称舜早有定评："元人高处在佳语、秀语、雕刻语络绎间出
而不伤浑厚之意，王系国初人，所以风气相类，若后则俊而薄矣，虽
汤若士未免此病也。此剧有悲愤语、凄凉语，然语气自是秀逸清丽，

① 姚燮：《今乐考证》，《中国古典戏曲论著集成》（十），第 146 页。
② 朱权：《太和正音谱》，《中国古典戏曲论著集成》（三），第 22 页。
③ 李修生主编：《古本戏曲剧目提要》，第 150 页。
④ ［日］青木正儿：《中国近世戏曲史》，中华书局 2010 年版，第 100 页。
⑤ 吴梅：《瞿安读曲记》，王卫民编《吴梅戏曲论文集》，中国戏剧出版社 1983 年版，
第 419 页。

不得以粗雄目之。"①

此剧现存版本主要有五：一为李开先《改定元贤传奇》本；二为《古名家杂剧》本，《古本戏曲丛刊》第四集影印；三为脉望馆钞校《古今杂剧选》本；四为《元曲选》本；五为《柳枝集》本。各本文字及宾白稍有不同。题目正名皆作"太白金星降临凡世，紫霄玉女夙有尘缘；青衣童子报知仙境，刘晨阮肇误入桃源"。另《今乐府选》收有本剧，未传。《太和正音谱》《北词广正谱》收录此剧第四折［双调·收尾］一曲。

十八 《三度城南柳》

明谷子敬作。简名一作《城南柳》，全名《吕洞宾三度城南柳》。《录鬼簿续编》《元曲选目》皆著录简名《城南柳》，前者并录题目正名作"西池母重会天上桃，吕洞宾三度城南柳"。《太和正音谱》著录简名《三度城南柳》。《宝文堂书目》《也是园书目》《今乐考证》皆著录全名。作者谷子敬，金陵（今南京）人。《录鬼簿续编》载其官"枢密院掾史。洪武初，戍源时。明《周易》，通医道，口才键利。乐府、隐语盛行于世"②。作有杂剧五种，今仅《城南柳》一种存，《枕中记》《闹阴司》《借尸还魂》《一门忠孝》等四种已佚。因"下堂而伤一足，终身有忧色，乃作［耍孩儿］乐府十四煞，以寓其意，极为工巧"③，所作散曲今存两套，《盛世新声》与《雍熙乐府》中皆有收录。朱权《太和正音谱》评其词如"昆山片玉"，称扬"其词理温润，如璆琳琅玕，可荐为郊庙之用；诚美物也"④。此剧共四折一楔子，楔子居于在剧首，末本，正末扮吕洞宾。剧作敷演吕洞宾三度柳树精成仙之事。本事或出自宋叶梦得《岩下放言》载吕洞宾在岳州城南古寺逢大古松精之事。但元杂剧中多有此类度脱剧，且多用吕洞宾作点化之神，如马致远《岳阳楼》即是如此。吴梅在其《瞿安读曲记》中指出："此剧（即《岳阳楼》）与谷子敬之《城南

① 孟称舜：《柳枝集》，第451页。
② 无名氏：《录鬼簿续编》，第282页。
③ 同上。
④ 朱权：《太和正音谱》，《中国古典戏曲论著集成》（三），第22页。

柳》，不惟事迹相似，即其中关目线索，亦大同小异，彼此可以移换。致远行辈长子敬远甚，恐子敬袭东篱格式也。"① 可见谷子敬此剧即是据马致远《岳阳楼》改编而成，但却"别出机轴，并无蹈袭痕迹"②，在原作的基础上进行了一定的创新，"事迹是就原作稍加变动，又增添了一番修饰；结构也整饬，比较原作工致。尤其象第三第四折的排场法，把原作笨拙处适当的改正了，场面实在做得很好。曲辞文采绮丽，和马致远的风骨遒上相比，觉得略现软弱而有甜美之感。但此剧并不蹈袭原作之辞，独自凝思，别出机轴，其典雅处宁近白仁甫一派。在结构曲词并佳的这一点上，当可推为明初杂剧压卷之作吧"③。孟称舜对此剧的评价也很高，认为"此剧机锋铦甚，韵致泠然，一吐一咳，迥出尘外，在元人中亦为铮铮。与贾仲名《度金童玉女》科套略同，而填词有天凡之别"④。本剧现存版本有四：一为《古名家杂剧》本；二为脉望馆钞校《古名家杂剧》本；三为《柳枝集》本；四为《元曲选》本。前三种为一版本系统。与《元曲选》相较，亦大致相同，唯第一折〔金盏儿〕曲词微异。《太和正音谱》收入第二折〔啄木儿煞〕（即〔煞尾〕）、第四折〔滴滴金〕二曲。

十九 《重对玉梳记》

明贾仲明作。简名一作《玉梳记》，又名《对玉梳》，全名《荆楚臣重对玉梳记》。《录鬼簿续编》著录简名《玉梳记》，题目正名作"顾玉香双美锦堂欢，荆楚臣重学玉梳记"，"学"当为"对"之误。《太和正音谱》贾仲明名下失载此剧。《也是园书目》《今乐考证》《曲录》均著录全名。贾仲明（1343—?），自号云水散人，山东人。博学才高，精于乐府、隐语，与罗贯中为忘年交。作有杂剧 16 种，今仅存《金童玉女》《玉梳记》《菩萨蛮》《玉壶春》等 4 种。本剧共四折一楔子，楔子介于第一、二折之间，旦本，正旦扮顾玉香。剧演扬州秀才荆楚臣与松江府上厅行首顾玉香之间悲欢离合的爱情故

---

① 王卫民编：《吴梅戏曲论文集》，第 393 页。
② 庄一拂：《古典戏曲存目汇考》，第 375 页。
③ ［日］青木正儿：《元人杂剧概说》，第 90 页。
④ 孟称舜：《柳枝集》，第 463 页。

事。本事无考。作者"意在表彰顾玉香资助荆楚臣守志不屈的精神。该剧结构精巧,曲词颇富才情"①。孟称舜评曰:"辞气似是粗莽却愈觉雅醇,当与韩昌黎诗并观"②,第二折[滚绣球]写秋意之词"胜过伤秋赋"③。此剧现存版本主要有《古名家杂剧》本、脉望馆本、《古杂剧》本、《元曲选》本、《柳枝集》本,题目正名均作"顾玉香双美锦堂欢,荆楚臣重对玉梳记",各本曲文基本相同。唯《元曲选》本第四折多[水仙子][锦上花][幺篇][清江引][离亭筵煞]五曲,《柳枝集》本依《元曲选》本,但又觉太冗繁而略为删改,故仅增入[水仙子][清江引][妆尾](即[离亭宴煞]),较《元曲选》本少[锦上花][幺篇]二曲。

二十 《萧淑兰》

明贾仲明作。一名《菩萨蛮》,全名《萧淑兰情寄菩萨蛮》。《录鬼簿续编》著录简名《菩萨蛮》,题目正名作"张云杰饱存君子志,萧淑华寄情菩萨蛮","华"为"兰"之误。《也是园书目》《今乐考证》《曲录》均著录正名。《曲海总目提要》著录简名《萧淑兰》。本剧共四折,旦本,正旦扮萧淑兰。本事源自卓人月《词统》,剧中萧淑兰所寄两首[菩萨蛮]词,《词统》皆录,且所载与杂剧仅个别字句微异,可见剧中萧淑兰乃实有其人。剧写萧淑兰爱慕其兄友人张世英,两番寄词,主动表达思恋之意,几经波折二人终成姻眷。剧中着力塑造了以情抗理、主动追求爱情的萧淑兰,"其描状是很活泼的,我们在杂剧里还不曾见到过像萧淑兰那样大胆的女性"④。曲辞亦直追元人,孟称舜评曰:"贾仲明曲雄莽处极类韩吏部诗,此剧用韵险亥亦复相似,而轻俊僄俏更为不可及。"⑤吴梅云:"四折皆用窄韵,实是有意显神通,而语如铁铸,不觉选韵之苦,此由才大,非关人

---

① 李修生主编:《古本戏曲剧目提要》,第 156 页。
② 孟称舜:《柳枝集》,第 474 页。
③ 同上书,第 478 页。
④ 郑振铎:《插图本中国文学史》,《郑振铎全集》(九),第 284 页。
⑤ 孟称舜:《柳枝集》,第 485 页。

力，元人中似此者，亦不多观也。"① 此剧现存版本有脉望馆校录于小谷本、《古杂剧》本、《元曲选》本、《柳枝集》本，各本曲词大致相同，题目正名均作"贤嫂嫂合成金贯锁，亲哥哥配上玉连环；张世英饱存君子志，萧淑兰情寄菩萨蛮"。

二十一 《三度小桃红》

明朱有燉作。一名《小桃红》。全名《慧禅师三度小桃红》。《百川书志》著录正名，标为传奇一卷，题"皇明周府殿下锦窠老人全阳翁著"。《远山堂剧品》"雅品"著录简名《三度小桃红》。《祁氏读书楼目录》《鸣野山房书目》皆著录简名《三度小桃红》并收入《名剧汇》，惜未传。《也是园书目》《宝文堂书目》《今乐考证》《曲录》著录正名。本剧共四折一楔子，末本，作于明永乐六年（1408），是一本典型的仙佛度脱剧，故事情节与元无名氏《月明和尚度柳翠》相类，也是敷演和尚点化妓女，使之迷途知返重返仙班的故事，或许乃由是剧脱化而来。剧演飞仙会中二圣因闻天魔音乐迷却正道，被罚下界，一托生为扬州上厅行首小桃红，一托生为在当地广有资财的刘员外。慧禅师奉佛旨，扮成疯和尚，往复三次，广施手段，终度脱二人重登仙籍。此剧虽敷演宗门教义，却极精微，非沉潜内典者不能也。② 《远山堂剧品》评曰："作手能开辟者，自于寻常科臼翻出新彩。如此剧，二圣以音乐着魔，即从音乐唤醒，便觉从来传仙佛济度者，同痴人说梦矣。"③ 此剧追摹元人，在语言艺术上取得了较高成就，孟称舜赞曰："气味浑厚，音调复谐，毕竟是本朝第一能手。近时作者虽多，终难望其项背耳。此剧更多尖醒语。"④ 此剧亦歌舞戏，"末用十六天魔队舞作结，排场为热闹。元人以有唱有作者为旦末双全，此作得之矣"⑤。现存版本主要有三：一为明宣德间周藩原刻本，题目正名作"天魔女音乐赛东风，佛如来慈悲救迷踪。

---

① 吴梅：《瞿安读曲记》，第419页。
② 同上书，第401页。
③ 祁彪佳：《远山堂剧品》，《中国古典戏曲论著集成》（六），第147页。
④ 孟称舜：《柳枝集》，第494页。
⑤ 吴梅：《瞿安读曲记》，第402页。

刘员外一心贪酒色，慧禅师三度小桃红"。二为脉望馆本，题目正名
同前。三为《柳枝集》本，正目同前。

二十二　《春风庆朔堂》

　　明朱有燉作。一名《甄月娥》，又名《庆朔堂》，全名《甄月娥
春风庆朔堂》。《百川书志》著录正名，标为传奇一卷，题"皇明周
府殿下锦窠老人全阳翁著"。《远山堂剧品》"雅品"类著录为《甄月
娥春风度朔》。《祁氏读书楼目录》《鸣野山房书目》皆著简名《甄月
娥》，收入《名剧汇》，惜未传。《也是园书目》《今乐考证》《曲录》
均著录正名。本剧共四折一楔子，旦本，正旦扮甄月娥。本事采自宋
姚宽《西溪丛话》、吴曾《能改斋漫录》及俞文豹《吹剑录外编》等
所载范仲淹守鄱阳（或云是饶州），慕乐籍一妓，其后任魏介送妓至
京事。剧演范仲淹贬饶州太守，其友柳子安在庆朔堂摆宴为其排忧，
其间结识当地乐妓甄月娥，与之一见倾心，以金钗一对送之定情。但
月余后又以甄月娥为妓女而悔之不已，恐其无真心，经过猜疑、试探
之后，范仲淹终为甄月娥对爱情的专一执着所打动，二人彼此相知益
深。两年后，范仲淹调润州，甄月娥矢志守节，闭门谢客，历经半
载，在范之友人魏介的帮助下二人重逢。后朝廷降旨为范仲淹升官，
除去甄月娥乐籍并封为贞顺宜人。祁彪佳《远山堂剧品》评曰："范
希文亦作是语乎？试观希文'都来此事，眉间心上'之词，则亦一
往有深情者。周藩作妓曲，无不极才情之变，此尤少逊之，而浑朴典
雅，自非今人可及。"① 此剧语言秀丽蕴藉，孟称舜评曰："此剧有弹
丸脱手之妙，而中间淡语、蕴藉语尤属到家。"② 吴梅亦云："剧中情
节，本子虚乌有，而词华丰艳，实为王之佳构也。"③ 本剧现存版本
有明宣德间周藩原刻本，首标《新编甄月娥春风度朔堂》，未署作
者，题目正名作"帮闲汉游荡受凄惶，烟花妓余滥歹行藏；范仲淹秋
雨饶州梦，甄月娥春风庆朔堂"，卷首有"永乐岁在丙戌孟春良日

---

① 祁彪佳：《远山堂剧品》，《中国古典戏曲论著集成》（六），第 149 页。
② 孟称舜：《柳枝集》，第 508 页。
③ 吴梅：《瞿安读曲记》，第 404 页。

书"之《春风庆朔堂引》。二为《柳枝集》本，卷首标《春风庆朔堂》，署"明周藩宪王著 孟称舜评点 朱曾莱订正"，题目正名同前。

二十三 《风月牡丹仙》

明朱有燉作。一名《牡丹仙》，全名《洛阳风月牡丹仙》。《百川书志》著录正名，标为传奇一卷，题"皇明周府殿下锦窠老人全阳翁著"。《远山堂剧品》"艳品"著录简名《牡丹仙》。《祁氏读书楼目录》《鸣野山房书目》皆著录简名《牡丹仙》并收入《名剧汇》，惜未传。《也是园书目》《今乐考证》《曲录》均著录正名。《重订曲海目》著录简名。本剧共四折，旦本，旦扮牡丹仙子。祁彪佳云："六一先生曾作《洛阳风俗牡丹记》，诚斋即以此记作剧。其摹描处如目击东都花事之盛。第于永叔欣赏之意，稍未畅耳。"① 据此可知，此剧本事采自欧阳修《洛阳牡丹记》。此剧情节单纯，以歌舞为主，排场热闹，文辞富丽，沈泰赞曰："此剧命意选格，尤不寻常，急以压卷。"② 吴梅评曰："此剧情节，本无奇异，特以红亭宴赏，作记题芳，于是九仙好名，亦邀品骘，瑶池歌舞，庆贺升平，足见奉藩之安逸矣。剧词妍雅饱满，自是盛世元音，唯第二折［草地春］及第四折［转调青山口］，增句至多，读者易为眩惑，不可不细核之也。"③ 青木正儿认为此剧"情节无可观者，然曲辞典丽，优美足乐也"④。本剧现存版本主要有三：一为明宣德间周藩原刻本，卷首有"宣德五年三月谷雨前五日书"之《洛阳风月牡丹仙引》，首标《新编洛阳风月牡丹仙》，未署名氏，题目正名作"海宇清宁嘉庆会，洛阳风月牡丹仙"。二为脉望馆本，卷首有"宣德五年三月谷雨前五日书"之《洛阳风月牡丹仙引》，首标正名，署"周王诚斋撰"，题目正名同前，版心署正名，卷尾属"丁巳正月廿九日于小谷本校抄，清常道人"。三为《柳枝集》本，卷首标《风月牡丹仙》，署"明周藩宪王著 孟称舜评点

---

① 祁彪佳：《远山堂剧品》，《中国古典戏曲论著集成》（六），第177页。
② 沈泰：《盛明杂剧》，《续修四库全书》1764册。
③ 吴梅：《瞿安读曲记》，第411页。
④ ［日］青木正儿：《中国近世戏曲史》，第110页。

朱曾莱订正"，正目作"海宇清宁庆嘉会，洛阳风月牡丹仙"。

二十四　《泣赋眼儿媚》

　　明孟称舜作。简名一作《眼儿媚》，全名《陈教授泣赋眼儿媚》。祁彪佳《远山堂剧品》列此剧于"雅品"并著录简名《眼儿媚》。姚燮《今乐考证》、庄一拂《古典戏曲存目汇考》、傅惜华《明代杂剧全目》著录全名。王国维《曲录》著录简名。此剧纯用北曲，四折，本事无本。剧演南宋时期岳阳府学教授陈诜与上厅行首江柳之间悲欢离合的爱情故事。陈诜爱恋美丽聪慧的妓女江柳，但碍于官箴，二人无法结合，只能私相往来。后被知府孟之经查知，为使陈诜迷途知返，将江柳杖责并刺字发配八百里外的辰州。陈诜到郊外为江柳饯行，赠词《眼儿媚》，挥泪惜别。恰逢陈诜好友、时任制置使的陆云西奉旨至岳阳采访贤士，在其帮助下陈诜入充幕僚，江柳亦得脱乐籍，后知府孟之经亲自主婚，二人共偕连理。徐朔方认为此剧"明显地受到关汉卿杂剧《谢天香》的影响"，《谢天香》演述才子柳永与上厅行首谢天香热恋，开封府尹钱可为使柳永发奋进取，假意横加阻挠，将谢天香接入府中，直至柳永中状元后，才讲明真相，让二人完婚。因此徐朔方指出《泣赋眼儿媚》与《谢天香》"两剧有共同的情节如下：官员故意刁难友人钟情的上厅行首，并假意要占有她，却正是为了让他们以后结合在一起"[1]。其实这种情节乃至结构上的趋同性在中国古代戏曲创作中是极为常见的现象，切不可因此而轻视剧作本身所取得的艺术成就。《泣赋眼儿媚》虽未脱一般才子佳人爱情戏的窠臼，但在传情方面却达到了较高的艺术成就。陈洪绶对此剧极为推崇，指出其"蕴藉旖旎，绰有余致，而凄清悲怨处，尤足逗人幽泪。正如花下美人半啼半笑，令见者莫能为情，会真不足多也"[2]。对剧中高妙的传情艺术给予赞扬。祁彪佳也从人物塑造与语言表述的角度点评了此剧的传情特色："陈教授多情至此哉，可为《牡丹亭》

---

① 徐朔方：《晚明曲家年谱》第二卷，第540页。
② 孟称舜：《泣赋眼儿媚》，《柳枝集》，第534页。

之陈教授解嘲矣。词如鸟语花笑，韵致娟然。"① 剧中的陈诶并不是
一个迂腐的儒生形象，他痴情重义，为了爱情可以不顾身份地位，不
拘礼教，与《牡丹亭》中的陈最良有霄壤之别。此剧今存《柳枝集》
本与《杂剧三集》本。《柳枝集》本著录剧名《泣赋眼儿媚》，其后
标注"明孟称舜著，陈洪绶评点，朱曾莱订正"，正目题为"陆制干
巧合锦花钿，陈教授泣赋眼儿媚"。《杂剧三集》本著录简名《眼儿
媚》，其后标注"子若孟称舜著"，题目正名同《柳枝集》本所题。
另《今乐府选》亦收此剧，惜未传。

二十五 《桃源三访》

明孟称舜作。一名《桃花人面》。祁彪佳《远山堂剧品》著录
《桃花人面》，并列之于"逸品"。董康《曲海总目提要》、王国维
《曲录》、姚燮《今乐考证》著录同，《今乐考证》并加注云："《柳
枝集》作《桃源三访》。"② 此剧共五折一楔子，本事出自唐孟棨《本
事诗》中"崔护谒浆"的故事。剧写清明时分，崔护郊外踏青，因
口渴入一农家求水，得遇农家女叶蓁儿，二人一见钟情。次年清明，
崔护再访，恰值叶蓁儿外出随父扫墓未能一见，便题诗门上，怅然归
去。崔诗曰："去年今日此门中，人面桃花相映红。人面只今何处在？
桃花依旧笑春风。"叶蓁儿返家见此诗，自叹红颜命薄，无缘与心爱
之人相见，遂一病不起，未几而亡。殒绝之日，适遇崔护三访，抚尸
痛哭，竟使蓁儿起死回生，后在叶父的主持下，二人共拜花烛，喜缔
良缘。据庄一拂《古典戏曲存目汇考》载，与此剧同一题材的作品
甚多，元代有《崔护觅水》戏文及白朴、尚仲贤《崔护谒浆》杂剧
各一本；明代有凌濛初《颠倒姻缘》杂剧，无名氏《崔护记》传奇；
清代有舒位《人面桃花》，曹锡黼《桃花吟》等杂剧。孟称舜的这部
杂剧在当时反响强烈，好评如潮。沈泰对此剧评价甚高，认为其"不
减丽娘寻梦"，又云："此盛唐诗也，不止向乐部争。"③ 此剧情景交

---

① 祁彪佳：《远山堂剧品》，《中国古典戏曲论著集成》（六），第166页。
② 姚燮：《今乐考证》，《中国古典戏曲论著集成》（十），第155页。
③ 沈泰：《盛明杂剧》，《续修四库全书》第1764册。

融，意境优美，祁彪佳亦赞曰："作情语者，非写得字字是血痕，终未极情之至。子塞具如许才，而于崔护一事，悠然独往，吾知其所钟者深矣。今而后，崔舍人可以传矣；今而后，他人之传崔舍人者，尽可以不传矣。"①此剧版本今存有二：一是沈泰《盛明杂剧》初集本，剧名为《桃花人面》，其后题署"山阴子若孟称舜编，西湖林宗沈泰评，野君徐翙、苏卿姚士望阅"，不载题目正名。副末开场之后的下场诗作"笑春风两度桃花，题红怨伤心崔氏。喜成亲再世姻缘，死相思痴情女子"。二是孟称舜《古今名剧合选》之《柳枝集》本，剧名为《桃源三访》，有"明孟称舜著，陈洪绶评点，朱曾莱订正"的题署，正目作"笑春风前度桃花，题红怨伤心崔氏。喜成亲再世姻缘，死相思痴情女子"。沈泰《盛明杂剧》初集刻于明崇祯二年（1629），孟称舜《古今名剧合选》刊于明崇祯六年（1633），显而易见，《盛明杂剧》本《桃花人面》是原本，《柳枝集》本《桃源三访》为改本。二本内容略有差异。陈洪绶评《桃源三访》曰："《桃源》诸剧，旧有刻本盛传于世，评者皆谓当与实甫、汉卿并驾。此本出子塞手自改，较视前本更为精当，与强改王维旧画图者自不同也。"认为其"较视前本更为精当"②，在艺术成就上远远超过了原作《桃花人面》。卓人月亦极力赞美此剧，推之为"北曲之最"③。另《今乐府选》亦录此剧，今不传。

二十六 《花前一笑》

明孟称舜作。祁彪佳《远山堂剧品》、庄一拂《古典戏曲存目汇考》、傅惜华《明代杂剧全目》等著录。此外，《曲海总目提要》卷八于孟称舜下著录《花舫缘》一剧，并注"一名《花前一笑》"④。《重订曲海总目》亦将《花舫缘》归于孟称舜名下，并注云："一刻

---

① 祁彪佳：《远山堂剧品》，《中国古典戏曲论著集成》（六），第 171 页。
② 孟称舜：《柳枝集》，第 544 页。
③ 卓人月：《孟子塞〈残唐再创〉杂剧小引》，焦循《剧说》卷四，《中国古典戏曲论著集成》（八），第 171 页。
④ 董康：《曲海总目提要》，人民文学出版社 1959 年版，第 387 页。

作明卓珂月所著。"①《今乐考证》著录孟称舜杂剧六种，中列《唐伯虎千金花舫缘》一剧，且加注："《柳枝集》作《花前一笑》。"② 王国维《曲录》卷三将《花舫缘》与《桃花人面》《英雄成败》《死里逃生》《红颜年少》同归于孟称舜名下，却又于其后加注曰："右五本见《曲海目》，然《花舫缘》恐即卓珂月作也"③，并于《眼儿媚》后再次著录《花舫缘》，又署名卓人月。正如王国维所疑惑的，《花舫缘》作者的确为卓人月而非孟称舜，故《曲海总目提要》《重订曲海总目》与《今乐考证》等皆著录有误。据沈泰所编《盛明杂剧》可知，杂剧《花舫缘》是卓人月据孟称舜《花前一笑》改编而成的。《盛明杂剧》初集收录了《花舫缘》，剧作全名"唐伯虎千金花舫缘"，剧名下标注"山阴子若孟称舜原本，锦江珂月卓人月重编"，题目正名为"申女郎一笑相思病，唐伯虎千金花舫缘"④。或许正因为《花舫缘》是《花前一笑》的改编本，才使一些戏曲文献在著录时误把《花舫缘》当成孟称舜之作。

此剧取材于《泾林杂记》中著名的唐伯虎"一笑姻缘"的故事。共五折一楔子，剧写明初苏州知名才子唐伯虎与友人文徵明、祝枝山春游金阊，巧遇自吴兴来此探亲的沈素香，为素香容貌所吸引，素香亦对唐之才华而报之一笑，彼此顾盼生情。唐伯虎随后跟访到吴兴，得知素香为大户人家沈公佐之养女，于是隐瞒身份、更名唐畏，易服自荐，入沈府为公子佣书，得与素香相见。唐畏文采出众，很快获得沈家二公子的信任，在其帮助与撮合下将娶素香，却于花烛之夕为沈公佐所阻，被罚为仆从，专司接待宾客。后其好友文徵明、祝枝山二人应主人之邀过访沈家，真情泄露，佣书的真实身份才被点破。沈公佐素来仰慕唐伯虎，明知就里后，将素香许配与唐，二人得谐姻眷。此剧是孟称舜青年时期的一部佳作，不管是在思想内容还是在艺术成就上都达到了较高的水准，深获曲界好评。祁彪佳《远山堂剧品》将之列入"逸品"并赞曰："唐子畏以佣书得沈素香，此正是才人无

① 《重订曲海总目》，《中国古典戏曲论著集成》（七），第330页。
② 姚燮：《今乐考证》，《中国古典戏曲论著集成》（十），第155页。
③ 王国维：《曲录》，《王国维文集》第二卷，中国文史出版社1997年版，第84页。
④ 卓人月：《花舫缘》，沈泰《盛明杂剧》初集，《续修四库全书》第1764册。

聊之极，故作有情痴。然非子若传之，已与吴宫花草同烟销矣。此剧结胎于《西厢》，得气于《牡丹亭》，故触目俱是俊语。"① 据《远山堂剧品》记载，由于《花前一笑》深远的艺术影响力，不光卓人月作《花舫缘》"欲与孟剧较胜"，史槃亦有与孟剧一较高下之意。《远山堂剧品》之"雅品"著录史槃《苏台奇遇》一剧，并评曰："叔考见孟子若有伯虎剧，遂奋笔为之，直欲压倒元、白耳。北调六出始此。"②《花前一笑》是北五折，《苏台奇遇》是北六折，从情节设置到剧作体制都有借鉴《花前一笑》的痕迹，《花前一笑》所具有的艺术典范力量可见一斑。此剧今仅存《柳枝集》本，正目作"俏女郎一笑千金重，唐解元醉闹百花丛。两公子铁锁鸳鸯计，文内翰打破锦牢笼。"另《今乐府选》原收此剧，今不传。

第二节 《酹江集》

一 《孤雁汉宫秋》

元马致远作。一名《汉宫秋》，全名《破幽梦孤雁汉宫秋》。孟本《录鬼簿》《太和正音谱》《元曲选目》《徐氏家藏书目》《曲海目》《曲海总目提要》著录简名《汉宫秋》，但孟本于剧名下有"张人"字样，未悉何意。贾本、曹本《录鬼簿》《宝文堂书目》《今乐考证》剧名著录为《孤雁汉宫秋》。马致远，号东篱，大都（今北京）人。生平事迹不详。钟嗣成《录鬼簿》将之列为"前辈已死名公才人"。元世祖至元二十二年（1285）以后，曾在杭州任江浙省务官。据其散曲［南吕·金字经］可知其虽热衷功名，但仕途失意。晚年隐居，过着"林间友""世外客"的闲散生活。作有杂剧十四种，今存《汉宫秋》《青衫泪》《陈抟高卧》《岳阳楼》《任风子》《荐福碑》《踏雪寻梅》《黄粱梦》（合作）八种，《误入桃源》仅存残曲。除了杂剧，马致远在散曲创作上也取得了很高的成就，实乃元散曲的冠冕人物。其全面而突出的创作才华，赢得了理论界的关注与

---

① 祁彪佳：《远山堂剧品》，《中国古典戏曲论著集成》（六），第171页。
② 同上书，第166页。

称赏，周德清尊之为"元曲四大家"之一，贾仲明［凌波仙］吊曲
誉之为"战文场曲状元，姓名香贯满梨园。……共庾白关老齐肩"①，
《太和正音谱》称其词如"朝阳鸣凤……宜列群英之上"②，使之居于
187 位元曲作家之首。

　　此剧为马致远杂剧代表作，共四折一楔子，末本，正末扮汉元帝。
叙写王昭君奉命出塞和番以身殉国事。据《汉书·元帝纪》《后汉书·
南匈奴传》及《西京杂记》中的记载增饰而成。青木正儿认为此剧
"和白仁甫的《梧桐雨》，正是很好的一对典雅剧的杰作。……据说白
仁甫在元一统后曾悠游诗酒，马致远也在元一统后曾宦游江浙行省；
两人虽然约略为同时人，作品的先后，不容易确定，但是恐怕总有一
方面是模仿的吧。而这两种戏曲的收场法，是元曲中不见他例的有力
的作品。神韵缥缈，洵为妙绝"③。帝妃之恋是历代文人所热衷吟咏
的题材，题材的相似性自然会导致剧情的相近，青木氏仅据二剧第四
折情节之相似，就断言"恐怕总有一方面是模仿的吧"，未免抹杀了
剧作家的创起之功。盐谷温从剧作主题的角度展开评价，认为此剧演
王昭君嫁胡的故事，"根据史实，更加粉饰，写为昭君投身于胡、汉
交界的黑龙江而死，以使昭君得免失节之谤；这大概是讽刺汉人之降
元者吧。臧晋叔列此剧于《元曲选》之首，无论就曲词说，就情节
说，都堪称杰作"④。此剧曲辞清丽本色，营造出一种凄清悲凉的意
境，孟称舜评曰："读《汉宫秋》剧真若孤雁横空，林风萧萧，远近
相和。前此惟白香山浔阳江上琵琶行可相伯仲也。"⑤ 清梁廷枏评此
剧第一折［混江龙］与［赚煞］二曲云："写景、写情，当行出色，
元曲中第一义也。"⑥ 贺昌群认为此剧第三折［驻马听］和［步步娇］
二曲描写离人的情怀，非常真切，而第三折［双调·新水令］及
［梅花酒］二曲因善用骈偶和重叠字句"使人读之，觉得铿锵入耳，

---

① 钟嗣成：《录鬼簿》，《中国古典戏曲论著集成》（二），第 167 页。
② 朱权：《太和正音谱》，《中国古典戏曲论著集成》（三），第 16 页。
③ ［日］青木正儿：《元人杂剧概说》，第 92 页。
④ ［日］盐谷温：《元曲概说》，商务印书馆 1947 年版，第 68 页。
⑤ 孟称舜：《酹江集》，第 591 页。
⑥ 梁廷枏：《曲话》，《中国古典戏曲论著集成》（八），第 256 页。

无重沓烦赘之弊"①。元代同题剧作有关汉卿《汉元帝哭昭君》、吴昌龄《夜月走昭君》、张时起《昭君出塞》。仅此剧得以流传，故对后世戏曲创作产生了极为深远的影响，明清二代敷演这一故事的剧作很多。明传奇有陈宗爵《宁胡记》、五域《紫召怨》，无名氏《和戎记》、陈与郊《昭君出塞》，今仅存后一种。清杂剧有薛旦《昭君梦》、尤侗《吊琵琶》，传奇有题目为《青塚记》者，但仅二折，录入《缀白裘》中，即今日舞台尚演的昆曲《昭君出塞》，是出自明代弋阳腔《和戎记》的一折改编本。②

现存版本有脉望馆本、顾曲斋本、继志斋本、《元曲选》本、《酹江集》本。脉望馆本题目正名作"毛延寿叛国开边衅，汉元帝一身不自由；沉黑江明妃青冢恨，破幽梦孤雁汉宫秋"。顾曲斋本、《酹江集》本题目正名同。《元曲选》本题目正名作"沉黑江明妃青冢恨，破幽梦孤燕汉宫秋"。各本曲词除第一折［混江龙］曲增句不同外，余皆相同。《古名家杂剧》本结尾有"法正天心顺，官清民自安；妻贤夫祸少，子孝父宽心"四句韵语，与剧情无关，《元曲选》本特为删去，《酹江集》本从之。《盛世新声》收录剧中［中吕·粉蝶儿］套，《词林摘艳》《雍熙乐府》皆收录［双调·新水令］套与［中吕·粉蝶儿］套，《南北词广韵选》收录［仙吕·点绛唇］套。《纳书楹曲谱》收有《小王昭君》一折。此剧今有英译本与日译本。

二 《三度任风子》

元马致远作。简名《任风子》，又作《马丹阳》，全名《马丹阳三度任风子》。贾本《录鬼簿》《太和正音谱》著录简名《马丹阳》，贾本题目正名作"王祖师重并七香堂（'香'当为'真'之误），马丹阳三度任风子"。《也是园书目》《曲录》著录正名。《元曲选目》《曲海总目提要》简名作《任风子》。《徐氏家藏书目》《曲海目》著为《三度任风子》。本剧共四折，末本，正末扮任屠。敷演道家祖师马丹阳度脱任屠成仙的故事。据《元史·丘处机传》可知，马丹阳

---

① 贺昌群：《元曲概论》，中国书籍出版社 2006 年版，第 116 页。
② 李修生主编：《古本戏曲剧目提要》，第 23 页。

实有其人,为王喜之弟子,乃道家丘、刘、谈、马、郝、孙、王七真人之一。《元史·释老传》载有马丹阳事迹,《金莲正宗记·马丹阳传》中载其度脱屠者刘清事。《任风子》本事或源于此。就剧中马丹阳规劝任屠谨守十戒的内容来看,此剧似重在宣扬全真教教义,表现出一种消极避世的人生态度。但在艺术上却表现出较高的成就,"结构简直整洁,情节的移动是用渐层法,直到收场,始终紧张;不弄小巧,脉络贯彻。其手法的直截,与曲辞的遒劲相称,豪快朴直的屠户的性格,也表现得很好。如果从全体来看,宁可认为胜于《岳阳楼》"①。此剧一改马致远以往剧作的语言风格,既蕴藉典丽又本色当行,孟称舜评曰:"此剧机锋隽利,可以提醒一世,尤妙在语语本色,自是当行人语,与东篱诸剧较别。"②

此剧现存版本主要有四:一为《元刊杂剧三十种》本,题目正名作"为神仙休了脚头妻,菜园中摔杀亲儿死;王祖师双赴玉虚宫,马丹阳三度任风子"。二为脉望馆本,题目正名作"甘河镇一地断荤腥,马丹阳三度任风子",后附穿关,并注明"内本世本各有损益,今为合作一家,清远道人说旨。万历三年孟春人日"。三为《元曲选》本,题目正名同脉望馆本。四为《酹江集》本,正目同《元曲选》本题目正名,唯"度"作"渡"。各本曲词差异较小,唯元刊本第四折缺一页,自[双调·新水令]缺"非闹"二字起,下缺[驻马听][川拨棹][雁儿落][得胜令][川拨棹][七兄弟][梅花酒]七支曲,且无尾曲。另脉望馆本第三折有二屠合唱[尾声],后附"穿关",为他本所无。

三 《雷轰荐福碑》

元马致远作。简名《荐福碑》,全名《半夜雷轰荐福碑》。贾本《录鬼簿》《也是园书目》《曲录》等著录正名。《太和正音谱》《元曲选目》《徐氏家藏书目》《曲海目》《曲海总目提要》均著录简名《荐福碑》。本剧共四折一楔子,末本,正末扮张镐。本事出自宋释

---

① [日]青木正儿:《元人杂剧概说》,第90—91页。
② 孟称舜:《酹江集》,第602页。

惠洪《冷斋夜话》。东坡《穷措大诗》曰："一夜雷轰荐福碑。"另有谚语"有客打碑来荐福，无人骑鹤上扬州"，"时来风送滕王阁，运去雷轰荐福碑"等。宋、元戏文有《雷轰荐福碑》。南戏《宦门子弟错立身》第五出［鹊踏枝］曲有"雷轰了荐福碑"①句，可见这一故事在当时已较为流行。在上述诗文戏曲的基础上，马致远创作了此剧。剧中的张镐时乖运蹇，作品"虽旨在传播穷通得失皆由命定的宿命思想，但也明显地反映出元代中下层知识分子郁郁不得志的不平"②。使全剧笼罩着一种淡淡的悲凉气氛，孟称舜评曰："半真半谑，行文绝无粘带，一种悲吊情怀如寒蛩夜唧，使听者凄然，自是绝高手笔。"③剧作淋漓尽致地抒发了贤才被扼，宦途受阻的愤懑之情，表现出对于黑暗现实的强烈不满。梁廷枏曰："《荐福碑》云：'如今这聪明越受聪明苦，越痴呆越享痴呆福，越糊涂越有了糊涂富。则这有银的陶令不休官，无钱的子张学干禄。'此虽愤时嫉俗之言，然言之最为痛快。读至此，不泣数行下者，几希矣。"④此剧结构工巧，情节曲折，曲辞典丽，青木正儿评曰："此剧材料虽极简单，但作者善使针线，曲折变化，发展和收束，写得也工巧，曲辞充满着书卷气。如第三折雷雨轰碎石碑的一段曲辞，力量实在很大。故不失其为佳剧。"⑤对于曲辞的优美，盐谷温亦表示赞赏："演荐福寺碑被雷击碎的故事，这是诗家常用的指事归画饼的典故，因系马致远的作品，所以曲辞写得不错。"⑥此剧在后世影响较大，明沈璟《双鱼记》的情节，即源于此。

现存版本主要有脉望馆本、《元曲选》本、继志斋本与《酹江集》本。各本第三折［十二月］曲文缺二句，独《元曲选》本完备。脉望馆本、继志斋本、《酹江集》本题目正名作"三载漫思龙虎榜，十年身到凤凰池；三封书谒扬州牧，半夜雷轰荐福碑"。《元曲选》

① 钱南扬：《永乐大典戏文三种校注》，中华书局1979年版，第232页。
② 李修生主编：《古本戏曲剧目提要》，第24页。
③ 孟称舜：《酹江集》，第614页。
④ 梁廷枏：《曲话》，《中国古典戏曲论著集成》（八），第261页。
⑤ ［日］青木正儿：《元人杂剧概说》，第93页。
⑥ 盐谷温：《元曲概说》，第70页。

本题目正名作"三封书谒扬州牧,半夜雷轰荐福碑"。《南北词广韵选》收录［双调·新水令］与［中吕·粉蝶儿］两套。

四 《秋夜梧桐雨》

元白朴作。简名《梧桐雨》,全名《唐明皇秋夜梧桐雨》。贾本《录鬼簿》《太和正音谱》《元曲选目》《曲海目》《曲海总目提要》均著录简名《梧桐雨》。其他各本《录鬼簿》《也是园书目》《今乐考证》《曲录》著录全名。《徐氏家藏书目》著录简名《秋夜梧桐雨》。白朴,初名恒,字仁甫,号兰谷,一号太素,元代隩州(今山西河曲)人。生于金哀宗正大三年(1226),卒年不详。其父白华,金枢密院判,《金史》有传。朴七岁,金亡。元、白世为通家,朴幼年丧亲后便寄养于元好问处,元氏诗有"元白通家书,诸郎独汝贤"句,可见朴少年聪颖及元好问对其由衷的爱赏之情。虽同为金之移民,但白朴在行辈上稍后于关、王。作为"元曲四大家"之一,白朴与胡祗遹、王恽、李文蔚、卢挚等著名曲家间常有交游唱和。有《天籁集》。作有杂剧十五种,今仅《梧桐雨》《墙头马上》《东墙记》(一说此剧非白朴所作)三种完整传世,《流红叶》《箭射双雕》二种仅存残曲。其作颇为后世曲论家所称许,朱权《太和正音谱》评其曲"如鹏抟九霄,风骨磊块,词源滂沛,若大鹏之起北溟,奋翼凌乎九霄,有一举万里之志"[1]。王国维赞曰:"白仁甫、马东篱,高华雄浑,情深文明。……以唐诗喻之……仁甫似刘梦得……以宋词喻之……仁甫似苏东坡。"[2] 本剧为白朴杂剧之代表作,共四折一楔子,末本,正末扮唐明皇。叙写唐明皇与杨玉环之间爱情故事。剧情乃据正史及白居易《长恨歌》、陈鸿《长恨歌传》、王仁裕《开元天宝遗事》等文学作品敷演而成,借李杨之恋寄寓了兴亡之叹。明清时期有大量的传奇作品继续演绎着这一题材,如明徐复祚《梧桐雨》、屠隆《彩毫记》、吴世英《惊鸿记》、清洪昇《长生殿》等。今昆曲、川剧中仍有《密誓》《马嵬坡》《游园惊变》《回銮改葬》《惊梦》等流

---

① 朱权:《太和正音谱》,《中国古典戏曲论著集成》(三),第16页。
② 王国维:《宋元戏曲史》,第104页。

传。此剧以其独特的题材内容及高度的艺术成就赢得了众多曲家的推许。明李开先《词谑》云："《梧桐雨》中中吕，白仁甫所制也，亦甚合调。"① 孟称舜在《酹江集》中加评曰："此剧与《孤雁汉宫秋》格套既同，而词华亦足相敌。一悲而豪，一悲而艳；一如秋空唳鹤，一如春月啼鹃。使读者一愤一痛，淫淫乎不知泪之何从，固是填词家钜手也。"② 对其"悲而豪"的艺术风格表示称赏。王国维曰："白仁甫《秋夜梧桐》剧，沉雄悲壮，为元曲冠冕。"③ 吴梅、青木正儿等则从此剧结构设置、情节及语言的角度加以评论，指出"此剧结构之妙，较他种更胜，不袭通常团圆套格，而以夜雨闻铃作结，高出常手万倍"④。"结构上各场都佳妙，一点徒费笔墨的地方也没有。全剧始终紧张，到第四折而静静的收场，颇有余韵嫋嫋，不穷不尽的妙味。至其曲辞，则虽杂用俗语，而又能达典雅之极致，的确是元曲中第一等的杰作。"⑤ 对于此剧独特的悲剧意蕴，卢前极为赞赏，誉之为"最完美的悲剧"，认为"全剧乃在唐明皇于杨贵妃死后的悲叹声中而收局"，作者"写明皇的悲怀，甚为着力，使人读完了此剧，也为之感伤无已"。⑥

现存版本有六：一为《改定元贤传奇》本，署"白仁甫"撰，题目正名作"高力士离合鸾凤侣，安禄山反叛兵戈举；杨贵妃晓日荔枝香，唐明皇秋夜梧桐雨"，版心署《梧桐雨》。二为脉望馆本，题目正名同前，版心署《秋夜梧桐雨》。三为继志斋本，题目正名同前，版心署《梧桐雨》。四为顾曲斋本，题目正名同前。五为《元曲选》本，题目正名作"安禄山反叛兵戈举，陈玄礼拆散鸾凰侣；杨贵妃晓日荔枝香，唐明皇秋夜梧桐雨"。六为《酹江集》本，剧名署《秋夜梧桐雨》，正目同脉望馆本。此外，《太和正音谱》收录本剧第二折［叫声］［鲍老儿］［古鲍老］［红芍药］；第四折［伴读书］

① 李开先：《词谑》，《中国古典戏曲论著集成》（三），第337页。
② 孟称舜：《酹江集》，第630页。
③ 王国维：《人间词话》，上海古籍出版社1998年版，第16页。
④ 吴梅：《瞿安读曲记》，第392页。
⑤ ［日］青木正儿：《元人杂剧概说》，第85页。
⑥ 卢前：《中国戏剧概论》，（上海）世界书局1934年版，第104页。

［蛮姑儿］［芙蓉花］等七曲。《盛世新声》《词林摘艳》《雍熙乐府》《南北词广韵选》收录［中吕·粉蝶儿］［正宫·端正好］二套。另《永乐大典》卷二〇七四四"杂剧八"、《童云野刻杂剧》《阳春奏》《今乐府选》亦收此剧，未传。

五 《范张鸡黍》

元宫天挺作。全名《死生交范张鸡黍》。宫天挺，生卒年不详。钟嗣成《录鬼簿》说"先君与之莫逆交，故余常得侍坐"①，可能生于 1260 年前后。字大用。元大名开州（今河南濮阳）人。"历学官，除钓台书院山长。为权豪所中，事获辨明，亦不见用，卒于常州"②。宫天挺是元代后期重要的杂剧代表作家。《录鬼簿》称他"吟咏文章笔力，人莫能敌；乐章歌曲，特余事耳"③。钟嗣成为其所作［凌波仙］吊曲云："豁然胸次扫尘埃，久矣声名播省台。……更词章压倒元白，凭心地，据手策，数当今，无比英才。"④ 王国维称"元代曲家，自明以来，称关马郑白。……其余曲家，均在四家范围内。唯宫大用瘦硬通神，独树一帜"⑤。作有杂剧六种，今仅存《范张鸡黍》及《严子陵钓鱼台》两种。后者或以为即元刊本《严子陵垂钓七里滩》，或以为是张国宾作。朱权《太和正音谱》评宫大用词如"西风雕鹗"，"锋颖犀利，神采烨然，若捷翩摩空，下视林薮，使狐兔缩颈于蓬棘之势"⑥。本剧贾本《录鬼簿》著录简名《范张鸡黍》，题目正名作"第五伦举善荐贤，死生交范张鸡黍"。说集本、孟本、《太和正音谱》《元曲选目》《宝文堂书目》《曲海目》《曲海总目提要》均作简名。曹本《录鬼簿》《也是园书目》《今乐考证》《曲录》著录正名。本剧共四折，末本，正末扮范巨卿。剧中本事出自《后汉书·范式传》，《搜神记》亦有记载。但《范式传》中未言杀鸡炊黍

---

① 钟嗣成：《录鬼簿》，《中国古典戏曲论著集成》（二），第 118 页。
② 同上。
③ 同上。
④ 同上。
⑤ 王国维：《宋元戏曲史》，第 104 页。
⑥ 朱权：《太和正音谱》，《中国古典戏曲论著集成》（三），第 17 页。

事。鸡黍事,始见《谈苑》。另《清平山堂话本·欹枕记》有同名话
本,即《古今小说·范巨卿鸡黍死生交》,中有范、张鸡黍之约。以
巨卿赴"鸡黍会",因失忘日期,恐负所约,遂自刎,阴魂千里来赴
云。但巨卿先元伯死,与传并剧皆大异。此剧采用双线交互的结构模
式,以范张二人的友谊为主线,歌颂了朋友之间一诺千金的真情厚
谊,以王韬赖夺孙嵩万言策为副线,重在指斥时弊,抒发了对朝政黑
暗、贤才受扼的不满与愤慨。正如吴梅所言,"词中痛论选举之弊,
与汉制无涉,当是影射时政"①。剧情设置巧妙,剧中事实虽"与范
张本传不合,且以第五伦为举主,尤为绝倒。元剧之胜,正在荒唐,
不得执以訾议也。第四折感叹苍凉,最为出色。首折[点绛唇]、
[混江龙]二曲,未免腐气矣"②。此剧结构稳称,语言快畅尽情,尤
其是第三折怀念亡友的曲辞,写得极为悲切感人,"通篇如听薤露歌,
使人悲啼不禁"③。青木正儿认为此剧"曲辞更多遒劲动人之处",推
许为"元曲中有数的杰作"④。焦循《剧说》卷五:"宫大用《范张
鸡黍》第一折,乃一篇经史道德大论,抵多少宋人语录。"⑤ 但此剧
第一折虽是"一篇大头巾语,然语语爽健"⑥,并无令人作呕的陈腐
臭烂的道学气。明高儒《百川书志》曾将此剧与郑光祖《翰林风月》
《王粲登楼》及乔吉《两世姻缘》并称为"四段锦",可见其在明代
是极为流行且颇受文人追捧的。

此剧现存版本有四:一为元刊本,仅有正名"死生交范张鸡黍",
题目失载。二为脉望馆本,原本未署作者,墨笔补"宫大用"撰,
题目正名作"义烈传子母荣华,死生交范张鸡黍"。三为《元曲选》
本,题目正名作"义烈传子母褒扬,死生交范张鸡黍"。四为《酹江
集》本,题目正名同《元曲选》本。另《永乐大典》卷二〇七四八
"杂剧十二"、《童云野刻杂剧》《今乐府选》均收此剧,未传。《盛

---

① 吴梅:《瞿安读曲记》,第394页。
② 同上。
③ 孟称舜:《酹江集》,第657页。
④ [日]青木正儿:《元人杂剧概说》,第109页。
⑤ 焦循:《剧说》,《中国古典戏曲论著集成》(八),第176页。
⑥ 孟称舜:《酹江集》,第646页。

世新声》收录此剧［南吕·一枝花］一套，《词林摘艳》收录［南吕·一枝花］［商调·集贤宾］两套，《雍熙乐府》收录［仙吕·点绛唇］［南吕·一枝花］［商调·集贤宾］三套。

六 《王粲登楼》

元郑光祖作。全名《醉思乡王粲登楼》。贾本《录鬼簿》著录简名《王粲登楼》，题目正名作"不纳贤蔡公闭阁，醉思乡王粲登楼"。曹本《录鬼簿》《也是园书目》《今乐考证》《曲录》著录正名。《太和正音谱》《元曲选目》《徐氏家藏书目》《曲海目》《曲海总目提要》均著录简名。本剧共四折一楔子，末本，正末扮王粲。剧中所演王粲、蔡邕、曹植诸人，皆史有所载，但其事乃剧作家牵合敷衍而成。《文选》有王粲《登楼赋》，李善注引盛弘之《荆州记》说："当阳县城楼，王登之而作赋。"此剧改赋为诗。本剧第三折最为曲家所激赏，元周德清《中原音韵》以此折［迎仙客］曲为例，对郑光祖的才华大加赞赏："［迎仙客］累百无此调也。美哉，德辉之才，名不虚传。"① 明何良俊说："《王粲登楼》第二折，摹写羁怀壮志，语多慷慨，而气亦爽烈，至后［尧民歌］、［十二月］，托物寓意，尤为妙绝，岂作调脂弄粉语者可得窥其堂庑哉！"② 此剧语言秀丽，曲尽世态，孟称舜赞曰："秀气干云，冷焰惊人，可为空群鹤立者矣。"③ 不足之处在于结构平板，戏剧冲突设置缺乏内在合理性，剧情承袭他剧，缺少新意，明王世贞讥曰："《王粲登楼》事实可笑。"④ 清梁廷枬说："《渔樵记》剧刘二公之于朱买臣，《王粲登楼》剧蔡邕之于王粲，《举案齐眉》剧孟从叔之于梁鸿，《冻苏秦》剧张仪之于苏秦，皆先故待以不情，而暗中假手他人以资助之，使其锐意进取；及至贵显，不肯相识，然后旁观者为说明就里：不特剧中宾白同一板印，即曲文命意遣词，亦几如合掌。"⑤ 吴梅亦云："剧中情节与《冻

---

① 周德清：《中原音韵》，《中国古典戏曲论著集成》（一），第 242 页。

② 何良俊：《曲论》，《中国古典戏曲论著集成》（四），第 7 页。

③ 孟称舜：《酹江集》，第 1 页。

④ 王世贞：《曲藻》，《中国古典戏曲论著集成》（四），第 34 页。

⑤ 梁廷枬：《曲话》，《中国古典戏曲论著集成》（八），第 262 页。

苏秦》相类,此剧蔡邕即《苏秦》剧中之张仪,皆故辱穷交,通令
进取者也。"① 现存版本有三:一为脉望馆本,题目正名作"穷书生
一志绸缪,望中原有国难投;荐贤士蔡邕闭阁,醉思乡王粲登楼"。
二为《元曲选》本,题目正名同前。三为《酹江集》本,正目作
"假托名蔡邕荐士,醉思乡王粲登楼"。此剧在后世影响深远,《太和
正音谱》收入第一折 [醉扶归] 一曲。明刻《四段锦》《今乐府选》
亦收此剧,惜未传。

七 《窦娥冤》

元关汉卿作。全名《感天动地窦娥冤》。贾本《录鬼簿》著录简
名《窦娥冤》。题目正名作"汤风冒雪没头鬼,感天动地窦娥冤"。
曹、孟二本《录鬼簿》失载此剧。《太和正音谱》《元曲选目》《徐
氏家藏书目》《曲海目》《曲海总目提要》均著录简名。《宝文堂书
目》《也是园书目》《今乐考证》《曲录》著录正名。本剧共四折一
楔子,旦本,正旦扮窦娥。此剧本事采自《汉书·于定国传》及
《搜神记》,关汉卿将民间流传的东海孝妇的事迹加以改变,将时代
的精神与血液融入这一古老传说,使之具有了新的生命,也成就了一
部真正的大悲剧。此剧乃关汉卿杂剧的代表作,更是中国古代悲剧中
的杰作,王季思将之收入其主编的《中国十大古典悲剧集》。明孟称
舜将之收入其选编的《酹江集》,并评曰:"《窦娥冤》剧,词调快
爽,神情悲吊,尤关之铮铮者也。"② 王国维将此剧的悲剧性质与西
方悲剧相比较,指出"剧中虽有恶人交构其间,而其蹈汤赴火者,仍
出于其主人翁之意志,即列之于世界大悲剧中,亦无愧色也"③。此
剧不仅赢得了诸多曲家的好评,对后世戏曲创作的影响也极为深远。
据《录鬼簿》载,元梁进之、王实甫、王仲元各作有《于公高门》
杂剧,均是对东海孝妇故事的敷演,今皆佚。这或可说明《窦娥冤》
的成功与伟大。明叶宪祖《金锁记》传奇即本于此剧,但其大团圆

---

① 吴梅:《瞿安读曲记》,第 395 页。
② 孟称舜:《酹江集》,第 19 页。
③ 王国维:《宋元戏曲史》,第 99 页。

结局的设置却使杂剧中的斗争精神荡然无存。清传奇有陈宝《东海记》与王曦《东海记》。陶君起《京剧剧目初探》甲编第十二章元代故事戏有"六月雪"一目。在地方戏的舞台上，此剧也是盛演不衰的剧目。中华人民共和国成立前，徽剧、晋剧、评剧、秦腔、蒲州梆子、河北梆子、湘剧、桂剧、滇剧、上党落子等都有同名的传统地方戏。新中国成立后，同名地方戏更是大放异彩，有的还拍成了电影，如蒲州梆子改编本。此剧在国际上知名度亦极高，今已有法、日、英、德诸外文译本流传海外。

现存版本主要有三：一为脉望馆本，题目正名作"后嫁婆婆试心偏，守志烈女意自坚；汤风冒雪没头鬼，感天动地窦娥冤"，版心署简名《窦娥冤》。二为《元曲选》本，题目正名作"秉鉴持衡廉访法，感天动地窦娥冤"。三为《酹江集》本，正目同《元曲选》本。各本曲辞基本一致，但《元曲选》本出于对人物形象塑造及剧情合理性的考虑，在部分曲牌及相应曲词上的改动较多，与他本差异较大。《酹江集》本间或从之。另《阳春奏》《今乐府选》亦收此剧，未传。

八 《铁拐李》

元岳伯川作。一名《铁拐李岳》，全名《吕洞宾度铁拐李岳》，又作《岳孔目借铁拐李还魂》。岳伯川，其名不详。济南人，或云镇江人。生平事迹无考。作有杂剧两种，今存《吕洞宾度铁拐李岳》，《罗公远梦断杨贵妃》仅存残曲。《太和正音谱》评其词如"云林樵响"[1]。贾本《录鬼簿》《太和正音谱》《曲海目》等著录此剧简名《铁拐李岳》，贾本题目正名作"韩魏公谱托柄曹司，吕洞宾度铁拐李岳"。其他各本《录鬼簿》《今乐考证》《曲录》皆著录正名。《宝文堂书目》《元曲选目》《曲海总目提要》著录简名《铁拐李》。《徐氏家藏书目》《也是园书目》著录作《铁拐李借尸还魂》。另《永乐大典》卷二〇七五〇"杂剧十四"收此剧作《铁拐李岳》，《古名家杂剧》有《铁拐李借尸还魂》，《今乐府选》有《铁拐李岳》，惜未

---

① 朱权：《太和正音谱》，《中国古典戏曲论著集成》（三），第20页。

传。本剧共四折一楔子，末本，正末扮岳寿、李岳（即铁拐李）。本剧所演虽为著名的八仙之一，但本事却无考。《曲海总目提要》云"伯川姓岳，或其宗人事，或借以自喻"①，聊备一说。就剧情而言，此剧既是八仙戏，又是度脱剧，孟称舜评曰："词曲中多有以仙佛度世者，如《任风子》《城南柳》《度柳翠》等诸剧，词旨俱为甚妙，然从人情中点醒，字字透彻，无如此曲者。其字句亦极修饬雅倩，无粗莽气，在元人中别为一家。"② 对剧中语言极为称赏。现存版本主要有三：一为元刊本，未署作者，题目正名作"岳孔目借尸还魂，吕洞宾度脱李岳"；二为《元曲选》本，署岳伯川撰，题目正名作"韩魏公断借尸还魂，吕洞宾度铁拐李岳"；三为《酹江集》本，正目同《元曲选》本。就元刊本与明刊本来看，此剧宾白元刊本精练，明刊本繁冗；曲辞元刊本不仅多有脱漏，较明刊本少十五曲，而且还时与明刊本不合，个别曲牌不合曲律。

九 《李逵负荆》

元康进之作。一名《黑旋风负荆》，又作《杏花庄》，全名《梁山泊黑旋风负荆》，又名《梁山泊李逵负荆》。康进之，元代前期著名杂剧家，生卒年不详。一说姓陈。棣州（今山东惠民）人。生平事迹无考。孙楷第《元曲家考略》记载元初有康显之，可能与其为兄弟辈③。作有杂剧两种，皆敷演李逵事。今存《梁山泊黑旋风负荆》，《黑旋风老收心》已佚。《太和正音谱》列其词于"杰作"中并称"其词势非笔舌可能拟，真词林之英杰也"④。本剧贾本《录鬼簿》《曲海总目提要》著录简名《杏花庄》，贾本题目正名作"杏花庄老王林告状，梁山泊黑旋风负荆"。曹本《录鬼簿》《今乐考证》《曲录》皆著录正名。《太和正音谱》著录简名《黑旋风负荆》。《元曲选目》《曲海目》著录简名《李逵负荆》。本剧共四折，末本，正末扮李逵。本事所本不详，极有可能是作者根据民间传说加工而成。

---

① 董康：《曲海总目提要》，第 98 页。
② 孟称舜：《酹江集》，第 39 页。
③ 孙楷第：《元曲家考略》，第 137 页。
④ 朱权：《太和正音谱》，《中国古典戏曲论著集成》（三），第 20 页。

剧情与《水浒传》第七十三回内容相似，但不知孰先孰后，一般认
为小说是以此剧为蓝本加以改创。此剧在人物形象塑造方面达到了极
高的艺术成就，作者以本色当行的语言，成功地刻画出疾恶如仇、粗
中有细、个性鲜明的李逵形象。孟称舜赞赏道："曲语句句当行，手
笔绝高绝老。至其摹像李山儿，半粗半细，似呆似慧，形景如见，世
无此巧丹青也。"① 正因如此，此剧才成为元明水浒戏中的杰作。今
京剧《丁甲山》《李逵下山》等所演与此剧约略相同。现存版本主要
有二：一为《元曲选》本，题目正名作"杏花庄王林告状，梁山泊
李逵负荆"；二为《酹江集》本，正目作"杏花庄老王林告状，梁山
泊黑旋风负荆"。另《童云野刻杂剧》与《今乐府选》亦收此剧，惜
未传。

十 《诛范叔》

元高文秀作。一名《须贾诛范雎》，全名《须贾大夫诛范雎》。
《录鬼簿》《也是园书目》《今乐考证》《曲录》著录全名，《太和正
音谱》《曲海目》著录简名《诛范雎》，《元曲选目》《曲海总目提
要》著录作《诛范叔》。本剧共四折一楔子，末本，正末扮范雎。本
事出自《史记·范雎蔡泽列传》。杂剧与本传无大出入，仅增加齐国
大夫骀衍一人，以辅助结撰情节。剧中抒发了英雄失路的悲苦，传情
写意可谓淋漓尽致，孟称舜评曰："一饭不忘，睚眦必报，英雄极快
心之事，得此雄快之笔发之，乃足相称。恩恩怨怨，凄凄楚楚，都从
血性男子口中出之，作此剧者定是马东篱、乔梦符辈上人。"② 尤其
是第一折〔油葫芦〕曲，"说得十分爽快，故是作者自道其胸臆"③。
此剧情节曲折，针线细密，曲词本色，适合场上搬演，自元代始，便
盛演不衰。元代有南戏《绨袍记》《苏娴娴》，明代有传奇《范雎绨
袍记》，今京剧有《赠绨袍》，河北梆子有《须贾吃草》，梨园戏有
《范雎》，川剧有《绨袍记》，秦腔、蒲州梆子、同州梆子亦有此剧

---

① 孟称舜：《酹江集》，第59页。
② 同上书，第72页。
③ 同上书，第74页。

目。① 现存版本主要有三：一为息机子《古今杂剧选》本，未署作者，总题《须贾诨范雎》，题目正名作"须大夫相报魏齐，张相君大报冤仇"；二为《元曲选》本，未署作者，题目正名作"须贾大夫诨范叔，张禄丞相报魏齐"，简名《诨范叔》；三为《酹江集》本，简名《诨范叔》，正目同《元曲选》本。另《永乐大典》卷二〇七四九"杂剧十三"亦收录此剧，题作《须贾诨范雎》，惜未传。

十一 《东堂老》

元秦简夫作。一名《破家子弟》，全名《东堂老劝破家子弟》。秦简夫，生卒年不详，大都人，曾游历杭州。约元仁宗延祐末前后在世。与钟嗣成相知，所作杂剧在元至顺时"都下擅名"②，贾仲明挽词云："文章官样有绳规，乐府中和成墨迹。灯窗捻出新杂剧：玉溪馆煞整齐；晋陶母剪发筵席，破家子弟、赵礼让肥，壮丽无敌。"③朱权《太和正音谱》称其词如"峭壁孤松"④。作有杂剧五种，今仅存《赵礼让肥》《剪发待宾》《东堂老》三种，《玉溪馆》与《邢台记》已佚。本剧贾本《录鬼簿》《太和正音谱》著录简名《破家子弟》，前者并录题目正名"西邻友生不孝儿男，东堂老□破家子弟"。曹本《录鬼簿》《宝文堂书目》《今乐考证》《曲录》著录正名。《元曲选目》《曲海目》《曲海总目提要》著录简名《东堂老》，并注云"一作《破家子弟》"。此剧共四折一楔子，末本，正末扮东堂老。剧中叙写了扬州奴浪子回头的故事，内容紧扣现实，可谓当时都市生活的剪影，具有一定的教育意义。青木正儿对此剧甚为称许，指出剧中"情节虽然单纯，但排场工致，描写能尽委曲，四折都紧张有味。曲辞采用本色，而把东堂老忠告扬州奴的话，竭力的描摹着；操心照料之情，非常有味。东堂老的诚实，不肖子的狂态，无赖子的帮闲都写得面目活跃"⑤。孟称舜对于剧中的语言艺术和劝世意义极为赞赏，

---

① 李修生主编：《古本戏曲剧目提要》，第 15 页。
② 钟嗣成：《录鬼簿》，《中国古典戏曲论著集成》（二），第 132 页。
③ 同上书，第 243—244 页。
④ 朱权：《太和正音谱》，《中国古典戏曲论著集成》（三），第 20 页。
⑤ ［日］青木正儿：《元人杂剧概说》，第 112 页。

评曰："曲不难作情语、致语,难在作家常语,老实痛快而风致不乏",读此剧"如听老成人训诲子弟,句句堪模,与昔人家诫及进学解同是一篇好文字也"①。王季思将此剧与元无名氏《杀狗劝夫》杂剧相比,指出"剧中柳隆卿、胡子传初见元无名氏之《杀狗劝夫》杂剧。《杀狗劝夫》剧写孙荣为柳、胡所惑,执迷不悟,由其妻杨氏设计使其感悟。斯剧写扬州奴为柳、胡所惑,由其父遗嘱东堂老设计使其回头。情节亦复相似。惟全剧情事较《杀狗劝夫》更为近情近理,曲词宾白亦俱真切动人,可谓后来居上"。除了将二剧情节加以对比外,又重点分析了此剧的人物塑造,"全剧人物亦俱刻画细致,个性分明,而东堂老夫妇一严正,一慈祥;扬州奴夫妇一糊涂,一善柔,处处相映成趣,具见作者匠心"②。此剧现存版本主要有四:一为脉望馆本,题目正名作"西邻友生不孝儿男,东堂老劝破家子弟"。二为息机子本,题目正名同前。三为《元曲选》本,题目正名作"西邻友立托孤文书,东堂老劝破家子弟"。四为《酹江集》本,正目同《元曲选》本。后两种版本相近,与前两种版本相较,除曲词互有出入外,第四折多〔乔牌儿〕一曲。

十二 《赵氏孤儿》

元纪君祥作。全名《赵氏孤儿大报仇》,一作《冤报冤赵氏孤儿》。纪君祥,一作纪天祥(见曹本《录鬼簿》),生卒年不详,大都人。《录鬼簿》载其与李寿卿、郑廷玉同时。今知其所作杂剧计有六种,现仅存《赵氏孤儿大报仇》,《李元贞松阴记》存残曲一折,其他四种《信安王断复贩茶船》《驴皮记》《韩湘子三度韩退之》《曹伯明错勘赃》皆佚。朱权《太和正音谱》评其词如"雪里梅花"③。本剧各本《录鬼簿》《太和正音谱》《元曲选目》《曲海目》《曲海总目提要》皆著录简名《赵氏孤儿》,贾本《录鬼簿》并录题目正名作"象公逢公孙杵臼,冤报冤赵氏孤儿"。《今乐考证》《曲录》著录正

---

① 孟称舜:《酹江集》,第91页。
② 王季思:《玉轮轩曲论》,中华书局1980年版,第288—289页。
③ 朱权:《太和正音谱》,《中国古典戏曲论著集成》(三),第19页。

名《冤报冤赵氏孤儿》。曹本《录鬼簿》著录为《赵氏孤儿冤报冤》。《也是园书目》别作《赵氏孤儿大报仇》。全剧共五折一楔子，末本，正末扮韩厥、公孙杵臼、赵氏孤儿。此剧是一部历史剧，本事主要采自《左传》及《史记·赵世家》。元南戏有《赵氏孤儿报冤仇》，此二剧未知孰先孰后。剧中矛盾冲突尖锐激烈，情节悲壮动人，语言本色，结构严谨。孟称舜对此剧极为推许，评曰："此是千古最痛快之事，应有一篇极痛快之文发之。读此觉太史公传犹为寂寥，非大作手，不易办也。"[1] 王国维称"剧中虽有恶人交构其间，而其蹈汤赴火者，仍出于其主人翁之意志，即列之于世界大悲剧中，亦无愧色"[2]。青木正儿亦曰："此剧其事既佳，而结构亦紧密不懈，曲词遒劲，又能适合其内容，总该把它列为杰作之一。"[3] 此剧在后世流传广泛，以之为题材改编的剧作有明徐元《八义图》传奇，无名氏《八义记》《接缨记》传奇，李楩《搜孤救孤》杂剧，清灵阜轩《节义谱》传奇等。在戏曲舞台上，也盛演不衰，清末有京剧《八义记》，今秦腔、河南梆子、山西蒲州梆子仍有此剧目。此剧还是最早流传到欧洲的元杂剧作品，现已有英、法、德等国文字译本。今存版本主要有三：一为元刊本，作者失载，题目正名作"韩厥救舍命烈士，陈英说妒贤送子；义逢义公孙杵臼，冤报冤赵氏孤儿"。二为《元曲选》本，题目正名作"公孙杵臼耻勘问，赵氏孤儿大报仇"。三为《酹江集》本，正目同《元曲选》本。此剧元刊本四折，《元曲选》五折，第五折疑为臧晋叔补写。曲词二本仅有七曲相似，其他均不相同。元刊本有十二曲为《元曲选》本所无，《元曲选》本有四曲为元刊本所无。《酹江集》本同《元曲选》本。另《永乐大典》卷二〇七四九"杂剧十三"、《今乐府选》均收此剧，惜未传。

十三 《高宴丽春堂》

元王实甫作。简名《丽春堂》，又名《歌舞丽春堂》。全名《四

---

① 孟称舜：《酹江集》，第114页。

② 王国维：《宋元戏曲史》，第99页。

③ ［日］青木正儿：《元人杂剧概说》，第78页。

丞相高宴丽春堂》，一作《四丞相高会丽春堂》或《四大王歌舞丽春堂》。王实甫，生卒年不详，据周德清《中原音韵序》可知其约卒于元泰定元年（1324）前。名德信，大都人。与关汉卿同时，亦金之遗民，创作活动主要集中在元成宗元贞、大德年间（1295—1307）。据其散曲创作可知早年曾为官，但仕途坎坷，晚年退隐，约六十岁以后辞世。孙楷第推测元代名臣王结之父名德信，可能即是王实甫①。王结在《元史》中有传，苏天爵《滋溪文稿》中有"行状"，但述其父卒年与《中原音韵序》不合，恐非一人。王实甫一生作有杂剧十四种，今存《西厢记》《破窑记》《丽春堂》三种，《芙蓉亭》《贩茶船》仅存佚曲，见《元人杂剧钩沉》，其余九种皆佚。所作散曲今散见于《中原音韵》《雍熙乐府》等书。其杂剧创作在当时深受推重，贾仲明吊曲赞曰："作词章，风韵美，士林中等辈伏低。新杂剧，旧传奇，西厢记天下夺魁。"② 朱权《太和正音谱》评其词如"花间美人"，又云"铺叙委婉，深得骚人之趣"③。王实甫虽不入"元曲四大家"之列，但其剧作典雅蕴藉的语言，善于抒情的特点，都使之成为情采派的代表。王骥德指出："世称曲手，必曰关、郑、白、马，顾不及王，要非定论。"④ 此剧贾本《录鬼簿》著录为《十大王歌舞丽春园》，简名《丽春堂》。孟本《录鬼簿》《太和正音谱》《元曲选目》《宝文堂书目》《曲海目》《曲海总目提要》均作简名。曹本《录鬼簿》《今乐考证》《曲录》著录作《四大王歌舞丽春堂》。《也是园书目》著录正名《四丞相歌舞丽春堂》。本剧共四折，末本，正末扮乐善。本事无考。剧中敷演了上层统治阶级内部官员之间的矛盾与争斗，由此抒发了对宦海沉浮的感慨以及对田园生活的向往。吴梅《顾曲麈谈》认为此剧"以颂祷章宗作结，则此剧之作尚在金世"⑤。

---

① 孙楷第：《元曲家考略》，上海古籍出版社1981年版，第69页。
② 钟嗣成：《录鬼簿》，《中国古典戏曲论著集成》（二），第173页。
③ 朱权：《太和正音谱》，《中国古典戏曲论著集成》（三），第17页。
④ 王骥德：《曲律》，《中国古典戏曲论著集成》（四），第149页。
⑤ 吴梅：《顾曲麈谈》，王卫民编《吴梅全集》（理论卷），河北教育出版社2002年版，第129页。

庄一拂附议，指出"剧末以颂金帝作结，则王作此剧，当在金世"①。但李修生则认为"以颂辞作结，是元剧常例，以此定写作年代，还嫌证据不足"②。此剧关目紧凑，语言清俊，"较西厢特为雄俊而本色固在"③，虽没有紧张激烈的矛盾冲突与跌宕起伏的剧情，但却善用对比手法描写场面，如第三折谪居垂钓的清淡景象之于第一、二、四折群臣宴乐的热闹景象。青木正儿评曰："构想非常单纯，是什么趣味也没有的戏剧；但曲词典雅，尤其是第三折叙丞相在贬谪中拿着一根钓竿放情于山水之间的曲辞，更是绝唱。结构则前二折写宫中生活的都雅，而到第三折忽然出现了逍遥山林的生活，前后做一个对比，这一点也极有趣味。……此剧为歌曲本位的作品，不可以结构论也。"④此剧以其典丽精工而不失本色的语言，赢得了众多曲家的好评，明何良俊《四友斋丛说》说："王实甫不但长于情辞，有《歌舞丽春堂》杂剧，其十三换头（即第四折）[落梅风]内'对青铜猛然间两鬓霜，全不似旧时模样'，此句甚简淡。"⑤此剧《太和正音谱》收入第三折[麻郎儿][东原乐][绵答絮][络丝娘]四曲及第四折[五供养][离亭宴煞]⑥二曲。《盛世新声》《雍熙乐府》收录[越调·斗鹌鹑][双调·五供养]两套，《词林摘艳》收录[双调·五供养]一套，可见其在后世是被广为传唱的。

此剧版本主要有三：一是脉望馆钞校《古名家杂剧》本，题目正名作"乐善公遭贬济南府，四丞相歌舞丽春堂"。二是《元曲选》本，题目正名作"李监军大闹香山会，四丞相高宴丽春堂"。三是《酹江集》本，正目同《元曲选》本。

十四 《燕青博鱼》

元李文蔚作。全名《同乐院燕青博鱼》，又作《报冤台燕青博

---

① 庄一拂：《古典戏曲存目汇考》，第 179 页。

② 李修生主编：《古本戏曲剧目提要》，第 34 页。

③ 孟称舜：《酹江集》，第 136 页。

④ [日]青木正儿：《元人杂剧概说》，第 84 页。

⑤ 何良俊：《曲论》，《中国古典戏曲论著集成》（四），第 8 页。

⑥ 《全元戏曲》第四折无此曲。

鱼》。曹本《录鬼簿》著录为《报冤台燕青扑鱼》。孟本《录鬼簿》
《太和正音谱》著录简名《燕青扑鱼》。暖红室本《录鬼簿》有注文
云"扑一作博"。贾本《录鬼簿》未载此目。《也是园书目》《今乐
考证》《曲录》著录正名。《元曲选目》《曲海目》《曲海总目提要》
均作简名《燕青博鱼》。本剧共四折一楔子,楔子居于剧首,末本,
正末扮燕青。剧中燕青为梁山泊第十五位头领,而在小说《水浒传》
中则居于第三十六位,所演燕青博鱼故事亦不见于小说,可知此剧在
前,《水浒传》尚未成书,水浒故事还没定型。不过剧中情节却与小
说中杨雄、石秀杀潘氏共投梁山事类似,或乃作者移花接木之术亦未
可知。"博鱼"事出元好问《续夷坚志》卷四"盗谢王君和"事,剧
中燕和不见于《水浒传》,庄一拂认为或即缘君和一名而来。此剧歌
颂了梁山好汉疾恶如仇、为民除害的义勇精神,同时也较为广泛深入
地展现了下层小人物的生活处境。第二折〔那吒令〕〔金盏儿〕〔油
葫芦〕三曲及"带云",将博鱼双方开始讲价、摊牌、博时的争辩,
结束后胜者的喜悦乃至败者的窘态都描绘得惟妙惟肖,有助于理解古
代博戏的方法,是论及古代博戏的珍贵资料。语言本色而个性化,形
象生动,孟称舜在此剧总评中赞叹:"此剧作燕青语,又粗莽又精细,
似是蓼儿洼上人口气,固非名手不办。"① 剧中无论曲、白均与人物
身份、性格相契合,青木正儿亦赞其"曲词并不平凡,具有特别的味
儿"②。现存版本主要有三:一为脉望馆本,题目正名作"杨衙内倚
势行凶,同乐院燕青博鱼",后附穿关。二为《元曲选》本,题目正
名作"梁山泊宋江将令,同乐院燕青博鱼"。三为《酹江集》本,正
目同《元曲选》本。另《今乐府选》本收此剧,惜未传。

十五 《天赐老生儿》

元武汉臣作。简名《老生儿》,全名《散家财天赐老生儿》。武
汉臣,生平事迹无考。贾仲明吊曲云:"先生清秀济南人,风调才情
武汉臣。登坛拜将穷韩信,老生儿,关目真。新传奇,十段皆闻。听

---

① 孟称舜:《酹江集》,第148—149页。

② 〔日〕青木正儿:《元人杂剧概说》,第68页。

泉水，看暮云，如此黄昏。"① 可知其乃济南人，才华超逸，生性恬
淡。一生作有杂剧十一种，今存两种：《散家财天赐老生儿》《李素
兰风月玉壶春》，其余九种未见传本。《太和正音谱》评其词如"远
山叠翠"②。贾本《录鬼簿》《太和正音谱》《元曲选目》《曲海目》
《曲海总目提要》著录此剧简名《老生儿》，贾本录题目正名作"指
绝地死劝糟糠妇，散家才（财）天赐老生儿"。曹本《录鬼簿》《也
是园书目》《今乐考证》《曲录》均著录正名。全剧共四折一楔子，
末本，正末扮刘从善。本事无考。剧中深刻地揭露了封建家庭内部围
绕财产继承问题而展开的明争暗斗，在金钱面前，亲情也不堪一击，
具有较强的现实性，结尾虽未脱大团圆的俗套，但作者的劝善意图昭
然可见，使得此剧具有了浓厚的教化色彩。此剧最成功之处就在于语
言生动传神，尤其是宾白极为出色，孟称舜评曰："此剧之妙在宛畅
入情而宾白点化处更好。……此剧与《赵氏孤儿》等白，直欲与太
史公《史记》列传同工矣。"③ 后世与此剧同题材的剧作未见，但明
凌濛初《初刻拍案惊奇》卷三八有《占家财狠婿妒侄》，叙事、人名
多与此剧同，唯刘女名招姐，且生性贤惠，与剧中略异。本剧现存版
本主要有三：一为元刊本，未署作者，题目正名作"举家妻从夫别父
母，卧冰儿祭祖发家私；指绝地死劝糟糠妇，散家财天赐老生儿"。
二为《元曲选》本，题目正名作"指绝地死劝糟糠妇，散家财天赐
老生儿"。三为《酹江集》本，正目作"指绝地苦劝糟糠妇，散家财
天赐老生儿"。其中明刊本二本内容基本一致，但元刊本较明刊本多
十一曲，且剧中部分人名也不同，明刊本中的刘从善、刘引张、刘引
孙，元刊本分别作刘禹、刘引璋、刘瑞。另《永乐大典》卷二〇七
五六"杂剧二十"、息机子《古今杂剧选》《今乐府选》均收录本剧，
惜未见传本。另有英译本、法译本、日译本及德节译本。

十六　《龙虎风云会》

元罗贯中作。简名《风云会》，全名《宋太祖龙虎风云会》。罗

---

① 钟嗣成：《录鬼簿》，第 175 页。
② 朱权：《太和正音谱》，《中国古典戏曲论著集成》（三），第 19 页。
③ 孟称舜：《酹江集》，第 163 页。

贯中，生卒年不详，元末明初人。名本，号湖海散人。太原（今属山西）人，或云钱塘（今浙江杭州）人，或云庐陵（今江西吉安）人，或云东原（今属山东）人。《录鬼簿续编》称其"与人寡合。乐府隐语，极为清新。与余为忘年交，遭时多故，各天一方。至正甲辰（1364）复会。别来又六十余年，竟不知其所终"①。可知其生卒年约在元文宗至明太祖这一时期（一说 1330—1400 年，一说 1328—1398年）。生平事迹均不详。曾著有历史演义多种，有《三国志通俗演义》《隋唐两朝志传》《残唐五代史演义》《三遂平妖传》等 4 种存世。作有杂剧三种，今存《风云会》1 种，《忠正孝子连环谏》《三平章死哭蜚虎子》已佚。《录鬼簿续编》著录此剧简名《风云会》，正名作"赵太祖龙虎风云会"。《太和正音谱》于无名氏名下著录《龙虎风云会》。《也是园书目》《今乐考证》《曲录》著录正名。《元曲选目》《曲海目》作《龙虎风云会》。本剧共四折一楔子，末本，正末扮赵匡胤、赵普。本事源自《宋史·赵普传》。《风云会》取材于史传，歌颂了圣君贤相同心同德，一起平定天下的丰功伟绩，寄托了剧作家向往明君贤臣、社会安定的政治理想。此剧借古讽今，现实性较强。第一折〔混江龙〕"见如今奸雄争霸，漫漫四海起黄沙。递相吞并，各举征伐，后汉残唐分正统，朝梁暮晋乱中华。豺狼掉尾，虎豹磨牙。尸骸遍野，饿殍如麻。田畴荒废，荆棘交加。军情紧急，民力疲乏。这其间生灵引领盼王师，何时得蛮夷拱手遵王化？我只待纵横海内，游览天涯"②。揭露了元末社会动荡、政治黑暗、民不聊生的现实状况，真切地反映了老百姓渴望社会安定、南北统一的美好愿望。此剧第三折一直盛演于昆剧舞台，名曰《访普》，一名《访贤》。清李玉《风云会》传奇，与此剧题材同。

现存版本主要有五：一为脉望馆本，原署"元罗贯中撰"，别有朱笔注云"《太和正音谱》作无名氏"，总题《宋太祖龙虎风云会》，题目正名作"伏降四国咨谋议，雪夜亲临赵普第；君相当时一梦中，今朝龙虎风云会"。二为息机子本，总题、题目正名同前。三为《阳

---

① 无名氏：《录鬼簿续编》，《中国古典戏曲论著集成》（二），第 281 页。
② 孟称舜：《酹江集》，第 185 页。

春奏》本，署"元罗贯中撰"，题"明尊生馆校"，总题、题目正名同前。四为顾曲斋本，总题、题目正名同前。五为《酹江集》本，总题《龙虎风云会》，正目同前，唯"雪夜"作"雪后"。各本曲词无甚差别，只有《酹江集》本仅对个别文字做过改动。另《太和正音谱》收入第四折〔驻马听〕一曲。《盛世新声》《词林摘艳》《雍熙乐府》《风月（全家）锦囊》收〔正宫·端正好〕一套。《永乐大典》卷二〇七四三"杂剧七"本收此剧，未传。

十七 《智勘魔合罗》

元孟汉卿作。简名《魔合罗》，全名《张鼎智勘魔合罗》，一作《张孔目智勘魔合罗》。孟汉卿，元亳州（今属安徽）人。天一阁《录鬼簿》作益汉卿，益当为孟之误。《录鬼簿》将之列于"前辈已死名公才人"，贾仲明补挽词云："已斋老叟播声名，表字相同亦汉卿。《魔合罗》一段题张鼎，运节意脉精，有黄金商调新声。谊燕赵，响玉音，广做多行。"[1] 从挽词可知孟汉卿为多产作家。《太和正音谱》将其列入"杰作"之列。所作杂剧今仅见《魔合罗》1 种。贾本《录鬼簿》、孟本《录鬼簿》《太和正音谱》《元曲选目》《徐氏家藏书目》《曲海目》《曲海总目提要》均著录此剧简名《魔合罗》，贾本并录题目正名作"曹司屈推货郎汉，张鼎智勘魔合罗"。曹本《录鬼簿》《宝文堂书目》《今乐考证》《曲录》著录正名。《也是园书目》别作《张孔目智勘魔合罗》。本剧共四折，末本，正末扮李德昌、张鼎。张鼎史有其人，见《元史·世祖本纪》，但剧中所演纯属曲家虚构，与史无涉。此剧叙写了张鼎巧妙断案，勇救刘玉娘之事，赞美了张鼎的聪明才智及实事求是的工作精神，同时也揭露了官场的黑暗与腐败。剧中以魔合罗这一道具贯穿始终，作为断案的重要线索，使剧情的发展与转换水到渠成。据《岁时纪异》载，七夕俗以蜡作婴儿形，浮水中以为戏。本出西域，谓之"魔㦬罗"。"魔合罗"乃字音讹误。剧中第三、四两折写张鼎勘问案情时笔法细腻生动，颇具后世推理小说的神韵。《曲海总目提要》评曰："事虽未必皆实，

---

① 钟嗣成：《录鬼簿》，《中国古典戏曲论著集成》（二），第 199 页。

而其钩距得情，伸泄枉滥处，有关吏治，不同苟作。"① 剧中将叙事、写景、抒情巧妙地结合在一起，把一段没头公案叙述得情景如现，孟称舜赞曰："曲之难者，一传情一写景一叙事，然传情写景犹易为工，妙在叙事中绘出情景，则非高手未能矣。读此剧者当知此意。"② 结构紧凑，语言优美，也是该剧的一大亮点，青木正儿云："此剧用魔合罗作事件的关键，场面转换，遂生趣味。结构也工致，始终不松懈。曲词则才气焕发，尤其像第一折雨中的叙景叙事，可称绝妙，决不在《潇湘雨》以下。第四折叙张鼎问案时的苦心，那曲词也是描写细腻而有趣味。的确是断狱剧中出色的作品。"③ 不过剧中有些关目与语言却呈现出一定的程式化倾向，如令史向告状人下跪等动作和语言，明显是对《窦娥冤》中梼杌太守言行的蹈袭，或许这正是元杂剧表演过程中逐渐形成的套式。现存版本主要有四：一为元刊本，题目正名作"小叔图财欺嫂嫂，故将毒药摆哥哥；高山屈下河南府，张鼎智勘魔合罗"。二为脉望馆本，题目正名同前。三为《元曲选》本，题目正名作"李文道毒药摆哥哥，萧令史暗里得钱多；高老儿屈下河南府，张平叔智勘魔合罗"。四为《酹江集》本，正目同《元曲选》本。另《永乐大典》卷二〇七四九"杂剧十三"、《今乐府选》本收此剧，未传。《盛世新声》《雍熙乐府》收剧中［黄钟·醉花阴］一套。

十八 《隔江斗智》

元无名氏作。全名《两军师隔江斗智》。《也是园书目》著录。此剧共四折一楔子，楔子居于第四折前。旦本，正旦扮孙权妹孙安。除楔子中［仙吕·赏花时］曲由末扮张飞主唱外，其余皆出正旦主唱。此剧以三国题材中孙、刘两方争夺荆州的故事为主线，彰显了诸葛亮的过人谋略与胆识，表现出对智与勇的赞美。剧演：吴主孙权与大元帅周瑜阴谋夺荆州，假意将妹孙安许配蜀主刘备，意欲借送亲之

---

① 董康：《曲海总目提要》，第88页。
② 孟称舜：《酹江集》，第198页。
③ ［日］青木正儿：《元人杂剧概说》，第72页。

机抢夺荆州，如若未果，则让孙安成亲后伺机刺杀刘备。其用心被诸葛亮窥破。诸葛亮劝刘备答应亲事，并于迎亲时派张飞把守城门，只放孙安与侍女入城，并点破周瑜计谋。孙安入城后，见刘备气宇轩昂，仪表不俗，遂生真情，以身相许，刺杀之事作罢。周瑜一计未成，又生一计，请刘备夫妇过江回门，欲拘为人质，以逼索荆州。诸葛亮将计就计，先派人护送二人过江，后命刘封送去锦囊书信，诈称曹操百万大军将至，嘱刘备万勿归蜀，刘备故意将书信泄于孙权，孙权欲坐收渔人之利，遂放二人归去。周瑜闻知，带兵追至，被张飞羞辱，箭疮迸裂而死。孙楷第云："剧中设事，率以意制作，不根史实。其称权妹为孙安小姐，尤为可哂。按元刊本《三国平话》中卷亦演此事，寻其情节与此剧大致相同。《曲海提要》卷四录此本，谓与演义不合，旧时《三国演义》通行明本，故所言如此，不足怪也。"① 今京剧《龙凤呈祥》，秦腔、川剧、汉剧《回荆州》以及昆曲《芦花荡》所演皆类此。此剧曲词典丽精工，人物语言个性化，孟称舜曾评曰："叙事说意，绝无粉泽，尤妙在女子口中出得雄爽快利，为孙夫人写照，是曲中一名手。"② 李修生亦认为"曲辞符合戏剧人物身份，个别曲文，如第二折〔中吕·粉蝶儿〕等，且写得较有意境，可谓元杂剧后期文采派作品的佼佼者"③。《隔江斗智》现存版本有《元曲选》本与《酹江集》本，二本内容一致，题目正名均作：两军师隔江斗智，刘玄德巧合姻缘。

十九　《黑旋风仗义疏财》

明朱有燉作。简名《仗义疏财》。本剧《百川书志》著录正名，标为传奇一卷，题"皇明周府殿下锦窠老人全阳翁著"。《远山堂剧品》《宝文堂书目》《也是园书目》《今乐考证》《曲录》均著录正名。《祁氏读书楼目录》《鸣野山房书目》皆著录简名《仗义疏财》并收入《名剧汇》，惜未传。本剧共五折一楔子，作于明宣德八年

---

① 孙楷第：《戏曲小说书录解题》，第 271 页。
② 孟称舜：《酹江集》，第 218 页。
③ 李修生主编：《古本戏曲剧目提要》，第 104 页。

（1433），本事不见于《水浒传》，结尾宋江招安事，见于《宋史·张
叔夜传》。祁彪佳《远山堂剧品》列此剧于"雅品"，并评曰："粗豪
之曲，而独于假新妇处冷然入趣，即如货郎数调，反令元人望后尘
矣。北词五折，两人唱，此变体也。"① 青木正儿云："惟第四折以前
关目皆甚佳，在元以来之水浒剧中，当为出色之作。好汉李逵女装代
嫁一折关目，奇想天外，而不陷于恶谑，勾栏场中岂可缺此一味
耶？"② 现存版本主要有四：一为明宣德间周藩原刻本，首标《新编
黑旋风仗义疏财》，未署名氏，题目正名作"赵都巡强娶裙钗，李憨
古感叹伤怀；张叔夜平蛮挂榜，黑旋风仗义疏财"。二为《杂剧十段
锦》本，题目正名同前。三为脉望馆本，首标正名，署"周王诚斋"
撰，题目正名作"赵都巡行凶倚势，黑旋风仗义疏财"。四为《酹江
集》本，正目同周藩原刻本。其中脉望馆本与其余各本内容差异较
大，脉望馆本为四折，剧中假扮媒婆的是一丈青，剧情以赵都巡被武
松、雷横擒上梁山被宋江处死结束。其余各本则无一丈青，假扮媒婆
的是燕青，内容多出楔子及第五折，剧情上添加了宋江等梁山好汉接
受招安事，青木正儿评曰："楔子及第五折宋江等归顺征方腊之事，
一本史实，然于此剧中似添蛇足。"③

二十 《沽酒游春》

明王九思作。简名一作《曲江春》，全名《杜子美沽酒游春》。
王九思（1468—1551），字敬夫，号渼陂，别署紫阁山人。陕西鄠县
（今户县）人。成化四年（1468）生，弘治九年（1496）进士，选庶
吉士，授检讨。"前七子"之一。关于此剧的创作动机，明人多谓乃
王九思诋李东阳之作。如焦竑舜曰："刘瑾以扩充政务为名，诸翰林
悉出补部属。王敬夫，其乡人也，独为吏部文选。会瑾败，谪同知寿
州。敬夫有隽才，尤长于词曲，而傲睨多脱疏，人或谗之李文正，谓
敬夫尝讥其诗，御史追论，褫其官。敬夫撰此剧詈之，遂不复用

---

① 祁彪佳：《远山堂剧品》，《中国古典戏曲论著集成》（六），第149页。
② ［日］青木正儿：《中国近世戏曲史》，第112页。
③ 同上。

云。"① 王九思诗词文曲兼善，著有《渼陂集》《渼陂续集》《碧山新稿》《碧山续稿》《碧山诗余》《碧山乐府》《鄠县志》等。尤喜弹歌，精工词曲，沈德符云："渼陂初学填词，先延名师，闭门学唱三年而后出手，其专精不泛及如此。"② 作有杂剧两种：《杜子美沽酒游春》《中山狼》，均存。《远山堂剧品》"雅品"类著录本剧简名《沽酒游春》，并注曰"即《曲江春》"。《祁氏读书楼目录》《鸣野山房书目》皆著简名《曲江春》，收入《名剧汇》，惜未传。《也是园书目》《曲录》著录正名《杜子美沽酒游春》。《重订曲海目》著录别名《曲江春》。《今乐考证》著录正名并注云"即《曲江春》"。本剧共四折，作于作者降为寿州同知之时，事本杜甫逸闻传说而多凭空结撰。剧中渼陂为作者故乡名胜，作者以之为号，论者多认为作者借杜甫自喻。明沈士伸在评点此剧时指出"渼陂高才废处，作此以嘲时相，悲愤唏嘘，如怨如诉"，"感慨系之矣"③。祁彪佳云："王太史作此痛骂李林甫，盖以讥刺时相李文正者，卒以此终身不得柄用。一肚子不合时宜，故其牢骚之词，雄宕不可一世。"④ 九思文学修养高，又精于词曲，故剧作艺术成就颇佳。何良俊说："渼陂《杜甫游春》杂剧，虽金、元人犹当北面，何况近代！"⑤ 但王骥德认为："王渼陂词固多佳者。……此剧盖借李林甫以骂时相者，其词气雄宕，固陵厉一时，然亦多杂凡语，何得便与元人抗衡！王元美复谓其声价不在关、马之下，皆过情之论也。"⑥ 现存版本主要有三：一为明崇祯十三年（1640）张宗孟重刻《王渼陂全集》本，卷首有"正德己卯（1519）秋七月八日沪东渔夫序"之《题紫阁山人子美游春传奇》，首标《杜子美沽酒游春记》，版心署《游春记》，题目正名作"唐肃宗擢用文臣，曲江媪不识诗人；岑评事好奇邀客，杜子美沽酒游春"。二为《盛明杂剧》二集本，首标《曲江春》，分署"关中渼陂王九思

① 孟称舜：《酹江集》，第 251 页。
② 姚燮：《今乐考证》，《中国古典戏曲论著集成》（十），第 149—150 页。
③ 沈泰：《盛明杂剧》，《续修四库全书》1764 册。
④ 祁彪佳：《远山堂剧品》，《中国古典戏曲论著集成》（六），第 151 页。
⑤ 何良俊：《曲论》，《中国古典戏曲论著集成》（四），第 10 页。
⑥ 王骥德：《曲律》，《中国古典戏曲论著集成》（四），第 163 页。

撰，西湖季英沈士伸评"，"武林用仪童渐逮、孟含朱炯阅"，题目正名同前。三为《酹江集》本，首标《沽酒游春》，署"明王九思著，孟称舜评点，刘启胤订正"，正目同前。另《四太史杂剧》《今乐府选》亦收此剧，今未传。

二十一 《中山狼》

明康海作。全名《东郭先生误救中山狼》。《远山堂剧品》《重订曲海目》《曲海总目提要》皆著录此剧简名《中山狼》。《也是园书目》《今乐考证》《曲录》著录正名。康海与王九思为同乡，才华横溢，乃"前七子"之一，后亦因刘瑾案而受牵连，被削职归里。全剧共四折，为作者革职回乡后作。此剧故事来源较早，唐姚合有《中山狼传》、宋谢良有《中山狼传》，明马中锡亦有《中山狼传》。陈与效有《中山狼》，汪廷讷有《中山救狼》。明人多认为此剧与马中锡《中山狼传》皆为讥刺李梦阳负恩而作。何良俊云："李空同为韩道贯草疏，极为切直。刘瑾切齿，必欲置之于死，赖康浒西营救而脱。后浒西得罪，空同议论严刻，马中锡作《中山狼》以诋之。"① 沈德符云："填词出才人余技，本游戏笔墨间耳，然亦有寓意讥讪者。如……康对山之《中山狼》，则指李崆峒。"② 至清代，王士禛还说："《中山狼传》，见马中锡《东田集》。东田，河间故城人，康德涵、李献吉皆其门生也。按《对山集》有《读中山狼传诗》云：'平生爱物未筹量，那记当年救此狼！'则此传为马刺空同而作无疑。"③ 今人蒋星煜撰《康海〈中山狼〉杂剧并非为讥刺李梦阳而作》，认为此剧非为讥刺李梦阳而作，辨之甚详④。本剧主旨为讥刺忘恩负义者，陈眉公云："读《中山狼》剧，真救世仙丹，使无义男见之不觉毛骨颤战。"⑤ 祁彪佳云："中山狼一事，而对山、禹阳、昌朝三演之，良絫

---

① 焦循：《剧说》，《中国古典戏曲论著集成》（八），第 134 页。
② 沈德符：《顾曲杂言》，《中国古典戏曲论著集成》（四），第 207 页。
③ 王士禛：《池北偶谈》卷十四，影印《文渊阁四库全书》本。
④ 蒋星煜：《中国戏曲史钩沉》，上海人民出版社 2010 年版，第 159—172 页。
⑤ 姚燮：《今乐考证》，《中国古典戏曲论著集成》（十），第 151 页。

世上负心者多耳。"① 本剧成就较高，影响较大。沈泰云其"独撼澹岩，一洗绮靡，直掩金元之长，而减关、郑之价矣。韵绝！快绝"②！祁彪佳云："曲有浑灏之气，白多醒豁之语，位置于元剧，在《朱砂担》《乔踏碓》间。三剧中，以此为最。"③ 现存版本主要有二：一为《盛明杂剧》本，总题《中山狼》，分署"关中对山康海编，西湖林宗沈泰评"，"海阳干城黄之城、武林仲常沈乔阅"，正名作"东郭先生误救中山狼，杖藜老子智杀负心兽"。二为《酹江集》本，总题及正目同前。

二十二 《不伏老》

明冯惟敏作。一名《玉殿传胪记》，全名《梁状元一世不伏老》。《远山堂剧品》著录。冯惟敏（1511—约1580），字汝行，号海浮，临朐（今属山东）人。嘉靖十六年（1537）举人，累官至保定通判，后于隆庆五年（1571）辞官归里。博学多才，诗词文曲兼善。有《石门集》《海浮山堂词稿》等，杂剧今存《不伏老》《僧尼共犯》两种。此剧共五折，所演为宋梁灏八十二岁终中状元的励志故事。青木正儿云："其事虽极单纯，然排场巧妙。全五折，三折同为赴试事，而其趣向各异，毫无重复单调之感。事愈单纯，愈见作者苦心之迹，而其老当益壮之面目，于曲白中流露。作者自身为举人，终未及第之进士，盖其胸中不平气由此曲吐出，亦痛快之作也。曲词语语本色，直迫元人。"④ 孟称舜评曰："有气蒸云梦、波撼岳阳之概。此剧堪与王渼陂《杜甫游春》曲媲美，置之元人中亦自未肯低眉也。"⑤ 据《曲海总目提要》卷三十六可知明代敷演同一题材的作品有《题塔记》《青袍记》《折桂记》，然以此剧最为著名。祁彪佳评曰："偶阅俗演梁太素曲，神为之昏。得此剧，大为击节。近有《题塔记》，能

① 祁彪佳：《远山堂剧品》，《中国古典戏曲论著集成》（六），第153页。
② 沈泰：《盛明杂剧》，《续修四库全书》1764册。
③ 祁彪佳：《远山堂剧品》，《中国古典戏曲论著集成》（六），第153页。
④ ［日］青木正儿：《中国近世戏曲史》，第143页。
⑤ 孟称舜：《酹江集》，第274页。

畅写其坎坷之状，而曲之精工，远不及此。"① 此剧现存版本有《海浮山堂词稿》附刻本、《盛明杂剧》本与《酹江集》本。各本内容一致，题目正名均作"王从善自负青春小，刘贤良开尊延旧好；贾希德下第送长亭，梁状元一世不伏老"。

二十三 《昆仑奴》

明梅鼎祚作。全名《昆仑奴剑侠成仙》。《远山堂剧品》著录简名。梅鼎祚（1549—1615），字禹金，宣城（今属安徽）人。少有诗名，与王世贞、汤显祖相友善。戏曲作品有传奇《玉合记》《长命缕》，杂剧《昆仑奴》。此剧共四折，本事出自唐裴铏《传奇》之《昆仑奴传》。剧演：博陵崔千牛，携仆昆仑奴访其父旧友郭子仪。郭府歌妓红绡代主人送崔归，私表爱意，暗示崔生十五月夜相会。昆仑奴伴生如期而至，代生杀猛犬逾墙，使崔、红得见，后逃离郭府。两年后，一日三人游曲江，被郭府家人撞见，报知郭子仪，郭念旧情对崔、红二人既往不咎，令人缉拿昆仑奴。昆仑奴于青门外着道士装与众人作别，表明其谪仙身份，并道破崔、红、郭的前身，约定十年后在洛阳市上相会。此剧极受明人推重，如祁彪佳《远山堂剧品》列之为"妙品"并评曰："阅梅叔诸曲，便觉有一种妩媚之致。虽此曲经文长删润，十分洒脱，终是女郎之唱晓风残月耳。"孟称舜评第二折〔金蕉叶〕曲"此调直逼《会真》"，认为第三折"全折声调俱佳"②。青木正儿也认为此剧"四折均用昆仑奴单唱，以北曲为之，宾白虽往往用骈体，然曲词却近本色，无馄饤之弊。关目布置亦较《玉合记》为整洁"③。现存版本主要有二：一为《盛明杂剧》本，题目正名作"汾阳王重贤轻色，红绡伎手语情传；崔千牛侯门作婿，昆仑奴剑侠成仙"。二为《酹江集》本，正目同前。

二十四 《红线女》

明梁辰鱼作。《远山堂剧品》著录。一名《红线》，全名《红线

---

① 祁彪佳：《远山堂剧品》，《中国古典戏曲论著集成》（六），第153页。
② 孟称舜：《酹江集》，第296—298页。
③ 〔日〕青木正儿：《中国近世戏曲史》，第186页。

女夜窃黄金盒》。梁辰鱼（1519—1591），字伯龙，号少白，昆山
（今属江苏）人。以贡生为太学生，任侠好游，曾遍览吴越、荆楚、
齐鲁等地。精通音律，善度曲，其《浣纱记》即为第一部以魏良辅
改革后的昆山新腔谱写而成的传奇。生性风流倜傥，落拓不羁，一生
壮志未酬，终卒于病。著作有散曲集《江东白苧》《鹿城诗集》，传
奇《浣纱记》及杂剧《红线女》《红绡》等。此剧共四折，旦本，正
旦扮红线女。本事据唐袁郊《红线传》。剧写唐魏博节度使田承嗣阴
图自固，欲兵犯潞州，潞州节度使薛嵩无御敌良策，寝食难安。其侍
妾红线胆识过人，懂剑术，能缩地之功，自请夜探田营。红施展神
功，千里之途，顷刻而至，乃径入田寝室，盗走其枕边黄金盒，破晓
前归见嵩。田惊黄金盒被盗，命军校严查，后嵩依红计差人持金盒及
书信一封面呈田，并告知盗盒者乃一娇弱女子。田大骇，觊觎之心顿
失，广选名马锦缎赠与薛，以谢前非，一场战事得免。嵩设宴庆功，
红线言主恩已报，遂入山修道。此剧曲辞典丽优美，颇为时人赞美，
如祁彪佳将之列入"雅品"并加评曰："委婉尤不及梅叔《昆仑》
剧，而工美之至，已几于金相玉质矣。"[1] 孟称舜评曰："梁与梅禹金
并是近代一名手，而此剧较《昆仑奴》曲更轻俊可喜。"[2] 汪㬎亦评
曰："诸调潇洒出尘，亦词家仙品。"其实，此剧不光是语言隽丽，
在关目、结构乃至人物塑造方面均取得了较高的艺术成就。青木正儿
认为此剧"恪守元人规矩，曲词遒劲，宾白亦雅洁，关目一据原作排
演，结构极佳，女侠红线面目，极为生动"[3]。孟称舜在评点时也特
别指出"二折三折俱善形容，无酸雾气，亦无卤莽气，极似女侠声
口"[4]。沈德符《顾曲杂言》云："梁伯龙有《红线》《红绡》二杂
剧，颇称谐稳，今被俗优合为一大本南曲，遂成恶趣。"[5] 由于艺术
上的成功，使得该剧在当时有着不小的影响，明末更生氏曾将此剧与
另一演红拂故事的杂剧合并改编为《双红记》传奇。在后世戏曲舞

---

[1] 祁彪佳：《远山堂剧品》，《中国古典戏曲论著集成》（六），第 154 页。
[2] 孟称舜：《酹江集》，第 303 页。
[3] ［日］青木正儿：《中国近世戏曲史》，第 152 页。
[4] 孟称舜：《酹江集》，第 306 页.
[5] 沈德符：《顾曲杂言》，《中国古典戏曲论著集成》（四），第 214 页。

台上的流传也较为广泛，川剧、京剧中皆有相关剧目的上演。此剧今存版本主要有二：一为《盛明杂剧》本。题目正名作"薛节度兵镇潞州道，田元帅私养外宅儿；红线女夜窃黄金盒，冷参军朝赋洛妃诗"。二为《酹江集》本。正目同前。

二十五 《郁轮袍》

明王衡作。《远山堂剧品》著录。全名《王摩诘拍碎郁轮袍》。王衡（1561—1609），字辰玉，号缑山，太仓人。大学士锡爵之子。万历十六年（1588）举乡试第一，二十九年（1601）中进士第二，授翰林院编修，托病不仕。诗文词曲皆称于时，有《缑山集》《纪游稿》《归田词》等，杂剧有《郁轮袍》《没奈何》《真傀儡》等。此剧共七折，本事见唐薛用弱《集异记》之"王维"项。剧演岐王爱赏王维才华，请其到九公主处弹奏琵琶新曲《郁轮袍》，并许以状元及第，被王维婉拒。不才之士王推闻知，冒名王维前去弹奏，得中状元。后主考官宋璟复查试卷，黜落推，改取维，推因诬告维受岐王庇护得中，维亦被黜。岐王赶来揭穿真相，维因看破科场丑恶，遂辞状元不受而归里隐居。青木正儿指出此剧将本事"变化逆用，点出王推使生错误，而破关目单调。此事固为勾栏常套，未足为奇，然因之，使王维不屈贵戚，人品高人一等，实为妙用也。……全七折中，二折仅以科白，其他各折悉以北曲单唱。曲词本色，直逼元人"①。明人则多谓此剧乃作者自嘲之作。如孟称舜曰："王辰玉抢元被谤，作此自况。"沈泰云："辰玉抢元被谤，是辰玉大冤屈事，然却是文章极寻常事"，"辰玉满腔愤懑，借摩诘作题目，故能言一己所欲言，畅世人所未畅"。祁彪佳亦云："或云：'王辰玉既夺解，忌之者议论纷起。此眉山人作之以解嘲者。'骂得痛快处，第恐又增一翻感慨。急须文殊大士当头棒喝，方证无字禅。"② 关于该剧的艺术成就，孟称舜的评价客观中肯，指出"其词无元人之雄爽，亦无今人之浅俗。隽

---

① ［日］青木正儿：《中国近世戏曲史》，第199页。
② 祁彪佳：《远山堂剧品》，《中国古典戏曲论著集成》（六），第143页。

句甚多，嫩句时有"，"于今时固称拱璧"①。《郁轮袍》今存版本主要有二：一为《盛明杂剧》本。题目正名作"王摩诘拍碎郁轮袍，韩持国证本中书省"。二为《酹江集》本。正目同《盛明杂剧》本。

二十六 《狂鼓史渔阳三弄》

明徐渭作。简名《狂鼓史》，一作《渔阳弄》。徐渭（1521—1593），字文清，更字文长，号天池。天池漱生、天池山人、天池生、鹏飞处人、青藤道士、青藤山人、漱老人、山阴布衣、白鹇山人、田水月、海笠、佛寿等均为其别署。浙江山阴人。诸生。曾入胡宗宪幕府，一切疏记，皆出其手，又出奇计大破徐海等倭寇。嘉靖四十三年（1564）胡宗宪以"党严嵩及奸欺贪淫十大罪"被捕，在狱中自杀。李春芳严查胡宗宪案，徐渭一度因此发狂，作《自为墓志铭》，三次自杀，引巨锥刺耳，深数寸；又以椎碎肾囊，皆不死。精神失常，几近癫狂。嘉靖四十五年（1566）在发病时杀死继妻张氏，下狱七年。为张元汴等所救出狱，出狱后已53岁。归乡里后，潦倒困苦，以诗文书画糊口。于万历二十一年（1593）卒，年七十三。文长书文诗画皆善，自云"吾书第一，诗二，文三，画四"。著有《徐文长三集》《徐文长遗稿》《一枝堂遗稿》《文长自著畸谱》《青藤山人路史》《分释古注参同契》《四书解》等。还著有杂剧《四声猿》（《渔阳三弄》《翠乡梦》《雌木兰》《女状元》）、《歌代啸》，戏曲理论著作《南词叙录》。《远山堂剧品》"妙品"著录此剧简名《渔阳三弄》。《也是园书目》于无名氏目著录简名《渔阳三弄》。《重订曲海目》著录简名《渔阳弄》。《今乐考证》于总题《四声猿》下著录本剧正名《狂鼓史渔阳三弄》。《曲海总目提要》著录简名为《狂鼓史》。《曲录》于总题《四声猿》下著录本剧简名《渔阳弄》。本剧仅一折，为《四声猿》第一种。本事出自《后汉书·祢衡传》。徐渭《四声猿》备受后世曲家推崇。王骥德云《四声猿》诸剧"是天地间一种奇绝文字"②。徐复祚亦云："余尝读《四声猿》杂剧，其《渔阳

---

① 孟称舜：《酹江集》，第315页。
② 王骥德：《曲律》，《中国古典戏曲论著集成》（四），第167页。

三挝》，有为之作也。意气豪侠，如其为人。"① 袁宏道称《渔阳三弄》"语气雄越，击壶和筑，同此悲歌"②。祁彪佳云《渔阳三弄》"千古快谈，吾不知其何以入妙，第觉纸上渊渊有金石声"③。《渔阳三弄》等剧在当时及后世影响深远，被推举为"明曲之第一"④，即使是身为曲坛领袖的汤显祖也深为此剧所折服："《四声猿》乃词声飞将，辄为之唱数通。安得生致文长自拔其舌。"⑤

本剧现存版本较多，主要有以下八种：一为明万历二十八年陶望龄校刻《徐文长三集》附刻本，卷首标"徐文长四声猿"，次行署"公安袁宏道中郎评点"，正名作《狂鼓史渔阳三弄》。卷首有钱塘钟人杰瑞先撰之《四声猿引》。二为明万历间刻本，唯较前多武林黄汝亭所撰之序。三为明万历间刻本，卷首标《四声猿》，次行署"天池生"，正名作《狂鼓史渔阳三弄》。四为脉望馆本，总题《渔阳三弄》，未署作者，后附音释，版心署《渔阳三弄》。五为明崇祯间刻澂道人评本，卷首标《四声猿》，次行署"澂道人评"，正名作《狂鼓史渔阳三弄》，版心题简名《狂鼓史》，卷首有西陵澂道人漫题之《四声猿引》并附《读四声猿》词一阕。六为明崇祯间沈景麟校刻本，卷首标《四声猿》，次行分署"山阴徐渭文长编""山阴沈景麟钟岳父、李成林告辰父校"，简名作《渔阳三弄》，目录别作简名《狂鼓史》，卷首有天放道人书于鉴湖舟次之《四声猿序》。七为《盛明杂剧》本，卷首标《四声猿》，次行分署"山阴文长徐渭编""公安中郎袁宏道评""西湖梦珠张元徵、练江苠臣程羽父阅"，正名作《狂鼓史渔阳三弄》，简名作《渔阳三弄》，版心作简名《渔阳弄》。八为《酹江集》本，卷首标《狂鼓史渔阳三弄》，次行署"明徐渭著，孟称舜评点，刘启胤订正"。另《古名家杂剧》革集、《阳春奏》卷七均收录本剧，惜未见流传。

① 徐复祚：《曲论》，《中国古典戏曲论著集成》（四），第243页。

② 姚燮：《今乐考证》，《中国古典戏曲论著集成》（十），第153页。

③ 祁彪佳：《远山堂剧品》，《中国古典戏曲论著集成》（六），第140页。

④ 澂道人：《四声猿引》，蔡毅《中国古典戏曲序跋汇编》，齐鲁书社1989年版，第866页。

⑤ 吴梅：《四声猿校记》，蔡毅《中国古典戏曲序跋汇编》，第872页。

二十七 《雌木兰替父从军》

明徐渭作。简名《雌木兰》,一作《木兰女》。《远山堂剧品》
"妙品"著录此剧简名《雌木兰》。《也是园书目》别作简名《木兰
女》,不署作者姓名。《重订曲海目》《曲海总目提要》著录简名《雌
木兰》。《今乐考证》于总题《四声猿》下著录正名《雌木兰替父从
军》。《曲录》于总题《四声猿》下著录简名《代父从军》。本剧为
《四声猿》第三种,全剧共 2 出,本事源于古乐府《木兰辞》,敷演
花木兰代父从军事。此剧思想境界高远,木兰女扮男装的故事寄托了
作者壮怀难抒、不为世人所理解的苦衷与感慨。正如剧中〔尾〕曲
所言:"我做女儿只十七岁,做男儿倒十二年。经过了万千,瞧那一
个解雌雄辨,方信道辨雌雄的不靠眼。"孟称舜于此曲处加批曰:
"无穷感慨,为己而发。"① 剧中文辞亦备受后人称道,孟称舜评曰:
"雄词老笔追蹑元人,袁中郎评云'苍凉慷慨',此语极当。"② 祁彪
佳云:"腕下具千钧力,将脂腻词场,作虚空粉碎。"③ 青木正儿认为
此剧"虽结构平凡不佳,然曲词藻彩焕发,可歌可诵"④。现存版本
有:一为明万历二十八年陶望龄校刻《徐文长三集》附刻本,正名
作《雌木兰替父从军》。二为明万历间刻本,正名同前。三为明万历
间刻本,卷首标《四声猿》,次行署"天池生",正名同前。四为脉
望馆本,总题《木兰女》,未署作者,版心署《木兰女》,后附音释。
五为明崇祯间刻澂道人评本,卷首标《四声猿》,次行署"澂道人
评",正名同前,版心题简名《雌木兰》。六为明崇祯间沈景麟校刻
本,卷首标《四声猿》,次行分署"山阴徐渭文长编""山阴沈景麟
钟岳父、李成林告辰父校",简名作《替父从军》,目录别作简名
《雌木兰》。七为《盛明杂剧》第七卷本,卷首标《雌木兰》,次行分
署"山阴文长徐渭编""公安中郎袁宏道评""西湖仲修胡潜、邹生
姚学孟阅",正名作《雌木兰替父从军》,版心简名《雌木兰》。八为

---

① 孟称舜:《酹江集》,第 343 页。
② 同上书,第 338 页。
③ 祁彪佳:《远山堂剧品》,《中国古典戏曲论著集成》(六),第 142 页。
④ 〔日〕青木正儿:《中国近世戏曲史》,第 139 页。

《酹江集》本第二十七种，卷首标正名，次行署"明徐渭著"。九为暖红室汇刻传剧本第九种，为覆刻第四种，卷首署"山阴徐渭文长编""梦凤楼暖红室校订"。另《古名家杂剧》革集、《阳春奏》卷七均收录本剧，惜未见流传。

二十八 《真傀儡》

明无名氏作，或云明王衡作。《远山堂剧品》著录，但将著者误署为陈继儒。此剧全名《杜祁公藏身真傀儡》，仅一折，据唐杜佑事敷演而成。剧写宋杜衍官拜平章政事，封祁国公。七十致仕后隐于市井，过着悠然自得的生活。某一春日，杜衍着道袍骑驴游乡下，在桃花村观傀儡戏，有赵太爷、商员外等见其穿戴可笑而轻慢之，杜衍不予计较。杜衍与村民正在尽兴观剧，有朝廷使者寻访杜衍至戏场，口传圣旨前来赐赏，杜因未着朝服，遂借傀儡衣冠谢恩。商员外等皆惊谢前之无礼，杜衍并不介怀。青木正儿指出"此剧虽仅为一折，中间点出傀儡戏，趣味不少。又如杜衍借傀儡衣冠拜受敕旨，于滑稽之中有照应之妙，可见其构想机智之非同凡品也。曲词本色，守元人规矩"①。祁彪佳评曰："境界妙，意致妙，词曲更妙。正恨元人不见此曲耳。"② 沈德符亦云："近年独王辰玉太史衡所作《真傀儡》《没奈何》诸剧，大得金元本色。"③ 孟称舜评曰："相传王荆石相公寿日，辰玉作此为尊人寿。其曲词隽爽不在马东篱、乔梦符之下，较《郁轮袍》为更胜矣。"④ 剧中真幻相间，旨在说明人生如戏。《盛明杂剧》本此剧有黄嘉惠评曰："阅此觉不独争名于朝者可发一噱，即退休林下讲学谈禅都无是处。"此剧今存版本主要有二：一为《盛明杂剧》本，题"绿野堂无名氏编"，题目正名为"宋天子访政旧中书，杜祁公藏身真傀儡"。二为《酹江集》本，不题著者姓名。正目同《盛明杂剧》本。

---

① ［日］青木正儿：《中国近世戏曲史》，第 200 页。
② 祁彪佳：《远山堂剧品》，《中国古典戏曲论著集成》（六），第 143 页。
③ 沈德符：《顾曲杂言》，《中国古典戏曲论著集成》（四），第 214 页。
④ 孟称舜：《酹江集》，第 343 页。

二十九 《鞭歌妓》

明沈自徵作。《远山堂剧品》著录。此剧全名《傻狂生乔脸鞭歌妓》，共一折，本事无本。剧写唐人张建封满腹才学却流落江湖，潦倒落魄。尚书裴宽乘舟外出，与张邂逅，惊其非凡俗之辈，乃将所乘之舟与舟中歌妓赠予张。众歌妓见张衣衫褴褛，遂尽情揶揄取笑，张怒而鞭之，后尽弃裴尚书所赠而去。关于此剧主旨，祁彪佳评曰："裴尚书举舟赠张本立，即鞭笞奴妓之偃蹇者，了无愧色。此其寄牢骚不平之意耳。剧中妙在深得此意。不然，与小人得意、一旦夸张者何辨！"① 在艺术上，此剧也取得了不俗的成就，孟称舜评曰："今人不及古人者，气味厚薄自是不同。君庸《霸亭秋》《簪花髻》及此剧，皆欲与元人颉颃，近日词人鲜出其右。此剧较彼两剧为更胜者，以其无刻画前人之迹也。"② 汪樗认为剧中［驻马听］［沉醉东风］诸曲"凄咽感人，不减《秋兴》八首"。此剧今存版本主要有二：一为《盛明杂剧》本，题目正名为"侠尚书一面弃迴船，傻狂生乔脸鞭歌妓"。二为《酹江集》本，正目同《盛明杂剧》本。

三十 《残唐再创》

明孟称舜作。又名《英雄成败》。全名《郑节度残唐再创》，祁彪佳《远山堂剧品》之"雅品"著录此剧简名，并标注："即《英雄成败》。"③ 姚燮《今乐考证》著录剧名为《英雄成败》，王国维《曲录》著录同。此剧共四折，本事出自《旧唐书》中的《郑畋传》《黄巢传》，是一部脍炙人口的感愤时事之作。剧叙晚唐时期，宦官田令孜擅权，朝政黑暗，田之党羽如宰相刘允章辈，把持科场，徇私舞弊，取不学无术的前相之子令狐滈为状元，而令黄巢、郑畋等真正有才的贫寒士子名落孙山。黄巢怒火中烧，愤然于曹州起兵反唐。郑畋则投官军，后联合各镇诸侯，应诏勤王，杀败黄巢，问斩刘允章、令

---

① 祁彪佳：《远山堂剧品》，《中国古典戏曲论著集成》（六），第144页。
② 孟称舜：《酹江集》，第349页。
③ 祁彪佳：《远山堂剧品》，《中国古典戏曲论著集成》（六），第166页。

狐滴，使硝烟弥漫中几近覆亡的唐王朝得以重整。马权奇在评点该剧时指出"此剧作于魏监正炽之时，人俱为危之，然使忠贤及媚忠贤者能读此词，正如半夜闻鹃，未必不猛然发深痛也"①。孟称舜的创作意旨在评点者汪樟眼中亦得到了透辟的分析："黄巢以下第书生而搅翻世界，郑畋以簦仕书生而整顿残唐，均是英雄伎俩，固不得以成败论也。"② 《残唐再创》的语言也是值得称道的，祁彪佳《远山堂剧品》将此剧归入"雅品"，并点评："为落第士子吐气，篇中俱是愤语。作手轻倩，元人之韵，呼集笔端。"③ 道出此剧语言悲愤、用韵轻灵的特点。此剧现存版本主要有三：一为《盛明杂剧》本，著录简名《英雄成败》，后题"山阴子若孟称舜编，钱塘彦雯汪樟评，西湖启我沈时佑、飞卿曹兆龙阅"；不列题目正名，开场诗作"气黄巢称兵造反，众节度应诏勤王。仗忠肝重兴帝室，凭义胆再创残唐"。二为《酹江集》本，著录全名《郑节度残唐再创》，后题"明孟称舜著，马权奇评点，刘启胤订正"，正目同《盛明杂剧》本。三为明崇祯间山水邻刻本无名氏编《四大痴传奇》第四卷本，标为《气集》，题目正名同《酹江集》本，唯"残唐"作"前唐"。

---

① 《残唐再创》总评，孟称舜《酹江集》，第 354 页。
② 《英雄成败》总评，沈泰《盛明杂剧》二集，《续修四库全书》1765 册。
③ 祁彪佳：《远山堂剧品》，《中国古典戏曲论著集成》（六），第 166 页。

第四章 《古今名剧合选》与元明杂剧选集比较

第一节 元明杂剧选集收录《古今名剧合选》剧目状况调查

现存较早的杂剧选集主要出现在元明二季。元代刊本今存最早而唯一的是《元刊杂剧三十种》。明代影响深远的杂剧选集主要有李开先《改定元贤传奇》、陈与郊《古名家杂剧》、息机子《元人杂剧选》、赵琦美《脉望馆钞校本古今杂剧》、尊生馆《阳春奏》、臧懋循《元曲选》、顾曲斋《古杂剧》、孟称舜《古今名剧合选》（包括《柳枝集》和《酹江集》）等。这些选集或刊或抄，或仅录元杂剧，或元明杂剧兼收。更值得注意的是，由于产生的年代、编者、抄写、刻印等各方面的原因，使这些戏曲选集带有不同的印记和文本特征，从而形成了不同的版本系统。概而言之，大致有四：其一是《元刊杂剧三十种》，因其为现存最早而唯一的元代杂剧选本，故自成一系。其二是《改定元贤传奇》《古名家杂剧》《元人杂剧选》《阳春奏》《古杂剧》《元明杂剧》《脉望馆钞校本古今杂剧》等现存明刊或明抄元人杂剧，它们均以明内府传出的抄本元人杂剧为共同源头，各本间差异较小，可视为一系。其三是《元曲选》。孙楷第指出《元曲选》"在明人所选元曲中自为一系。凡懋循所订与他一本不合者，校以其他诸本，皆不合。凡他一本所作与懋循本不合者，校以其他诸本，皆大致相合。故知明人选元曲之刻于万历中者，除《元曲选》外，皆同系"①。今依孙楷第之说,将《元曲选》列为一系。其四是《古今名剧合选》。据《古今名剧合选》中的评点可知,孟称舜编选《古今名剧合选》时或依从《元曲选》,或依从其所谓"原本",其所谓"原本"亦应不超出《元曲选》之外的七种杂剧选②。鉴于其所依版本的复杂性与特殊性,故将之另为一系。本章主要以《古今名剧合选》为参照,以《元刊杂剧三十种》《脉望馆钞校本古今杂剧》和《元曲选》为比较对象,系统论述杂剧由元至明的发展演变过程,梳理其流传特征及脉络。

《古今名剧合选》所收剧作在元明杂剧选集中的收录较多,具体情况如下表所示:

元明杂剧集收录《古今名剧合选》剧作一览表③

古今名剧合选	元刊杂剧三十种	改定元贤传奇	四段锦	古名家杂剧	元人杂剧选	阳春奏	古杂剧	脉望馆钞校本古今杂剧	元曲选	杂剧十段锦	阙名元明杂剧	陈氏元明杂剧	盛明杂剧	四太史杂剧	童云野刻杂剧	共计
倩女离魂				+	+		+	+	+						+	6
翰林风月		+			+		+	+	+							6
青衫泪								+	+							1
两世姻缘	+	+		+	+	+		+	+							7
扬州梦		+		+		+			+			+				5
金钱记				+					+			+		+	+	5
玉镜台				+	+		+	+	+							5
金线池				+	+		+	+	+							5
墙头马上				+				+	+						+	4
潇湘雨							+		+							2

---

① 孙楷第:《也是园古今杂剧考》,第 151、152 页。
② 解玉峰:《论臧懋循〈元曲选〉于元剧脚色之编改》,《文学遗产》2007 年第 3 期。
③ 表中"原书总计"指选本所收剧目总数,"入选合计"指《古今名剧合选》本剧作为杂剧选集收录数目。"共计"为剧目入选频率总数。

续表

古今名剧合选	元刊杂剧三十种	改定元贤传奇	四段锦	古名家杂剧	元人杂剧选	阳春奏	古杂剧	脉望馆钞校本今古杂剧	元曲选	杂剧十段锦	阙名元明杂剧	陈氏元明杂剧	盛明杂剧	四太史杂剧	童云野刻杂剧	共计
红梨花				+		+	+		+						+	5
张生煮海									+							1
猪八戒																0
竹坞听琴				+	+	+	+		+							5
柳毅传书							+		+						+	3
度柳翠				+	+			+	+						+	5
误入桃源		+			+			+	+							4
城南柳				+	+			+	+						+	5
对玉梳				+		+	+	+	+						+	6
萧淑兰				+				+	+							3
小桃红									+							1
庆朔堂																0
风月牡丹仙								+						+		2
眼儿媚																0
桃源三访														+		1
花前一笑																0
汉宫秋				+		+	+	+	+						+	6
任风子	+							+	+							3
荐福碑				+		+		+	+		+	+				6
梧桐雨		+		+		+	+	+	+		+				+	8
范张鸡黍	+		+		+			+	+						+	6
王粲登楼			+	+				+	+							4
窦娥冤				+				+	+							4
铁拐李	+								+							2

续表

古今名剧合选	元刊杂剧三十种	改定元贤传奇	四段锦	古名家杂剧	元人杂剧选	阳春奏	古杂剧	脉望馆钞校本古今杂剧	元曲选	杂剧十段锦	阙名元明杂剧	陈氏元明杂剧	盛明杂剧	四太史杂剧	童云野刻杂剧	共计
李逵负荆									+						+	2
诈范叔					+				+							2
东堂老									+							1
赵氏孤儿	+								+							2
丽春堂				+				+	+							3
燕青博鱼								+	+							2
老生儿	+				+				+							3
风云会				+	+	+	+	+								5
魔合罗	+			+				+	+							4
隔江斗智									+							1
仗义疏财								+		+						2
沽酒游春												+	+	+		3
中山狼													+			1
不伏老																0
昆仑奴													+			1
红线女													+			1
郁轮袍													+			1
渔阳三弄				+		+		+					+			4
替父从军				+		+		+					+			4
真傀儡													+			1
鞭歌妓													+			1
残唐再创													+			1
原书总计	30	16	4	65	30	39	20	242	100	10	4	4	60	4	20	
入选合计	6	4	4	23	11	14	14	27	36	1	3	3	12	1	13	

从剧目来看，《古今名剧合选》中有 51 部剧作为其他十五种杂剧选集收录，约占《古今名剧合选》剧目总数的百分之九十一。其中为八种杂剧选集收录者有 1 部，即《梧桐雨》，为七种所收者有《两世姻缘》1 部，为六种所收者有 6 部，五种所收者有 9 部，四种所收者为 7 部，为三种所收者有 6 种，为两种所收者有 8 种，为一种所收者有 13 种。由此可知，《古今名剧合选》所收剧作同时被两种以上杂剧选本收录的有 38 种，约占剧目总数（56 种）的百分之六十八，重复率较高。《古今名剧合选》与各种杂剧选本所收剧目具有较大的趋同性，入选剧作大部分为元、明古名家杂剧。这充分说明杂剧艺术发展到明代后期，已经逐渐走向式微，不仅有相当一部分剧本湮灭无迹，而且其昔日"一代之文学"的曲坛霸主风采已然不再，其地位渐为传奇所取代。故杂剧选本的选源无疑会受到影响，由于寓目剧作较少，选编者只能从一些广为流传的剧作中挑选，这自然会造成选本内容的部分趋同性。早在嘉靖年间，李开先在选编《改定元贤传奇》时就已慨叹"元词鲜有见之者"①，享有"词山曲海"之誉的李开先尚且如此，更遑论他人。息机子、陈与郊等著名选家均不同程度地流露出对元人杂剧不易得见的遗憾。息机子曾曰："余少时，见云间何氏藏元人杂剧千□，羡不及录也，因以为缺。既而，□□□□友人自京师来，所携□□□□□□续梓之。"②虽语焉不详，但憾恨之意溢于言表。陈与郊则明言："而独元之曲，类多散逸，而世不多见。国以初犹及以北曲名家者，而百年来率尚南之传奇，业已视为刍狗；即有其传之者，而浸假废阁，终无传也。"③不仅表达了对元杂剧散佚颇多的惋惜之情，而且还进一步分析了元杂剧传本较少的原因。其实不光是元杂剧如此，明杂剧尤其是明初名家杂剧及无名氏杂剧在流传过程中亦存在这一问题。由此可见，《古今名剧合选》与其他杂剧选本在保存杂剧方面的确是"厥功居多"，做出了重要贡献。在入选剧作的全面性上，《古今名剧合选》虽然不如《元曲选》那样"搜奇

---

① 李开先：《改定元贤传奇序》，路工辑校《李开先集》，中华书局 1959 年版，第 316 页。

② 息机子：《元人杂剧选序》，蔡毅《中国古典戏曲序跋汇编》（一），第 425 页。

③ 陈与效：《古杂剧序》，蔡毅《中国古典戏曲序跋汇编》（一），第 423 页。

萃涣，典刑斯备"①，但其中所收录的元明杂剧达56种之多，不仅丰富了元、明杂剧之宝库，而且也为元明杂剧的研究提供了一定的史料，其所具有的文献价值是不容忽视的。

第二节 《古今名剧合选》与《元刊杂剧三十种》

《元刊杂剧三十种》是现存最早而唯一的元代杂剧选本，也是今天研究元人杂剧最宝贵、最重要的第一手资料，在中国古代戏曲史上具有极高的价值。通过其中所录的三十种元杂剧，不仅使我们得窥元杂剧的本来面貌，更为研究者提供了宝贵的比勘资料，在将之与明刊本元杂剧对勘的过程中，渐次梳理出杂剧由元至明的版本发展脉络。在《古今名剧合选》所收录的剧作中，与《元刊杂剧三十种》相同的剧目共有6种：《任风子》《老生儿》《赵氏孤儿》《魔合罗》《铁拐李》《范张鸡黍》。此六剧均见于《酹江集》。元杂剧现存较早的主要是元刊本与明刊本，《元刊杂剧三十种》作为今存最早而唯一的元刊本，与明刊本《古今名剧合选》尽管在入选剧目上具有一定的雷同性，却是截然不同的两个版本系统。要言之，《古今名剧合选》所收元杂剧已非本来意义上的元杂剧，其在一定程度上已经失去了元杂剧的真貌而成为明人的"元杂剧"。本节主要通过对《元刊杂剧三十种》与《古今名剧合选》二者所共有的六种杂剧作品的对照比勘，从中发现一些具有普遍意义的现象，系统地分析论述杂剧从元到明的发展演化过程。

一 剧本结构

元杂剧虽然是中国古典戏曲的成熟形式，但从《元刊杂剧三十种》来看，当时的元杂剧剧本只是一种舞台表演的节略本，在剧本结构方面有很多不规范的地方，如分折、分楔子，题目、正名等问题，皆未达到规范成熟的境地。这种状况在明末出现的《古今名剧合选》中得到了极大的改善，逐渐趋于规范化，并发展为固定的模式。

---

① 王骥德：《曲律》，《中国古典戏曲论著集成》（四），第170页。

（一）折与楔子

关于元杂剧中折与楔子的划分，王国维曾云："元剧以一宫调之曲一套为一折。普通杂剧，大抵四折，或加楔子。"[①] 但检览今存元杂剧的唯一刊本《元刊杂剧三十种》，其中所收杂剧竟无一剧以折命名甚至分折，也无楔子之说。如《任风子》第一折正末上场前有"等众屠户上，一折下""等马一折下"；《魔合罗》第一折正末上场前有"旦下，二外一折"。可见，元刊本中的"折"并非后世所谓的专指某一宫调下之一套曲子，而是相当于表演时的舞台提示，多用在某一套曲之前，是正末或正旦上场前其他次要人物上场时所作的与剧情相关的陈述或上场调笑发乔[②]，实乃戏曲开场时的一个小场面。不过，这个意义上的"折"在《元刊杂剧三十种》中也不具有普适性，有的剧作中就并未出现"折"，可见后世所论定的"折"的内涵在此时至少是不确定的。由于元杂剧以北曲四大套区分折次的概念在《元刊杂剧三十种》中并不清楚，所以杂剧分折、楔子出现到底始于何时引起了论者的兴趣。检视《元刊杂剧三十种》，除了《尉迟恭三夺槊》《公孙汗衫记》《辅成王周公摄政》《死生交范张鸡黍》《地藏王证东窗事犯》和《岳孔目借铁拐李还魂》等六种剧作于套曲前标明所属宫调外，几乎所有剧作都明确著录了构成各套曲的曲牌，并以不同于正文文字的阴刻稍大字体刊刻下来，但本应在各套曲前标明的宫调并不著录。即便是标明宫调的剧作，也并非全本皆录宫调，而是仅于剧中某一套曲前标明宫调，如前述《死生交范张鸡黍》仅有第四折标明宫调［中吕］，《岳孔目借铁拐李还魂》仅于第三折标明宫调［双调］。解玉峰指出，这恰恰说明其时杂剧的场次之分还没有取得一个固定的名称，是有其实却无其名，或者有些是不分折的[③]。郑振铎则认为元杂剧分折"约是始于万历时代，至早也不能过嘉靖的晚

---

① 王国维：《宋元戏曲史》，第93页。

② 甄炜旎：《〈元刊杂剧三十种〉研究——以元、明版本比较为中心》，博士学位论文，复旦大学，2007年。

③ 解玉峰：《南戏不必有"套"，北剧不必有"折"》，《中华戏曲》2000年第25辑。

年"①。楔子是元杂剧中较为自由灵活的部分，可《元刊杂剧三十种》
中同样未见关于楔子的标志。据徐扶明所言楔子是明初方才有的②。
而《古今名剧合选》所收各剧则均明确分折，折数另起一行刻写，
每折于第一支曲子前注明宫调。楔子或居于第一折前，或介于折与折
之间，亦单行刻写，形式统一。这种分折分楔子的形式，若依《元刊
杂剧三十种》或郑振铎等说本是元杂剧中所无，是为明人所出，恰恰
反映出明人对元杂剧的态度以及明人戏曲观念的发展之处③。

（二）题目正名

题目正名是元杂剧剧本末尾所出现的"两句或四句、八句的对
句……通例用正名的末句，作为一剧的戏目"④。尽管题目正名有统
摄全剧、概括剧情的作用，但《元刊杂剧三十种》中各剧题目正名
的表现形式却并不统一，甚至显得较为随意杂乱。或题目正名兼有，
或有题目而无正名，或有正名而无题目，或题目正名俱无。以与《古
今名剧合选》相同的六剧为例，《范张鸡黍》《魔合罗》没有题目正
名。《任风子》只有题目而无正名，题目为四句韵语："为神仙休了
脚头妻，菜园中摔杀亲儿死；王祖师双赴玉虚宫，马丹阳三度任风
子。"《铁拐李》《赵氏孤儿》只有正名而无题目，《铁拐李》正名为
"岳孔目借尸还魂，吕洞宾度脱李岳"，《赵氏孤儿》正名为"韩厥救
舍命烈士，陈英说妒贤送子"，均为二句韵语。《老生儿》则题目正
名俱有，且各为两句，"题目：举家妻从夫别父母，卧冰儿祭祖废家
私；正名：指绝地死劝糟糠妇，散家财天赐老生儿"。在这六剧之中，
题目正名的形式就如此复杂，竟然完全囊括了上述所言的四种情况。
除此而外，有的剧作题目正名各为一句，如《尉迟恭三夺槊》"题
目：齐元吉两争锋；正名：尉迟恭三夺槊"。有的剧作题目正名共八
句，如《诸宫调风月紫云亭》。总之，《元刊杂剧三十种》这种题目

① 郑振铎：《西厢记的本来面目是怎样的？——〈雍熙乐府〉本〈西厢记〉题记》，《郑振铎文集》（五），人民文学出版社1988年版，第27页。
② 徐扶明：《元代杂剧艺术》，台湾学海出版社1997年版。
③ 杜海军：《从元杂剧元明刊本之比较论明代戏曲的进步》，《艺术百家》2008年第3期。
④ ［日］青木正儿：《元人杂剧概说》，第23—24页。

正名或有或无以及句式不等的现象，于很大程度上意味着在元杂剧创作与演出的过程中题目正名虽然业已成为元杂剧剧本体制的一部分，但因未得到时人的充分重视，其表现形式还未达到整饬统一。当然，题目正名之所以未受到足够的重视，或许与《元刊杂剧三十种》的独特身份相关。作为当时舞台演出的节略本，抄写者或刊刻者皆随意而为，自然在一定程度上导致了题目正名形制格式的粗疏不一。

元刊本杂剧题目正名的区分不清及句式的混乱，在明刊本中得到了进一步的统一。以《元曲选》为标志，其中选录的杂剧不仅每剧题目正名兼备，而且句式整齐对仗，或二句，或四句，前为题目，后为正名，在内容及次序上将二者区分得十分清楚。如《窦娥冤》题目正名依次为"秉鉴持衡廉访法，感天动地窦娥冤"。可见当时题目正名已形成了基本固定的形制。《古今名剧合选》继承了《元曲选》关注题目正名的做法，并对题目正名的内容形式进行了一定程度的修饰与改变。首先是改"题目正名"之名为"正目"，并将其置于剧首总题之后正文之前。《元刊杂剧三十种》的题目正名均列于剧末，而《古今名剧合选》则将之由剧末挪至剧首，这应该是受到了明代传奇体制的影响，由此也可见杂剧由元入明后的体制演化。其次是补充了《元刊杂剧三十种》个别剧作所没有的题目正名，将之以"正目"的形式列于剧首。如《范张鸡黍》正目为"义烈传子母褒扬，死生交范张鸡黍"；《魔合罗》正目为"李文道毒药摆哥哥，萧令史暗里得钱多；高老儿屈下河南府，张平叔智勘魔合罗"。这些均反映出明人戏曲观念的进步。

二 曲牌联套形式

在音乐体制上，元杂剧以北方音乐为主，在宫调曲牌的使用方面逐渐形成了一套定式，如要求四折分别由四种完全不同的宫调下的一套曲子组成，同一折内曲牌的多寡可以灵活等。作为戏曲成熟期的代表，元杂剧的这些体制特征已经成为定例，并在后世得到进一步规范与大量运用。《古今名剧合选》中的杂剧在音乐体制及曲牌联套方式上，仍然遵循着这一定例。

从整体上来看，《元刊杂剧三十种》与《古今名剧合选》在四折一楔子的宫调以及套曲内部曲牌关联性上具有较高的一致性，但在具体的杂剧中，由于刊刻时代的不同，在特定套曲中曲牌的数量、名称、排列顺序以及曲词在二本中又有着较大不同，探究这些不同对于全面研究杂剧体制由元至明的变化无疑是有意义的。

（一）曲牌差异

《古今名剧合选》与《元刊杂剧三十种》在曲牌上的差异主要体现在三个方面。

首先是曲牌数量多寡不等。《古今名剧合选》与《元刊杂剧三十种》所收相同杂剧在曲牌数量上有较大不同，具体来说存在以下两种情况。

一是元刊本曲牌数量多于《古今名剧合选》本。如元刊本《赵氏孤儿》第一折［后庭花］曲前较《古今名剧合选》多［那吒令］［鹊踏枝］［寄生草］三曲；第二折较《古今名剧合选》多［贺新郎］［骂玉郎］［感皇恩］［楚江秋］；第三折较《古今名剧合选》多［沉醉东风］；第四折较《古今名剧合选》多［尧民歌］。元刊本《老生儿》第一折较《古今名剧合选》本多［端正好］［寄生草］［金盏儿］三曲；第二折［呆骨朵］曲后较《古今名剧合选》多［倘秀才］［滚绣球］二曲；第三折较《古今名剧合选》多［金蕉叶］［寨儿令］［雪里梅］三曲；第四折较《古今名剧合选》多［驻马听］［七弟兄］［梅花酒］［江儿水］［碧玉箫］五曲。元刊本《范张鸡黍》第四折较《古今名剧合选》本多［满庭芳］［普天乐］［快活三］［鲍老儿］［墙头花］［九煞］［八煞］［七煞］［六煞］［五煞］［四煞］［三煞］［二煞］［尾声］等十四曲。《魔合罗》第一折元刊本较《古今名剧合选》本多［那吒令］［鹊踏枝］；第四折多［古鲍老］。《任风子》第一折多［醉中天］，第二折多［呆骨朵］，第三折多［普天乐］。

另一是《古今名剧合选》本曲牌数量多于元刊本。如《赵氏孤儿》第一折《古今名剧合选》本于［河西后庭花］曲后较元刊本多［金盏儿］［醉扶归］［青歌儿］三曲；《古今名剧合选》本《赵氏孤儿》共五折，较元刊本多第五折，故在曲牌数量上多出［正宫·端正好］［滚绣球］［倘秀才］［笑和尚］［脱布衫］［小梁州］［幺］

［黄钟尾］等八曲。《魔合罗》第三折《古今名剧合选》本较元刊本
多［幺］［后庭花］［双雁儿］三曲；第四折多［蛮姑令］［啄木儿
煞］。《任风子》第三折《古今名剧合选》较元刊本多［尾声］；第
四折多［驻马听］［川拨棹］［雁儿落］［得胜令］［川拨棹］［七兄
弟］［梅花酒］［尾声］。《铁拐李》第一折《古今名剧合选》较元刊
本多［金盏儿］［后庭花］［金盏儿］；第二折较元刊本多［倘秀才］
［滚绣球］［倘秀才］［滚绣球］［三煞］［二煞］；第三折较元刊本多
［庆东原］［收江南］；第四折较元刊本多［十二月］［红绣鞋］［喜
春来］［迎仙客］［耍孩儿］［二煞］。

　　其次是曲牌名称不同。有些曲牌存在异名现象。如《范张鸡黍》
第四折元刊本［九煞］，《古今名剧合选》本作［一煞］。异名现象造
成的原因复杂多样，或是因误抄误刻而致。如《魔合罗》第一折元
刊本［金盏儿］，《古今名剧合选》本作［金盏花］，后者当为误刻；
第二折元刊本［这刺古］，《古今名剧合选》作［者刺古］，第四折元
刊本［三开台］，《古今名剧合选》作［鬼三台］，元刊本当为误刻。
又如《老生儿》第一折元刊本［寄生草］后［幺］，《古今名剧合
选》本较元刊本少［寄生草］曲，将其后［幺］作［寄生草］；第二
折元刊本［衮秀求］［呆古朵］，《古今名剧合选》本作［滚绣球］
［呆骨朵］。或是因元明二代曲牌名称叫法、用法不同而致。如《范
张鸡黍》第一折元刊本［醉中天］，《古今名剧合选》本为［醉扶
归］；第二折末曲元刊本作［尾］，《古今名剧合选》作［黄钟尾］；
第三折元刊本［浪里来煞］，《古今名剧合选》本为［尾声］。《魔合
罗》元刊本第一折［忆王孙］［尾］，《古今名剧合选》本作［一半
儿］［赚煞］；第二折［水仙子］［村里迓鼓］，《古今名剧合选》本
作［古水仙子］［节节高］；第三折第二支［金菊香］后［浪来里］
［浪来里］［浪来里］［尾］四曲，《古今名剧合选》本依次作［醋葫
芦］［幺］［幺］［浪里来煞］；第四折［蛮姑令］［尾］，《古今名剧
合选》本作［蛮姑儿］［煞尾］。《老生儿》第一折元刊本［尾］，
《古今名剧合选》作［赚煞尾］；第二折［尾］，《古今名剧合选》作
［随尾煞］。《赵氏孤儿》第一折元刊本［后庭花］，《古今名剧合选》
作［河西后庭花］；第二折第二曲［梁州］［红芍药］后［梁州］，

《古今名剧合选》作［梁州第七］［菩萨梁州］；第三折［尾］，《古今名剧合选》作［鸳鸯煞］。《铁拐李》第一折元刊本［醉中天］，《古今名剧合选》作［醉扶归］；第三折元刊本［古调大青哥］，《古今名剧合选》作［太清歌］。

此外，还有一种特殊的曲牌异名现象即借宫。尽管元刊本与《古今名剧合选》所收某一剧作在二本中曲牌名称相同，但是否表明所借宫调也应归属于异名现象。如《范张鸡黍》第三折商调套中［村里迓鼓］［元和令］［上马娇］［游四门］［胜葫芦］［后庭花］［青哥儿］［梧叶儿］为仙吕、第四折中吕套曲中［要孩儿］为般涉调，元刊本于此二处皆未明确表明借宫处，而《古今名剧合选》本中则均为标出。孟称舜在此剧第三折［村里迓鼓］曲上加批曰："此下八阕皆仙吕"，以评点的形式点出折中借宫处；而在第四折［要孩儿］曲前标注般涉调，表明此曲非中吕宫。

第三是曲牌的排列顺序不同。在二本中有些曲牌的排列顺序有所不同，如《赵氏孤儿》第四折元刊本［要孩儿］后［三煞］［二煞］［尾］，《古今名剧合选》作［二煞］［一煞］［煞尾］。《范张鸡黍》第二折元刊本［梁州第七］后［隔尾］［牧羊关］［隔尾］，《古今名剧合选》中两［隔尾］位置互换；《任风子》元刊本第三折［要孩儿］［么］［五煞］［四煞］［三煞］［二煞］［收尾］，《古今名剧合选》为［要孩儿］［二煞］［三煞］（为元刊本［四煞］）［四煞］（为元刊本［五煞］）［五煞］［六煞］［煞尾］。有时，元刊本中的某一支曲子在《古今名剧合选》中被分为两支曲子，这也造成了曲牌及排列顺序的差异。如《赵氏孤儿》第三折［雁儿落］，在《古今名剧合选》中被分为［雁儿落］［得胜令］。《范张鸡黍》第四折元刊本［要孩儿］，《古今名剧合选》本分解为［要孩儿］［二煞］二曲。《铁拐李》第二折［端正好］在《古今名剧合选》中被分为［端正好］与［滚绣球］；第二折与第三折之间的楔子中［赏花时］一曲，在《古今名剧合选》中被分为［赏花时］［幺篇］；第四折［普天乐］后元刊本［鲍老儿］，《古今名剧合选》分作［快活三］［鲍老催］二曲，［醉春风］在《古今名剧合选》中被分为［醉春风］与［十二月］。当然，造成这一差异的原因一方面或许在于元刊本自身曲牌的漏刊，另一方面也表现出以《古今名剧合选》为代表的明刊本对元杂剧曲牌及曲词的规范与改订。

除了上述三方面而外，对曲牌运用原则的态度不同也是导致二本曲牌差异的一个原因。元刊本对一些应该遵守的曲牌运用原则表现得较为随意，而《古今名剧合选》则严格遵循。这集中体现在对待曲牌重复变体的问题上。按照曲牌运用的原则，当同一曲牌被重复时，应该使用其变体，但是元刊本并没有这么做。如《魔合罗》第三折第二支［金菊香］曲后元刊本有［浪来里］［浪来里］［浪来里］［尾］四曲，其中三支曲均用［浪来里］，是明显的曲牌重复使用，但是后两支［浪来里］曲却并未遵循曲牌重复变体的要求而相应改用重复变体［幺］。与之不同的是，《古今名剧合选》本则严守曲牌之间的命名关系，将后面两曲均改用［幺］，依次作［醋葫芦］［幺］［幺］［浪里来煞］。从这些对比可以看出，元杂剧套曲内部曲牌的运用与关联规则由元至明经历了一个从相对随意到严格体制的变化过程。

总之，通过以上二本曲牌间的差异可以看出，一般而言，在同一套曲中，元刊本的曲牌数量往往多于《古今名剧合选》本。如《老生儿》第四折元刊本较《古今名剧合选》多五曲。有时候这种数量上的差异甚至大得惊人，如《范张鸡黍》第四折，元刊本竟然较《古今名剧合选》本多出十四曲，多出的曲牌数甚至超过了《古今名剧合选》本自身的曲牌数。不过，《古今名剧合选》本同样也存在同一折中套曲数多于元刊本的情况，如《任风子》第四折元刊本为九曲，《古今名剧合选》本多出八曲。又如《铁拐李》第二折《古今名剧合选》本较元刊本多六曲。这或许是因元刊本在流传过程中某些曲子散佚而致。值得注意的是元杂剧在由元至明的流传过程中，元刊本中部分曲牌的名称到了明末的《古今名剧合选》中发生了很大变化，当然有的是因为误字或假借字的使用，如［衮秀求］之于［滚绣球］，［呆古朵］之于［呆骨朵］，有的则属于真正的曲牌异名，如［忆王孙］之于［一半儿］，［醉中天］之于［醉扶归］，［村里迓鼓］之于［节节高］等。不管出于哪种情况，这些同曲异名的现象在《古今名剧合选》中均得到了修正与统一。

（二）曲词差异

元杂剧演之台上的特点，注定了曲词在一本剧作中的核心地位。曲词不仅承担着抒发情感，塑造人物的重要作用，而且还肩负着叙述剧情的使命，的确是元人杂剧的主体。此处主要探究元刊本与《古今名剧合选》相同剧作中曲牌与曲词的对应关系，重点分析曲词之间的差异。

根据曲牌与曲词的对应关系，《古今名剧合选》本较元刊本的变化大致可以分为下列三种情况。

一是曲牌不同，曲词相异。据《中原音韵》可知，元杂剧中每个曲牌都有其相应的文字组成形式，随着曲牌的改变，这一特定的文字组成形式自然也会发生改变。元刊本与《古今名剧合选》本同剧中曲牌及唱词的差异，在很大程度上是由剧情的变化引起的。如《赵氏孤儿》《古今名剧合选》本较元刊本增加了第五折，自然在剧情方面有了较大变化，所以此剧在二本所共同收录的六剧中是曲词差异最大的。又如《老生儿》楔子，元刊本作：

> ［端正好］子您治家勤，齐家俭，因此上惹得人贱。我这子孙缺少子被钱财占。从今后钱财减，子孙添。且得内人喜，一任外人嫌。因此上将转世浮财厌。

该剧在明本中仅存于《元曲选》本，《古今名剧合选》是以《元曲选》为底本的，唱词作：

> ［仙吕·赏花时］我为甚将二百锭征人的文契烧，将我这六十岁无儿冤业消。我似那老树上今日个长些个根苗。你心中可便不错，是必休将那热汤浇。

由于曲牌不同，二本曲词自然不同，不仅在曲词句数、排列方式等文字组合形式上迥异，而且在修辞上也有一定差异。值得注意的是，尽管二本曲牌与曲词有如此大的不同，但由于剧本的基本情节走向及人物设置等在二本中未有改变，故这一差异并不影响人们对于剧情的把握。只不过相对而言，元刊本的曲词理解起来比较容易，而《古今名剧合选》本在曲中插入了大量带白，故要结合具体宾白才能更好地理解曲意。

二是曲牌相同，曲词不同。元刊本与《古今名剧合选》本元杂剧相同曲牌下的曲词大部分还是较为一致的，正字差异较小，多体现为衬字的增减。但在少数剧套中也有曲牌相同但曲词差异较大的情况，如《魔合罗》第四折［尾］；《范张鸡黍》第一折［混江龙］；《老生儿》第三折［秃厮儿］；《任风子》第四折［尧民歌］［尾声］；《铁拐李》第一折［点绛唇］，第三折［川拨棹］。其中有的是在同一曲牌下部分曲词有差异，这种差异往往彰显出剧中人物情感的变化。如《铁拐李》第三折［川拨棹］，元刊本为：

> 自从俺作夫妻，二十年几曾道离了半日。早起在衙里，晚时在家里，那一场欢喜，要一奉十，举案齐眉，那些儿是夫妻每道理。

《古今名剧合选》本为：

> 俺自从作夫妻，二十年几曾离了半日。早起去衙里，便是分离，晚夕来到家里，那场欢喜。满口贤惠，一划精细，要一供十，举案齐眉，那些夫妻道理。听的当远差教休出去。早教我推病疾，今日受烦恼有甚尽期。

通过画线处曲词的不同可见，《古今名剧合选》本以更细腻的笔触刻画出岳孔目生前夫妻生活的恩爱场景，在回顾往昔的同时传达出人物内心的无奈与感慨。

有的则表现为在同一曲牌下仅有个别曲词相同，其余完全不同。这主要是因为在流传过程中，经过了艺人的再创作，有时甚至会在同一曲牌下另谱一曲，使得曲词内容与元刊本迥异，这当以《赵氏孤儿》为典型代表。如该剧第二折首曲［一枝花］，元刊本为：

　　[一枝花]　屈沉杀大丈夫，损坏了真梁栋，奸臣强也屠岸贾，好君弱了晋灵公，把谗佞来听从。贼子掌军权重，功臣难尽忠，怎不交我怨气填膺。乞紧君王在小儿勾中。

《古今名剧合选》本为：

　　[南吕·一枝花]　兀的不屈沉杀大丈夫，损坏了真梁栋，被那些腌臜屠狗辈欺侮，俺慷慨钓鳌翁正遇着不道的灵公，偏贼子加恩宠，着贤人受困穷，若不是急流中将脚步抽迥，险些儿闹市里把头皮断送。

　　画线处为二本曲词相同处。又如该剧第四折 [中吕·粉蝶儿] 套中 [斗鹌鹑]，元刊本为：

　　[斗鹌鹑]　这杀场上是那个孩儿，这车车里是谁家上祖，这个更藉不得儿孙，这个更救不得父母，这手卷是谁家宗族图，从头儿对你儿数，这人是犯法违条，这人是衔冤负屈。

《古今名剧合选》本为：

　　[斗鹌鹑]　我则见这穿红的匹夫，将着这白须的来殴辱，兀的不恼乱我的心肠，气填我这肺腑。我可也不杀了贼臣，不是丈夫，我可便敢与他做主。这血泊中倘的不知是那个亲丁，这市曹中杀的也不知是谁家上祖。

　　二本曲词完全不同。元刊本《赵氏孤儿》共四折，而《古今名剧合选》本中增为五折。由于《古今名剧合选》本在剧作结构、立意、情节等方面较元刊本都有较大改动，故二本出现了如上所列同一折中曲牌虽同，但曲词大异的现象。
　　三是曲牌相异，曲词相同或相近。元刊本与《古今名剧合选》曲牌相异而曲词基本一致的情况较少，如《铁拐李》第一折元刊本

[醉中天]，《古今名剧合选》作 [醉扶归]，二本曲词几乎全同。《魔合罗》第一折元刊本 [忆王孙]，《古今名剧合选》作 [一半儿]；第二折 [村里迓鼓]，《古今名剧合选》作 [节节高]；第三折 [浪来里] [浪来里] [浪来里]，《古今名剧合选》作 [醋葫芦] [幺篇] [幺篇]，二本曲词亦几近一致。虽然《古今名剧合选》本曲牌较元刊本发生了改变，但因为改变后的曲牌所在宫调与元刊本曲牌所属宫调一致，所以二本相应曲牌下的文字排列形式几乎一致，曲词也基本相同。以《铁拐李》第一折 [仙吕·点绛唇] 套为例，元刊本有 [醉中天] 曲，《古今名剧合选》本则作 [醉扶归]。元刊本为：

> [醉中天] 你问他住在村镇居在城郭？问他当甚夫役纳甚差徭？你问他开铺席为经商做甚手作？你与我审个住处知个名号。待不得三朝五朝，必把他左解的冤仇报。

《古今名剧合选》为：

> [醉扶归] 你问他在村镇居城郭？你问他当军役纳差徭？你问他开铺席为经商可也做甚手作？你与我审个住处查个名号。我多待不的三朝五朝，将他那左解的冤仇报。

二本曲词除衬字有个别差异外，正字及句式几乎完全一致，韵脚也相同。不过若据《中原音韵》所列 [醉中天] 与 [醉扶归] 的曲文格式来看，上述曲词共六句，是 [醉扶归] 的格式。可见《古今名剧合选》所署的曲牌更合乎曲学规范，当是在参伍校订过程中根据曲论著作严格整理，将元刊本中不符合曲律规范的曲牌予以更正的结果。又如《魔合罗》第三折 [商调·集贤宾] 中曲牌发生变化的元刊本第一支 [浪来里] 与《古今名剧合选》本 [醋葫芦]，元刊本为：

> [浪来里] 这是沿河道便盖桥，随州城新置仓。这是主首陈立置田庄，这张千殴打王大伤。则好勾将来对词责状。这是王阿

张数次骂街坊。

《古今名剧合选》本作：

> ［醋葫芦］这的是沿河道便盖桥，这的是随州城新置仓，这
> 的是王首和那陈立赖人田庄，这的是张千殴打李万伤。（怕官人
> 不信呵）勾将来对词供状，这的是王阿张数次骂街坊。

二本曲词基本相同。但若结合《中原音韵》所归纳的曲牌句式便
可知，此处的曲词格式当属于［浪来里］，换言之，《古今名剧合选》
本的改动是不合规范的。

通过上述对比可见，元刊本所初步建立的曲牌与曲词间的搭配规
则及体制，在《古今名剧合选》中得到了进一步的传承与完善，而
这种传承与完善正是通过《古今名剧合选》对元刊本的改变来实
现的。

三　宾白

宾白是元杂剧的重要组成部分，常常与曲词一起推进剧情，塑造
人物。然而就《元刊杂剧三十种》来看，其中的元杂剧却多是"只
以记曲词为主的唱本，对于科白并不在意"[1]，不仅曲多白少，而且
宾白主要为正色所有，所有外脚的宾白内容几乎全都省略了，仅有
"外末云了""外末问了"之类的宾白提示语。即便是正色的宾白，
也仅仅为个人的简单陈述，不过示其大意而已。因此青木正儿感慨通
过此书"不仅难窥一剧之全貌"，更"无从知道科白的妙味"[2]。《古
今名剧合选》本元杂剧较元刊本增加了很多宾白，既有正色的独白，
又注重各色人物之间的对白。其中大量对白的引入，既有利于剧中人
物形象的塑造，又丰富了场上表演，同时也在一定程度上营造出曲词
发生所需要的合理语境及预示情节发展的基本走向。

---

① ［日］青木正儿：《元人杂剧概说》，第36页。
② 同上。

　　通过《古今名剧合选》与《元刊杂剧三十种》所收相同剧作宾白的比较可以明显看出，二本在宾白位置、宾白数量、宾白表现形式及宾白功能等方面都有一定的区别。不过总的来说，《古今名剧合选》本元杂剧宾白主要分布在剧本的折首、折末、套曲间以及同一曲牌唱词句与句之间，与元刊本宾白位置基本相同。故下文在比较时主要着眼于二本在宾白数量、宾白表现形式及宾白功能等方面的差异。

　　（一）宾白数量

　　就二本中宾白数量而言，《古今名剧合选》本中宾白的使用频率要远远大于元刊本。较之元刊本，《古今名剧合选》本增加了大量的宾白，其宾白增多的体现方式主要有三：一是在元刊本原有宾白之处增加了宾白内容，尤其是为元刊本中只有简单宾白提示语的外脚增加了宾白内容，从而使元刊本中只供正脚一人陈述的宾白，转变为由两人或多人对话，既有利于次要人物形象的塑造，又丰富了舞台表演，更重要的是由此而营造出推动剧情发展的话语环境。如元刊本《魔合罗》第二折［四门子］［神仗儿］后分别有宾白提示语"李文铎上"和"外一折下"，其中"外"所扮的正是李文铎。《古今名剧合选》本于两曲后当然也有宾白，且在提示语上与元刊本吻合，［四门子］后宾白为"（净慌上云）来到这庙也，哥哥在那里"；［神杖儿］后宾白为"（净）药倒了也，我收拾了东西回家中去来"。其中的净即李文道。对照二本前后唱词，元刊本宾白提示语所包含的意思也应大致与《古今名剧合选》本相同。但《古今名剧合选》本所添加的宾白内容无疑有助于彰显李文道性格中的奸险狠毒。又如元刊本《老生儿》楔子中宾白为：

　　（正末引一行上，坐定开）老夫姓刘名禹，字天锡。浑家李氏，女孩儿引璋，女婿张郎。一家四口儿，在这东平府在城居住。有侄儿刘端，字正一，是个秀才，为投不著婆婆意，不曾交家来。如今老夫六十岁也，空有万贯家财，争奈别无子嗣。往日子是在这几文钱上，不知有神佛。近煞多做好事，感谢天地，不想这使唤的小的，有八个月身孕。倘或得个厮儿，须是刘家后。我有心待将这家私三分儿分开，一分婆婆，一分女婿，一分我有用处。婆婆，我如今往庄上去计点，怕小梅分娩时分，若得个儿孩儿，千万存留咱。

此段正末宾白大略介绍了剧中人物与故事背景。而《古今名剧合选》本楔子则将元刊本中的此段宾白进行了扩充，作：

> （冲末正末净卜儿旦儿张郎引孙小梅同上）（正末）老夫东平府人氏，姓刘名从善。老夫年六十岁也，婆婆李氏年五十八岁也，女孩儿引张年二十七岁，女婿张郎年三十岁也。老夫有一弟是刘从道，所生一子小名引孙，阿这孩儿好是命毒也，我那兄弟早年亡化过了，可有弟媳妇宁氏是兀那陈蔡州人，只为这妯娌两个不和，我那弟媳妇将领着孩儿去他那爹娘家里守服去了。一来依仗着他爹娘家里，二来与人家缝破补绽洗衣刮裳，觅得那钱物来与这孩儿做学课钱。随后不想弟媳妇可也亡化过了，这孩儿的那老爷老娘家眷每说道你那孩儿则管在这里住怎么，东平府不有你的伯父刘员外，你不那里寻去怎么，那里众亲眷与了这孩儿些盘缠，这孩儿背着他那母亲的骨殖来到东平府寻见老夫，老夫用了些小钱物和兄弟一答里葬埋了。孩儿如今二十五岁也，嗨，老夫难言也，我这婆婆想着和他娘是妯娌两个不和，见了这孩儿轻呵便是骂，重呵便是打，百般的见不得。

《古今名剧合选》本中不仅通过正末的独白详细地交代了剧中人物关系，而且还通过后文正末与卜儿、张郎、引张、小梅等人的对白介绍了剧情缘由，为剧情的进一步发展埋下伏笔，限于篇幅，此处不再罗列。

二是在元刊本中本无宾白之处增加宾白内容。《古今名剧合选》中这种宾白的增加主要出于两方面的考虑，有时是为了配合《古今名剧合选》本中新增人物的出现而相应地添加了宾白内容，如《范张鸡黍》第一折中较元刊本增加了卖酒的店小二，故在此折首曲［仙吕·赏花时］前较元刊本相应地多出了宾白"（外扮酒家上云）买卖归来汗未消，上床犹自想来朝。当家为甚头先白，日夜思量计万条。

小可是个卖酒的，在这汝阳镇店开着酒肆，开开这酒肆，看有什么人来"。有时是为了清晰展现剧情的发展过程，在元刊本完全未出现宾白提示语的曲词前后以及中间增加了大量宾白。如元刊本《魔合罗》第三折第二支［金菊香］曲后有三支［浪来里］，三曲后并无宾白内容，仅有寥寥几字宾白提示语，依次为"旦又告了""回见孤说前事了，孤云住""孤云下"。这些简单的宾白提示语到了《古今名剧合选》本中则被发展为大段的人物对白，三支［浪来里］被更名为［醋葫芦］［幺］［幺］，其中的宾白依次有府尹与正末的两轮对白，以及张千与正末的对白；正末与府尹以及丑的多轮对白；丑、府尹、正末之间的往复对白。这些新增的宾白既丰富了场上人物的表演，有利于人物形象的塑造，如张鼎的心系黎民、热心忠直，府尹的拿腔作势、中庸自保，萧令史的道貌岸然、贪婪昏聩，都在对白中得以彰显，又预示了剧情的下一步发展，为刘玉娘冤屈得雪埋下伏笔。

《古今名剧合选》本中所增加的宾白内容有的与剧情密切相关，其中不管是对人物自身行为、事迹的表述，还是程式化的插科打诨，都既有益于人物性格的塑造，同时又为剧情的发展做了一定铺垫。有的却与剧情发展去之甚远，如有些剧本中宾白传达的信息不止一次地出现在剧本的不同位置，有时由不同人物说出，有时甚至经由一人之口来反复重申，冗繁可厌，从而引发了读者的审美疲劳。尤其是那些出现在曲词间的大段宾白，不仅破坏了曲词的连贯性和由之而生发的情绪、意境，而且还无意义地中断了剧情的进一步发展。如《老生儿》第二折当街散钱情节中大小都子的耍闹无赖。由此可见，虽然宾白是基于剧情、曲词而产生，并对之进行了补充和延伸，但若一味地不顾剧情而盲目增加就会阻碍剧情的发展。

三是较元刊本增加了大量的上下场诗。所谓上场诗，即伴随脚色人物上场而在宾白中念诵的两句或四句韵文，其内容一般是对念白者自己品行抱负、生活经历的写照。元刊本宾白中的诗歌虽然还没有形成一定的模式，仅有寥寥几处，但在个别剧作中已经有了"上场诗"的模式，如《铁拐李》第二折"旦"上场便以"诗"开："（诗曰）待当家时不当家，及至当家乱如麻。早晨起来七件事，柴米油盐酱醋茶。"核之《古今名剧合选》本，旦的上场诗则位于第一折折首，曰："花有重开日，人无再少年。休道黄金贵，安乐最值钱。"《古今名剧合选》本中的这首上场诗虽然与元刊本中同一人物的上场诗在内容上完全相异，但这也足以说明，上场诗的模式在元刊本中已初步形成，并在后来的《古今名剧合选》本中得到进一步的继承与发扬。与元刊本相较，《古今名剧合选》本中首次出场的脚色几乎都有上场诗，如《魔合罗》楔子中李彦实的上场诗："月过十五光明少，人到中年万事休。儿孙自有儿孙福，莫为儿孙作马牛。"其余五剧大致相同。这些上场诗的大部分正如元刊本中个别剧作中脚色的上场诗一样，也具有自报家门的功能，但《古今名剧合选》本并没有局限于此，其中脚色上场诗的功能有了更进一步的拓展：有的侧重于人物性格的渲染，如《魔合罗》第二折河南府尹的上场诗："我做官人单爱钞，不问原被都只要。若是上司来刷卷，厅上打得鸡儿叫。"以诙谐讥讽的语言，使一个昏聩贪婪的赃官形象瞬间跃然纸上。有的侧重于剧情发展脉络的预示，如《赵氏孤儿》楔子中屠岸贾的上场诗曰："人无害虎心，虎有伤人意。当时不尽情，过后空淘气。"以虎喻人，既体现出屠岸贾凶狠奸险的性格特点，又预示着其对赵盾一家的残害是不遗余力的。

　　与上场诗相比，《古今名剧合选》本中下场诗的出现更为明显地体现了元明戏曲文本中宾白的变化。下场诗通常出现在折末，往往是正色下场后场上外脚继续表演的一部分。诗的内容主要是对前情的概括，以及暗示情节发展的方向。如《魔合罗》杂剧楔子收尾处李彦实宾白诗云："正是叔嫂从来要避嫌，况他男儿为客去江南。你若无事到他家里去，我一准拏来打十三。"既有对前情的提炼，又隐隐昭示出剧中所敷演的是一个有关叔嫂之间的故事。当下场诗出现在剧末时往往表现为"断词"，多由剧中权威人物念出，句数多寡不等，内容基本包括宣敕、立意、交代结局、扬善惩恶、感念皇恩等。如《魔合罗》剧末府尹上下断，有诗云："奉圣旨赐赏迁升，张孔目执掌刑名。刘玉娘供明无事，守家私放表门庭。泼无赖败伦伤化，押市曹正法严刑。"又如《范张鸡黍》剧末有第五伦上场断，有诗曰："圣天子思求良辅，下弓族广开贤路。何止是聘及山林，但闻名不遗丘墓。汝阳郡张劭虽亡，有范式圣称其素。可遥封翰院编修，赐母妻并沾荣禄。遗弱息君章子征，可即授陈留主薄。范式拜御史中垂，其孔禽尚书吏部。王仲略详冒为官，杖一百终身废锢。见天恩浩荡无私，与群臣相安举措。"检视元刊本中同名杂剧，既无下场诗，又无断词。不过在与《古今名剧合选》本相同的六种杂剧之外，元刊本中部分杂剧剧末有"断出""祭出"的宾白提示，如《火烧介子推》《周公摄政》二剧剧末出现了"祭出"，《遇上皇》《东窗事犯》《博望烧屯》三剧剧末出现了"断出"。"祭""断"的形式当为《古今名剧合选》本中出现的"断词"的前身，元刊本"断"后即"出"，与《古今名剧合选》本以"断词"收束全剧正相吻合。据此可知，于剧末宣读"断词"的宾白形式在元刊本中已经存在，但并不常见，而到了《古今名剧合选》等明刊本中，以"断词"结束全剧已明显成为一种较普遍的宾白程式。

总体来看，《古今名剧合选》与《元刊杂剧三十种》所录同名剧作在宾白数量上的多寡之分是显而易见的，在绝大多数情况下，《古今名剧合选》本的宾白都远远多于元刊本。不过，在二本宾白对勘时，偶尔也会出现元刊本有而《古今名剧合选》本无的情形。如元刊本《范张鸡黍》杂剧第一折开场即有"驾引第五伦丞相云了"的宾白提示语，但《古今名剧合选》本通剧没有"驾"出场，自然也没有与元刊本宾白提示语相对应的宾白内容。

（二）宾白表现形式

就宾白表现形式而言，《古今名剧合选》与《元刊杂剧三十种》也有较大差别。一般来说，元刊本宾白正文仅为正色所有，外脚宾白的内容往往隐含在宾白提示语中，不能确知，只能根据前后曲文加以推断。而到了外脚可以畅所欲言的《古今名剧合选》中，不仅外脚不再使用宾白提示语，其宾白内容可以直接显现，就连元刊本宾白提示语中所暗含的一些动作内容也往往通过其他脚色的对白转述直接予以体现。如元刊本《魔合罗》第一折［金盏儿］曲后有"外应了，云住"的宾白提示语，此处的"外"即高山。《古今名剧合选》则在此曲后增加了正末与外的大段对白，介绍了李德昌古庙病危托高山带家书的情节，使元刊本中语焉不详的宾白提示语得以具体化。又如元刊本《任风子》第三折［斗鹌鹑］曲后有"等旦讨休书科"，《古今名剧合选》则在"旦"的宾白中具体体现这些情节，而不再有科范的舞台提示，剧中通过［斗鹌鹑］［上小楼］［幺］［满庭芳］等曲及曲间宾白细致敷演了任屠一心向道，不愿跟妻子回家，其妻无计可施故索要休书。元刊本中简短的"旦讨休书科"五字在《古今名剧合选》中得到了相应的转化，其动作内容被做了进一步的阐释、重组，从而在叙述中使情节的发展具有了更为清晰的线索。类似的例子在《古今名剧合选》中还有很多。

　　《元刊杂剧三十种》与《古今名剧合选》二本宾白表现形式的不同以及元刊本宾白提示语在《古今名剧合选》本中的转化，至少说明了两个问题：一是元刊本宾白提示语多而具体的宾白内容少，恰恰凸显了元刊本注重舞台表演的特性。元人在刊刻时大概没有充分考虑到剧本的案头阅读问题，或许正如王国维所言："恐坊间刊刻时，删去其白，如今日坊刊脚本然。盖白则人人皆知，而曲则听者不能尽解。此种刊本，当为供观剧者之便故也。"[1] 二是《古今名剧合选》本中宾白的大量增加，乃至不通过科范表演，而以人物独白或对白等直接描述的方式展现剧情，昭示出由元至明戏曲创作中白话运用的逐渐成熟。尤其是当这种宾白出现在《古今名剧合选》这一类追求"既可演之台上，又可置之案头"的双美效果的剧本选集中，更加体现了以孟称舜为代表的明人将白话运用于文学作品时的高超的语言驾驭能力和表达水平。

　　（三）宾白功能

　　众所周知，元杂剧是以曲词为主，宾白为辅，曲词长于抒情，而宾白重在叙事。事实上，在元杂剧中宾白的功能是多样化的，不仅勾勒出剧作的关目框架，推动了故事情节的发展，而且与曲词一起承情转意，曲白相生，使人物情感得以外化，有利于人物形象塑造，同时还肩负着插科打诨的任务，以此调节演出的节奏。元刊本宾白所具有的这些功能在宾白大量增加的《古今名剧合选》中得到了进一步的深化。在推动剧情发展方面，较之元刊本，在《古今名剧合选》本中不仅正色宾白较元刊本更为详尽，而且外脚宾白亦得以详细记录，

---

　　[1] 《王国维戏曲论文集》，中国戏剧出版社1984年版，第82页。

同时剧中人物的宾白以对白形式为主，往往在人物交流中制造戏剧冲突。所有这些无疑将剧情的发展引上了一条更为合理流畅、严密有效的发展轨迹。如元刊本《铁拐李》开场有正末岳孔目宾白：

> 某是郑州奉宁军人氏，姓岳，岳寿便是。在这六房中做一个都孔目，人顺口叫我做岳孔目。嫡亲三口儿，浑家李氏，孩儿福童。

以简短的几句宾白粗略地介绍了剧中人物及相互关系，提供了剧情展开的背景，并将观众引入剧情。而在《古今名剧合选》本此剧第一折中，元刊本中的这段宾白被扩充为：

> （正末扮岳孔目领张千上云）某郑州奉宁郡人氏，姓岳名寿，嫡亲的三口儿，浑家李氏，孩儿福童。在这郑州做着个都孔目，人顺口叫我做岳孔目。这个兄弟姓张名千，因他能干，就跟着我办事。一月前上司行文书来说俺郑州滥官污吏较多，圣人差的个带牌走马廉访相公，有势剑金牌先斩后奏。郑州官吏听的这消息，说这大人是韩魏公，就来权郑州，唬的走的走了，逃的逃了。兄弟，为甚我不走不逃？

其中不光交代了剧中主要人物及人物关系，点明了故事发生的背景，而且还提到了廉访使韩魏公，为后文情节的进一步发展埋下伏笔。此段宾白后还有正末与张千的两轮对白，既在叙述中延伸了剧情，又刻画了岳孔目本性正直但人在官场身不由己的苦衷，这在元刊本中均不可见。又如元刊本《魔合罗》开场有正末李德昌宾白：

> 自家李德昌便是。妻刘氏，有个小孩儿。嫡亲三口儿在这河南府居住，开着个线铺。有叔叔李伯英，与叔伯兄弟李文铎，开着个生药铺，对着门住。如今我往南昌做买卖去，浑家在意看家咱。

《古今名剧合选》本该剧楔子处有正末宾白作：

> （正末扮李德昌同旦俫上云）自家李德昌是也。这个是我浑家刘玉娘，这个是我孩儿佛留。我开着个绒线铺，这对门是我叔父李彦实，有个兄弟唤作李文道，乃是医士。我在这长街市上算了一卦，道我有一百日灾难，千里之外可躲。我今一来躲灾，二来往南昌做些买卖。大嫂，咱三口儿辞叔父去来。

二本宾白一略一详，虽然都有推动情节发展的内在功能，但后者却使剧情的发展朝着一个更为合理圆融流畅的轨迹发展。总之，相对于元刊本中大部分简略甚至语焉不详的宾白，《古今名剧合选》本的宾白变得更为详细，在推动情节发展方面确实有了长足的进展。

在人物塑造方面，《古今名剧合选》较元刊本显得更为全面。一般来说，在元刊本宾白中，与剧情相关的重要人物往往会在正色宾白中得到塑造，通过正色的宾白内容，基本可以获悉正色的身份、地位、经历、社会关系等基本信息，同时也可间接了解与其一起上场或有直接关系的外脚身份。但是，这类人物造形宾白只能由正色说出，从而导致主要人物性格鲜明而次要人物面目模糊的弊端，使人物刻画上失之片面。《古今名剧合选》本中宾白数量增多，各色人等轮番上场，不仅剧中正色性格得以全面深刻地彰显，其余外脚的主要性格特征亦通过他人宾白或自己的语言得到介绍与体现。如《古今名剧合选》本《魔合罗》杂剧第二折［尾］后有"旦"刘玉娘与"净"李文道的对白：

> （旦随慌上云）谁想李大到的家中，七窍迸流鲜血死了也。索与小叔叔说知，做一个计较。（做唤科）小叔叔。
> （净上云）这妇人害怕叫我哩。嫂嫂，你叫我怎的？
> （旦）您哥哥来家也。
> （净）请哥哥出来。
> （旦）李大到的家中，七窍流血死了也。
> （净）死了哥哥也。有什么难见处？哥哥做买卖去了，你家

里有奸夫，见哥哥回来，你与奸夫通谋药杀俺哥哥也。

（旦）我是儿女夫妻，怎下的便药杀他？

（净）俺哥哥已死了，你可要官休私休？

（旦）怎生是官休私休？

（净）官休我告到官司，交你与我哥哥偿命。私休你与我做老婆便了。

（旦）你是什么言语，我宁死也不与你做老婆。

（净）我和你见官去。

（旦）我情愿见官去。李大则被你痛杀我也。

在这段宾白中，李文道的狠毒阴险，刘玉娘的单纯坚贞皆通过二人的对白跃然纸上。而在元刊本《魔合罗》中此曲后则仅有"旦上云""文铎上云住""文铎报到官科"等简单的宾白提示语，人物的性格显然难以得到凸显。

插科打诨也是元刊本宾白所具有的基本功能之一。科诨手法在元刊本中早已存在，元刊本宾白中存在科诨内容的杂剧共有《铁拐李》《老生儿》《任风子》《气英布》等四剧，其中前三剧与《古今名剧合选》所录杂剧一致。在对二本宾白中的科诨进行比较时可以发现，《古今名剧合选》本在借鉴元刊本科诨手法的同时掺入了自己对元杂剧的认识，对它们进行了再创作。具体来说，元刊本中的科诨基本都由"净"来承担，也有正色宾白中设置科诨的情况。但无论出于哪种情况，科诨内容的记载都比较简略，有时甚至仅为相应的提示，全赖演员表演时的临场发挥，这也印证了元刊本为舞台表演节略本的观点。而《古今名剧合选》本的科诨主要由"净"与"丑"来承担，兼有正色科诨，不管在科诨形式还是内容上都较元刊本有了长足进步。如《任风子》第一折元刊本于〔醉中天〕曲后有宾白，内容为："（等外云了）不争那厮化的俺一方人都吃素呐，俺屠家却吃甚么？（等旦云了）你道我近不得他？来，咱白厮打，你赢的我，你便去；我赢的你，我便去。（做厮打科）。"此处讲任屠（末）因生意受到道人破坏，打算去杀道人，但妻子（旦）不允，因之与妻子厮打比赛，说定如果自己输了便不去杀道人。表面看来此段宾白中并未直接表现科诨内容，但夫妻二人通过打架决定丈夫能否去杀人，虽不合情理，却显得非常滑稽可笑。此处二人的对白再辅以相应的动作表演，当极具科诨效果。元刊本此处宾白及其所蕴含的科诨因素在《古今名剧合选》中都被改变了。《古今名剧合选》本于该剧第一折［寄生草］曲后有任屠（末）与众屠户的对白："（众）哥哥，似这等咱这屠户每怎生做买卖？（末）你休闹，可不道搅人买卖如杀人父母。如今那个敢杀那先生去？（众）俺去。（末）您如今白厮打，赢了的便杀那先生去。（众）俺众人打你一个。（末）打将来。（做打科）（众倒科）（末）您都近不得我。"以众屠户与任屠比试功夫，胜者去刺杀坏其生意的道人，较之元刊本，这样的宾白设计与情节发展及人物塑造的关系显得更为严丝合缝，却不再具有调笑的功能。由此可见，《古今名剧合选》本对元刊本杂剧的科诨并不是一味加以继承，而是有所取舍，一般来说，其对元刊本中的那些不合情理、无益于人物形象塑造的科诨往往会予以删除。反之，对一些合乎情理、容易引人发笑、适合表演同时又有利于人物塑造的科诨往往会加以保留。如《任风子》第二折讲任屠准备去杀马丹阳，其妻加以劝阻，任屠耍刁，元刊本中［滚绣球］曲中，有其宾白和唱词，内容为："你莫不养着那先生里么？且云了。你莫不共马丹阳绾角儿妻夫？"《古今名剧合选》本［滚绣球］曲中也有类似的宾白与唱词："（末）任大嫂，你莫不养着那先生来？（旦）呸，你听是甚言语？（末唱）你莫不和马丹阳是绾角儿妻夫？"由于元刊本中的科诨自然天成，既合乎情理，又完全契合了任屠任性无羁的性格特点，与其平日的言行十分相称，也与其"任风子"这一绰号相吻合。所以《古今名剧合选》本中对此加以继承，二本科诨完全一致。又如《魔合罗》第一折［金盏花］曲后元刊本有正末李德昌在山神庙邂逅货郎高山，央求高山带家书的简单宾白，其中并无科诨成分。而《古今名剧合选》本则将之发展为正末与高山的多轮对白，极富科诨意味，让人忍俊不禁，在轻松的调侃中舒缓了紧张的戏剧节奏。要言之，《古今名剧合选》本对元刊本科诨的取舍增删，虽于保存元杂剧的原貌不利，却显示了明人戏曲观念的进步与发展，勾勒出明代戏曲的发展轨迹逐渐朝着更为规范成熟的方向迈进。

四 脚色体制

作为一门综合艺术，元杂剧既要注重剧本的文学性，又要兼顾舞台性，归根结底要以演之场上为目标。代言体的言情叙事方式使元杂剧在红氍毹上的搬弄表演完全超越了之前的戏曲艺术，彰显出成熟完备的艺术特性。元杂剧的表演是以脚色为中介，通过脚色承载人物，演员扮演脚色来完成。《元刊杂剧三十种》是现存唯一一部元刊本，较明刊本更为接近元杂剧的原貌。虽然其中所录杂剧数量有限，仅三十种，却为今天根据其记录大致推断元杂剧的体制特征提供了可贵的依据。检览《元刊杂剧三十种》可知，元杂剧脚色体制及特征已经得以确立，如基本脚色种类有旦、末、净、外四大类，净主司科诨等。以下主要通过《元刊杂剧三十种》与《古今名剧合选》所录相同剧作在脚色体制方面的大致对比求同存异，一方面借以观察《古今名剧合选》是否进一步继承、巩固元刊本杂剧的脚色特征；另一方面依据二本在脚色上的细微变化，发现、探讨元杂剧脚色体制由元至明的发展演变态势。

总的看来，《古今名剧合选》的脚色较《元刊杂剧三十种》来说逐渐朝着更为丰富、明确、细化的方向发展。

《元刊杂剧三十种》在与《古今名剧合选》所录相同的六剧中，除《赵氏孤儿》完全不标脚色外，其他五剧的脚色大致可分为两类：一类为剧中主要人物，如正末、正旦。剧本基本是仅标出脚色名称而不提示其所对应的剧中人物姓名，要想得知脚色所扮演的人物基本信息则必须通过演员的自报家门。如元刊本《魔合罗》开场有"（正末同旦上云）自家李德昌便是，妻刘氏，有个小孩儿。嫡亲三口儿在这河南府居住"。另一类为次要人物，如外、净、卜儿、孤等。剧本中多直接标示人名而不标脚色名，或仅标脚色名而略去人名。由于元刊本宾白具有较大的节略性，即便是剧中主角其宾白也并非全录，此类次要人物一般情况下更是没有宾白介绍，所以要想明了脚色与人物对应关系只有通过上下文才能获悉。《元刊杂剧三十种》中的这种脚色标注方式在《古今名剧合选》中得到了进一步的发展，其中的脚色标注并未完全沿用元刊本旧例，而是在旧有基础上做了全面完善，这种完善集中体现在两个方面：一是不论正色还是外脚，均标明脚色名称与其对应的人物姓名，如《魔合罗》楔子之"（正末扮李德昌同旦俫上云）自家李德昌是也，这个是我浑家刘玉娘，这个是我孩儿佛留"；《铁拐李》第一折之"（旦扮李氏上）……妾身姓李，是岳孔目的浑家"，"（外搬吕洞宾上云）……贫道不是凡人，乃上八洞神仙吕洞宾是也"；二是对于元刊本未标明脚色的《赵氏孤儿》一剧补充了脚色及其对应人物。如《赵氏孤儿》楔子之"（净扮屠岸贾领卒子上云）……某乃晋国大将屠岸贾是也"，"（冲末扮赵朔同旦儿扮公主上云）小官赵朔，官拜都尉之职"。从元刊本到《古今名剧合选》，元杂剧脚色体制的发展经历了一个从相对模糊到逐渐明晰的过程。

　　除了上述脚色标注上的差异外，在脚色称谓上，《古今名剧合选》较《元刊杂剧三十种》也有较大变化。《古今名剧合选》的脚色称谓在基本承袭《元刊杂剧三十种》之脚色体制的基础上对部分脚色做了相应改变，具体有三：首先，是出现了"冲末"这一元刊本未见的特殊的脚色称谓。"冲末"在《元刊杂剧三十种》中不曾出现，但在《古今名剧合选》中出现的频率却比较高。在二本共同收录的六剧中，除《铁拐李》外，其余五剧中均出现了这一脚色。如《任风子》中"冲末扮马丹阳上"，元刊本中则仅列人名；《范张鸡黍》中"冲末扮张元伯孔仲山"，元刊本中张元伯为"外"扮；《魔合罗》中"冲末扮李彦实引净扮李文道上"，元刊本中作李伯英、李文铎父子，均以"外"扮；《老生儿》中"冲末扮刘引孙"，元刊本中为"外"扮；《赵氏孤儿》中"冲末扮赵朔同旦儿扮公主上"，元刊本中此剧未标脚色名称。关于"冲末"这一脚色，王国维曾云："正末副末之外，有冲末……然则曰冲……谓于正色之外，又加某色以充之也。"[①]认为"冲末"乃正末之外的一种末脚。青木正儿继承了王国维的观点，曰："副末、冲末、外末、副旦、贴旦、外旦都是副演员。"[②]指出"冲末"乃末之副色。在《古今名剧合选》中，"冲末"这一脚色称谓几乎都使用于杂剧开场时第一位出场人物身上，当其所扮演的人

---

①　王国维：《古剧脚色考》，《王国维戏曲论文集》，第191—192页。

②　［日］青木正儿：《元人杂剧概说》，第25页。

物再次出场时则一律径题姓名，不再标明脚色，而其余脚色则不然。由此可见，"冲末"是杂剧中初次上场的次要末脚，其功能主要在于冲场，即简要介绍剧情或人物关系。其次，是对某些脚色赋予道德价值判断标准，使之具有类型化特点。如"净"这一脚色。就其表演模式而言，元刊本中的"净"其职责在于科诨发乔，往往以滑稽搞笑的舞台表演模式调剂演出节奏，同时也对剧情作出辅助性的说明与推进。从舞台表演的角度看，《古今名剧合选》本中的"净"脚继承了元刊本"净"脚主司科诨的职能，如《范张鸡黍》中的"净"王仲略。从脚色与人物的关系来看，《古今名剧合选》本中的"净"脚被赋予了一定的道德内涵，寄托着一定的价值评判标准，而这些在元刊本中都是不存在的。如《赵氏孤儿》中的"净"屠岸贾，《魔合罗》中的"净"李文道，《范张鸡黍》中的"净"王仲略。其中的"净"所扮演的都是一些奸险小人。由此可见，"净"已经被贴上了坏人的标签，阴险、狡诈、狠毒就是其脚色性格。《古今名剧合选》在人物的脚色分配中引入了道德价值判断标准，从而使人物脚色具有面具化的特点，也造成脚色类型由元刊本的富有弹性趋向更加单一①。再次，脚色和人物较元刊本多有增删。这主要体现在二本中的一些次要脚色上。以可资比较的五种元杂剧来看（《赵氏孤儿》元刊本未标明脚色，故此剧在二本中无可比性），由于二本在剧情上有细微差异，故次要脚色皆有增删。增加者，如《魔合罗》多出恶吏萧令史、张千。《老生儿》多大小都子、典儿、社长。《铁拐李》多俫儿岳寿子福童、净李屠父、旦儿李屠妻、俫李屠子。既有增加又有减少者，如《范张鸡黍》多外卖酒人、旦儿张元伯妻、卜儿张母与俫儿张子，但少驾。《任风子》多出俫儿任屠子、小叔，但少大屠、二屠。

　　综上所述，从《元刊杂剧三十种》与《古今名剧合选》的比较可知元杂剧由元至明的流传过程本身也是一个不断被改编整理的过程。如果说元刊本仅仅是当时舞台演出的简要记录，那么《古今名剧合选》则在保存和整理元杂剧以及展现其全貌方面做出了重要贡献。

---

　　① 甄炜旎：《〈元刊杂剧三十种〉研究——以元、明版本比较为中心》，博士学位论文，复旦大学，2007年。

孟称舜不仅广采诸本，抄校曲文，而且重视宾白，完整地记录了剧中科白，同时还完善了剧中脚色体制，标明了折数与楔子，力求剧作结构的清晰完整。尽管剧中有受明代传奇的影响而留下的某些痕迹，但毋庸置疑，较之《元刊杂剧三十种》，《古今名剧合选》本元杂剧在剧作的文学性与舞台性上都有极大的提高，这也促进了元杂剧作品的广泛流传。

第三节　《古今名剧合选》与《脉望馆钞校本古今杂剧》

《脉望馆钞校本古今杂剧》是明代藏书家赵琦美在万历四十二年（1614）至四十五年（1617）编选的一部元明杂剧集，先后经钱谦益、钱曾、季振宜、黄丕烈等人收藏。此集今存 64 册，共收录元、明二季杂剧 242 种。其中刻本有古名家杂剧选本与息机子杂剧选本 2 种，其余皆为抄本。抄本来源不一，经专家考证，多数抄本为赵氏父子录自内府御戏监本及山东藏书家于慎行次子于小谷的家传曲本，少数抄本来历不明。这 242 种杂剧，除去重复剧作，实得 235 种，其中孤本 137 种。在元明杂剧的保存、整理与流传方面，《脉望馆钞校本古今杂剧》可谓功勋卓著。

《古今名剧合选》与《脉望馆钞校本古今杂剧》重复剧作有 27 种，即：《汉宫秋》《荐福碑》《丽春堂》《青衫泪》《金线池》《玉镜台》《窦娥冤》《梧桐雨》《墙头马上》《王粲登楼》《倩女离魂》《魔合罗》《风云会》《度柳翠》《城南柳》《三度小桃红》《萧淑兰》《对玉梳》《渔阳三弄》《替父从军》《任风子》《燕青博鱼》《风月牡丹仙》《仗义疏财》《范张鸡黍》《翰林风月》《误入桃源》。《古今名剧合选》在编选时间上虽略晚于《脉望馆钞校本古今杂剧》，但由于孟称舜与赵琦美在编选时所采用的版本乃至所依据的编选标准不同，所以二本所收上述剧作在内容上亦有较大差异。对二者进行横向深入的比较研究，有助于考察元杂剧在明代中后期的发展演变过程，把握其中不同的两条脉络走向。

一　剧本结构

（一）折与楔子

关于元杂剧折与楔子的认识，今人多从王国维之说。王国维指出："元剧以一宫调之曲一套为一折。普通杂剧，大抵四折，或加楔子。……四折之外，意有未尽，则以楔子足之。……元剧之楔子，或在前，或在各折之间，大抵用［仙吕·赏花时］或［端正好］二曲。"① 可见，元杂剧中的折既是一个音乐单元，也是一个情节单元，是演出场次划分的基本单位，而楔子则主要是对折在情节内容上做出相应补充。但核之《元刊杂剧三十种》，其中折的概念似乎是不确定的，这或许是因为当时杂剧的场次之分还未能取得一个固定的名称，是有其实却无其名，或者有些是不分折的。② 元刊本的这种情形在《脉望馆钞校本古今杂剧》中依然有所遗留。如《慧禅师三度小桃红》《月明和尚度柳翠》等皆未标明折与楔子。而有些剧作虽然明确分折，但却出现了"折""出"混杂的情况，如《窦娥冤》中前三折标"出"，最后一折标"折"。不过，《脉望馆钞校本古今杂剧》中的绝大多数剧作还是明确划分了折与楔子。但其中某些剧作折与楔子的划分与《古今名剧合选》本却有较大出入。如《窦娥冤》脉望馆第一出为《古今名剧合选》楔子与第一折，宾白中情节相同但没有《古今名剧合选》本楔子之曲辞［仙吕·赏花时］。《梧桐雨》脉望馆本第一折为《古今名剧合选》本楔子与第一折，在［正宫·端正好］下注明"楔子"字样。《魔合罗》脉望馆本第一折为《古今名剧合选》本楔子与第一折，楔子所唱曲［赏花时］下未注"楔子"字样。《误入天台》第三折为《古今名剧合选》本《误入桃源》之楔子与第三折。《城南柳》脉望馆本第一折为《古今名剧合选》本楔子与第一折。

从《元刊杂剧三十种》到《脉望馆钞校本古今杂剧》，再到《古今名剧合选》，元杂剧剧本体制的发展轨迹清晰可见。仅就三本剧中

① 王国维：《宋元戏曲史》，第93页。
② 解玉峰：《南戏不必有"套"，北剧不必有"折"》，《中华戏曲》2000年第25辑。

折与楔子的划分来看，若依《元刊杂剧三十种》或郑振铎等说这一形式在元杂剧中本不存在，乃明人所为，那么三本之间的差异恰可反映出明人对元杂剧的态度以及明人戏曲观念的发展之处①。而就《脉望馆钞校本古今杂剧》与《古今名剧合选》二本剧作比较来看，前者对于折与楔子的划分还存在着部分混杂不清的现象，这些情况在后出的《古今名剧合选》中得到了统一。《古今名剧合选》中的每剧均以独立一行的形式明确标出折与楔子，每折首曲前标明所用宫调，楔子亦标出宫调，在体制上显得极为整饬。从脉望馆本的不分折与分折、折出混用、楔子并入折内与独立划分等现象的并存，到《古今名剧合选》本的所有剧本皆以独立一行的形式，醒目地标出折和楔子，这种折与楔子划分形式的变化，正表明了从明代中期到末期明人杂剧观念的进步。

（二）题目正名

题目正名是元杂剧剧本结构的重要组成部分之一，置于剧末，多由两句或四句韵语组成，用以概括剧情。《古今名剧合选》与《脉望馆钞校本古今杂剧》在相同剧作的题目正名上也多有不同。就形式而言，脉望馆本中的题目正名位于剧末，而《古今名剧合选》本中的题目正名置于剧首剧名之后，且简称为"正目"。就实质内容而言，二本的不同较为复杂。这些不同有的表现为题目不同，正名相同。如《范张鸡黍》题目正名《古今名剧合选》本为"义烈传子母褒扬，死生交范张鸡黍"，脉望馆本为"义烈传子母荣华，死生交范张鸡黍"。《燕青博鱼》题目正名《古今名剧合选》本为"梁山泊宋江将令，同乐院燕青博鱼"，脉望馆本为"杨衙内倚势行凶，同乐院燕青博鱼"。

有的题目正名仅有末句相同。如《墙头马上》题目正名《古今名剧合选》本为"游春郊彼此窥望，动关心两情狂荡。李千金守节存贞，裴少俊墙头马上"，脉望馆本为"千金守志等儿夫，裴少俊墙头马上"。《窦娥冤》题目正名《古今名剧合选》本为"秉鉴持法廉访法，感天动地窦娥冤"，脉望馆本为"后嫁婆婆忒心偏，守志烈女

---

① 杜海军：《从元杂剧元明刊本之比较论明代戏曲的进步》，《艺术百家》2008 年第 3 期。

意自坚；汤风冒雪没头鬼，感天动地窦娥冤"。《王粲登楼》题目正名《古今名剧合选》本为"假托名蔡邕荐士，醉思乡王粲登楼"，脉望馆本为"穷书生一志绸缪，望中原有志难投；荐贤士蔡邕背稿，醉思乡王粲登楼"。不仅句数不等，文字亦大多相异，仅有末句相同。

还有的则仅为个别字句的差异。如《丽春堂》题目正名《古今名剧合选》本为"李监军大闹香山会，四丞相高宴丽春堂"，脉望馆本为"乐善公遭贬济南府，四丞相歌舞丽春堂"。《萧淑兰》题目正名《古今名剧合选》本为"贤嫂嫂合成金贯锁，亲哥哥配上玉连环；张世英饱存君子志，萧淑兰情寄菩萨蛮"，脉望馆本为"贤嫂嫂成合金贯锁，亲哥哥配上玉连环；张世英饱存君子志，萧淑兰情寄菩萨蛮"。《魔合罗》题目正名《古今名剧合选》本为"李文道毒药摆哥哥，萧令史暗里得钱多；高老儿屈下河南府，张平叔智勘魔合罗"，脉望馆本为"小叔图财欺嫂嫂，故将毒药摆哥哥；高山屈下河南府，张鼎智勘魔合罗"。有的甚至仅为一字之差，如《梧桐雨》题目正名《古今名剧合选》本为"高力士离合鸾凤侣，安禄山反叛兵戈举；杨贵妃晓日荔枝香，唐明皇秋夜梧桐雨"，脉望馆本为"高力士离合鸾凰侣，安禄山反叛兵戈举；杨贵妃晓日荔枝香，唐明皇秋夜梧桐雨"。《金线池》题目正名《古今名剧合选》本为"韩解元轻负花月约，老虔婆故阻燕莺期；石好问复任济南府，杜蕊娘智赏金线池"，脉望馆本为"韩解元轻负花月约，老虔婆间阻燕莺期；石好问复任济南府，杜蕊娘智赏金线池"。

从总体来说，较之《脉望馆钞校本古今杂剧》，《古今名剧合选》本题目正名有两大特点：一是置于剧首以"正目"名之，彰显出明代杂剧在体制上深受传奇影响的一面。二是其句式更为押韵对仗、整齐划一，对于剧情的概括提炼也更为全面精辟，充分展现出明末杂剧逐渐走向案头化的趋势。

由于二本在题目正名上的不同，导致了《古今名剧合选》与《脉望馆钞校本古今杂剧》中一些杂剧的全名也有了细微的差别。如王实甫《丽春堂》，《古今名剧合选》本全名为《四丞相高宴丽春堂》，脉望馆本作《四丞相歌舞丽春堂》。《古今名剧合选》本《张平叔智勘魔合罗》，脉望馆本作《张孔目智勘魔合罗》。《古今名剧合

选》本《荆楚臣重对玉梳记》，脉望馆本作《荆楚臣重对玉梳》。《古
今名剧合选》本《雌木兰替父从军》，脉望馆本作《木兰女》。《古今
名剧合选》本《狂鼓史渔阳三弄》，脉望馆本作《渔阳三弄》。《古今
名剧合选》本《刘晨阮肇误入桃源》，脉望馆本作《刘晨阮肇误入天
台》。从《脉望馆钞校本古今杂剧》到《古今名剧合选》，二本剧作
全名的这些不同有的是同一人物的称名不同，如《魔合罗》中"张
孔目"之于"张平叔"；有的是添加了人物性别与主要事件，如《木
兰女》之于《雌木兰替父从军》；有的是主要情节的改变，如《丽春
堂》中"歌舞"与"高宴"；有的为事件发生地点的不同，如《刘晨
阮肇误入天台》之于《刘晨阮肇误入桃源》。总体来看，这些都属于
细微差别，并未引起剧名歧义之现象，也不妨碍读者据此推知剧情梗
概。较之元刊本与明刊本的较大差异，脉望馆本与《古今名剧合选》
本之间的差异明显较小，这大概与赵琦美、孟称舜同为明季之人，在
杂剧选编时所采用的版本相近不无关系。

二 脚色体制

杂剧脚色体制在明代获得了长足的发展，万历年间是一个不可忽
视的重要时期。出现于此期的《脉望馆钞校本古今杂剧》彰显出杂
剧脚色体制由元刊本的简单粗疏逐渐过渡到明刊本的复杂明晰，而其
后出现的《古今名剧合选》则代表着杂剧脚色体制在明代的成熟与
定型。二本相同剧作在脚色体制上主要有以下两点不同。

首先，脚色名称的标注。脉望馆本剧作中某些次要人物出场时，
多未标注脚色名称，《古今名剧合选》本则对这些次要人物纷纷派以
脚色，清楚地标出脚色与人物的对应关系。如《荐福碑》第一折扬
州太守宋公序出场时脉望馆本不明何脚色，《古今名剧合选》本则作
"外扮宋公序"。《玉镜台》第一折脉望馆本夫人脚色不明，《古今名
剧合选》本则作"老旦扮夫人引梅香上"。《窦娥冤》第一折窦天章、
赛卢医脉望馆本脚色不明，《古今名剧合选》本于楔子、第一折中依
次作"冲末扮窦天章""净扮赛卢医"。对于剧中的次要脚色，脉望
馆本多直接标示人名而不标脚色名，或仅标脚色名而略去人名。较之
脉望馆本简单粗疏的做法，《古今名剧合选》本中对脚色的标示逐渐

趋于全面细化，无论主角或配角，一般皆标明脚色，且亦标出其所对应的剧中人物姓名。《古今名剧合选》本中脚色标注的基本格式大致采用"某扮某某"的形式，脚色名在前，人名在后，如《玉镜台》楔子中"正末扮温峤上云"，《墙头马上》第一折"冲末扮裴尚书"。若有众多人物同时出场，则改用"某扮某某同某扮某某"的标注格式，如《魔合罗》楔子中开生药铺的李文道父子及配角卖货郎高山出场，亦明确标出脚色，作"冲末扮李彦实引净扮李文道上""外扮高山挑担子上"。而脉望馆本中对于卖货郎高山和开生药铺的李文铎等次要人物则直接标示为"高山上""李文铎上"，并未点明其对应的脚色名称，远不如《古今名剧合选》本明确。又如《燕青博鱼》第一折《古今名剧合选》本有"冲末扮燕大搽旦扮王腊梅外扮燕二同上"，而脉望馆本则作"燕青燕二净搽旦同上"（考后文宾白，燕青应为燕大之误），人物与脚色的对应关系模糊，标注形式混杂不明。如果出场人物较多，《古今名剧合选》有时也会采用"某扮某某同某某"的标注形式，其中最后两个"某某"指脚色名。如《任风子》第一折"正末扮任屠同旦儿上"，旦儿即任妻李氏。又如《魔合罗》楔子中男主角李德昌及其妻、子出场，《古今名剧合选》本标作"正末扮李德昌同旦、俫上"，而脉望馆本中对李德昌及其妻的第一次上场仅提示"正末同旦上"，并未标出人物姓名，人物的姓名、身份等基本信息须通过演员的自我交代。不过，《古今名剧合选》本在脚色标注时亦有疏漏之处，对剧中的一些次要人物有时会失题脚色，如《误入桃源》第二折中的金童玉女没有派以脚色，直接标为"金童玉女上"；第三折有"净扮刘德引沙三王留等将砌末上"，沙三、王留皆不标对应的脚色名。有时仅标脚色名而失题人名，如《青衫泪》第一折"末同二外上"，只有进一步阅读才可从后文获悉"末"扮白居易，"二外"扮贾浪仙、孟浩然。当然，瑕不掩瑜，这些疏漏不足之处与《古今名剧合选》在杂剧脚色体制的改革中所作出的重要贡献相比是微不足道的，它们的存在也正说明了从《脉望馆钞校本古今杂剧》到《古今名剧合选》，杂剧脚色体制的发展正在逐渐朝着全面、细致、明晰、统一的方向前进。

其次，脚色的道德内涵的强化。《古今名剧合选》较《脉望馆钞校本古今杂剧》而言，在脚色的道德内涵上逐渐强化。尽管与元刊本相比，脉望馆本中的一些脚色已经带有明显的道德价值判断色彩，但还处于萌芽状态，尚未形成一定的程式。到《古今名剧合选》中，这种脚色所蕴含的道德内涵得到了进一步的强化，脚色自身的道德价值判断意义有了一定的标准，显得更为清晰。这突出体现在"净""丑"两个脚色上。

如果说《元刊杂剧三十种》中的"净"更倾向于"外"，一面负责对剧情发展作辅助性说明，一面肩负着插科打诨、调剂演出节奏的使命，那么《脉望馆钞校本古今杂剧》中的"净"则对元刊本既有承继也有发展。在舞台功能方面，脉望馆本发扬了元刊本"净"脚主司科诨的职能及推进剧情的作用，如《范张鸡黍》中的"净"王仲略。但同时也有发展，就脚色与人物的对应关系来看，"净"脚所扮演的人物往往蕴含着一定的负面道德内涵与价值判断意义，如《魔合罗》中以"净"扮的河南府尹。可见，某些脚色被赋予一定的价值评判意义在脉望馆本已经发端。而《古今名剧合选》在《脉望馆钞校本古今杂剧》所建立的这一基础上，重新厘定"净"角的道德内涵，使之更为明晰具体。总体来看，《古今名剧合选》本中由"净"角扮演的人物大致符合以下三个向度的特点：一是性情刚烈；二是奸险狡诈；三是具有滑稽色彩。三个特点只要具备其中之一，即以"净"扮，反之，则改为以其他脚色扮。如《魔合罗》中的李文道药死哥哥，妄图霸占嫂嫂，实乃一个奸险小人，但脉望馆本中却未标明其脚色名，而直接以人名标示。而《古今名剧合选》本中则以"净"扮李文道，将脉望馆本中原本以"净"扮的河南府尹改为以"孤"扮。《窦娥冤》第一折出场的赛卢医是一个坑蒙拐骗的江湖游医，从剧情发展来看，实为窦娥悲剧命运的制造者之一。对于这样一位反面人物，脉望馆本中却脚色不明，而《古今名剧合选》本则以"净"扮。

《脉望馆钞校本古今杂剧》中的"丑"的出现频率较低，仅有几例，如《青衫泪》中的帮闲张二哥就以"丑"扮。此外，《勘头巾》《野猿听经》二剧中也出现了这一脚色。到了《古今名剧合选》中，"丑"的使用逐渐变得普遍，其所蕴含的道德内涵亦得以定性。孟称

舜在编选过程中有意识地使"丑"成为有别于"净"的又一类反面
脚色或滑稽脚色。如《燕青博鱼》中的店小二，脉望馆本由"净"
扮，《古今名剧合选》改为"丑"扮。《魔合罗》中的萧令史脉望馆
本无脚色名，《古今名剧合选》本则定为以"丑"扮，还用"官人清
似水，外郎白似面；水面打一和，糊涂成一片"等四句上场诗刻画了
其性格中丑陋的一面，起到了调笑发乔的作用。《古今名剧合选》中
对"净""丑"这两类脚色的使用分野较为清楚。一般来说，凡身份
低贱、更具滑稽色彩的人物，如店小二、帮闲、走卒、仆从等，多以
"丑"扮；而地位较高、更多邪恶色彩的人物，如奸臣、酷吏、贪
官、恶棍等，则多由"净"扮。当然，这两类脚色内涵的划分并不
是绝对的，以"净"扮的人物常常仅有调笑发乔的滑稽色彩，而以
"丑"扮的人物有时则是面目可憎的反面人物。要根据剧本的具体情
况区别对待。

三 曲牌

《古今名剧合选》与《脉望馆钞校本古今杂剧》二本在曲牌上的
不同主要体现在曲牌数量的多寡、曲牌异名现象及曲词差异等三个
方面。

（一）曲牌数量的多寡

总体而言，同一剧作《古今名剧合选》本的曲牌数量一般情况下
要多于脉望馆本。如《对玉梳》第四折［落梅风］后《古今名剧合
选》本较脉望馆本多［水仙子］一曲，［折桂令］后较脉望馆本多
［锦上花］［清江引］［离亭宴煞］三曲。《王粲登楼》第一折［仙吕
点绛唇］套《古今名剧合选》本［么篇］与［赚煞］中间较脉望馆
本多［金盏儿］一曲。《燕青博鱼》第四折［双调·新水令］套［搅
筝琶］曲后《古今名剧合选》本较脉望馆本多［乔木查］［甜水令］
［折桂令］三曲。又如《窦娥冤》脉望馆本第一折为《古今名剧合
选》本楔子与第一折，但没有《古今名剧合选》本楔子之曲辞［仙
吕赏花时］，［青哥儿］后《古今名剧合选》本多［寄生草］一曲；
第二折《古今名剧合选》本为九曲，较脉望馆本多［牧羊关］［骂玉
郎］［采茶歌］［黄钟尾］四曲，而此四曲脉望馆本置于在第三折开

头；第三折《古今名剧合选》本［鲍老儿］下较脉望馆本多［耍孩儿］［二煞］［一煞］三曲；第四折《古今名剧合选》本有十曲，较脉望馆本多［沉醉东风］［川拨棹］［七弟兄］［梅花酒］［收江南］五曲。

有时二本中也存在脉望馆本曲牌较《古今名剧合选》本为多的现象，但这一情况出现频率较低。如《魔合罗》脉望馆本第一折为《古今名剧合选》本楔子与第一折，［天下乐］与［醉中天］上较《古今名剧合选》本多出赵琦美补写的［那吒令］一曲。《任风子》第三折［中吕·粉蝶儿］套［煞尾］曲后脉望馆本多［尾声］一曲。《燕青博鱼》第一折［大石调·六国朝］套［初问口］［尾声］二曲脉望馆本重复抄写。

（二）曲牌异名

除了曲牌数量的多寡以外，《古今名剧合选》与《脉望馆钞校本古今杂剧》二本剧作某些曲牌还存在异名现象。如《梧桐雨》第一折《古今名剧合选》本为［仙吕·八声甘州］，脉望馆本作［正宫·端正好］；第三折［双调·新水令］套《古今名剧合选》本［双鸳鸯煞］，脉望馆本作［随煞］（本为［双鸳鸯煞］，墨笔涂改为［随煞］）。《任风子》第二折［正宫·端正好］套《古今名剧合选》本［煞尾］，脉望馆本作［尾声］。《燕青博鱼》第二折［仙吕·点绛唇］套《古今名剧合选》本［赚煞尾］，脉望馆本作［尾声］；第三折［中吕·粉蝶儿］套［煞尾］，脉望馆本作［尾声］。《汉宫秋》第一折［仙吕·点绛唇］套《古今名剧合选》本［赚尾］，脉望馆本作［煞尾］；第三折［双调·新水令］套［鸳鸯煞］，脉望馆本作［尾声］。《玉镜台》第一折［仙吕·点绛唇］套《古今名剧合选》本［赚煞尾］，脉望馆本作［赚煞］。《窦娥冤》第三折［正宫·端正好］套《古今名剧合选》本［煞尾］，脉望馆本作［尾声］；第四折［双调·新水令］套《古今名剧合选》本［乔牌儿］，脉望馆本作［雁儿落］。又如《墙头马上》第一折《古今名剧合选》本首曲、二曲依次为［仙吕·点绛唇］［混江龙］，而脉望馆本第一、二曲曲牌名恰好颠倒过来，为［仙吕·混江龙］［点绛唇］，但曲词内容与《古今名剧合选》本一致。《魔合罗》第二折［黄钟·醉花阴］套

《古今名剧合选》本［节节高］，脉望馆本作［村里迓鼓］。《风云会》第三折［正宫·端正好］套［醉太平］后之［二煞］［煞尾］，脉望馆本作［一煞］［煞尾］。

（三）曲词差异

《古今名剧合选》与《脉望馆钞校本古今杂剧》二本剧作曲词差异的具体表现形式比较复杂，有些剧作曲牌虽然相同，但曲词却完全不同。如《燕青博鱼》楔子［幺篇］，《古今名剧合选》作：

> 罢波，我枉舍了火也似热热的一丹心，早没了我镜也似朗朗的双明目，可着谁养赡我这七尺之躯，想弟兄每虎踞了山东路，则撇了个不出力的燕青去。

《脉望馆钞校本古今杂剧》作：

> 阿罢波，我一声长叹双无目，可不道谁养赡我这七尺之躯，则俺那弟兄每各罢了他这山东路，则这个无廉耻不干事，撇他这个燕青去。

《古今名剧合选》本曲词形式更为整饬，曲意更顺畅，在传情达意方面也更成功。又如《窦娥冤》第一折［仙吕·点绛唇］套首曲及［青哥儿］，《古今名剧合选》本为：

> ［点绛唇］满腹闲愁，数年禁受，天知否？天若是知我情由，怕不待和天瘦。
> ［青哥儿］你虽然是得他得他营救，须不是筍条筍条年幼，划的便巧画娥眉成配偶。想当初你夫主遗留，替你图谋，置下田畴，早晚羹粥，寒暑衣裘，满望你鳏寡孤独，无捱无靠，母子每到白头。公公也，则落得干生受。

脉望馆本为：

[点绛唇] 满腹闲愁，数年坐受，长相守无了无休，朝暮依然有。

[青哥儿] 你比那扇坟的生受，又不是笋条年幼，划的你巧画娥眉成配偶，当初你夫主遗留，替你担忧，四时羹粥，又结绸缪，指望你鳏寡孤独，无揸无靠，母子每到白头。公公也，你为他干生受。

二本相较，很显然，《古今名剧合选》本的曲词更契合窦娥善良、坚强、孝顺的性格，文学性也更强。

有些曲词的不同仅表现为个别字句的差异。如《汉宫秋》第三折《古今名剧合选》本 [步步娇] "慢慢的捧作玉觞"之"慢慢"，脉望馆本作"满满"。"慢慢"指喝酒的一种动作状态，而"满满"则表示玉觞中酒之状态，结合此曲后句"朕本意待尊前捱些时光"来看，《古今名剧合选》本之"慢慢"更符合曲意曲情。《范张鸡黍》第二折《古今名剧合选》本 [三煞] "奠楹梦断阴风冽"，脉望馆本作"奠英魂梦断阴风烈"。又如《翰林风月》第一折 [寄生草] 曲《古今名剧合选》本"海棠风锦机摇动鲛绡冷"，脉望馆本作"海棠风锦机动鲛绡"，据后文"芳草茵翠纱笼罩玻璃净"可知此折为"庚青"韵，脉望馆本失韵。《牡丹仙》第二折 [感皇恩] 曲词"乐的是会嘉宾"后，《古今名剧合选》为"喜的是闻新乐，爱的是聚名娼，怕的是风寒雨骤，嫌的是蝶浪蜂狂"，脉望馆本作"喜的是蝶浪蜂狂"，《古今名剧合选》本曲词与前句形成排比，在形式及内容上更趋于文人化、案头化。

有些剧作曲牌异名，曲词亦略有差异。如《任风子》第二折 [正宫·端正好] 套《古今名剧合选》本 [煞尾]，脉望馆本作 [尾声]，二本曲词微异，《古今名剧合选》本为：

[煞尾] 再谁想泥猪疥狗生涯苦，玉兔金乌死限拘，行无量，乐有余。……

脉望馆本作：

〔尾声〕再谁想<u>晚眠早起</u>生涯苦，玉兔金乌死限拘，<u>幸有良，</u>乐有余。……

此曲抒发了任屠对修炼生活的感慨，就画线处不同来看，《古今名剧合选》本中的曲词与剧情及人物思想变化更为契合。

通过《古今名剧合选》与《脉望馆钞校本古今杂剧》二本曲词的对比可知，造成二本曲词不同的原因主要出于以下三种情况。一是依据的版本不同。由于二本所参照的版本来源不同致使剧中曲词出现差异。如《仗义疏财》剧，《古今名剧合选》本共五折，而脉望馆本为四折。此剧前三折〔仙吕·点绛唇〕〔中吕·粉蝶儿〕〔正宫·端正好〕套二本均无大的出入，但第四折〔双调·新水令〕，脉望馆本作〔黄钟·醉花阴〕套，与《古今名剧合选》本所收曲词完全不同。由于《古今名剧合选》本参照之版本较脉望馆本有了较大改变，故剧中情节、出场人物等与脉望馆本也大有不同，二本相同曲牌所对应的部分曲词内容自然也发生了相应的变化。以第二折为例，《古今名剧合选》本中与李逵下山的是燕青，而脉望馆本中则为一丈青，部分曲词如〔斗鹌鹑〕《古今名剧合选》本"这雪冤李山儿亲身愿领，我合着浪子燕青，我将那机谋暗整"、〔耍孩儿〕"只消的黑旋风浪子燕青"、〔尾声〕"不是李山儿夸大言，俏燕青敢自逞"，脉望馆本此三曲曲词皆据剧情作了相应的变动，依次作"这雪冤仇我与你便亲身愿领，也不要史进徐宁，也不要武松鲁智深""只消的黑旋风一丈青""不是这李山儿夸大言，这一丈青敢自逞"。二是辅助参考的版本有异。尽管二本剧作在版本上同源，但由于在整理选编时参考了其他版本，从而造成了二本的差异。如《梧桐雨》第三折〔双调·新水令〕套《古今名剧合选》本〔双鸳鸯煞〕"黄埃散漫悲风刮，碧云惨淡夕阳下。一程程水绿山青，一步步……"脉望馆本作〔随煞〕（本为〔双鸳鸯煞〕，墨笔涂改为〔随煞〕）"黄埃散漫悲风刮，碧云惨淡夕阳下。〔鸳鸯煞〕（本无，旁补）一程程水绿山青，一步步……"第四折〔正宫·端正好〕套〔黄钟煞〕，脉望馆本作〔鸳鸯煞〕，曲词除赵琦美旁补之"梧音清，眉颦翠黛，云鬟不整，宝髻斜偏乱鬆鬆"

外，其余与《古今名剧合选》本曲词完全相同。三是误抄误刻。如
《玉镜台》第二折［贺新郎］，《古今名剧合选》与《脉望馆钞校本
古今杂剧》二本曲词差异较大，原因就在于脉望馆本在此曲的后半掺
入《隔江斗智》第四折之［油葫芦］一曲。这种误抄误刻有时还表
现为失写曲牌，使二曲合为一曲者，如《汉宫秋》第四折［中吕·
粉蝶儿］套［醉春风］一曲脉望馆本曲词为"恰尽御炉香，再添黄
串饼，想娘娘似竹林寺不见半分形，则留下这个影影，未死之时，在
生之日，一般恭敬。高唐也梦难成，那里也爱卿爱卿，却怎生无些灵
圣，怎做的吾当染之轻"。《古今名剧合选》本作"［醉春风］恰尽御
炉香，再添黄篆饼，想娘娘似竹林寺不见半分形，则留下这个影影，
想着你未死之时，在生之日，我将你一般恭敬。［叫声］高唐梦苦难
成，那里也爱卿爱卿，却怎生无些灵圣，偏不许楚襄王枕上雨云情"。
可见，较之《古今名剧合选》本，脉望馆本此处失题曲牌［叫声］。
又如《倩女离魂》第四折［黄钟·醉花阴］套脉望馆本［寨儿令］
作"我每日价萦萦，阁不住两泪盈盈，如今有的罪过手拍着胸脯自招
承，自感叹，自伤情。则被你将一个痴小冤家，送的来离乡背井，每
日价烦烦恼恼孤孤另另，少不得乞良成病，断送了泼残生"。《古今
名剧合选》本作"［寨儿令］我每日价萦萦阁不住两泪盈盈，手拍着
胸脯自招承，自感叹，自伤情，自恼悔，自由性。［神仗儿］俺娘他
毒害的有名，全无那子母面情，则被他将一个痴小冤家，送的来离乡
背井，每日价烦烦恼恼孤孤另另，少不得厌煎成病，断送了泼残生"。
脉望馆本此处失题曲牌［神仗儿］，人为地造成了剧作版本的差异。

四 宾白

关于元杂剧中的道白被称为宾白的原因，今多从徐渭之说："唱
为主，白为宾，故曰宾白，言其明白易晓也。"[1] 宾白在元人杂剧中
的确无足轻重，但自明代中后期起，不管是在创作还是理论方面，这
一状况都得到了极大的改善。就戏曲的编选而言，较之元刊本、明刊
本在宾白的形式、数量及功能方面都有较大的变化与发展。宾白与曲

---

① 徐渭:《南词叙录》,《中国古典戏曲论著集成》(三), 第 246 页。

词交互使用，密切配合，一叙事，一抒情，共同营构出"曲白相生"的戏剧效果与艺术妙境，自然也取得了与曲词同等重要的地位。当然，元刊本宾白虽数量少、内容减省，但其本色自然的风格对后世戏曲的创作乃至编选都产生了巨大影响。以《脉望馆钞校本古今杂剧》与《古今名剧合选》为例，二本一方面继承了元刊本宾白的通俗本色风格；另一方面，在宾白的使用上较元刊本又有了较大发展，不仅数量增多，形式多样，而且作用突出，逐步走向成熟。但就二本相同的二十七种剧作来看，在宾白的具体使用上又存在一定的差异。

在《古今名剧合选》与《脉望馆钞校本古今杂剧》二本相同剧作中，有时由于上场人物的不同，场上时空场景发生改变，从而引发宾白的变化。如《任风子》第一折始，脉望馆本有东华仙与八仙之汉钟离的大段对白，内容为讲述修道成仙的妙处及东华仙派马丹阳前去度脱任屠。紧接着又有冲末扮马丹阳上场，以大段道白宣扬了唯有辛苦修炼才能终居人上的思想及欲前去度脱任屠的缘由。这两段宾白同时出现，在内容上显得冗长拖沓，啰唆重复，故《古今名剧合选》本将脉望馆本开头的二仙对白加以删除，直接以"（冲末扮马丹阳上云）"开篇，改变了脉望馆本繁缛冗杂的弊病，使剧情更为简洁利落。

在二本出场人物不变的情况下，《古今名剧合选》本的宾白往往显得更胜一筹，在人物形象塑造及推进剧情方面均起到了极为重要的作用。如《古今名剧合选》本《窦娥冤》第二折［南吕·一枝花］套窦娥所唱［隔尾］曲中插有张驴儿、蔡婆婆、窦娥之间的宾白，具体如下：

> （张驴儿）我家的老子，倒说是我做儿子的药死了，人也不信。（做叫科）四邻八舍听着，窦娥药杀我家老子哩。（卜儿）罢么，你不要大惊小怪的，吓杀我也。（张驴儿）你可怕吗？（卜儿）可知怕哩。（张驴儿）你要饶吗？（卜儿）可知要饶哩。（张驴儿）你教窦娥随顺了我，叫我三声的的亲亲的丈夫，我便饶了他。（卜儿）孩儿也，你随顺了他罢。（正旦）婆婆，你怎说这般言语？

而脉望馆本《窦娥冤》第二出［隔尾］曲中仅有一句宾白：

　　（卜）与他做了浑家罢。

　　二本此曲曲词基本一致，但宾白却一多一少，差异较大。《古今名剧合选》本通过大段的宾白既凸显了人物各自不同的个性特点，如张驴儿的奸狡无赖、蔡婆婆的软弱、窦娥的坚贞刚强，又为后来的情节发展埋下伏笔。正因为窦娥不肯随顺，张驴儿将其告上公堂，从而引发了更为激烈的戏剧冲突，推动了剧情的发展。脉望馆本曲中宾白仅有一句，在刻画人物方面显然略为逊色。

　　简单来说，作为明末出现的著名杂剧选本，《古今名剧合选》在不忘剧作舞台性的同时更注重剧本的文学性，而早于其出现的《脉望馆钞校本古今杂剧》则对于剧作的场上搬弄十分在意，剧本中的舞台表演提示更多。如《汉宫秋》第一折中有一段毛延寿独白，《古今名剧合选》本作：

　　某毛延寿领着大汉皇帝圣旨，遍行天下刷选室女，已选勾九十九名，各家尽有馈进金银。只少一名，昨来到成都秭归县选得一人，乃是王长者之女，名唤王嫱，字昭君，生得光彩射人，十分艳丽，真乃天下之绝色。争奈他本是庄农人家，无大钱财，我问他要百两黄金，选为第一。他一则说家道贫穷，一则倚着他容貌出众，全然不肯。欲待退了他，不要到好了他，眉头一皱，计上心来，只把美人图点上些破绽，到京师必定退入冷官，教他受一生清冷。正是恨小非君子，无毒不丈夫。

脉望馆本作：

　　某毛延寿便是，领着大汉皇帝圣旨，遍行天下刷选室女，已选勾九十九名，各家尽有馈送。只少一名，昨来到成都秭归县选得一人，乃是王长者之女，名唤王嫱，字昭君，生得光彩射人，十分艳质，真乃天之绝色。争奈他家本是庄农人家，无大钱财，我问他要百两黄金，选为第一。他一则说家道贫穷，一则倚着他容貌出众。欲待退了他。（做忖科云）不要到好了，我眉头一纵，计上心来，只把美人图点上些破绽，到京师必定退入冷宫。我教他受一生清冷。正是恨小非君子，无毒不丈夫。

二本宾白均以独白的形式交代了毛延寿借为皇帝选美之机大力搜刮民财，王昭君因不肯贿赂毛延寿而招其忌恨，欲陷害昭君的基本情节。宾白内容虽然基本一致，但《古今名剧合选》本以叙述为主，而脉望馆本在人物念诵交代中插入一舞台表演提示语"做忖科云"，较之《古今名剧合选》本更具舞台意蕴，彰显出注重表演效果的目标预设。概言之，《古今名剧合选》在宾白的整体处理上要优于脉望馆本，既达到了"尤为其人写照"①的效果，使人物形神毕肖，又为剧情的推进夯实了基础。

第四节 《古今名剧合选》与《元曲选》

《元曲选》又名《元人百种曲》，是臧懋循于明万历四十三年（1615）、四十四年（1616）编选的一部杂剧集，共收录杂剧一百种。据臧懋循自序可知，这一百种剧作的来源有刊本与藏本两大类：采自李开先《改定元贤传奇》、陈与郊《古名家杂剧》及息机子《古今杂剧选》者，七十余种；采自臧氏亲戚湖北麻城刘承禧家藏之宫廷御戏监抄本者，约二百种。②《元曲选》以其整齐统一的选编体例与录入剧作的较大数量与上乘质量，自出现之始就备受欢迎，赢得了使用者的赞誉，但因臧懋循在编选时屡以己意改动剧作，也使《元曲选》在广泛流传的同时颇为时人及后世曲家所诟病。正如曲学大家王骥德所云："近吴兴臧博士晋叔校刻元剧，上下部共百种。自有杂剧以来，选刻之富，无逾比。读其二序，自言搜选之勤，多从秘本中遴出。……

① 朱颖辉辑校：《孟称舜集》，第585页。
② 臧懋循：《元曲选序》中自称："余家藏杂剧多秘本，顷过黄从刘延伯借得二百种，云录之御戏监，与今坊本不同。"《元曲选》，中华书局1958年版，第4页。

其百种之中，诸上乘从来脍炙人口者已十备七八；第期于满百，颇参中驷，不免鱼目、夜光之混。又句字多所窜易，稍失本来，即音调亦间有未谐，不无遗憾。……要之，此举搜奇萃涣，典刑斯备，厥功居多，即时露疵缪，未称合作，功过自不相掩。"① 王骥德对《元曲选》的评价客观中肯，堪为代表。由于《元曲选》中的元杂剧科白齐全、体例统一，且于每剧之后皆附有音释，便于阅读，自然而然便成为明代及后世欣赏、研究元杂剧的最重要的杂剧选集。

《古今名剧合选》的编选在很大程度上是对《元曲选》的继承。在《古今名剧合选》所选录的56种剧作中，有元杂剧34种，明杂剧22种。《古今名剧合选》与《元曲选》所收相同剧作共36种，即：《汉宫秋》《金钱记》《玉镜台》《东堂老》《燕青博鱼》《潇湘雨》《墙头马上》《梧桐雨》《老生儿》《铁拐李》《荐福碑》《倩女离魂》《扬州梦》《王粲登楼》《青衫泪》《丽春堂》《范张鸡黍》《两世姻缘》《翰林风月》《红梨花》《城南柳》《谇范叔》《金线池》《隔江斗智》《度柳翠》《误入桃源》《魔合罗》《对玉梳》《竹坞听琴》《赵氏孤儿》《窦娥冤》《李逵负荆》《萧淑兰》《柳毅传书》《任风子》《张生煮海》。在这36种剧作中，除去元杂剧31种外，还有明杂剧5种：《城南柳》《隔江斗智》《误入桃源》《对玉梳》《萧淑兰》。可见《元曲选》所录也并非全是元杂剧，臧懋循亦将少量明初杂剧误以为是元人杂剧，而收入选中。《古今名剧合选》与《元曲选》二本相同剧作达36种之多，这个数目占到《古今名剧合选》所收剧作总数的64%，由此不难看出，《元曲选》是《古今名剧合选》所录剧作的主要来源。《古今名剧合选》继承了《元曲选》整饬统一的剧本体例，折与楔子的划分十分清楚，科白齐全，剧中生僻字皆附有音释。但因《古今名剧合选》本剧作对《元曲选》本时从时不从，故又与《元曲选》本有着较为明显的差异。就二本相同剧作来看，其不同主要体现在以下几个方面。

---

① 王骥德：《曲律》，《中国古典戏曲论著集成》（四），第170页。

一 评点的有无

元人杂剧多有文字不精、科白减省的现象，这从《元刊杂剧三十种》中就可见出。臧懋循为了"尽元曲之妙"，在选编《元曲选》时对不少剧作都进行了"参伍校订"①"删抹繁芜"②的工作，以一己之意加以修改。尽管臧氏此举使元杂剧在体制上逐渐走向规范化、成熟化，但却在很大程度上破坏了元杂剧的原貌。让人遗憾的是，虽然臧懋循对《元曲选》的整理加工颇为精工细密，但却并未说明每个剧本所采用的底本以及被其改编增删的实际情况。因为臧懋循没有出详尽的校勘记，使后人对于《元曲选》中各剧的原貌无法得以清晰把握。对于臧懋循这种改而不记的做法，孟称舜则通过剧中评点适当加以规避。《古今名剧合选》通过大量的评点，清楚地记录了剧作版本、曲词增删等问题，在还原元人杂剧的本来面目方面可谓功勋不小。

《古今名剧合选》中孟称舜对各剧所加的评点，主要由剧首总评和剧中分评组成，评点的内容一般刊刻于剧本的天头部分，剧中还附有大量的圈点符号和极少量的夹批。各剧评点数量多少不一，有的剧目评点多至四五十条，属详评，有的则仅有七八条，属略评。评点内容精彩多样，或是对所选剧本作者的考订与介绍，或是注明剧目底本与《元曲选》本的异同，或是对剧目本事源流的梳理与分析，或是从艺术角度对剧作剧情、曲词、风格等进行品评，或仅仅是对个别字音、词义的注释。内容精彩多样，既闪耀着理性的光辉，又具有重要的文献价值。如评《窦娥冤》第一折〔混江龙〕曲曰："吴兴本增有'催人泪的是锦烂漫花枝横绣榻，断人肠的是剔团圞月色挂妆楼'等语，太觉情艳，不似窦娥口角，依原本删之。"通过这则评点一方面可以感受到孟称舜对剧中人物形象塑造的重视，他追求曲词的个性化，故《古今名剧合选》本剧作曲词较《元曲选》本的确更契合人物性格；另一方面可以探知《元曲选》对元人杂剧的改动之处有哪些。对于《古今名剧合选》与《元曲选》二本杂剧的不同之处，孙

---

① 臧懋循：《元曲选序》，《元曲选》，中华书局1958年版，第4页。
② 臧懋循：《寄谢在航书》，《负苞堂集》，古典文学出版社1958年版，第92页。

楷第先生曾经指出：

> 明人改元曲由李开先开其端，至臧懋循而益甚。称舜此编即以臧懋循《元曲选》为底本，校以他本而斟酌损益之，不尽依原文，其失与懋循同。唯改定处多疏于上方，体例实较懋循本为善。考懋循擅改元曲，世人多知其谬。如沈德符及叶堂等，皆先后抨击。然自明以来唯百种曲盛行于世，凡百种曲中文字，何者为原文，何者为臧懋循所改，皆了不可知。虽今日秘本多出，如元刊本杂剧，如尊生馆刊本《阳春奏》，如息机子《杂剧选》，如陈与郊《正续古名家杂剧》皆选元曲，可资校刊。其间有重至三四本者，固可援从众之义定懋循本之非。然考异之书，至今无之。读《元曲选》者，于其文之得失犹未能一一辩明之也。称舜此编批注详载去取始末。至今读之，不唯称舜之意旨可见，即懋循所增改者亦多藉以证明。[①]

的确，较之《元曲选》，《古今名剧合选》因为在剧中以评点的形式注明了剧作版本的变化发展及曲词的增删等，从而具有独特的文献价值与校勘作用，孙楷第此论可谓精辟中的。

二 曲牌与曲词

在剧作底本的选择上，《古今名剧合选》虽然主要以《元曲选》为依据，但同时也校以他本而对剧作内容进行了相应的斟酌增损，由此便产生了二本剧作在曲牌数量、曲牌名称及曲词内容方面的不同。

就曲牌数量而言，有时《古今名剧合选》本曲牌多于《元曲选》本，如《玉镜台》第三折［耍孩儿］曲后《古今名剧合选》本较《元曲选》本多出［六煞］［五煞］二曲。孟称舜在此二曲上加批曰："此二枝正说珍惜之甚，断不可少。吴兴本尽删去，今照原本增入。"[②]《任风子》第三折《古今名剧合选》本较《元曲选》本多

---

① 孙楷第：《戏曲小说书录解题》，第432—433页。
② 孟称舜：《柳枝集》，第330页。

［三煞］一曲。又如《张生煮海》第二折［南吕・一枝花］套前张生宾白前，《古今名剧合选》本有"（正旦同四旦扮毛女打鱼鼓简子上云）"，紧接着又有正旦毛女所歌［出对子］一套曲，其中包括［出对子］［幺］［幺］［幺］［幺］［十棒鼓］六曲，《元曲选》本无。孙楷第先生指出"此乃院本串入之体，《诚斋乐府》中多有之，当是原文。懋循弃而不录，此本保存之，亦为可贵"①。有时《元曲选》本曲牌多于《古今名剧合选》本，如《对玉梳》第四折［折桂令］后《元曲选》本有［锦上花］［幺篇］［清江引］［离亭宴］四曲，《古今名剧合选》本仅取［清江引］，又另作［收尾］一曲收束全剧。孟称舜特于［折桂令］上眉批云："原本自此枝止，反觉精绝。吴兴本增改数枝，又太繁冗。今特略为删改。"②

除了曲牌数量的多寡以外，二本有些曲牌存在异名现象。如《古今名剧合选》本《任风子》第三折［煞尾］，《元曲选》本为［赚煞］。《古今名剧合选》本《梧桐雨》第二折［尾声］，《元曲选》本为［啄木儿尾］；第三折［双鸳鸯煞］，《元曲选》本为［鸳鸯煞］。《古今名剧合选》本《墙头马上》第一折［尾声］，《元曲选》本为［赚煞］；第二折［煞尾］，《元曲选》本为［黄钟尾］；第三折［尾声］，《元曲选》本为［鸳鸯煞］；第四折［尾声］，《元曲选》本为［煞尾］。又如《古今名剧合选》本《城南柳》第二折［煞尾］，《元曲选》本为［啄木儿尾］；第四折［尾声］，《元曲选》本为［随尾］。《古今名剧合选》本《对玉梳》第一折［尾声］，《元曲选》本为［赚煞尾］；第二折［尾声］为［黄钟煞］；第三折［尾声］，《元曲选》本为［煞尾］。

在剧作的曲词方面，《古今名剧合选》本多沿《元曲选》本，如《度柳翠》第一折［天下乐］曲后长老唱西方赞及咒语三段，皆从《元曲选》本。又如《潇湘雨》第一折依《元曲选》本增入［醉中天］曲及相应曲词。但有时出于对人物塑造的考虑，孟称舜往往将《元曲选》本的曲词做了一定的增删修改。如《张生煮海》第三折

① 孙楷第：《戏曲小说书录解题》，第434页。
② 孟称舜：《柳枝集》，第484页。

《元曲选》本有石佛寺长老做媒的内容及相关曲词，孟称舜认为《元曲选》本的曲词与长老口角不肖，故在《古今名剧合选》本中改为仙母做媒。《窦娥冤》第二折［黄钟尾］《古今名剧合选》本较《元曲选》本多"婆婆也，我怕把你来便打的打的来惩的"一句，孟称舜认为"此句一字一点泪"[①]，体现出窦娥善良孝顺的性格特点，吴兴本虽删去，他在编选《古今名剧合选》时又据原本补入。

总体来看，《古今名剧合选》与《元曲选》二本曲词差异除了前述因一方增入曲牌而导致二本大段曲词不同外，有时表现为同一曲牌下部分曲词的不同。如《青衫泪》第四折［蔓菁菜］《古今名剧合选》本曲词"怎敢唬当今驾，正是大赊淡酒帮人家，托狗皮的措大。妾往常酒布袋将他厮量抹，怎想他也治国平天下"，《元曲选》本作"他怎敢面欺着当今驾，他当日为寻春色到儿家，便待强风情下榻。俺只道他是个诗措大，酒游花，却原来也治国平天下"。《金钱记》第四折［水仙子］曲《古今名剧合选》本"今日可便轮到我妆幺"，《元曲选》本则衍出数语，显得十分繁冗。《窦娥冤》第一折［后庭花］《古今名剧合选》本首二句为"遇时辰我替你忧，拜家堂我替你愁"，《元曲选》本作"避凶神要择好日头，拜家堂要将香火修"，与下文"梳着个霜雪般白狄髻，怎戴那销金锦盖头"二句语气不连贯，曲词不如《古今名剧合选》本为妙。《老生儿》第一折［后庭花］《古今名剧合选》"正饥寒愁怎捱，享荣华喜满腮，则死时节撇在外宅，死时节撇在外宅"，《元曲选》本作"把饥寒早撇开，免忧愁尽自在"，虽也语气相贯，但若结合下曲［青哥儿］"他敢把咱来烧香烧香礼拜，恰便似祖先祖先相待"曲词，则二本中《古今名剧合选》本曲词更为意味深长。

有时又表现为个别曲句的不同。如《范张鸡黍》第三折［元和令］《古今名剧合选》本"树挂尽汝阳城外柳"，《元曲选》本改为"空余下剑挂尽汝阳城外柳"，明显不合曲意剧情，孟称舜在此曲上加评曰："北人常云树上有凝霜倒挂谓之挂白，见则国有大丧。故曲

---

① 孟称舜：《酹江集》，第29页。

云'树挂尽汝阳城外柳'。吴兴本改为剑挂云云，殊失本旨。"①《荐福碑》第四折［七兄弟］《古今名剧合选》本"赤脚伴驴蹄"，《元曲选》本作"壮士吐虹霓"。《任风子》第二折［穷河西］《古今名剧合选》本"我待跨崔来，不道怎生翅羽"，《元曲选》本作"他不是跨崔来，怎生有这般翅羽"。结合曲意可知《古今名剧合选》本二句意指任屠要飞飞不得也，更契合曲意。《青衫泪》第一折［后庭花］《古今名剧合选》本曲词"今人不饮，古人安在哉"，《元曲选》本作"都似你朦胧酒戒，那醉乡侯安在哉"。《度柳翠》第一折［那吒令］《古今名剧合选》本"你休看我似那陌上的这行人"之"行人"，《元曲选》本作"征尘"，不如"行人"为稳；第二折［幺篇］首二句"你只愁柳败着蟾光救，他划的道杨叶着风越不秋"，《元曲选》本作"只要你凡情灭尽元无垢，划的道枝叶萧条渐到秋"。

三 题目正名

除了上述两大方面的不同而外，《古今名剧合选》与《元曲选》二本剧作在题目正名方面亦有少量不同。《古今名剧合选》本不仅将《元曲选》本中的题目正名从剧末的位置提至剧首，而且以"正目"名之。在某些剧作中，《元曲选》本之题目正名是《古今名剧合选》本正目的后两句。如《汉宫秋》之《古今名剧合选》本正目为"毛延寿叛国开边衅，汉元帝一身不自由；沉黑江明妃青冢恨，破幽梦孤雁汉宫秋"，《元曲选》本题目正名作"沉黑江明妃青冢恨，破幽梦孤雁汉宫秋"；《青衫泪》《古今名剧合选》本作"一曲拨成莺燕约，四弦续上鸳鸯会；浔阳商妇琵琶行，江州司马青衫泪"，《元曲选》本作"浔阳商妇琵琶行，江州司马青衫泪"；《荐福碑》《古今名剧合选》本作"三载谩思龙虎榜，十年身到凤凰池；三封书谒扬州牧，半夜雷轰荐福碑"，《元曲选》本作"三封书谒扬州牧，半夜雷轰荐福碑"。而在有些剧作中，《古今名剧合选》本正目的后两句与《元曲选》本的正名相同。如《梧桐雨》《古今名剧合选》本正目为"高力士离合鸾凤侣，安禄山反叛兵戈举；杨贵妃晓日荔枝香，唐明皇秋

---

① 孟称舜：《酹江集》，第658页。

夜梧桐雨"，《元曲选》本题目正名为"安禄山反叛兵戈举，陈玄礼拆散鸾凰侣；杨贵妃晓日荔枝香，唐明皇秋夜梧桐雨"。又如《墙头马上》《古今名剧合选》本正目为"游春郊彼此窥望，动关心两情狂荡；李千金守节存贞，裴少俊墙头马上"，《元曲选》本题目正名则为"李千金月下花前，裴少俊墙头马上"。通过比较可见，《古今名剧合选》本的正目多为四句，依次对剧中四折的剧情发展做出了艺术化的概括与提炼，《元曲选》本的题目正名或二句或四句，在对剧情的提炼上显得更为集中。

总之，《古今名剧合选》与《元曲选》二本相同杂剧在剧作内容和形式上所体现出的差异很多，但总体看来还是同大于异。孟称舜对某些剧作加以改动的地方，亦是有优有劣。优者如上文所举例证，此处不赘。劣者如《扬州梦》第一折［那吒令］《元曲选》本"云无心云也生愁"，《古今名剧合选》本改为"山有眉山也颦愁"；《金钱记》第一折［金盏儿］"嫦娥离月殿，神女出巫峡"，《古今名剧合选》本改为"水仙离洛浦，湘女下巫峡"。此二曲《元曲选》本依原文，曲词本色自然，而《古今名剧合选》改动之后却显得雕琢失真。

造成二本之间差异的主要原因有二：一是孟称舜、臧懋循二人在选编时所采用的版本不同。如前所述《元曲选》的版本来源主要有刊本与藏本两大类，而《古今名剧合选》的版本主要以《元曲选》本为依据和主要来源，同时又据"原本"加以修改。孟称舜所谓的"原本"，当指《古名家杂剧》本或顾曲斋本，但此二者为明本之近古者耳，非真原本也。① 二是二人在选编时对待剧作的原则不同。从某种意义上而言，《古今名剧合选》与《元曲选》都在一定程度上改变了元杂剧的原貌，但仔细分析比较，二本又有显著不同。据臧懋循在《寄谢在杭书》中所言："于锦衣刘延伯家得抄本杂剧三百余种。……然止二十余种稍佳，余甚鄙俚不足观，反不如坊间诸刻皆其最工者也。比来衰懒日甚，戏取诸杂剧为删抹繁芜。其不合作者，即以己意改之。"② 在其自作《元曲选序》中亦云："余家藏杂剧多秘本。顷过

---

① 孙楷第：《戏曲小说书录解题》，第 433 页。
② 臧懋循：《负苞堂集》，第 92 页。

黄从刘延伯借得二百种，云录之御戏监，与今坊本不同。因为参伍校订，摘其佳者若干，以甲乙厘成十集，藏之名山而传之通邑大都，必有赏音如元朗氏者。若曰妄加笔削，自附元人功臣，则吾岂敢。"①可见，臧懋循在选编《元曲选》的同时，往往将剧中一些不合理的或与剧情发展无关紧要的内容"以己意改之"，以期"藏之名山而传之通邑大都"。对于臧懋循妄改元人杂剧的行为，同时代的曲论家也曾谈及："北词，晋叔所刻元人百剧及我朝谷子敬《三度城南柳》《闹阴司》，贾仲明《度金童玉女》，王子一《刘阮天台》，刘东生《月下老世间配偶》，丹丘先生《燕莺蜂蝶》《复落娼》《烟花判》，俱曾一一勘过。"②王骥德在赞美《元曲选》"搜奇萃涣，典型斯备，厥功居多"的同时，也发出了因臧懋循的改动使剧作"句字多所窜易，稍失本来"③的遗憾叹息。如果说臧懋循对元人杂剧的改动是出于使剧本规范化、文学化的考虑，那么孟称舜《古今名剧合选》的选编则秉承着"可演之台上，亦可置之案头"④的双美原则，将理论与实践完美地加以结合，一方面使时人得窥戏曲之奥，以此指导明人杂剧的创作与演出，另一方面借杂剧选编彰显自己的审美旨趣及戏曲版本的保存意识。孟称舜在选编的同时，为各剧写了多条评点，既有对戏曲创作的理论概括，也有关于版本比较的优劣评价。但是由于《古今名剧合选》在很大程度上是对《元曲选》的承袭，故长期以来掩映在《元曲选》的光芒之下，其所具有的独特版本价值在当时及后世均未得到足够的重视与应有的认可。时至今日，这一现象逐渐得到了较大改观。对于《古今名剧合选》与《元曲选》的不同，台湾著名学者郑骞的价值评价切中肯綮，可资借鉴：

> 孟称舜编刊此书在"息机子""古名家诸汇编"及"臧氏元曲选"之后，故于各剧内容皆斟酌旧本与臧选之间，择其所认为善者而从之；又往往于眉批中注明旧本如何，吴兴本（即元曲选

---

① 臧懋循：《元曲选序》，《元曲选》，第4页。
② 徐复祚：《曲论》，《中国古典戏曲论著集成》（四），第241页。
③ 王骥德：《曲律》，《中国古典戏曲论著集成》（四），第170页。
④ 朱颖辉辑校：《孟称舜集》，第558页。

本）如何，评其得失，或舍或从。称舜为明末曲家，南北造诣俱
深，眼光见解亦高，斟酌取舍之间，颇为超卓公允。有时自出己
见，改动曲文，亦较臧懋循为稳妥。此书价值，实在元曲选之
上，惜收剧略少，原书流传亦不广，遂使臧氏之书独据曲坛至二
三百年之久。①

故以此作结。

---

① 郑骞：《元明钞刻本元人杂剧九种提要》，《景午丛编》上集，第430—431页。

第五章 《古今名剧合选》中的
孟称舜评点析论

　　戏曲评点"是我国传统的戏曲批评方式之一。通常是在剧本正文的有关地方予以圈点、短评，并与读法、总评和序跋合为有机整体，从而对文本进行阐释归纳与导引升华，充分体现评点家本人的基本思想、审美情趣和哲学观念"①。由此可见，戏曲评点不仅是中国古典戏曲批评的重要形态，而且作为古典戏曲理论的重要载体之一，其自身具有非常独特的价值。在明代万历前期，戏曲评点已经悄然出现，徐渭、李卓吾等人开启了戏曲评点之风。自万历后期至天启、崇祯年间，戏曲评点得到了迅速的发展，书坊大量刊刻各种戏曲评点本，文人雅士也竞相以评点这一形式展开戏曲批评。书商们的争相刻印与文人的积极参与，使戏曲评点从内容到形式都得到了极大的拓展。

　　《古今名剧合选》就是在这一背景下出现的一部带有评点性质的戏曲选集。就形式而言，《古今名剧合选》不仅卷首有孟称舜自序，各剧之首有总评，而且在剧中具体描写之处还有许多精彩的批语与圈点，建构了从宏观到微观的全方位、多角度的批评体系。孟称舜在编选《古今名剧合选》时将选本、序跋、评点三种方式合而为一，在理论方式上具有一定的创新意义。在孟称舜之前，选本、序跋、评点三种戏曲批评方式都曾以单一化的形态大量存在，孟称舜"取元曲之工者，分其类为二，而以我明之曲继之"②，编成了集选本、序跋、评点于一体的元明杂剧选集《古今名剧合选》。"他的'选'就体现

---

① 齐森华等主编：《中国曲学大辞典》，第18页。
② 孟称舜：《古今名剧合选序》，朱颖辉辑校《孟称舜集》，第558页。

了一定的批评观点；他的序言，表达了精彩而重要的理论见解；他的评点，与前面两者相结合，是理论见解的展开，又是对作品具体细微的批评。三者的结合，使孟称舜的戏曲理论批评无论从广度上还是深度上都卓绝不凡。"① 就内容而言，《古今名剧合选》及其序言、评点探讨了戏曲的"场上"与"案头"，曲文与曲律，创作与表演等多个方面的问题，具有较强的针对性和实践性，与孟称舜的《古今词统序》《娇红记题词》《二胥记题词》《贞文记题词》等专论一起彰显出孟称舜戏曲理论的神髓。《古今名剧合选》中孟称舜所加的评点，累计 596 条，主要由剧首总评和剧中分评组成，评点的内容一般刊刻于剧本的天头部分，剧中还附有大量的圈点符号和极少量的夹批。各剧评点数量多少不一，有的剧目评点多至四五十条，属详评，有的则仅有七八条，属略评。评点内容精彩多样，或是对所选剧本作者的考订与介绍，或是注明剧目底本与《元曲选》本的异同，或是对剧目本事源流的梳理与分析，或是从艺术角度对剧作剧情、曲词、风格等进行品评，或仅仅是对个别字音、词义的注释。

　　本章主要从《古今名剧合选》的评点内容入手，通过综合考察《古今名剧合选》中的孟称舜评点，结合孟称舜的戏曲创作，力求从"传情""人物""语言""风格"四个角度对孟称舜的戏曲理论作出较为系统的研究论述，使《古今名剧合选》中散金碎玉般的戏曲理论能够获得人们更为全面深刻的认识与了解，从而真正确立起《古今名剧合选》及孟称舜戏曲批评在中国古典戏曲理论中重要而坚实的地位。

第一节　传情论

　　孟称舜是晚明剧坛杰出的戏曲作家和理论家，因长于写情，被时人誉为"传情家第一手"②，其现存八部剧作中，有五部是"言情剧"，可见时人之誉并非溢美。孟称舜不仅在戏曲创作上成就卓著，

---

① 朱万曙：《明代戏曲评点研究》，安徽教育出版社 2002 年版，第 146 页。
② 《二胥记》总评，朱颖辉辑校《孟称舜集》，第 626 页。

于戏曲理论也颇有建树，其《古今名剧合选》序和散见于《古今名剧合选》各剧的评语，以及三部传奇题词所蕴含的戏曲学思想，都显示出超迈前贤时宿的理论水平，为我国古典剧论的发展、完善作出了卓越贡献。传情论是孟称舜戏曲理论的核心内容。作为临川派后劲，孟称舜继承了汤显祖的"至情"说，主张以"真情"感人，表现出与晚明进步戏曲家一致的尊"情"倾向。在《古今名剧合选》的编选及评点中，孟称舜时时不忘对于"情"的尊崇与追求。

一 曲贵传情

在明代嘉靖、万历年间思想界所兴起的启蒙运动的影响下，戏曲界也高扬起尊崇真情的大旗，旗手就是汤显祖。对于汤显祖"世总为情"① 的思想，孟称舜是极力肯定的，认为"情"是世间万物皆有且永恒不变的，"世间不特有知识的，俱有情性，即花草云物，亦非无情。可不道天若有情天亦老，月如无恨月长圆"②。基于此，他表达了戏曲创作贵在传情的理论认识。他从文体代兴论的角度出发，指出"诗变而为词，词变而为曲，词者诗之余而曲之祖也"，从源头上点明曲与诗、词同根异枝的密切关系；同时又指出"盖词与诗、曲，体格虽异，而同本于作者之情"③，表面是谈词，其实是在说曲，把戏曲提到与诗、词同等重要的地位，强调曲亦"本于作者之情"。孟称舜不仅从戏曲文学与古典诗词的继承关系角度论述了戏曲传情的问题，还进一步结合戏曲创作实践来总结阐发曲贵传情的艺术规律。

在《古今名剧合选》序中，孟称舜借评价"汤沈之争"再次表明了曲贵传情的看法：

> 迩来填词家，更分为二：沈宁庵崇尚谐律，而汤义仍专尚工词，二者俱为偏见。然工于词者不失才人之胜，而专尚谐律者，则与伶人教师登场演唱者何异？予此选去取颇严，然以词足达情

---

① 汤显祖：《耳伯麻姑游诗序》，《汤显祖诗文集》，上海古籍出版社 1982 年版，第 1050 页。

② 孟称舜：《贞文记》，朱颖辉辑校《孟称舜集》，第 395 页。

③ 孟称舜：《古今词统序》，朱颖辉辑校《孟称舜集》，第 555 页。

者为最，而谐律者次之，可演之台上，亦可置之案头，赏观者其以此作《文选》诸书读可矣！①

他客观中肯地指出汤显祖"专尚工词"与沈璟"崇尚谐律"的做法"俱为偏见"，宣称自己编选《古今名剧合选》的选剧标准是"以词足达情者为最"，强调剧作传情的重要性。在孟称舜看来，一部剧作只有以传情为灵魂，才能感动观众，才能成为"可演之台上，亦可置之案头赏观"的双美之作。《倩女离魂》作为《柳枝集》的首部作品入选，不仅彰显了孟称舜对此剧的爱赏，更体现出其对上述选剧标准的坚持。在此剧总评中，孟称舜赞曰："此剧余所极喜。……酸楚哀怨，令人肠断。昔时《西厢记》，近日《牡丹亭》，皆为传情绝调。兼之者其此剧乎？《牡丹亭》格调原祖此，读者当自见也。"②将《倩女离魂》誉为可与《西厢记》《牡丹亭》相媲美的"传情绝调"，认为《牡丹亭》也是得其神髓，在充分肯定此剧的同时，再次强调了传情之于戏曲创作的重要性。

孟称舜认为，戏曲作品不仅要重视传情，还要恰当精妙地传情。所以，他提出"词无定格，要以摹写情态，令人一展卷而魂动魄化者为上"，"达其情而不以词掩，则皆填词者之所宗"③，"以词足达情者为最"④，把是否传情，传情是否精妙作为评价一部剧作成就高低的首要批评标准。在《古今名剧合选》中，他将这一理论观念贯穿在对许多剧作的具体评点中，处处强调戏曲传情的重要性与必要性。如对郑光祖的《倩女离魂》和《翰林风月》这两部写情佳作，孟称舜批曰："郑德辉《倩女离魂》及《翰林风月》二剧，为传情第一手。"⑤《倩女离魂》作为《古今名剧合选》的压卷之作，孟称舜对此剧尤为推崇，认为其"酸楚哀怨，令人肠断"，特别是剧作第一折［仙吕·点绛唇］套［混江龙］曲以大段曲词细腻地表现了倩女的恋

---

① 朱颖辉辑校：《孟称舜集》，第 558 页。
② 孟称舜：《柳枝集》，第 227 页。
③ 孟称舜：《古今词统序》，朱颖辉辑校《孟称舜集》，第 556 页。
④ 孟称舜：《古今名剧合选序》，朱颖辉辑校《孟称舜集》，第 558 页。
⑤ 孟称舜：《酹江集》，第 1 页。

情，"絮絮叨叨，说尽儿女情肠。吴兴本于此枝删去将半，殊觉寂寂矣"①，认为作者真实生动地写出了倩女的离愁别恨和一片痴情，但臧懋循却将此曲大半曲词删去，在传情写意方面顿觉失色。《范张鸡黍》主要表现了朋友之间守信重诺的情义，剧中第三折范巨卿吊张元伯的〔商调·集贤宾〕套曲写得极为感人，孟称舜评曰："通篇如听薤露歌，使人悲涕不禁"②；另外，剧中对权豪势要把持仕途的黑暗现实也进行了揭露与批判，抒发了对于现实的不满与愤激之情，因之"似俱有感而言"③，故而"说千载肺腑如见，是一篇大文字"④。又如对《赵氏孤儿》一剧，孟称舜赞赏备至："此是千古最痛最快之事，应有一篇极痛快文发之。读此觉太史公传犹为寂寥，非大作手不易办也"⑤，认为此剧是用最痛快的曲白，表现了千古最痛快的事情，因为"愤烈肚肠说得淋漓痛快"⑥，连司马迁《史记》中的"列传"都显得略逊一筹。再如对《窦娥冤》第一折中窦娥自叹身世的〔油葫芦〕曲，批为"何等真切"⑦。认为《诈范叔》将英雄人物"一饭不忘，睚眦必报"的"极快心之事"以"雄快之笔发之，乃足相称。恩恩怨怨，凄凄楚楚，都从血性男子口中出来"⑧，评该剧第一折〔油葫芦〕曲"说得十分爽快，故是作者自道其胸臆"⑨。综合上述评点可见，孟称舜实际强调的是剧作家在创作时必须将传情放在第一位，只有满怀一腔真情，才能深入挖掘到剧中人物丰富的内心世界；只有"置身于场上"，"化身为曲中之人"⑩才能恰如其分地传达出剧中人物的情感，使作品真实感人，成功地彰显作家本人的欲达之情。总之，戏曲作品不传情，就不成功。清代洪昇发展了孟称舜的这一思

---

① 孟称舜：《柳枝集》，第 227 页。
② 孟称舜：《酹江集》，第 657 页。
③ 同上书，第 653 页。
④ 同上书，第 644 页。
⑤ 同上书，第 114 页。
⑥ 同上书，第 127 页。
⑦ 同上书，第 22 页。
⑧ 同上书，第 72 页。
⑨ 同上书，第 74 页。
⑩ 孟称舜：《古今名剧合选序》，朱颖辉辑校《孟称舜集》，第 557 页。

想，在其《长生殿自序》中云："从来传奇家非言情之文，不能擅场。"① 曲贵传情，孟称舜所强调的，正是戏曲创作的一个普遍规律。

孟称舜在《古今名剧合选》评点中所强调的曲贵传情，并不是凭空结撰的理论，而是对自身戏曲创作经验的总结，既源自其早期杂剧创作实践，又进一步提升了其后期传奇作品的艺术品质。检览其现存的八种剧作，不论杂剧还是传奇，自始至终都张扬着"情"的主题：有描写男女爱情的《桃花人面》《花前一笑》《泣赋眼儿媚》《娇红记》及《贞文记》，有表现英雄情怀的《残唐再创》，有弘扬家国之情、忠孝之情的《二胥记》，还有反映世情的《死里逃生》。其中影响最为深远的是孟称舜的代表作《娇红记》，这是一曲至情的颂歌，被时人誉为"情史中第一佳案"②。此剧"据事而不幻，沁心而不淫，织巧而不露，酸鼻而不佻"，以至"临川让粹，宛陵让才，松陵让律，而吴苑玉峰，输其浓至淡荡，进乎技矣"。③ 孟称舜的好友陈洪绶对此剧极为推崇："今又得子塞《鸳鸯冢记》读之，而知古今具性情之至者，娇与申生也。能言娇与申生性情之至，而使其形态活现、精魂不死者，子塞也。"④ 无独有偶，孟称舜的同乡故友马权奇也对此剧青眼有加："天下之深于情者有矣，能道其深情者不可得。得云子词读之，余知其深于情也，于世无再；其能道其深情，亦于世无再也。"⑤ 二者都高度赞扬了孟称舜深于言情，善于传情的戏曲创作特点及才能。孟称舜在杂剧创作实践中所积累的经验转化为《古今名剧合选》中精彩迭见的评点，反过来又继续指导着其后期的传奇创作，从而成就了《娇红记》这一传情佳构。

二 独特多样的传情方法

曲贵传情，更贵达情。孟称舜在提出曲贵传情的同时，还结合戏曲自身的文体特征，谈到戏曲传情的具体方法。他认为戏曲有别于诗

---

① 洪昇：《长生殿》，人民文学出版社 1958 年版，第 2 页。
② 王业浩：《鸳鸯冢序》，朱颖辉辑校《孟称舜集》，第 616 页。
③ 同上。
④ 陈洪绶：《节义鸳鸯冢娇红记序》，朱颖辉辑校《孟称舜集》，第 617 页。
⑤ 马权奇：《二胥记题词》，朱颖辉辑校《孟称舜集》，第 620 页。

词，是一种叙事体文学，所以必须结合写景、叙事来传情。在叙事中
惟妙惟肖地描绘客观景物和人物情状，以达到传情目的。这一可贵认
识在他对杂剧《智勘魔合罗》的总评中有非常清晰的表述："曲之难
者，一传情，一写景，一叙事。然传情与写景犹易为工，妙在叙事中
绘出情景，则非高手未能矣。"① 在《古今名剧合选》中，对于那些
结合叙事、写景来传情的曲文孟称舜常常是大加赞赏。如《梧桐雨》
第四折，李隆基闻雨打梧桐之声抒发对杨玉环的思念之情，孟称舜认
为作者正是借雨声来写情，评曰："此下只说雨声，而愁恨千端，如
飞泉喷瀑，一时倾泻"②，可谓景中传情之妙笔。评《秋夜潇湘雨》
第三折［黄钟·醉花阴］一曲曰："通折就情写景语，不修饰而楚楚
堪痛"③，评第四折［滚绣球］为"对景伤情，追思前事，文章中照
应处亦是人情所决然"④。又如《智勘魔合罗》第一折［油葫芦］
［天下乐］两曲，描写李彦实在旷野遇雨的景况，孟称舜指出，这是
作者借写景来传情，曰："野中雨景，又是客中穷景，通折说得绝
肖。"⑤ 要言之，孟称舜所强调的"这种既有别于传统诗文讲究情景
交融的传情方法，也不同于曲论家吕天成提出的'情从境传'的传
情理论，抓住了戏曲艺术代言体的特点，提出了将传情与写景、叙事
有机结合，融传情于写景和叙事，显示出孟称舜在戏曲理论方面的新
开拓"⑥。

　　孟称舜还要求作家运用准确、生动、形象的语言，真实有效地传
达出剧中人的思想感情。这一将传情与人物形象塑造和戏曲语言相统
一的传情方法，在一定程度上丰富了其戏曲传情论，使之更为系统
化。在《古今名剧合选》序中，他将诗词与戏曲相比较，认为"诗
辞之妙，归之乎传情写景。顾其所为情与景者，不过烟云花鸟之变
态，悲喜愤乐之异致而已。境尽于目前，而感触于偶尔，工辞者皆能

---

① 孟称舜：《酹江集》，第 198 页。
② 同上书，第 643 页。
③ 孟称舜：《柳枝集》，第 368 页。
④ 同上书，第 371 页。
⑤ 孟称舜：《酹江集》，第 200 页。
⑥ 叶长海：《中国戏剧学史稿》，第 275 页。

道之"①，指出只要创作者把握住灵感，用形象生动的语言来传情写景，就能臻于"妙"境。相较而言，戏曲创作则显得更为复杂与艰难，"迨夫曲之为妙，极古今好丑、贵贱、离合、死生，因事以造形，随物而赋象。时而庄言，时而谐诨，狐末靓狚，合傀儡于一场，而征事类于千载。笑则有声，啼则有泪，喜则有神，叹则有气。非作者身处于百物云为之际，而心通乎七情生动之窍，曲则恶能工哉"②，要达到"曲工"，作者就必须做到"因事以造形，随物而赋象"，化身为戏曲中各色人物，感受其喜怒哀乐，因为"撰曲者不化其身为曲中之人，则不能为曲。此曲之所以难于诗与辞也"③。孟称舜此处所谈的诗词与曲的区别，曲之难于诗词，主要着眼于戏曲的"当行"，而要"当行"就必须在传情时把握好达情与人物形象塑造及戏曲语言的关系。换言之，就是在传情达意时追求人物形象的典型性及戏曲语言的个性化，做到"人有其形状，人有其性情，人有其气质，人有其声口"，这样才能打动读者，感染观众。在《古今名剧合选》中，孟称舜用大量的评点强调了这一独特认识。如吴兴本《窦娥冤》第一折窦娥所唱［混江龙］曲有唱词"催人泪的是锦烂熳花枝横绣榻，断人肠的是剔团圞月色挂妆楼"二句，孟称舜认为"太觉情艳，不似窦娥口角"，即人物语言不符合人物的身份，不利于传情，故"依原本删之"④，在编选《古今名剧合选》时，删去了此二句。相反，他认为《红线女》第二、三折对侠女红线的塑造非常成功，评曰："俱善形容，无酸腐气，亦无鲁莽气，极似女侠声口"⑤；评《替父从军》第一折中木兰的唱词"虽则英雄，终带儿女口角，可为宛肖"⑥；在《诗酒扬州梦》第一折有眉批"首折至末折俱属情语丽语，却写出风魔才子景象，绝无喁喁闺阁中口气"⑦，点出传情的成功以及杜牧之

---

① 朱颖辉辑校：《孟称舜集》，第556页。
② 同上。
③ 同上书，第557页。
④ 孟称舜：《酹江集》，第22页。
⑤ 同上书，第306页。
⑥ 孟称舜：《酹江集》，第340页。
⑦ 孟称舜：《柳枝集》，第296页。

"风魔才子"形象的典型性；对《李逵负荆》非常赞赏，认为"曲语句句当行，手笔绝高绝老，至其摹像李山儿半粗半细，似呆似慧，形景如见，世无此巧丹青也"①，尤其是第二折［叨叨令］一曲既"画出老王林景像，又绘出李山儿口角，此绝妙丹青手也"②。综观上述评点，可以看出孟称舜的传情论是建立在人物塑造这一坚实的基础之上的，其将传情与典型人物的塑造及人物语言的个性化相结合来判断剧作是否达情，就其所处的时代而言，无疑具有理论的前瞻性，时至今日，这一方法仍然值得借鉴。

通过修辞手法的运用来传情，也是孟称舜非常注重的传情技巧。如《秋夜潇湘雨》第二折［哭皇天］一曲写得极为动人，孟称舜批曰："《拜月亭》店中拆散折语中每叠二字，正是呜咽凄断说不出处，元曲中每有此，此《牡丹亭》寻梦［川拨棹］所由仿也。近见俗子于此等处悉改去，可笑"③，指出巧妙地运用叠字可以有效地传情。又如《两世姻缘》叙写韦皋与韩玉箫（死后投胎为张玉箫，十八岁时嫁与韦）之间缠绵凄婉的爱情，第三折［调笑令］表现了韦、张二人初次相见时那种强烈的似曾相识感，曲中连用三个排比句恰如其分地传出这种美好的情感，孟称舜赞叹"不知为甚，蓦地情生。三个'莫不是'正是自不信自处，摹写极妙"④。此外，孟称舜还非常重视音韵搭配、遣词用字对于戏曲传情的帮助。如评《两世姻缘》第一折［后庭花］"此下凄音急节，一读惨然"⑤，评第二折［商调·集贤宾］"其词如清夜闻猿，使人痛绝"⑥；又如评《倩女离魂》第一折［后庭花］"'垂'字妙，即不忍重扬鞭意"⑦。这些评点均侧重从音韵搭配、遣词用字的角度提醒读者如何品味作品的高妙之处，告诉作者如何传情达情。

---

① 孟称舜：《酹江集》，第 59 页。
② 同上书，第 64 页。
③ 孟称舜：《柳枝集》，第 367 页。
④ 同上书，第 289 页。
⑤ 同上书，第 284 页。
⑥ 同上书，第 285 页。
⑦ 同上书，第 229 页。

　　孟称舜在评点中多次以"入情""达情""尽情"等语来评价一部剧作的传情效果。如在《天赐老生儿》总评中指出"此剧之妙，在宛畅入情"①；认为《秋夜潇湘雨》第一折［金盏儿］曲"描刻入情"②；赞扬《玉镜台》一剧"俗语、韵语彻头彻尾，说得快性尽情，此汉卿不可及处"③；评《两世姻缘》第二折［醋葫芦］［金菊香］［浪里来］［后庭花］四曲曰："此下四枝作念得肉欸尽情，却又句句是妓家声口。"④ 曲尽人情，这不仅是孟称舜戏曲传情论的理论支点之一，也是其戏曲创作所坚持的理论方向。孟称舜的剧作具有很强的抒情性，善于通过各种手法来传情，因而极具艺术感染力，对此时人多有的评。如陈洪绶评其《泣赋眼儿媚》"蕴藉旖旎，绰有余致。而凄清悲怨处，尤足逗人幽泪"⑤，评其《桃源三访》"传情写照，句抉空濛，语含香润。能令旧日诸人嘘之欲生，后来读者对之愁死"⑥；陈箴言、吕王师等评其《贞文记》"思致酸楚，才华艳发，模神写照，啼笑毕真，使见者魂摇色动"⑦。通过细腻的心理描写及个性化的语言来抒情是孟称舜剧作的一大特点，《桃源三访》是这方面最突出的代表。剧作以工笔细描的手法婉转有致地抒写了叶蓁儿的怀春之情及对崔护的爱慕、相思之情，全剧以细腻的心理描写见长，宛若一首优美的抒情诗。剧中最让人津津乐道的一个例子就是崔护第二年再访叶蓁儿时因未见其人而题诗门上，蓁儿归家见诗后"（读科）呀，崔生你来也。（转身欲赶又止科）崔生你又去了哎。（坐地科）"⑧，独特的语言配上个性化的动作，将叶蓁儿彼时彼刻那种惊喜与怨怅之情形神毕肖地刻画出来。追求故事情节的曲折多姿，也可看作孟称舜剧作传情的重要手段。其《眼儿媚》写陈诜与江柳的三次相会，《娇红记》写申纯五到娇娘家，《贞文记》写沈生三到张玉娘家，情节均跌

---

① 孟称舜：《酹江集》，第 164 页。
② 孟称舜：《柳枝集》，第 363 页。
③ 同上书，第 322 页。
④ 同上书，第 286 页。
⑤ 同上书，第 534 页。
⑥ 同上书，第 544 页。
⑦ 朱颖辉辑校：《孟称舜集》，第 626 页。
⑧ 孟称舜：《柳枝集》，第 553 页。

宕起伏又自然合理。理论与实践的完美结合使孟称舜的传情方法既卓尔不群又启迪后人，在一定程度上丰富了其戏曲传情论。

综上所述，孟称舜的戏曲传情论在继承汤显祖"至情"说的基础上，展示出卓尔不凡的理论眼光。由于其所处的时代既是程朱理学禁锢人性的时代，也是基于资本主义生产关系萌芽的新意识、新理念猛烈冲击旧传统的时代，在这样的时代背景下，孟氏尊情、重情，强调曲贵传情，用传情理论来批判理学，是具有普及初步民主主义思想的积极意义的。

第二节　人物论

文学是人学，要以表现人的思想情志为中心。戏曲虽然是一门综合艺术，兼具文学性与舞台性，但人物仍然是剧作的灵魂，因为主题的彰显、情节的铺排以及矛盾冲突的设置都必须以人物为纽带。质言之，人物形象塑造艺术成就的高低将直接决定着一部剧作的成败。毫无疑问，人物塑造理论也应成为戏剧理论中的题中应有之义，可是，回溯中国古典剧论史，至少在明中叶以前事实并非如此。

在中国文学源远流长的抒情传统面前，戏曲这一晚近样式也深受浸染，重曲词重抒怀，曲坛也多以论诗词的标准来评曲，故而关于戏曲人物的塑造这一问题长期以来并未引起剧作家和理论界的足够重视，即便是偶有论及，也是蜻蜓点水、浅尝辄止。例如，明初著名剧作家朱有燉曾自评其作《贞姬身后团圆梦》曰："中间关目详细，词语整齐，且能曲尽贞姬态度，所谓诗人之赋，丽以则也。"[1] "曲尽贞姬态度"六字即是对剧中女主人公形象塑造的点评，可惜过于简略。值得注意的是，朱有燉首先评价的并不是该剧的人物而是"关目"（即情节设置），由此可见，其对于情节的重视是远远超过人物的。和朱有燉一样，明代许多曲论家在评论剧作时往往都是先从"关目"入手再涉及其他要素（诸如曲词、宾白、人物、事件等）的。如李

---

[1]　俞为民、孙蓉蓉：《历代曲话汇编·明代编》第一集，第200页。

赞称赞《拜月亭》"关目极好，说得好，曲亦好，真元人手笔也"①，认为《红拂记》"关目好，曲好，白好，事好"②，将关目好作为评剧的首要标准。吕天成《曲品》转述了孙鑛提出的"南戏十要"，认为"凡南戏，第一要事佳，第二要关目好，第三要搬出来好……"③ 在品评传奇时以之为据，将题材好与情节妙作为十大标准中的前两项。中国古典剧论长期以来对"关目"的过分注重导致了对人物塑造的忽视。直至明代中叶，伴随着戏曲评点之风的盛行，曲论家们才逐渐将关注的目光投向戏曲人物，如汤显祖点评《焚香记》"作者精神命脉全在桂英冥诉几折，摹写得九死一生光景，宛转激烈"④。又如臧懋循指出"曲有名家，有行家"，"行家者，随所妆演，无不摹拟曲尽，宛若身当其处，而几忘其事之乌有，能使人快者掀髯，愤者扼腕，悲者掩泣，羡者色飞"⑤。所涉及的显然都是戏曲人物的塑造问题。晚明剧坛杰出的作家兼理论家孟称舜，极大地发展了前人成说，构筑了内涵丰富又独具特色的戏曲人物理论体系，并结合自己的创作实践多次证明了其理论的合理性，对中国古典剧论的发展做出了重要贡献。

一 尤为其人写照

孟称舜从戏曲本体的角度明确提出，戏曲人物形象塑造的基本原则是"尤为其人写照"，追求人物的个性化。在他之前，着眼于诗词曲的差别来探寻曲体本质的曲论家并不在少，如王骥德曾言："词之异于诗也，曲之异于词也，道迥不侔也。诗人而以诗为曲也，误矣，必不可言曲也。"⑥ 并进一步指出"曲与诗原是两肠，故近时才士辈出，而一搦管作曲，便非当家"⑦。范文若以自身经历悟得曲道："独

---

① 俞为民、孙蓉蓉：《历代曲话汇编·明代编》第一集，第541页。
② 同上书，第542页。
③ 吕天成：《曲品》，《中国古典戏曲论著集成》（六），第223页。
④ 俞为民、孙蓉蓉：《历代曲话汇编·明代编》第一集，第607页。
⑤ 臧懋循：《元曲选序二》，陈多、叶长海《中国历代剧论选注》，上海古籍出版社2010年版，第204页。
⑥ 王骥德：《曲律》，《中国古典戏曲论著集成》（四），第159页。
⑦ 同上书，第162页。

恨幼年走入纤绮路头。今老矣，始悟词自词，曲自曲，重金叠粉，终
是词人手脚。"① 虽是只言片语，却已触及曲体的本色。真正对戏曲
本质问题有着深刻认识的是臧懋循。他将戏曲与诗词加以比较后，认
为戏曲虽与诗词同源，但其创作远远难于诗词，从而提出了著名的
"作曲三难"说，即"情辞稳称之难""关目紧凑之难"及"音律谐
叶之难"，分别从语言、情节和音律三方面进行说明。在阐释"关目
紧凑之难"时，臧懋循指出"填词者必须人习其方言，事肖其本色，
境无旁溢，语无外假"②，已经意识到戏曲具有"代言"性质，要求
剧作家务必真实生动地表现剧中人的情感。

　　在《古今名剧合选序》中，孟称舜同样也是从戏曲与诗词创作的
比较中来探寻戏曲本质的，他指出："诗变为词，词变为曲，其变愈
下，其工益难。吴兴臧晋叔之论备矣：一曰情辞稳称之难，一曰关目
紧凑之难，又一曰音律谐叶之难。"在肯定了臧懋循的"作曲三难"
说后，掷地有声地提出"然未若所称当行家之为尤难也"，认为戏曲
之妙就在于"极古今好丑、贵贱、离合、死生，因事以造形，随物而
赋象"③。孟称舜的观点承绪前人，又独出机杼，摆脱了剧坛长久以
来形成的情节中心论的影响，将人物塑造作为戏曲创作的中心。在对
李文蔚《燕青博鱼》的评点中孟称舜再次申明了他对戏曲本质特征
和首要任务的认识，"文章之妙，在因物赋形，矧词曲尤为其人写照
者"④，认为作文的最高境界在于依照生活的本真来塑造文学形象，
戏曲尤其需要注重这一过程。此处的"尤为其人写照"一语，明确
地提出了戏曲人物形象塑造的基本原则，要求剧作家塑造出个性鲜明
的人物形象，并且也成为孟称舜用以衡量一部剧作艺术水准高下的重
要标尺。透过《古今名剧合选》中对诸剧的精彩评点，可以感受到
孟称舜对人物形象个性化的特别推重。例如，赞赏康进之《李逵负
荆》一剧所塑造的李逵形象"半粗半细，似呆似慧，形景如见，世

---

① 范文若：《梦花酬序》，陈多、叶长海《中国历代剧论选注》，第 247 页。
② 臧懋循：《元曲选序二》，陈多、叶长海《中国历代剧论选注》，第 204 页。
③ 孟称舜：《古今名剧合选序》，朱颖辉辑校《孟称舜集》，第 556 页。
④ 孟称舜：《酹江集》，第 148 页。

无此巧丹青也"①。而认为同是塑造李逵形象的朱有燉《仗义疏财》一剧则"通折写墟原旅景及壮夫声口已到五六分矣，但出李山儿口尚须再粗莽为妙，较元人负荆剧殆为逊之"②。评徐渭《雌木兰》第一折木兰所唱〔六幺序〕一曲"虽则英雄，终带儿女口角，可为宛肖"③。评关汉卿《窦娥冤》第二折窦娥所唱〔贺新郎〕曲曰："妙，妙，逼真，烈孝女口气。"④ 认为《墙头马上》一剧成功"写出"李千金这一"风流精细女"⑤。由此可见，孟称舜追求戏曲人物的个性化并非泛泛之谈，而是在全面分析、深入研究的基础上将其作为戏曲创作的本质特征与普遍规律，其"尤为其人写照"这一基本原则的提出，无疑是对中国古典剧论中的人物塑造理论的极大丰富与完善。

二　追求人物塑造的个性化

那么怎样才能塑造出个性化的人物，达到"为其人写照"的艺术高度呢？在对诸剧的评点中，孟称舜首先强调要为人物设计个性化的语言。言为心声，要想塑造成功的人物，必须要依赖语言。明代曲学大师王骥德在《曲律·论引子》中曾提出"须以自己之肾肠，代他人之口吻""我设以身处其地，模写其似"⑥ 等观点，提醒剧作家必须设身处地细心揣摩人物，写出符合其个性的语言。孟称舜极大地发展了王骥德的观点，通过对《古今名剧合选》中各剧的人物形象评析来凸显这一理论认识。他经常用"口气""口角""声口"等字眼来点评剧作的人物语言，对于那些契合人物身份、心理的语言，他往往不吝赞美之词，以"绝真""厮似""绝似""酷肖"等批语表达自己的欣喜与赞誉，如评梁辰鱼《红线女》"二折、三折俱善形容，无酸腐气，亦无鲁莽气，极似女侠声口"⑦。又如评王九思《沽酒游

---

① 孟称舜：《酹江集》，第 59 页。
② 同上书，第 241 页。
③ 同上书，第 340 页。
④ 同上书，第 26 页。
⑤ 孟称舜：《柳枝集》，第 349 页。
⑥ 《中国古典戏曲论著集成》（四），第 138 页。
⑦ 孟称舜：《酹江集》，第 306 页。

春》第三折〔金蕉叶〕曲曰："兴尽怀归，绝似登高凭吊人语"①；评第四折〔折桂令〕"前折登慈恩塔上许多慷慨，至钓鱼台便有兴尽归来之意，皆是实身体验语"②。其后，金圣叹在批点《水浒传》时曾指出："《水浒》所叙，叙一百八人，人有其性情，人有其气质，人有其形状，人有其声口"，不仅借鉴了孟称舜的观点强调人物语言的个性化，而且明确提出了"性格"这一范畴，将人物塑造的个性化要求用美学范畴的形式加以概括，③ 在一定程度上深化了孟氏理论，丰富了中国古代文学创作论。

其次，要兼顾人物的不同身份，避免顾此失彼。如《隔江斗智》第一折孙夫人所唱〔混江龙〕曲曰："你道我这面呵，还赛过芙蓉艳色，这腰呵，不弱似杨柳柔枝。有时节将采线纂成新样谱，有时节向绿窗酬和古人诗。常则是嫔风作范女诚为师，慵妆粉黛净洗胭脂，兀那绣帘前几曾敢偷窥视。"④ 此曲将孙夫人塑造成一足不出户的娇弱女子，只知摆弄琴棋书画，做做女红，脂粉气过浓，完全忽略了其女英雄的身份。孟称舜对此极为不满，批曰："都不似剑戟中女郎语。"⑤ 同折〔元和令〕〔后庭花〕二曲则注意到孙夫人的英雄身份，充分展示了其性格中的爽快雄豪，孟称舜依次评道："快决得不雌样"，"更快决"⑥。在第二折〔三煞〕正旦唱曰："不甫能射金屏中雀来，只索便上秦楼跨凤归。也是我妇人家自为终身计，你只为一时功效犹难遂，却将我百岁姻缘竟不提，那个肯无番悔。你使着这般科段，敢可也枉用心机。"⑦ 孙夫人一方面对哥哥孙权的政治阴谋了然于心，直言不讳，展示了一个女英雄的雄爽率直；另一方面，她又不肯拿自己的婚姻换取哥哥政治上的胜利，表现了其作为女性细腻重情的一面。此曲兼顾了孙夫人的双重身份，成功地塑造了一位女中豪杰

① 孟称舜：《酹江集》，第 258 页。
② 同上书，第 261 页。
③ 叶朗：《中国美学史大纲》，上海人民出版社 1985 年版，第 392 页。
④ 孟称舜：《酹江集》，第 221 页。
⑤ 同上。
⑥ 同上书，第 222 页。
⑦ 同上书，第 229 页。

的形象，孟称舜对此发出由衷的赞叹，批曰："真英雄女子语。"①

第三，要顾及人物的特定处境及心态。西方现代文论提倡塑造典型环境中的典型形象，回溯中国古代文论，其实这一方面的认识在孟称舜的评点中早已被论及。孟称舜非常注意环境对于人物性格的巨大影响，意识到在不同的环境中，人物的性格会呈现出不同的侧面，人物的心态也会大相径庭，如若忽视了这一点，就是无视人物性格的丰富性。在对《谇范叔》的评点中，他明确提出了这一认识。此剧第一折〔醉扶归〕曲云："俺则待手把着严陵钓，耳洗着许由瓢，不图他顶冠束带立于朝，但得个身安乐。"②范雎跟随须贾出使齐国，在接受齐国大夫邹衍款待时唱了此曲。范雎在魏国一直未得重用，空有一腔报国热忱，满腹才华无处施展，内心极度失望苦闷。表面看来他已绝意仕途，与世无争，追求平稳安乐的生活，但是他的内心深处却从未丧失斗志，从未丢掉以天下为己任的抱负。所以连邹衍都不相信他会说出"这等没志气的话"③。孟称舜也怕读者不能体味此曲写人之妙，评道："极热心人偏说出极冷淡话，正是英雄失路无聊之语。"④恰切地指出，在此等境遇下，越是灰心丧气的语言越能道出世态炎凉、官场黑暗，也越能表现范雎内心的痛苦和无奈，从而激起人们的情感共鸣。

三 因事以造形，随物而赋象

关于如何塑造成功的戏曲人物形象，孟称舜从自身的创作实践出发，提出了一系列具体实用的方法与技巧。首先，是艺术概括手法。他认为戏曲人物源自生活又异于生活，是剧作家"极古今好丑、贵贱、离合、死生，因事以造形，随物而赋象……合傀儡于一场，而征事类于千载"⑤的结果。所谓"极""合""征"，是指在所累积的种种生活原型的基础之上，根据剧作需要加以提炼集中，塑造出性格鲜

---

① 孟称舜：《酹江集》，第 229 页。
② 同上书，第 76 页。
③ 同上。
④ 同上。
⑤ 朱颖辉辑校：《孟称舜集》，第 556 页。

明的各色人物。这一过程正是现代文学理论所倡导的艺术概括，运用艺术概括手法塑造的人物形象就是典型。孟称舜虽未提出塑造典型这一命题，但关于如何以艺术概括手法塑造剧中人物，他通过对元明著名杂剧的评点，层层深入地提出了三点要求：第一，突出人物形象的主导性格。在明代中叶之前，由于受情节中心论的影响，戏曲人物塑造多偏于类型化，人物成为某种创作理念的传声筒，如丘濬《伍伦全备记》中的伍伦全、伍伦备即是封建伦理道德的化身，此作被徐复祚斥为"纯是措大书袋子语，陈腐臭烂，令人呕秽"①。孟称舜摒弃了这一简单做法，追求人物的个性化，将之看作人物塑造的关键，要求彰显人物区别于他人的主导性格。在《古今名剧合选》的评点中，遇到那些典型的个性化例子，孟称舜总是慧眼拈出并予以肯定。如贾仲明《重对玉梳记》第一折〔天下乐〕曲通过顾玉香之口将虔婆装神弄鬼、趋炎附势的丑恶性格揭示得淋漓尽致，孟称舜赞赏道："画出狠恶虔婆小像。"② 第二，创作血肉丰满的人物形象，多角度刻画其次要性格。这一点在《李逵负荆》的评点中有突出的体现，对比阅读剧中的两处评点即可体会孟称舜的不凡见解。第一折〔醉中天〕曲生动描绘了李逵下山沿途所见的如画美景，树上黄莺将桃花瓣啗落水中，他便由此联想到学究哥哥的诗句"轻薄桃花逐水流"，突然间又看到自己的黑指头在桃花的反衬之下显得越发黑了，不禁笑着追赶花瓣。作者以跳跃式思维与自问自答的内心独白相结合的方式戏剧性地刻画了李逵形象，使其性格中的童真、单纯、粗豪跃然纸上。孟称舜忍不住赞赏道："描写黑厮一派天趣，妙、妙。"③ 不过，这并非李逵性格的全部。同一折〔尾声〕写李逵听说宋江、鲁智深强抢老王林爱女为妻，决定替王林出气，让宋、鲁二人下山与王对质，却又怕王畏惧宋的声势而不敢说实话，便不停地给王打气，嘱咐他"休番做了镵枪头"④，其疾恶如仇、处事细心的性格于此可见一斑。孟称舜怕读者因粗心而不能体会如此精彩的写人笔墨，特于此处点评："数

---

① 徐复祚：《曲论》，《中国古典戏曲论著集成》（四），第236页。
② 孟称舜：《柳枝集》，第475页。
③ 孟称舜：《酹江集》，第61页。
④ 同上书，第63页。

语嘱咐王林，又见黑厮细腻处。"① 指点读者细心品味李逵性格的多面性、丰富性。第三，强调可信性。孟称舜要求塑造性格统一、真实可信的人物形象，对于那些人物性格前后不一致的描写往往能准确拈出。如评《窦娥冤》第一折［混江龙］曰："吴兴本增有'催人泪的是锦烂漫花枝横绣榻，断人肠的是剔团圞月色挂妆楼'等语，太觉情艳，不似窦娥口角"，因为破坏了人物的真实性，故而"依原本删之。"② 对于上下文语气不连贯的问题孟称舜也加以关注，如于《窦娥冤》第一折［后庭花］上加批曰："吴兴本首二句改云'避凶神要择好日头，拜家堂要将香火修'与下'梳着个霜雪般'二语语气不贯，不如原本为佳。"③ 此外，他还要求环境描写服务于人物塑造，二者要协调一致。所以批评《中山狼》第四折［双调·新水令］"此枝说村居景色似好，但不似忙里逃生语"④。如此系统而又全面的观点，的确让人叹服。

其次，以形写神，形神兼备。形神关系是中国古代文论关于形象塑造的核心问题，理论家们从重形似到重神似，最终将传神作为衡量人物塑造成功与否的重要标尺。孟称舜继承了这一理论精华，认为剧中人物应该"笑则有声，啼则有泪，喜则有神，叹则有气"⑤，剧作家不仅要细致描摹人物的外貌、举止、服饰等外在的"形"，更要栩栩如生地展现人物内在的"神"，即人物的精神风貌、喜怒哀乐。只有通过富有特征性的形来写神，才会形神兼备，达到传神的艺术至境。基于此，在对各剧进行评点时，孟称舜往往特别关注人物的"神情"。如乔吉《两世姻缘》第二折正旦所唱［金菊香］曲曰："几番待落笔巧施呈，争奈这一段伤心可教我画不成。腮斗上泪痕粉渍定，没颜色，髻乱钗横，和我这眼波眉黛不分明。"⑥ 此剧叙写才子韦皋与歌妓韩玉箫的恋情，韦皋赴京求取功名，一去数载，音讯杳无，玉

---

① 孟称舜：《酹江集》，第 62 页。
② 同上书，第 22 页。
③ 同上书，第 23 页。
④ 同上书，第 271 页。
⑤ 朱颖辉辑校：《孟称舜集》，第 556 页。
⑥ 孟称舜：《柳枝集》，第 286 页。

箫相思成疾，香消玉殒之际自画真容，唱了这支曲。孟称舜于此处评道："此枝可概琵琶描容一折，画不出伤心，却已尽情画出矣。"① 对曲中以外形描摹来传达伤心之情的传神笔法发出了由衷的赞叹。又如马致远《青衫泪》第一折〔油葫芦〕曲，通过裴兴奴对鸨母言行举止的描述，活画出一个强扮妖娆、奸邪狠毒的老鸨形象。孟称舜对此曲评价很高，认为"说虔婆神情都出"②，达到了传神效果。再如评《荐福碑》第三折〔一煞〕"写惊弓之状工妙"③。评高文秀《谇范叔》第二折〔南吕·一枝花〕"通折说英雄悲痛之状，千载如生"④。由此可见，孟称舜所赞赏的人物形象无一例外都是形神兼备的，作为一个成功的剧作家，他同时也以自身创作实践诠释了自己的理论主张。孟称舜笔下的人物形象都是性格鲜明、形神毕肖的，杂剧《桃源三访》可谓典型代表，此剧细腻传神地塑造了情窦初开的农家少女叶蓁儿形象。剧写书生崔护郊外踏青因口渴入一农家求水，遇见了美丽的叶蓁儿，二人一见倾心。剧中以一系列人物动作恰当而又真切地传达出青春少女叶蓁儿复杂微妙的情感世界，如第一折当崔护为表达爱意以言语相挑时，叶蓁儿"做羞低头科"；当崔护看着她时，她做"整衣科"，"半含羞，半偷视"。第二折又通过大段唱词和动作生动再现了叶蓁儿对爱情的憧憬、对爱人的思念以及内心的不安，陈洪绶评曰："此折之妙，在形容蓁儿似疑似信、半伶俐半痴迷处，俊语逸调络绎层见，特其余耳。"⑤ 第四折写崔护二次来访蓁儿未得一见，遂题诗门上归去，蓁儿见诗后内心情感翻腾，愧悔失落，痛苦不已，〔金菊香〕〔青歌儿〕〔望远行〕诸曲即生动地展现了叶蓁儿顾影自怜、辗转难眠的心理活动，陈洪绶评道："鬼病难医，只是对人说不出耳。曲曲描绘，可谓传神。"⑥ 实为的评。

　　第三，犯中求避，各出一奇。"犯"即相同，"避"即避免雷同。

---

① 孟称舜：《柳枝集》，第 286 页。
② 同上书，第 266 页。
③ 孟称舜：《酹江集》，第 628 页。
④ 同上书，第 80 页。
⑤ 孟称舜：《柳枝集》，第 548 页。
⑥ 同上书，第 554 页。

出于常理，人们总认为"犯"乃文学创作之大忌，因为相同或类似的人物、情节、事件往往会让读者阅而生厌，比如千篇一律的才子佳人模式，雷打不动的大团圆结局，故而强调"避"。但真正优秀的文学作品往往是有意识地描写一些相似甚至雷同的事件，却给予迥然不同的诠释，以表现不同人物的性格差异。在明清小说评点中，这样的认识较为集中。如金圣叹在评点《水浒传》时曾提出"将欲避之，必先犯之"①的主张，他对作者将"打虎"这"一样题目"写出"两样文字"做出了极高评价："前有武松打虎，此又有李逵杀虎，看他一样题目写出两样文字，曾无一笔相近，岂非异才！写武松打虎，纯是精细；写李逵杀虎，纯是大胆。"②毛宗岗继承了金圣叹的见解，在评点《三国演义》时提出"《三国演义》一书，有同树异枝，同枝异叶，同叶异花，同花异果之妙。作文者以善避为能，又以善犯为能。不犯之而求避之，无所见其避也。惟犯之而后避之，乃见其能避之"③，对犯与避的问题作出进一步阐释。张竹坡结合《金瓶梅》的人物塑造，主张"特特相犯，各不相同"④，要求展现同类人物的性格差异。其实，在戏曲评点中，类似的认识也早已出现，只是未成体系。孟称舜在《古今名剧合选》的评点中就彰显出这一方面的认识。他对郑光祖《翰林风月》极为推崇，认为"此剧科目全类《西厢》，而填词迥别，亦犹李白之追拟崔颢也"⑤，赞叹此剧"后出愈奇"之处就在于人物塑造的精彩。其所谓的"全类"即"犯"，"迥别"即"避"。在评点该剧时，孟称舜处处将之与《西厢记》相比，点明其犯中求避的独特之处。如评第一折［幺］曰："《西厢》听琴形容在声上，此折形容在景上，所以较彼绝胜。"⑥又如评第二折［六国朝］曰："《西厢》窥柬一套，写出莺红两人许多做作，委折情味甚妙。此折光景相同，但樊素语比红出得较伉直者，以获脏在

---

① 施耐庵：《水浒传》，齐鲁书社1994年版，第231页。
② 同上书，第813页。
③ 罗贯中：《三国演义》，齐鲁书社1991年版，第14页。
④ 黄霖：《金瓶梅资料汇编》，中华书局1987年版，第77页。
⑤ 孟称舜：《柳枝集》，第239页。
⑥ 同上书，第245页。

手，不怕他妆乔也。且莺红两人一说便了，而素尽情嘲诮，以莺虽暂时做作，平日实未尝瞒却红娘耳。至小蛮遗生香囊，实出素意外，素盖愠其瞒己而诮之，刺刺不能休。于此知作者用意自别。"① 又如，评第三折〔鬼三台〕"亦足补《西厢》所不及"②，认为〔秃厮儿〕"'作要难当'具见女娘家机数胜过《西厢》"③，指出〔幺〕"胜《西厢》多说，于《西厢》详处略之，略处详之，题同而各出一奇，可悟作文之法"④，同时还点出此处正旦的"一篇说词较《西厢》更简直"⑤。透过这些评点可以见出孟称舜对于为文之法的独特体悟，其对《翰林风月》与《西厢记》"题同而各出一奇"的评价可谓精准，这一认识也在一定程度上启发了金圣叹、毛宗岗等人的犯避理论，使之更为系统全面。

第四，设身处地，细心体会。孟称舜认为要想塑造出成功的人物形象，剧作家必须"化其身为曲中之人"⑥，设身处地地感受体验特定人物的身份、地位、情感、心理、行动等，这样才能使笔下的人物合情合理、真实生动，"非作者身处于百物云为之际而心通乎七情生动之窍，曲则恶能工哉！"⑦ 特别强调艺术想象与形象思维在人物塑造中的巨大作用。关于这一点，前人曾有不同程度的论述。早在陆机的《文赋》中就认为文学创作是"精骛八极，心游万仞"的艺术想象过程，作家往往"观古今于须臾，拊四海于一瞬"⑧，自由翱翔于艺术想象的殿堂。刘勰在此基础上更进一步，系统阐述了艺术构思的具体情状和本质："文之思也，其神远矣。故寂然凝虑，思接千载；悄焉动容，视通万里；吟咏之间，吐纳珠玉之声；眉睫之前，卷舒风云之色；其思理之致乎。故思理为妙，神与物游。"⑨ 认为在艺术构思

---

① 孟称舜：《柳枝集》，第 251 页。
② 同上书，第 256 页。
③ 同上。
④ 同上书，第 257 页。
⑤ 同上。
⑥ 朱颖辉辑校：《孟称舜集》，第 557 页。
⑦ 同上。
⑧ 郭绍虞、王文生主编：《中国历代文论选》（一），上海古籍出版社 1979 年版，第 170 页。
⑨ 同上书，第 233 页。

过程中主要以形象思维为主，而形象思维则是具体事物的表象与艺术想象的结合。苏轼的"三竹说"则强调艺术创作是由"眼中之竹"到"胸中之竹"再到"手中之竹"的过程，认为艺术形象的塑造必须经历如此三个阶段。孟称舜在《古今名剧合选序》中将前人的观点加以提炼升华，使之成为自己人物论的重要理论支点。他指出戏曲要塑造形形色色的人物，所以剧作家"忽为之男女焉，忽为之苦乐焉，忽为之君主、仆妾、金夫、端士焉"，必须尝试体验不同角色的情感，想象其内心世界，这就好比画家画马，"当其画马也，所见无非马者。人视其学为马之状，筋骸骨节，宛然马也，而后所画为马者，乃真马也"。所以"学戏者不置身于场上，则不能为戏；而撰曲者不化其身为曲中之人，则不能为曲"①。认为剧作家只有在深入观察生活、体验生活的基础上，依照生活逻辑和情感逻辑，细心揣摩不同人物的语言、心理、思想、性格等，其笔下的人物才会呼之欲出。

孟称舜"化其身为曲中之人"的观点对后世戏曲创作影响极大，如李渔"全以身代梨园"的观点明显受到了孟称舜的启发。李渔提出"笠翁手则握笔，口却登场，全以身代梨园，复以神魂四绕，考其关目，试其声音，好则直书，否则搁笔，此其所以观听咸宜也"②。从孟称舜到李渔，中国古典剧论中的人物论脉络清晰地显示出人物的真实性、戏曲的舞台性永远是戏曲创作的重心。

综上所述，孟称舜的戏曲人物论既承绪前人又独出机杼，不再是单向度、孤立静止地探讨戏曲人物塑造，而是由表及里，全方位、多向度地提出了人物塑造的基本原则与具体要求，并且结合自身创作实践与剧作评点总结出一些基本方法，具有极强的理论指导意义。在中国古典戏曲理论史上，孟称舜的历史功绩是毋庸置疑的，他的许多观点既丰富了中国古典戏曲人物理论，又对后世产生了深远的影响，当我们品悟金圣叹、李渔等大家的人物论时，不难感受到孟称舜的光芒。

---

① 陈多、叶长海：《中国历代剧论选注》，第257页。
② 李渔：《闲情偶寄》，《中国古典戏曲论著集成》（七），第55页。

第三节　风格论

　　作为晚明文坛著名的戏曲作家和理论家，孟称舜的戏曲理论在继承前人旧说的基础上破茧成蝶，体现出许多理论的创新与亮点，闪耀着思想的火花和智慧的光芒。纵观整个明代的戏曲理论，孟称舜的贡献巨大，影响深远，诚如叶长海所言"明代的戏曲创作及其理论批评，至孟称舜均成为精彩的'豹尾'"①。现存八种剧作或描写凄美缠绵的爱情，或讴歌历史风云中的英雄，体现出创作风格的多样化。在戏曲理论方面孟称舜独有建树，尤其是关于戏曲风格的认识能力矫时弊，让人耳目一新。

　　中国古代出现了许多关于文学风格的观念和理论，要言之，都殊途同归地昭示了文学风格是文学活动过程中出现的一种具有特征性的文学现象。在中国古代文论中，风格原是评论诗文特色时常用的范畴。曹丕《典论·论文》以"气"论文："文以气为主，气之清浊有体，不可力强而致"②，把"气"与"体"相连，以文气论文体和风格，并品评当时的诗文作家作品。陆机《文赋》亦列举了一系列具体诗文作家的风格特点。刘勰则更为全面、完整、系统地论述了文学风格问题，其《文心雕龙·体性》指出："夫情动而言形，理发而文见，盖沿隐以致显，因内而符外者也。然才有庸俊，气有刚柔，学有浅深，习有雅郑，并性情所铄，陶染所凝，是以笔区云谲，文苑波诡者也。……各师成心，其异如面。""气以实志，志以定言，吐纳英华，莫非情性。"③ 强调作家的才气、学习、情性、陶染各异，形成的作品风格亦有所不同，作家按自己的性情创作，故而作品的风格正如各人面孔不同一样。

　　在戏曲领域，自元代起就已出现了关于戏曲风格的评述。元杂剧创作的繁荣，刺激了戏曲评论的开展，许多人开始涉笔戏曲或散曲作

① 叶长海：《中国戏剧学史稿》，第 283 页。
② 郭绍虞、王文生主编：《中国历代文论选》（一），第 158 页。
③ 同上书，第 243 页。

家作品评论。如贯云石《阳春白雪·序》曾对作家作品简要评述曰："徐子芳滑雅""疏斋媚如仙女寻春，自然笑傲"等；周德清《中原音韵》及杨维桢的文章中也都有对戏曲作家或作品的简要品论；钟嗣成《录鬼簿》则是一部记录戏曲作家事迹和作品目录的著作，也是一部戏曲作家评论的专著，在小传和吊词中，钟嗣成评论了一些作家的创作风格；至明初朱权《太和正音谱》是当时记录杂剧最为详备的一种著作，其中《古今群英乐府格式》就是一部作家艺术风格论，把戏曲作家作品分为十五种风格，以形象生动的语言品评了九十多位杂剧作家的风格；后来吕天成《曲品》"仿之《诗品》，略加诠次，作旧传奇品"[1]，列神、妙、能、具四品评论明代传奇作家作品；祁彪佳《远山堂曲品》《远山堂剧品》将所评传奇及杂剧作品分为妙、雅、逸、艳、能、具六品；上述著作均不同程度地体现了以风格论作家、作品的用意。较之前人，孟称舜的戏曲风格观念则表述得更为合理、系统、完备，这主要体现在《古今名剧合选序》和《古今名剧合选》的编选及评点中，可归纳为四个方面。

一　直陈"地域风格论"之弊

在孟称舜之前，每论及戏曲的整体风格，曲论家们多以地域来划分，即以南北之异来论述戏曲风格。如徐渭《南词叙录》有一段话专论南、北曲的不同风格："听北曲使人神气鹰扬，毛发洒淅，足以作人勇往之志，信胡人之善于鼓怒也。……南曲则纡徐绵眇，流丽婉转，使人飘飘然丧其所守而不自觉，信南方之柔媚也。"[2] 王世贞《曲藻序》也指出："大抵北主劲切雄丽，南主清峭柔远，虽本才情，务谐俚俗。譬之同一师承，而顿、渐分教；俱为国臣，而文、武异科。"[3] 王骥德《曲律》亦谓："南北二调，天若限之。北之沉雄，南之柔婉，可画地而知也"[4]。孟称舜在论述戏曲风格问题时，主要针对上述诸家的"南北之说"提出了独特的见解。在《古今名剧合选

---

① 吕天成：《曲品》，《中国古典戏曲论著集成》（六），第 209 页。

② 《中国古典戏曲论著集成》（三），第 245 页。

③ 《中国古典戏曲论著集成》（四），第 25 页。

④ 同上书，第 146 页。

序》中，他直陈"地域风格论"之弊，否定了"北主劲切，南主柔
远"的成说，认为戏曲风格具有多样性，主张戏曲风格应以作品的实
际情况来划分，而不能简单绝对地以地域来区别。

　　《古今名剧合选序》是孟称舜重要的戏曲专论，也是明末的曲论
名篇，其中所论颇广，关于戏曲风格的论述是非常精彩独到的。孟称
舜慧眼独具地指出："夫南之与北，气骨虽异，然雄爽婉丽，二者之
中亦皆有之。即如曲一也，而宫调不同，有为清新绵邈者，有为感叹
伤悲者，有为富贵缠绵者，有为惆怅雄壮者，有为飘逸清幽者，有为
旖旎妖媚者，有为凄怆怨慕者，有为典雅沉重者，诸如此类，各有攸
当，岂得以劲切、柔远画南北而分之邪？"① 虽然剧作家的文学创作
会受到其所处地域条件的影响，然而作家作品的风格却不能简单地以
其所处地域来划分，由于剧作家的气质、性情、经历、社会地位、思
想情感以及所处的社会环境等方面均有差异，所以各人的风格就不是
完全一致的，而是同中有异。既看到戏曲风格的共性，又看到共性中
的个性，这就是孟称舜的高明之处。

　　"南柔北切"之论在一定程度上固然有助于读者把握剧作整体风
格特征，但未免过于简单化、形式化。孟氏认为戏曲风格具有多样
性，所以剧作的风格不能纯以地域论，而应通过具体分析，把握住戏
曲风格的同中之异与异中之同，不同地域的作家其作品可能会具有同
样或类似的风格；而同一地域的作家，其风格也不会完全一致、毫无
变化。例如同为北曲杂剧作家，白朴、马致远、王实甫、郑光祖等人
的作品就风格迥异。孟称舜将白朴《梧桐雨》与马致远《汉宫秋》
二剧做了比较，在《梧桐雨》的眉批中写道："此剧与《孤雁汉宫
秋》格套既同，而词华亦足相敌。一悲而豪，一悲而艳；一如秋空唳
鹤，一如春月啼鹃。使读者一愤一痛，淫淫乎不知泪之何从。固是填
词家钜手也。"② 在《丽堂春》眉批中点明王实甫的剧作风格与马致
远等人相较，则是"笔端香艳……譬诸宋人，亦犹柳屯田、辛稼轩之

---

① 孟称舜：《古今名剧合选序》，朱颖辉辑校《孟称舜集》，第557页。
② 孟称舜：《酹江集》，第630页。

别耳。"① 认为郑光祖《王粲登楼》之风格"雄放处似非马东篱诸人之敌，而秀气千层，冷焰惊人，可为空群鹤立矣"②。作家的创作实践表明，风格具有多样性。故而，孟称舜疾呼"北之内妙处种种不一，未可以一律概之"③。

即使是同一位作家，其作品风格也会有所变化，并非一成不变。如王实甫的剧作虽具有"香艳"的整体风格，但其《丽春堂》一剧则"特为雄俊"④。白朴的剧作总体看来风格豪放，"如大鹏之起北溟，奋翼凌乎九霄，有一举万里之志"⑤，而其《墙头马上》则呈现出"潇洒俊丽"⑥ 的风格。马致远的剧作"清雄奔放，具有出尘之概"⑦，而其《青衫泪》则"天机雅趣，别成一种"⑧。有时即使在同一部剧作中，也会出现不同的风格特征相交织的现象，如乔吉《两世姻缘》"雄爽骏越，而如泣如诉之致俱在。铁骑金戈之壮，落花流水之幽，其声可为兼之"⑨。

二 提出"婉丽""雄爽"两类风格

如前所述，针对王世贞、王骥德等人提出的以南北地域的不同来划分戏曲风格的偏颇，孟称舜主张应根据具体作品来划分戏曲风格，基于此，他从整体上明确地将戏曲风格分为"婉丽"和"雄爽"两大类。《古今名剧合选序》中有言如此："若夫曲之为词，分途不同，大要则宋伶人之论柳屯田、苏学士者尽之。一主婉丽，一主雄爽。婉丽者如十七八女娘，唱'杨柳岸晓风残月'；而雄爽者如铜将军铁绰板，唱'大江东去'词也。"⑩ 在这一理论思想的指导下，他将自己

---

① 孟称舜：《酹江集》，第 136 页。
② 同上书，第 1 页。
③ 孟称舜：《古今名剧合选序》，朱颖辉辑校《孟称舜集》，第 557 页。
④ 孟称舜：《酹江集》，第 136 页。
⑤ 孟称舜：《柳枝集》，第 346 页。
⑥ 同上。
⑦ 同上书，第 256 页。
⑧ 同上。
⑨ 孟称舜：《柳枝集》，第 281 页。
⑩ 朱颖辉辑校：《孟称舜集》，第 557 页。

编选的《古今名剧合选》也分为两集,一为《柳枝集》,属婉丽风格,取宋柳永〔雨霖铃〕词"杨柳岸晓风残月"之意;一为《酹江集》,属雄爽风格,取苏轼〔念奴娇〕《赤壁怀古》词"一樽还酹江月"之意。

值得注意的是,孟称舜的这一分法看似简单,实则较为合理,在理论建树上远远超越了他的前辈们。《古今名剧合选》共收录元明杂剧五十六种,其中《柳枝集》收入元人杂剧十六种,明人杂剧十种;《酹江集》收入元人杂剧十八种,明人杂剧十二种。首先从剧作的数量上就具有了一定的说服力,充分说明"婉丽"与"雄爽"这两种风格并非分别是南曲与北曲的"专有标签",而是在南曲作家及北曲作家的作品中都有。例如,梁辰鱼《红线女》、徐渭《渔阳三弄》、梅鼎祚《昆仑奴》等杂剧作品均出于南方剧作家之手,但确有雄爽的风格,故而被录入《酹江集》。再如,白朴《墙头马上》、马致远《青衫泪》、郑光祖《倩女离魂》等杂剧作品,虽均出于北方剧作家之手,且全为北曲,但诚有婉丽风格,自然被选入《柳枝集》。《古今名剧合选》的编选,以有力的论据驳斥了前人"北主劲切,南主柔远"的偏见,亦完全契合了孟称舜在《古今名剧合选序》中提出的"夫南之与北,气骨虽异,然雄爽婉丽二者之中亦皆有之"① 的观点。

不同的文学风格有不同的审美价值,亦给人以不同的审美享受。文学风格多种多样,各有各的审美价值,一般不分轩轾。然而由于人们的审美心理基础不同,所以对风格美就有了不同的偏好和选择,这本不足为奇,但若因此而主观随意地褒此而贬彼,则失之偏颇。一个典型的例子就是宋代的词坛,当时形成了截然对立的两大风格,一为豪放,一为婉约,时人多重婉约而轻豪放,风格在这里被主观地分出了高下优劣。明代的王世贞、王骥德等人沿袭了宋人的观点,并将之运用于戏曲领域。王世贞认为"北主劲切,南主柔远",且主张"须以宛转绵丽、浅至儇俏为上"。王骥德也指出"词曲不尚雄劲险峻,

---

① 朱颖辉辑校:《孟称舜集》,第557页。

只一味妩媚闲艳，便称合作"①。由于他们在文坛举足轻重的地位及
影响，一时抑北扬南褒婉约贬豪放之风吹遍曲坛。及至孟称舜，他不
媚流俗，力斥这种由地域及个人爱好而导致的片面之论，一方面强调
"词无定格"，戏曲风格应是多种多样的；另一方面主张不能以优劣
来论风格，"若夫曲之为词，分途不同，大要则宋伶人之论柳屯田、
苏学士者尽之。一主婉丽，一主雄爽。婉丽者如十七八女娘，唱'杨
柳岸晓风残月'；而雄爽者如铜将军铁绰板，唱'大江东去'词也。
后之论辞者，以辞之源出于古乐府，要须以宛转绵丽、浅至儇俏为
上，挟春华烟月于闺帷内奏之。一语之艳，令人魂绝；一字之工，令
人色飞，乃为贵耳。慷慨磊落，纵横豪健，抑亦其次。故苏柳两家，
轩轾攸分。曲之于词，约亦相类，而吾谓此固非定论也。曲本于辞，
辞本于诗。诗三百篇，国风雅颂，其端正静好与妍丽逸宕，兴之各有
其人，奏之各有其地，安可以优劣分乎？"② 孟称舜指出，不同风格
的剧作犹如《诗经》中的国风、雅和颂，各臻其妙，各尽其情，本
无高下轩轾之分，同样，若戴着有色眼镜来评价南北剧作的风格，褒
南抑北，一味推崇南曲婉丽的风格，则失之公允，"是谓北之词专似
苏，而南之词专似柳。柳可为胜苏，则北遂不如南欤？"③ 他还通过
具体的论述来强化这一观点，"古来才人豪客，淑姝名媛，悲者喜者，
怨者慕者，怀者想者，寄兴不一，或言之而低徊焉，宛恋焉；或言之
而缠绵焉，凄怆焉；又或言之而嘲笑焉，愤怅焉，淋漓痛快焉"。若
一味固守词必以婉丽为上的偏见，"宁必姝姝媛媛，学儿女子语，而
后为词哉？"④

　　孟称舜不仅从理论上指出婉丽、雄爽两种风格并无优劣之分，它
们各有特色，各领风骚，而且在《古今名剧合选》的编选理念上
（两集分量约略相等，名家名作亦旗鼓相当）亦充分体现了其婉丽、
雄爽同等重视的美学观念，从而扭转了王世贞、王骥德等人专重婉丽
的偏向，亦纠正了王骥德编选《古杂剧》时不选"雄劲险峻"作品

---

① 王骥德：《曲律》，《中国古典戏曲论著集成》（四），第 179 页。
② 孟称舜：《古今名剧合选序》，朱颖辉辑校《孟称舜集》，第 557 页。
③ 同上。
④ 孟称舜：《古今词统序》，朱颖辉辑校《孟称舜集》，第 555 页。

的极端片面性。作为一位有着高度理论素养的戏曲鉴赏者、评论者，正因为其能"无私于轻重，不偏于憎爱"，所以才能"平理若衡，照辞如镜"，比较客观公正地把握各种各样的风格美。

三 追求风格的独创性

文学风格通常是指作家的创作个性在文学作品的有机整体中通过言语结构所显示出来的、能引起读者持久审美享受的艺术独创性。文学风格既是作家独特的艺术创造力稳定的标志，又是其语言和文体成熟的体现，故被誉为作家的徽记或指纹。齐白石曾言"学我者生，似我者死"，每一位作家都有自己的个性，真正成功的作家都是在借鉴他人的同时，结合自身的创作个性，形成自己独特的风格。穿越时空，这一今人看来浅显明了的道理在孟称舜的时代却因为其理论的先进性而显得卓尔不群。

孟称舜认为，戏曲创作一如其他文学活动，是人的思想情感活动的外化过程，不同的情感特征会产生不同风格的作品，反之，通过不同风格的作品亦可关照作家不同的心理情感活动。作家由于个性、气质、爱好等的不同，创作特色和风格也就不同。例如白朴与马致远作品风格的不同，恰与其一爽朗、一细腻的个性相关联。然而，孟称舜关于戏曲风格的论述并非蜻蜓点水，仅仅停留在表面，而是在更深的层次上阐述了戏曲风格的形成问题。风格是作家艺术创作成熟的标志，并不是每个作家都能形成自己的风格的，虽说风格的形成有赖于作家的创作个性和才能，但若缺乏独创性，也无法形成自己的风格。所以孟称舜指出，剧作家要形成自己的艺术风格就必须具有独创性，一味模仿别人只会画地为牢，误入死胡同，只有追求创新，独辟蹊径，充分发挥自身特长，才能形成自己的风格。这一思想集中地体现在其《古今名剧合选》的评点中。如他在《诗酒红梨花》杂剧总评中指出："字字淹润，语语宛隽，近来度曲家以此为鼻祖，而气味浑涵则令人终让此一筹也。"①《诗酒红梨花》的成功使得当时的剧作家纷纷效仿，结果却是邯郸学步，东施效颦，非但没有形成自己的风

---

① 孟称舜：《柳枝集》，第376页。

格，而且连原作的风格也没有学到，让人觉得"终让此一筹也"。反之，若能追求独创，则必自具风格，自成一家。如《二郎收猪八戒》杂剧总评所言："吴昌龄尝拟作《西厢记》，会王实甫《西厢》成，见之，知不能胜，乃作《西游记》敌之。幽艳恢奇，该博玄隽，遂与王扬镳分路。"① 吴昌龄《西游记》的成功得益于其艺术独创性，如果吴氏不顾自己的个性特点，对王实甫《西厢记》亦步亦趋，一味模仿，那么，不仅写不出自己的特色，剧坛只会多一部平庸之作。孟称舜以具体剧作为例，点明了创新是戏曲风格的本质与生命所在，艺术上的独创性是风格具有独特艺术魅力和美学价值的重要途径和方法，这一观点在当时颇具价值，对于剧作家形成自己的风格极具指导意义。

四 风格评点的独特理念

结合《古今名剧合选》中风格评点的独特理念，可以更进一步地认识孟称舜高屋建瓴的戏曲风格观念。《古今名剧合选》中关于戏曲风格的评点，往往从整体概括与具体分析相结合的视点出发，既涉及作家整体创作风格也观照作家具体作品风格，体现出全方位、多角度、立体化的科学性。

孟称舜在对作家整体创作风格进行评价时，能够全面考虑，综合诸种因素，得出较为客观中肯的结论。既注重从作品出发，结合不同作家的个性、所处时代甚至交游情况来点评，例如评马致远曰："东篱词清雄奔放，具有出尘之概"②；评白朴曰："昔人评其词如大鹏之起北溟，奋翼凌乎九霄，有一举万里之志"③；评郑光祖"为人方正不妄交，而作词尖楚奇艳，迥出常调。与王实甫并驱中原，未知鹿死谁手，关马而下非其伦也"④；评明代王子一曰："元人高处在佳语、秀语、雕刻语络绎间出而不伤浑厚之意，王系国初人，所以风气相类。若后，则俊而薄矣，虽汤若士未免此病也。"⑤ 又善于运用历时、

---

① 孟称舜：《柳枝集》，第 398 页。
② 同上书，第 265 页。
③ 同上书，第 346 页。
④ 同上书，第 239 页。
⑤ 同上书，第 451 页。

共时相结合的比较手法，分析具体作家之间风格的相似与不同，如认为王实甫"在元诸大家中未称第一，而西厢独绝者，以有董解元词为蓝本，所为创起者难为，力踵美者易为工也。然其笔端香艳，自是填词家本色，与马东篱诸人清豪隽爽者不同，譬诸宋人，亦犹柳屯田辛稼轩之别尔"①；评杨显之曰："杨显之，大都人，与关汉卿为莫逆交。其词真率尽情，大约相似，然关之才气较更开大而累句时有，杨觉稍敛而亦无其累。"②

在《古今名剧合选》的评点中，更为常见的是对作家具体剧作风格的点评，孟称舜善用比喻，往往以形象生动的语言，于数字内切中肯綮，且善于把握重点、区别对待。如《柳枝集》中关于诸剧的评点，均围绕"婉丽"这一主导风格而谈：评乔吉《扬州梦》曰："此剧似太燉丽矣，然其词如太真妃出浴华清，虽丰艳动人而秀质濯濯，幽质亦自不减"③；评李好古《张生煮海》曰："闲淡高雅，自是佳手"④；评张寿卿《红梨花》曰："字字淹润，语语宛隽"⑤；评王子一《误入桃源》曰："此剧有悲愤语、凄凉语，然语气自是秀逸清丽，不得以粗雄目之。"⑥又如《酹江集》中对各剧风格的评点也是围绕"雄爽"这一核心特点而展开的：如评关汉卿《窦娥冤》曰："词调快爽，神情悲吊，尤关之铮铮者也"⑦；评马致远《荐福碑》曰："半真半谑，行文绝无粘带，一种悲吊情怀如寒蛩夜唧，使听者然，自是绝高手笔"⑧；评王实甫《丽堂春》曰"较西厢特为雄俊而本色固在"⑨；评罗贯中《风云会》曰："语语扬厉如钟鼓，噌吰大声，发于水上，可称雄杰"⑩；评徐渭《替父从军》曰："雄词老笔，

---

① 孟称舜：《酹江集》，第 136 页。
② 孟称舜：《柳枝集》，第 360 页。
③ 同上书，第 295 页。
④ 同上书，第 387 页。
⑤ 同上书，第 376 页。
⑥ 同上书，第 451 页。
⑦ 孟称舜：《酹江集》，第 19 页。
⑧ 同上书，第 614 页。
⑨ 同上书，第 136 页。
⑩ 同上书，第 184 页。

追蹑元人。袁中郎评云'苍凉慷慨',此语极当。"① 此外,在评点作家具体剧作时亦常用到比较手法,如前所述的对白朴《梧桐雨》的批点,就是与马致远《汉宫秋》相较而论的。再如,康海《中山狼》与王九思《沽酒游春》被同列入《酹江集》中,孟称舜在评点《中山狼》时,就与《沽酒游春》比较来谈,曰:"康对山与王渼陂同以声乐相尚。或谓王艳而整,康富而芜,彼此各有短长;又谓康所作莽具才气,然喜生造、喜堆积、喜多用老生语,不得与王并驱。然若此剧雅淡真切而微带风丽,视王《沽酒游春》曲,殆亦不肯居轻。吾谓微逊王者,正少其雄宕耳。"②

以上选列的评点从不同角度展示了孟称舜作为一名曲论家的广阔视界,诚如刘勰所言"凡操千曲而后晓声,观千剑而后识器",孟氏的这些观点无疑都是值得肯定的方家之论,并且在一定程度上支撑了其在《古今名剧合选序》中提出的戏曲风格观念。

综上所述,孟称舜的戏曲风格论既非对前人偏颇之论的武断否定,亦非对旧有之说的简单综合。祁彪佳《孟子塞五种曲·序》称:"其为文也,一人尽一人之情状,一事具一事之形容;雄壮则若铜将军铁绰板唱'大江东去'之辞,妩媚则如十七八小女娘唱'晓风残月'之句"③,孟氏从自身的戏曲创作实践出发,推己及人,从而赋予了戏曲风格以新的内涵。诚如其所言"予学为曲,而知曲之难,且少以窥夫曲之奥焉"④,孟称舜的戏曲风格观念正是其所窥见的"戏曲之奥"之一。孟氏戏曲风格观念内容丰富,见解独到,不仅在晚明产生了极大影响,而且在一定程度上启发了清代李玉的元杂剧风格论,在中国古典戏曲理论中具有承前启后的重要地位。

第四节 语言论

语言是文学的第一要素。戏曲虽为一门综合艺术,但就剧本创作

---

① 孟称舜:《酹江集》,第 338 页。
② 同上书,第 262 页。
③ 朱颖辉辑校:《孟称舜集》,第 622 页。
④ 同上。

而言，语言仍显得举足轻重，剧作的文学艺术成就在很大程度上取决于该剧的语言。《窦娥冤》《西厢记》《牡丹亭》《长生殿》，这些优秀的剧作无一不以其美妙的语言而脍炙人口，代代相传。关于戏曲语言美的理论研究，始于元人周德清，发展于明人王骥德，至清人李渔臻于成熟，再至王国维而具近代形态。在这漫长的理论演进过程中，群星闪耀，百家争鸣，孟称舜无疑是灿烂星河中熠熠生辉、引人瞩目的一颗。孟称舜的戏曲语言论既继承前人又自出机杼，在中国古典戏剧理论史上留下了浓墨重彩的一笔。孟称舜虽无戏曲理论专著，但其《古今名剧合选》序及评点，连同《娇红记题词》《二胥记题词》《贞文记题词》一起支撑起其戏曲学建构的大厦，所论见解精到，显示出超迈前人的理论水准，为中国古典剧论的进一步发展、完善做出了不可忽视的卓越贡献。孟称舜关于戏曲语言美的论述则主要见于《古今名剧合选》序及《古今名剧合选》各剧的评点。择要而言，有此四端。

一　曲白兼美

中国古典戏曲语言主要由曲文和宾白构成。曲文是供演员演唱的歌词，主要作用是抒发情怀、塑造形象、渲染气氛、贯串情节。宾白又称说白、道白，包括人物的对白、独白、带白等，主要用以叙事。宾白既称为"宾"，便有次要之意。中国古典戏曲历来是以唱为主以说为辅，这一特点决定了戏曲语言以曲文为重宾白为从的传统。基于此，明代曲论家在论及元杂剧之曲、白关系时，或曰："元人诸剧，为曲皆佳，而白则猥鄙俚亵，不似文人口吻。盖由当时皆教坊乐工先撰成间架说白，却命供奉词臣作曲，谓之'填词'。凡乐工所撰，士流耻为更改，故事款多悖理，辞句多不通。不似今作南曲者尽出一手，要不得为诸君子疵也。"① 认为元杂剧中曲、白创作先后有别，白为教坊乐工所为，曲乃文人之作，故白不如曲。"或又谓主司所定题目外，止曲名及韵耳，其宾白则演剧时伶人自为之，故多鄙俚蹈袭

---

① 王骥德：《曲律》，《中国古典戏曲论著集成》（四），第148页。

之语。"① 认为白乃伶人表演时的临场发挥，具有随意性，故文采不高。对于这些观点，孟称舜并未盲目认同，而是进行了有力的驳斥："或云元曲填词皆出辞人手，而宾白则演剧时伶人自为之，故多鄙俚蹈袭之语。予谓元曲故不可及，其宾白妙处更不可及。"② 对曲、白二者的关系，孟称舜有自己的见解，认为元杂剧创作曲、白同出一手，宾白完全可与曲文相媲美。他非常重视宾白，将宾白与曲文等量齐观，认为宾白为元杂剧增色不少，在剧中的作用不可等闲视之，"盖曲体似诗似词，而白则可与小说演义同观。"③ 孟称舜对于宾白的推崇与强调在当时来说是极具创见的，远远超越了同时代的曲论家。他将宾白的地位提得极高，如认为《赵氏孤儿》的宾白"极紧极合拍"，"可作一篇《史记》读"④，将宾白与正统叙事文学相比附，这虽有过誉之嫌，但他借此引人关注宾白，以期提高戏曲地位之苦心堪嘉。更值得称许的是，由这一比附可以看出孟称舜对戏曲叙事性特征的认识，以及对明代曲论以曲为本、重曲词轻叙事传统的突破。

正因为宾白如此重要，孟称舜进一步指出，曲文与宾白并无轩轾，应将二者并重，只有曲白兼美的剧作才是真正成功的。他对《赵氏孤儿》评价很高，认为此剧第四折"曲、白俱妙，是世间绝大文章"⑤，叙述之缓急轻重颇有法则，"曲白与高文典册同一机局"⑥。孟称舜还提倡简洁明了、符合人物身份地位的宾白，反对宾白的冗长烦琐。在《古今名剧合选》的评点中，他多次肯定使用合理且不乏文采的宾白，提醒读者要仔细体悟其中的妙处，如称赞《老生儿》"此剧之妙，在宛畅入情，而宾白点化处更好"，"此剧与《赵氏孤儿》等白直欲与太史公《史记》列传同工矣"⑦。评《潇湘雨》"一篇白语可作一文读"⑧。但对于一些烦琐冗长的宾白，则不仅提出批评意

---

① 臧懋循：《元曲选序》，吴毓华《中国古代戏曲序跋集》，第 148 页。
② 孟称舜：《酹江集》，第 164 页。
③ 同上。
④ 同上书，第 132 页。
⑤ 同上书，第 128 页。
⑥ 同上书，第 130 页。
⑦ 同上书，第 164 页。
⑧ 孟称舜：《柳枝集》，第 372 页。

见，还进行了删改，如评《范张鸡黍》第二折［南吕·隔尾］一处宾白"原本数段，宾白冗杂，可厌，今俱为删改"①，评《一世不伏老》第一折［幺］后宾白"此白繁冗可厌，当删之。"②

在孟称舜的努力下，宾白的重要性逐渐为更多的人所认识。纵观中国古典剧论史，孟称舜之于宾白地位的提高显然起了不可小觑的推动作用，在宾白理论的完善方面也有着不可忽视的承前启后之功。王骥德在点评了《紫箫记》《琵琶记》《浣纱记》诸剧的宾白后曾不无感慨地指出："诸戏曲之工者，白未必佳，其难不下于曲"，并进一步归纳出作白之法"大要多则取厌，少则不达"，应"行乎其所当行，止乎其所不得不止"③。沈际飞在《评点牡丹亭还魂记》卷首《集诸家批语》中引用袁宏道之语，"凡传奇，词是肉，介是筋骨，白、诨是颜色。《紫钗》止有曲耳，白殊可厌也，诨间有之，不能开人笑口，若所谓介，作者尚未梦见，此却不是肉尸而何！"④ 在批评《紫钗记》缺乏艺术美感的同时，以人体为喻，点明了宾白的重要性。直至清代的李渔才将这一理论认识系统化，明确指出"尝谓曲之有白，就文字论之，则犹经文之于传注；就物理论之，则如栋梁之于榱桷；就人身论之，则如肢体之于血脉。非但不可相无，且觉稍有不称，即因此贱彼，竟作无用观者。故知宾白一道，当与曲文等视。有最得意之曲文，即当有最得意之宾白，但使笔酣墨饱，其势自能相生"⑤。曲白相生，才能语臻妙境，孟称舜的卓见如空谷幽兰，留给后人是无限馨香。

二 本色当行

本色论是明代曲论中的重要组成部分。明中期曲论家何良俊强调戏曲创作必须使用本色语，方为当行，"盖《西厢》全带脂粉，《琵

---

① 孟称舜：《酹江集》，第 653 页。
② 同上书，第 274 页。
③ 王骥德：《曲律》，《中国古典戏曲论著集成》（四），第 141 页。
④ 秦学人、侯作卿：《中国古典编剧理论资料汇辑》，中国戏剧出版社 1984 年版，第 120 页。
⑤ 李渔：《闲情偶寄》，《中国古典戏曲论著集成》（七），第 51 页。

琶》专弄学问，其本色语少。盖填词须用本色语，方是作家"，① 其
所说的本色语即戏曲语言，认为语言简淡、情感真切就是本色语。与
何良俊几乎同时的徐渭也标举本色，但其所谓本色是与当时的时文气
相对立，追求"宜俗宜真"，"语入要紧处，不可着一毫脂粉，越俗、
越家常，越警醒，此才是好水碓，不杂一毫糠衣，真本色"，② 强调
戏曲语言的通俗易懂、真挚感人。徐渭的弟子、万历间曲学大师王骥
德的本色论则更具有辩证色彩和总结性，一方面重视戏曲语言的浅显
通俗，认为"作剧戏，亦须令老妪解得，方入众耳，此即本色之说
也"③，另一方面又认为本色的理想境界在"浅深、浓淡、雅俗之
间"，既反对纯用本色，又反对过分雕饰，"大抵纯用本色，易觉寂
寥；纯用文调，复伤雕镂。……至本色之弊，易流俚腐，文词之病，
每苦太文。雅俗浅深之辨，介在微茫，又在善用才者酌之而已"④。

孟称舜也非常推崇本色当行语，认为戏曲语言应该以本色自然见
长。在对剧作进行评点时多次使用"本色"字眼，把语言本色作为
衡量剧作优秀与否的一条重要标准，认为戏曲语言的最高追求就是语
语本色，字字当行。例如，评《三度任风子》"此剧机锋隽利，可以
提醒一世。尤妙在语语本色，自是当行人语，与东篱诸剧较别"⑤。
评《墙头马上》第三折〔双调·沉醉东风〕"痛绝之语，语语本
色"⑥。对《度柳翠》一剧的语言评价也很高，认为"曲中皆就本色
点染，玄机妙绪，霏霏不穷，若屑木而出，自是钜手也"⑦。

对于什么才是真正的本色语，孟称舜有自己的认识。孟称舜眼中
的本色语首先是雅俗共赏的戏曲语言。孟称舜继承了何良俊、徐渭、
王骥德等人的本色论，赞同徐渭所云"与其文而晦，曷若俗而鄙之易
晓也"⑧，追求语言的通俗晓畅，认为"曲不难作情语、致语，难在

① 何良俊：《四友斋丛说》，陈多、叶长海《中国历代剧论选注》，第 119 页。
② 徐渭：《题昆仑奴杂剧后》，陈多、叶长海《中国历代剧论选注》，第 133 页。
③ 王骥德：《曲律》，《中国古典戏曲论著集成》（四），第 154 页。
④ 同上书，第 122 页。
⑤ 孟称舜：《酹江集》，第 602 页。
⑥ 孟称舜：《柳枝集》，第 356 页。
⑦ 同上书，第 434 页。
⑧ 徐渭：《南词叙录》，《中国古典戏曲论著集成》（三），第 243 页。

作家常语，老实痛快而风致不乏"①，但又不能太俚俗，也不能太酸腐，应该文而不文，俗而不俗，介于雅俗之间，化俗为雅。这一语言审美倾向集中地体现在其对《燕青博鱼》的批点中："曲中尤忌者，则酸腐打油腔也。元人之高，在用经典子史而愈韵愈妙，无酸腐气；用方言俗语而愈雅愈古，无打油气。"② 所以，对于那些语言雅俗共赏的剧作，孟称舜都是非常称许的，例如，评《张生煮海》曰："闲淡高雅，自是佳手"③；赞赏《重对玉梳记》一剧"辞气似是卤莽却愈觉雅醇，当与韩昌黎诗并观"④。为此，孟称舜对元杂剧的语言推崇备至，认为元杂剧的语言最为本色当行，在《古今名剧合选》的评点中这样的例证不胜枚举：如评《青衫泪》"天机雅趣，别成一种。至为兴奴写照处，真是借他檀板，摅我闺情。用俗语愈觉其雅，板语愈觉其韵，此元人不可及处"⑤；认为《春风庆朔堂》第三折〔上小楼〕"用俗语偏雅，极似元人"⑥；指出《铁拐李》"字句亦极修饰雅倩，无粗莽气，在元人中别是一家"⑦。

其次，还应是自然的。王国维曾言"元曲之佳处何在？一言以蔽之，曰：自然而已矣。古今之大文学，无不以自然胜，而莫著于元曲"⑧。而几百年前的孟称舜早已把"自然"作为衡量剧作语言的一大审美标准，例如，他评价《窦娥冤》第三折窦娥唱的〔快活三〕曲能令观者"自然进泪"⑨。虽然孟称舜未将"自然"加以明确界定，但毋庸置疑，其基本内涵是追求语言的口语化及真情的自然流露，不事假借而独成天籁。孟称舜所推许的元杂剧正是"自然"之作，"盖元剧之作者，其人均非有名位学问也；其作剧也，非有藏之名山，传之其人之意也。彼以意兴之所至为之，以自娱娱人。……彼但摹写其

---

① 孟称舜：《酹江集》，第 91 页。
② 同上书，第 148 页。
③ 孟称舜：《柳枝集》，第 387 页。
④ 同上书，第 474 页。
⑤ 同上书，第 265 页。
⑥ 同上书，第 518 页。
⑦ 孟称舜：《酹江集》，第 39 页。
⑧ 王国维：《宋元戏曲史》，第 98 页。
⑨ 孟称舜：《酹江集》，第 30 页。

胸中之感想，与时代之情状，而真挚之理，与秀杰之气，时流露于其间。故谓元曲为中国最自然之文学，无不可也。若其文字之自然，则又为其必然之结果，抑其次也"①。孟称舜虽未像王国维这样系统论述"自然"，但其开启之功绝不可没。

孟称舜的剧作对语言也颇为讲究，"可演之台上，亦可置之案头"②，追求本色当行。以《眼儿媚》为例，第三折女主人公江柳在公堂之上所唱的〔斗鹌鹑〕曲凄婉动人：

> 泪满湘江，愁连楚峡，都只为奉酒陪茶，生做了这违条犯法。古道人稀，疏林日下，监押的哥哥，忙迸煞。当日美恩情两载三年，今日泣别离片时半霎。③

戏曲语言与情节、人物性格紧密结合，既表明了江柳的冤情，又描写了其即将被发配时的愁绪，本色当行。陈洪绶评曰："通篇绘情绘景，疑有神功。"④

三 形象而富于个性色彩

自从戏曲文学勃兴后，许多曲论家都已注意到其代言体的特征，尤以明、清两代的论述为多。汤显祖较早从这一角度对演员的表演提出了要求，强调作为演员应加强对角色的体验，"为旦者常自作女想，为男者常欲如其人"⑤，惜只是吉光片羽，并未展开深入论述。后来冯梦龙在《墨憨斋定本传奇》中对表演提出了更进一步的设想，这在其对所选传奇的评点中可见一斑：如"演李固要描一段忠愤的光景；演文姬、王成、李燮要描一段忧思的光景；演吴祐、郭亮要描一段激烈的光景"（《酒家佣》总评），要求演员要领会角色的思想特色及个性；又如"凡脚色，先认主意。如越王、田世子，无刻可忘复

---

① 王国维：《宋元戏曲史》，第98页。
② 孟称舜：《古今名剧合选序》，朱颖辉辑校《孟称舜集》，第558页。
③ 孟称舜：《柳枝集》，第538页。
④ 同上。
⑤ 汤显祖：《宜黄县戏神清源师庙记》，《中国历代剧论选注》，第160页。

国；如李燮、蔡邕，无刻可忘思亲"（《酒家佣》第二十七折眉批），即是提醒演员注意把握剧中人物的主导性格。孟称舜亦已注意到了戏曲的代言体性质，并进行了更为生动深入的论述：

> 吾尝为诗与词矣，率吾意之所到而言之，言之尽吾意而止矣。其于曲，则忽为之男女焉，忽为之苦乐焉，忽为之君主、仆妾、奸夫、端士焉。其说如画者之画马也，当其画马也，所见无非马者。人视其学为马之状，筋骸骨节，宛然马也。而后所画为马者，乃真马也。学戏者不置身于场上，则不能为戏；而撰曲者不化其身为曲中之人，则不能为曲。此曲之所以难于诗与辞也。①

孟称舜将戏曲创作与诗、词创作相较，指出诗词往往只抒写作者一人之意，而戏曲则要塑造男女、贵贱、善恶等各色人物形象，恰如其分地传达出形象的苦乐真情。为曲之难不仅在此，还在于为曲者需设身处地地体验各类角色的心理特征及行动逻辑，"化其身为曲中之人"。孟称舜还以画者画马为喻，深入浅出地揭示了这一创造角色的形象思维过程。较之上述汤显祖的理论，显然更进一步，且对其后李渔论戏曲创作时所提出的"欲代此一人立言，先宜代此一人立心""说一人，肖一人，勿使雷同，弗使浮泛"②等观点具有直接的启发意义。

与冯梦龙一样，孟称舜通过大量的评点体现出其对角色塑造的关注；所不同的是，冯梦龙是从导演的角度进行设想，而孟称舜是从作家的角度来审视。孟称舜要求剧作家用形象生动且富于个性化的语言来塑造人物。只有形象生动、个性化的语言才能使笔下的人物摆脱千人一面的程式化俗套，成为光照古今的典型形象。孟称舜非常关注戏曲语言与人物形象塑造之间的关系，在《古今名剧合选》的评点中对此有较为系统的论述。他首先提出"文章之妙，在因物赋形，矧词

---

① 孟称舜：《古今名剧合选序》，朱颖辉辑校《孟称舜集》，第 557 页。
② 李渔：《闲情偶寄》，《中国古典戏曲论著集成》（七），第 54 页。

曲尤为其人写照者"①，强调语言对于人物塑造的重要性，如若语言不符合人物的身份、思想、性格等，就会产生"男语似女，是为雌样；女语似男，是为雄声"②的不良效果。在评点诸剧时，孟称舜多次使用"口角""声口"等词语，对人物塑造成功的剧作高度赞扬，认为其语言形象个性，达到了"绝真""厮似""绝似""极似"的艺术高度。例如，指出《萧淑兰》第二折〔越调·络丝娘〕曲词极符合人物身份及心理，"口角绝真"③；评《仗义疏财》"二折、三折声口俱厮似"④，第四折〔雁儿落〕曲词写"小行货卖弄声口绝似"⑤；认为《红线女》的语言"二折、三折俱善形容，无酸腐气，亦无鲁莽气"，个性典型，因而"极似女侠声口"⑥。只要语言契合人物的性格、身份及心理，就会成就千古妙文，正如其在《隔江斗智》总评中所云："叙事说意，绝无粉泽。尤妙在女子口中出得雄爽快利，为孙夫人写照，是曲中一名手。"⑦

对于那些语言脱离人物形象塑造的剧作，孟称舜或提出修改意见，或广求诸本、择善而从，力求人物语言与人物身份、地位、处境等相一致。例如，评《仗义疏财》第一折"通折写墟原旅景及壮夫声口，已到五六分矣。但出李山儿口，尚需再粗莽为妙。较元人《负荆》剧殆为逊之"⑧。在《张生煮海》第三折批曰："仙母做媒，吴兴本改做石佛寺长老。今看曲辞与长老口角不肖，仍改从原本。"⑨又如于《窦娥冤》第二折〔贺新郎〕曲处评曰："原本云：'这婆娘心如风刮絮，哪里肯身化望夫石。'似非媳妇说阿婆语，改从今本。"⑩

从上述评点可以看出孟称舜对于戏曲创作中人物塑造的高度重视

---

① 孟称舜：《酹江集》，第 148 页。
② 同上。
③ 孟称舜：《柳枝集》，第 489 页。
④ 孟称舜：《酹江集》，第 243 页。
⑤ 同上书，第 247 页。
⑥ 同上书，第 306 页。
⑦ 同上书，第 218 页。
⑧ 同上书，第 241 页。
⑨ 孟称舜：《柳枝集》，第 394 页。
⑩ 孟称舜：《酹江集》，第 26 页。

与独特见解，其所追求的戏曲语言之形象性、个性化恰是达到艺术真实、塑造典型形象的有效途径，时至今日仍然闪耀着理性的光芒。纵观整个明代曲论，对戏曲语言与人物塑造关系的理论研究还较为薄弱，而孟称舜在这方面的贡献则犹如暗夜中的星斗，引人前行。

四　有"趣"有"味"

孟称舜认为剧作的语言还必须具有"趣"的特点，唯有"趣"，才有"味"，才会引人遐想，回味无穷。在评点戏曲语言时，孟称舜经常使用"趣""韵""意趣""韵趣"等字眼。如评《金钱记》第二折〔倘秀才〕"腐景说得趣"[1]。评《青衫泪》第二折〔叨叨令〕"形容着情语亦带韵"[2]。又评《翰林风月》第三折〔调笑令〕"此与〔秃厮儿〕两枝止是寻常说话，略带讪语而意趣无穷"[3]。评《两世姻缘》第三折〔尾声〕"正经语都带韵趣"[4]。由此可以窥见，孟称舜所赞赏的"趣"正蕴含着其对戏曲语言的两重审美追求：一是言约意丰、蕴藉深远；二是可演可传，生动有趣。要言之，就是要求戏曲语言能通过有限的字句给人以无穷的审美想象，如嚼橄榄，余味无穷；同时语言又不能太过典雅，而要生动有趣，既可置之案头赏观，又可演之场上，能产生较好的舞台效果。剧作的语言有"趣"就有了灵性，如同点睛之笔能使整部作品焕发出艺术的光彩。

溯流追源，孟称舜所倡导的"趣"在中国古典剧论史上具有承前启后的理论桥梁作用。从元代曲学家周德清开始，对戏曲语言美的探讨就正式拉开了帷幕。《中原音韵》之《作词十法》从各个角度论述了北曲曲词创作，其中有"造语"一法：

> 未造其语，先立其意；语、意俱高为上。短章辞既简，意欲尽；长篇要腰腹饱满，首尾相救。造语必俊，用字必熟。太文则迂，不文则俗；文而不文，俗而不俗。要耸观，又耸听，格调

---

[1] 孟称舜：《柳枝集》，第313页。
[2] 同上书，第271页。
[3] 同上书，第256页。
[4] 同上书，第291页。

高，音律好，衬字无平仄稳。①

其所谓"造语必俊"，就是强调使用"俊语"。何为"俊语"？通过周德清对一些曲文的评论可知那些饱含情趣、语涉双关、托物言情之语皆可谓之"俊语"，这与明清曲学家所言"旨趣""意趣""机趣"的含义颇有相通之处。至明代汤显祖又提出"凡文以意趣神色为主，四者到时，或有丽词俊音可用，尔时能一一顾九宫四声否？"②追求文辞第一，格律第二。其中之"意"相当于作品的意旨，即思想性，"趣"即生动、有趣味。后来王骥德在探索戏曲创作时又拈出"风神"这一概念，"其妙处，政不在声调之中，而在字句之外，又须烟波渺漫，姿态横逸，揽之不得，挹之不尽。摹欢则令人神荡，写怨则令人断肠，不在快人，而在动人。此所谓'风神'，所谓'标韵'，所谓'动吾天机'"③。王骥德所追求的"风神"，是作品于"声调""字句"之外而体现出的一种"妙处"，是作品的总体精神和风貌，这一总体风貌归根结底还得靠语言来成就，语言既要有强烈的感染力，又能带给人极大的审美想象空间。因而，可以说王骥德对"风神"的追求还是与语言密切相关的。孟称舜接踵前人，自成佳论，以评点的方式倡导戏曲语言之"趣"，虽似散金碎玉，却起到了传承作用。清代著名曲学家李渔关于戏曲语言的"重机趣"之说显然是受到了孟称舜的启发，他提出："'机趣'二字，填词家必不可少。机者，传奇之精神；趣者，传奇之风致。少此二物，则如泥人土马，有生形而无生气"④，强调戏曲语言要饱含思想、活泼有趣。

孟称舜在《古今名剧合选》的评点中还多次提到"气味"这一概念。例如，评《诗酒红梨花》"字字淹润，语语宛隽。近来度曲家以此为鼻祖，而气味浑涵，则令人终让此一筹也"⑤。评《风月牡丹

---

① 周德清：《中原音韵》，《中国古典戏曲论著集成》（一），第232页。

② 汤显祖：《答吕姜山》，《汤显祖尺牍》，《汤显祖全集》（二），北京古籍出版社1999年版。

③ 王骥德：《曲律》，《中国古典戏曲论著集成》（四），第132页。

④ 李渔：《闲情偶寄》，《中国古典戏曲论著集成》（七），第24页。

⑤ 孟称舜：《柳枝集》，第376页。

仙》"古质俊丽，与宪王他制，气味稍别"①。由此可见，孟称舜所谓的"气味"当指剧作所表现出来的整体审美特质，即能激起欣赏者美感的意趣和情致，应包括语言的含蓄蕴藉及意境的浑厚悠长。孟称舜尊崇元杂剧，青睐于元杂剧所体现出的这种"气味"，慧眼独具地提出"今人不及古人者，气味厚薄自是不同"②，在评点时经常将明杂剧与元杂剧相比较，肯定元杂剧之"气味"质朴醇厚，不满明杂剧之"气味"浇薄。如评《仗义疏财》"宪王诸剧，于音调格律俱谐，亦俱有老气，而微少警语。然古人正以不事雕刻为胜，今则警调时有，而元气尽以琢矣"③。但对于一些接近元杂剧"气味"的剧作，则不吝赞美之词，如评《误入桃源》"元人高处在佳语、秀语、雕刻语络绎间出而不伤浑厚之意，王系国初人，所以风气相类，若后则俊而薄矣，虽汤若士未免此病也。此剧有悲愤语、凄凉语，然语语自是秀逸清丽，不得以粗雄目之"④。评《三度小桃红》"气味浑厚，音调复谐，毕竟是本朝第一能手"⑤。评《沽酒游春》"此剧雕隽自喜，而不失浑厚之气，固应与胜国诸名家伯仲"⑥。

孟称舜的剧作也是很有"味道"的，语言含蓄蕴藉，富有诗意美，《娇红记》《花前一笑》《桃花人面》《眼儿媚》等剧均以此见长。其好友陈洪绶曾曰："今人所以不及古人者，其气味厚薄不同故也。子塞诸剧，蕴藉旖旎，的属韵人之笔，而气味更自不薄，故当与胜国诸大家争席。"⑦ 虽不乏溢美之嫌，但的属确论。以《花前一笑》第二折〔普天乐〕为例：

> 闲步小亭前，渌径芳尘浅。可憎语燕，催送华年。飞花点素苔，万点愁人怨。冷冷清清空庭院，枉撺阁光景无边。只落得雕

---

① 孟称舜：《柳枝集》，第 524 页。
② 孟称舜：《酹江集》，第 349 页。
③ 同上书，第 240 页。
④ 孟称舜：《柳枝集》，第 451 页。
⑤ 同上书，第 494 页。
⑥ 孟称舜：《酹江集》，第 251 页。
⑦ 朱颖辉辑校：《孟称舜集》，第 624 页。

栏倦倚，只落得翠翘懒整，只落得绣线慵穿。①

语言优美流丽，风格典雅，充满了诗情画意。

总之，孟称舜以其雄富的才力和独到的理论眼光在明末曲坛占据了重要的地位，成为明代剧论不可或缺的代表人物之一。钟嗣成曾言："吾党且啖蛤蜊，别与知味者道"②，理直气壮地为戏曲家立传正名，充当他们的知音。孟称舜也是与钟嗣成一样的"知味人"，他重视戏曲创作，关注戏曲语言的研究，并从不同的理论视角对剧作的语言进行了评点，提出了一系列评价标准，其戏曲语言审美论对推动明代剧论发展、丰富中国古典剧论意义深远。

---

① 孟称舜：《柳枝集》，第 563 页。
② 钟嗣成：《录鬼簿序》，《中国古典戏曲论著集成》（二），第 101 页。

第六章 《古今名剧合选》剧作的
文本流传

《古今名剧合选》刊于明崇祯六年（1633），自问世以来，传本较稀，晦而不著，故其影响远远不及《元刊杂剧三十种》《脉望馆钞校本古今杂剧》与《元曲选》深远。《古今名剧合选》中的剧作除被第四章第一节所列表中杂剧选集主要选录外，还有部分剧作的某一套曲或支曲亦被一些选本、曲谱所收录。本章即从选本收录与曲谱收录这两个方面着手，探讨《古今名剧合选》剧作的文本流传情况。

第一节 选本收录

关于戏曲选本的论述，郑振铎之说影响较大："所谓'戏曲的选本'，便是指《纳书楹》《缀白裘》一类选录一部戏曲的完全一出或一出以上之书而言。像《雍熙乐府》，象《九宫大成谱》，象《太和正音谱》，那都是以一个曲调为单位而不是以一出为单位而选录的，那不是戏曲的选本，乃是'曲律'与'词律'一类的书，专供作词的人之用一样。"① 如果说郑振铎眼中的"戏曲选本"仅限于剧选本或出选本，而不包括那些收录支曲的曲选本，那么朱崇志《中国古代戏曲选本研究》则在郑振铎所界定的概念基础上做了进一步扩充，指

---

① 郑振铎：《中国戏曲的选本》，《郑振铎全集》第六卷，花山文艺出版社 1998 年版，第 392 页。

出:"戏曲选本,是指戏曲选家根据一定的意图、依据一定的编选原
则和编选体例,在浩如烟海的古代戏曲作品中选择具有代表性的单
剧、单出或单曲汇聚而成的作品集。在外在形式上,戏曲选本表现为
剧选、出选、曲选三种形态;而在内层价值上,它则分别具有清读、
清唱、表演的功能。"① 在朱崇志看来,中国古代的戏曲选本应包括
剧选本、出(折)选本、曲选本三种形式。本节即依朱崇志此说,
对《古今名剧合选》所收剧作在戏曲选本中的流传情况进行深入分
析。鉴于第四章已对《古今名剧合选》在剧选本中的流传情况有所
论述,故本节仅涉及《古今名剧合选》所收剧作在折选本及曲选本
中的流传情况。

据统计,戏曲选本现存近百种,朱崇志《中国古代戏曲选本研
究》中明确列出八十五种,其中收录杂剧的折选本和曲选本有《盛
世新声》《词林摘艳》《雍熙乐府》《风月(全家)锦囊》《词林一
枝》《八能奏锦》《群音类选》《乐府玉树英》《乐府菁华》《乐府红
珊》《玉谷新簧》《摘锦奇音》《月露音》《六合同春》《乐府万象新》
《大明春》《赛征歌集》《大明天下春》《万壑清音》《怡春锦》《玄雪
谱》《尧天乐》《乐府遏云编》《南北词广韵选》《北曲拾遗》《醉怡
情》《时调青昆》《歌林拾翠》《缀白裘合选》《缀白裘全集》《万家
合锦》《钱编缀白裘》《戏曲五种选抄》等三十余种。在这三十余种
戏曲选本中,涉及《古今名剧合选》的主要有两类:一类为收录两
种以上《古今名剧合选》所收剧作的选本,如《盛世新声》《词林摘
艳》《雍熙乐府》《南北词广韵选》等;另一类为仅收录一至两种
《古今名剧合选》所收剧作的选本,如《风月(全家)锦囊》收有
《风云会》[北端正好]"水晶宫鲛绡帐"一折,《钱编缀白裘》收录
《风云会》之"访普"一折以及《红梨花》之"卖花"一折,《北曲
拾遗》中收录《误入天台》之[仙吕·点绛唇]一曲。故本节在分
析研究时将论述重点主要放在第一类折选本中。

---

① 朱崇志:《中国古代戏曲选本研究》,上海古籍出版社 2004 年版,第 2 页。

一 选本中的《古今名剧合选》本元杂剧
(一) 收录概况①

剧目 选本	盛世新声	词林摘艳	雍熙乐府	南北词广韵选	共计
倩女离魂	[越调·斗鹌鹑]	[越调·斗鹌鹑] [黄钟·醉花阴] [中吕·粉蝶儿]	[越调·斗鹌鹑] [黄钟·醉花阴]	[仙吕·点绛唇]	4
翰林风月	[仙吕·点绛唇] [大石调·念奴娇]	[仙吕·点绛唇]	[仙吕·点绛唇] [大石调·念奴娇]		3
两世姻缘	[越调·斗鹌鹑]	[商调·集贤宾] [越调·斗鹌鹑]	[商调·集贤宾] [越调·斗鹌鹑]	[越调·斗鹌鹑]	4
扬州梦			[仙吕·点绛唇]	[仙吕·点绛唇]	2
金钱记			[仙吕·点绛唇]	[双调·新水令] [仙吕·点绛唇] [中吕·粉蝶儿]	2
墙头马上				[南吕·一枝花] [双调·新水令]	1
潇湘雨				[南吕·一枝花]	1
汉宫秋	[中吕·粉蝶儿]	[双调·新水令] [中吕·粉蝶儿]	[双调·新水令] [中吕·粉蝶儿]	[仙吕·点绛唇]	4
荐福碑				[双调·新水令] [中吕·粉蝶儿]	1
梧桐雨	[中吕·粉蝶儿] [正宫·端正好]	[中吕·粉蝶儿] [正宫·端正好]	[中吕·粉蝶儿] [正宫·端正好]	[中吕·粉蝶儿] [正宫·端正好]	4
范张鸡黍	[南吕·一枝花]	[南吕·一枝花] [商调·集贤宾]	[仙吕·点绛唇] [南吕·一枝花] [商调·集贤宾]		3
王粲登楼			[仙吕·点绛唇]	[仙吕·点绛唇]	2
丽春堂	[越调·斗鹌鹑] [双调·五供养]	[双调·五供养]	[越调·斗鹌鹑] [双调·五供养]		3
魔合罗	[黄钟·醉花阴]		[黄钟·醉花阴]		2

----

① 表中"共计"为剧目入选频率总数。

从上表可以看出，《古今名剧合选》之元杂剧为戏曲选本所收者有14种，占《古今名剧合选》所收元杂剧剧目总数（计33种）的百分之四十二。从具体剧目来看，为四种选本全收的有4种，即《倩女离魂》《两世姻缘》《汉宫秋》《梧桐雨》。为三种选本收录的有3种，即《翰林风月》《范张鸡黍》《丽春堂》。为两种选本收录的有4种，即《扬州梦》《金钱记》《王粲登楼》《魔合罗》。《墙头马上》《潇湘雨》《荐福碑》等3种仅为一种选本所收录。为两种及两种以上选本所收录者约占所收剧目总数的百分之八十。

从所收曲牌看，《倩女离魂》［越调·斗鹌鹑］套为前三本均录，［黄钟·醉花阴］套为《词林摘艳》与《雍熙乐府》收录，［中吕·粉蝶儿］套仅为《词林摘艳》收录，［仙吕·点绛唇］套仅为《南北词广韵选》收录；《翰林风月》［仙吕·点绛唇］套三本均录，［大石调·念奴娇］套为《盛世新声》与《雍熙乐府》收录；《两世姻缘》［越调·斗鹌鹑］套为四本均录，［商调·集贤宾］套为《词林摘艳》《雍熙乐府》二本所录；《扬州梦》［仙吕·点绛唇］套为《雍熙乐府》《南北词广韵选》收录；《金钱记》［仙吕·点绛唇］套为《雍熙乐府》《南北词广韵选》收录，［双调·新水令］［中吕·粉蝶儿］套仅为《南北词广韵选》收录；《墙头马上》［南吕·一枝花］［双调·新水令］套与《潇湘雨》［南吕·一枝花］套均仅为《南北词广韵选》收录；《汉宫秋》［中吕·粉蝶儿］套前三本都予以收录，［商调新水令］套为《词林摘艳》与《雍熙乐府》所录，［仙吕·点绛唇］套仅为《南北词广韵选》收录；《荐福碑》［双调·新水令］套与［中吕·粉蝶儿］套仅为《南北词广韵选》收录；《梧桐雨》［中吕·粉蝶儿］［正宫·端正好］两套四本全录；《范张鸡黍》［南吕·一枝花］套为前三本收录，［商调·集贤宾］套为《词林摘艳》与《雍熙乐府》收录，［仙吕·点绛唇］套仅为《雍熙乐府》收录；《王粲登楼》［仙吕·点绛唇］套为《雍熙乐府》与《南北词广韵选》所收；《丽春堂》［双调·五供养］套为前三本所收录，［越调·斗鹌鹑］套为《盛世新声》与《雍熙乐府》所收录；《魔合罗》［黄钟·醉花阴］套为《盛世新声》与《雍熙乐府》收录。

通过比较可以看出，《南北词广韵选》所收曲与《盛世新声》

《词林摘艳》《雍熙乐府》有较大差异，其中仅有《梧桐雨》［中吕·粉蝶儿］［正宫·端正好］两套、《两世姻缘》［越调·斗鹌鹑］套与此三种选本所收完全相同，另有《王粲登楼》［仙吕·点绛唇］套、《扬州梦》［仙吕·点绛唇］套、《金钱记》［仙吕·点绛唇］套与《雍熙乐府》所收相同，其余则完全不同。而《盛世新声》《词林摘艳》《雍熙乐府》三种选本所收曲牌则大多相同，这是因为这三种戏曲选本为一个系统，其选编具有前后相继性。如与《盛世新声》体例相同而后出的《词林摘艳》即是《盛世新声》的改编本，这一点张禄已于《词林摘艳序》中特为拈出："《盛世新声》，固词坛中之快睹，但其贪收之广者，或不能择其精粗；欲成之速者，或不暇考其讹舛。见之者往往病焉。"故"正其鲁鱼，增以新调，不减于前谓之林，少加于后谓之艳，更名曰《词林摘艳》"①。再后出的《雍熙乐府》虽未明言其取材范围，但所收戏曲与《盛世新声》相同者近百分之八十，"这种相承并非仅仅是效仿，还直接以之为稿本"②，可见其与《盛世新声》《词林摘艳》同为一个系统，故三本所收曲牌重复率较高。因《南北词广韵选》所收录的曲牌与其他三种选本所选曲牌相同率较小，故后文在分析时主要以《盛世新声》《词林摘艳》《雍熙乐府》三本收录情况为依据。

（二）比较研究

《盛世新声》《词林摘艳》《雍熙乐府》及《南北词广韵选》四种戏曲选本所收《古今名剧合选》之剧目均为出选，仅有曲词而无宾白，所录曲词完整，或以宫调曲牌为序，或依《中原音韵》十九韵部为序排列，是供文人清读、清唱的本子，具有浓郁的文人趣味。

1. 曲牌差异

上述四种选本中所收《古今名剧合选》中之元杂剧与《古今名剧合选》本在曲牌上的差异主要表现在曲牌异名及多寡不同两个方面。

一是曲牌异名。如《丽春堂》第三折［越调·斗鹌鹑］套《古今名剧合选》本［拙橹速］［么］，《雍熙乐府》作［绵搭絮］［络丝

---

① 张禄：《词林摘艳序》，文学古籍刊行社 1953 年影印原刊本。
② 朱崇志：《中国古代戏曲选本研究》，第 28 页。

娘〕；第四折〔双调·五供养〕套〔醉娘子〕〔古都白〕〔唐兀歹〕，
《雍熙乐府》作〔真个醉〕〔忽都白〕〔倘兀歹〕。《范张鸡黍》第二折
〔大石调·念奴娇〕套《古今名剧合选》本〔随煞尾声〕，《雍熙乐府》
作〔煞尾〕。《王粲登楼》第一折〔仙吕·点绛唇〕套《古今名剧合选》
本〔赚煞〕，《雍熙乐府》作〔尾声〕。《倩女离魂》第二折〔越调·斗鹌
鹑〕套《古今名剧合选》本〔收尾〕，《雍熙乐府》作〔尾声〕。

　　《词林摘艳》与《古今名剧合选》二本中同样存在曲牌的异名现
象。如《古今名剧合选》本《风云会》第三折〔正宫·端正好〕套
〔醉太平〕后之〔二煞〕，《词林摘艳》作〔一煞〕。《倩女离魂》第
二折〔越调·斗鹌鹑〕套〔收尾〕，《词林摘艳》作〔尾声〕；第三
折〔中吕·粉蝶儿〕套〔四煞〕〔三煞〕，《词林摘艳》作〔耍孩儿〕
〔又〕。《范张鸡黍》第二折〔南吕·一枝花〕套〔黄钟尾〕，《词林
摘艳》作〔尾声〕；第三折〔商调·集贤宾〕套〔高过浪来里〕，
《词林摘艳》作〔高过浪里来〕。《梧桐雨》第四折〔正宫·端正好〕
套〔黄钟煞〕，《词林摘艳》作〔尾声〕。《汉宫秋》第三折〔双调·
新水令〕套〔鸳鸯煞〕，《词林摘艳》作〔尾声〕。《丽春堂》第四折
〔双调·五供养〕套〔相公爱〕〔醉娘子〕〔金字经〕〔古都白〕〔唐
兀歹〕诸曲，《词林摘艳》依次作〔驸马还朝〕〔真个醉〕〔西文经〕
〔慢水鹅〕〔倘兀歹〕。

　　这一情况在《盛世新声》中同样存在。如《古今名剧合选》本
《智勘魔合罗》第二折〔黄钟·醉花阴〕套〔寨儿令〕〔尾〕二曲，
《盛世新声》本作〔古寨儿令〕〔尾声〕。

　　二是曲牌多寡不同。如《雍熙乐府》所收《翰林风月》第一折
〔仙吕·点绛唇〕套较《古今名剧合选》本于〔六幺序〕后少〔赚煞
尾〕一曲。《王粲登楼》第一折〔仙吕·点绛唇〕套《雍熙乐府》题
名《王粲》，较《古今名剧合选》本于〔幺篇〕与末曲中间多〔醉扶
归〕一曲。又如《古今名剧合选》本《梧桐雨》第二折〔中吕·粉
蝶儿〕套，〔尾声〕前有〔满庭芳〕〔普天乐〕，《雍熙乐府》标目为
《杨妃舞翠盘》，无〔满庭芳〕〔普天乐〕二曲，〔尾声〕作〔啄木儿
尾声〕；第四折〔正宫·端正好〕套，《雍熙乐府》〔呆骨朵〕后无
《古今名剧合选》本〔白鹤子〕〔二〕〔三〕〔四〕〔倘秀才〕〔芙蓉

花］［伴读书］［笑和尚］［倘秀才］［双鸳鸯］［蛮牌儿］［滚绣球］
［叨叨令］等十三曲，将其中［芙蓉花］［伴读书］［笑和尚］三曲
置于后面［滚绣球］与［三煞］二曲之间，此处《雍熙乐府》较
《古今名剧合选》少十曲。［滚绣球］曲后《古今名剧合选》本为
［三煞］［二煞］［黄钟煞］三曲，《雍熙乐府》则以［芙蓉花］［伴
读书］［笑和尚］三曲代替［三煞］［二煞］，［黄钟煞］作［尾
声］。《范张鸡黍》第三折［商调·集贤宾］套［柳叶儿］后《古今名剧合
选》本较《雍熙乐府》本多出［醋葫芦］［幺］［幺］［高过浪来里］
［尾声］五曲。《倩女离魂》第二折［越调·斗鹌鹑］套《雍熙乐
府》较《古今名剧合选》本少［秃厮儿］［络丝娘］［雪里梅］［紫
花儿序］［东原落］［绵搭絮］六曲；第四折［黄钟·醉花阴］套
《雍熙乐府》题名《荣归》，较《古今名剧合选》本于［神仗儿］后
少［幺］［侧砖儿］［竹枝歌］［水仙子］诸曲。

　　《词林摘艳》与《古今名剧合选》本中同样也存在曲牌的多寡现
象。如《翰林风月》第一折［仙吕·点绛唇］套《词林摘艳》较《古
今名剧合选》少［赚煞尾］一曲。《倩女离魂》第二折［越调·斗鹌
鹑］套，《词林摘艳》较《古今名剧合选》本少［秃厮儿］［络丝娘］
［雪里梅］［紫花儿序］［东原落］［绵搭絮］六曲；第三折［中吕·粉
蝶儿］套《词林摘艳》少［上小楼］［幺］［十二月］［尧民歌］［哨
徧］［耍孩儿］六曲；且于［三煞］后少［二煞］一曲。《古今名剧合
选》本《梧桐雨》第二折［中吕·粉蝶儿］套［蔓青菜］曲后较《词
林摘艳》多［满庭芳］［普天乐］二曲；第四折［正宫·端正好］套
［呆骨朵］曲后较《词林摘艳》多［白鹤子］［二］［三］［四］［倘秀
才］［芙蓉花］［伴读书］［笑和尚］［倘秀才］［双鸳鸯］［蛮牌儿］
［滚绣球］［叨叨令］十三曲，其中［芙蓉花］［伴读书］［笑和尚］三
曲在后面［滚绣球］曲后，可见此处《词林摘艳》少十曲。［滚绣球］
曲后《古今名剧合选》本依次为［三煞］［二煞］［黄钟煞］三曲，
《词林摘艳》则于［滚绣球］曲后依次为［芙蓉花］［伴读书］［笑和
尚］［尾声］四曲，以［芙蓉花］［伴读书］［笑和尚］三曲代替《古
今名剧合选》本之［三煞］［二煞］。

　　曲牌失题也是造成《古今名剧合选》与其他戏曲选本曲牌多寡不

同的一大原因。如《古今名剧合选》本《翰林风月》第一折［仙吕·点绛唇］套末尾有［六幺序］［幺］二曲：

　　［六幺序］则管里泣孤凤，琴中语，怨离凰指下生，这公他也不是个老实先生。疎刺刺竹弄寒声，扑簌簌花坠残英，忒楞楞宿鸟飞腾。听沉了半晌空偎倖，静无人悄悄冥冥。不是我心娇怯。非是我疏狂性。恰才嗤的失笑，暗的吞声。

　　［幺］听呀的门扃，似擦的人行，蓦的闻声，魆的潜行，猛的凝睛，厌的氲氲，煞的风清，却原来群花弄影，他将我来唬一惊。这的是小姐分明，樊素实曾，搬调的在后园中黉夜闲行，只恐怕老夫人知道无乾净，别引逗出半点儿风声。夫人他治家严肃狠情性。至少呵有三十挂杖，去来波，我其实怕的是你那七代先灵。

《雍熙乐府》作：

　　［六幺序］则管里泣孤凤，琴中语，怨离凰指下生，这公他也不是个老实先生。疎刺刺竹弄寒声，扑簌簌花坠残英，忒楞楞宿鸟飞腾。端详了半晌空偎倖，静无人悄悄冥冥。不是我心乔怯。非是我疏狂性。恰咤嗤的失笑，暗的吞声。听呀的门扃，厮擦的人行，蓦的闻声，越的潜行，猛的凝睛，厌的氲氲，煞的风清，却元来群花弄影，将我来唬一惊。小姐分明，樊素实曾，搬调的后园中黉夜闲行，只恐怕夫人知道无乾净，别引逗出半点儿风声。夫人治家严肃狠情性。至少呵三十挂杖，我其实的怕你那七代先灵。

　　可见，《雍熙乐府》于［六幺序］后失题曲牌［幺篇］。这一现象在《词林摘艳》中也同样存在。《古今名剧合选》本《翰林风月》第一折［仙吕·点绛唇］套［六幺序］［幺篇］，《词林摘艳》总题为［六幺序］，在"听呀的门扃"前失写曲牌［幺篇］。
　　通过上述比较可知，《古今名剧合选》所收剧作的曲牌在大多数情况下要明显多于《词林摘艳》《雍熙乐府》等其他戏曲选本。这种曲牌的差异多表现为某一剧作《古今名剧合选》本较戏曲选本多出一支乃至两三支曲牌，但有时这种曲牌的多寡竟高达十多支曲牌，如《梧桐雨》第四折［正宫·端正好］套。此套《雍熙乐府》《词林摘艳》均较《古今名剧合选》少十曲，即于［呆骨朵］后缺［白鹤子］［二］［三］［四］［倘秀才］［芙蓉花］［伴读书］［笑和尚］［倘秀才］［双鸳鸯］［蛮姑儿］［滚绣球］［叨叨令］等十三曲，并将其中［芙蓉花］［伴读书］［笑和尚］三曲置于套末［滚绣球］与［三煞］二曲之间。如此之多的曲牌差异，在一定程度上无疑会阻滞读者对于剧本内容的了解。当然，这一差异的出现与各个选编者所采用的版本不无关系，如前所述《梧桐雨》一剧，《古今名剧合选》所收《梧桐雨》与《雍熙乐府》《词林摘艳》所参照之《梧桐雨》即为两个版本系列。但最主要的原因则是选家的编选目的与原则不同，如《词林摘艳》《雍熙乐府》等均是供文人清唱的，故在编选时将某一折中部分曲牌不予摘录是常有之事，而《古今名剧合选》则追求"可演之台上，亦可置之案头"，所以编选时对勘各本，力求剧作完整精当。不过，也有与此相反的情况。《古今名剧合选》本剧作曲牌有时少于选本曲牌数量。如《王粲登楼》第一折［仙吕·点绛唇］套《古今名剧合选》本较《雍熙乐府》本少［醉扶归］一曲。

2. 曲词比较

除了曲牌异名与多寡不一外，《古今名剧合选》所收元杂剧与《盛世新声》《词林摘艳》等其他戏曲选本所收录之元杂剧的差异，还体现在剧曲内容方面。戏曲选本的编选目的主要在于为文人提供清读、清唱的底本，选录时往往重曲词而轻宾白，故所录剧作均有曲无白。这一做法固然可以使戏曲选本在有限的篇幅中容纳更多的剧作，充分体现其广纳博收的特点，但同时也对读者深入理解剧作造成一定的障碍。以《魔合罗》第二折［黄钟·醉花阴］套中［古水仙子］［寨儿令］［神仗儿］三支曲子为例。《古今名剧合选》本为：

> ［古水仙子］呀呀呀猛见了，嗨嗨嗨唬的我悠悠魂魄消，将将将纸钱来忙遮，把把把泥神来紧靠，慌慌慌我这里掩映着。（净）我来望哥哥，受你兄弟两拜。（正末唱）他他他走将来展脚舒腰，我我我向前来仔细观了相貌，是是是我兄弟间别身安

乐，请请请免拜波李文道。（云）兄弟我自从南昌回来，感了风寒病症，不能还家。你嫂嫂在哪里？（净）嫂嫂便来也。哥哥你这病几日了？

〔寨儿令〕（正末唱）也不昨宵则是今朝，被风寒暑湿吹着。（净）我与哥哥把脉咱。（做把脉科）哥哥我知道这病也，我就带将药来了。（做调药与正末吃科）（正末云）兄弟且住，等你嫂嫂来我吃。（净）不要等他，你吃了就好了。（正末咽科，唱）我咽下去有似热油浇，烘烘的烧五脏，火火的燎三焦。兄弟也，这的敢不是风寒药。

〔神仗儿〕他将那水调，我虢的咽了，不觉忽的昏迷，他把我丕的来药倒，烟生七窍，米浸四梢，谁承望笑里藏刀，眼见得丧荒郊。（做倒科）（净）药到了也，我收拾了东西回家中去来。（下）

《盛世新声》作：

〔古水仙子〕呀呀呀猛觑了，唬的我悠悠魂魄消，将将将纸钱来忙遮，把把把泥神来紧靠，骨耸耸掩映着。他他他走将来展脚舒腰，我我我猛抬头仔细观了相貌，是是是俺兄弟间别身安乐，休休休免拜咱波李文道。

〔古寨儿令〕不是昨宵则是今朝，被风寒暑湿吹着。咽下去有似热油浇，忽忽烧五脏，火火的燎三焦。兄弟也，这的敢不是风寒药。

〔神仗儿〕他将那水调，我可便嚼的咽了，忽的昏迷，丕的药倒，烟生七窍，病沉了四梢，谁承望笑里藏刀，眼见得丧荒郊。（《雍熙乐府》大略同此）

《古今名剧合选》本曲白相生，前后内容衔接连贯，读者不仅可以借助曲白更好地理解剧情，明了事件的起承转合，而且还能够更进一步地把握剧中人物形象的性格，如李文道的奸险狠毒。而《盛世新声》所录则仅有曲词，不光使读者在阅读时感到内容有脱漏之嫌（尤以〔古寨儿令〕曲为甚），而且也不利于全面塑造人物形象。当然，这种差异是由全本戏曲与选本两种体裁的不同属性所致，在对二者进行比较时，亦不必苛求于此。

除了曲白相生与有曲无白的差异外，《古今名剧合选》与其他戏曲选本所收剧作在剧曲内容方面还偶尔存在一些曲牌颠倒的现象，如《范张鸡黍》第二折［南吕·一枝花］套中，《古今名剧合选》本［梁州第七］后［隔尾］曲与《雍熙乐府》第一支［牧羊关］后［隔尾］曲位置互换。有时选本将《古今名剧合选》本中二曲整合为一曲，如《古今名剧合选》本《丽春堂》第三折［越调·斗鹌鹑］套有［麻郎儿］［么］二曲，《雍熙乐府》本则将［麻郎儿］［么］二曲整合为一曲［麻郎儿］。《古今名剧合选》作：

> ［麻郎儿］昨日个深居华屋，今日个流窜荒墟，冷落了歌儿舞女，空闲了宝马香车。
> ［么］知他是断与甚处外府，则落的绕青山十里平湖，驾一叶扁舟睡足，抖擞着绿蓑归去。

《雍熙乐府》作：

> ［麻郎儿］我生居在画屋，流落在郊墟，冷落了歌儿并舞女，控闲了宝马香车。知他是断于甚处睡足，绕青山十里平湖，向一叶扁舟睡足，抖擞着绿蓑归去。

曲词顺序的不同也是造成《古今名剧合选》与其他戏曲选本剧曲内容不同的一个因素。有些曲词本在某一曲牌结尾，选本或《古今名剧合选》本将之分离出来，放在此曲牌之后的另一曲牌开始，从而造成二本之间曲词内容的差异。如《古今名剧合选》本《倩女离魂》第四折［黄钟·醉花阴］套中［喜迁莺］曲最后一句"兀的不倾了人性命，兀的不引了人魂灵"，《雍熙乐府》将之置于下曲［出队子］首句。又如《古今名剧合选》本《翰林风月》第一折［仙吕·点绛唇］套［六么序］与［么篇］二曲，《雍熙乐府》《词林摘艳》均合为［六么序］一曲。

《古今名剧合选》与选本所录同一曲牌中的曲词往往存在或多或少的差异，表现纷繁复杂。为了能更好地分析，本节主要以《古今名剧合选》为参照，选取四种选本共同收录之剧作《梧桐雨》第二折〔中吕·粉蝶儿〕套进行对比研究，以他剧予以补充说明。现将《古今名剧合选》本、《盛世新声》《词林摘艳》《雍熙乐府》本与《南北词广韵选》本所收录该剧曲词表列如下：

曲牌	盛世新声本	词林摘艳本	雍熙乐府本	古今名剧合选本	南北词广韵选本
中吕·粉蝶儿	天淡云闲，写长空数行征雁，御园中夏景初残，柳添黄荷减翠秋莲脱瓣，坐近雕栏，却原来喷清香玉簪初绽。	天淡云闲，写长空数行征雁，御园中夏景初残，柳添黄荷减翠秋莲脱瓣，坐近雕栏，却原来喷清香玉簪初绽。	天淡云闲，写长空数行征雁，御园中夏景初残，菊添黄荷减绿翠莲脱瓣，坐近雕栏，却原来喷清香玉簪初绽。	天淡云闲，列长空数行征雁，御园中夏景初残，柳添黄荷减翠，秋莲脱瓣，坐近幽兰喷清香，玉簪花绽。	天淡云闲，写长空数行征雁，御园中夏景初残，柳添黄荷减翠秋莲脱瓣，坐近雕栏，喷清香玉簪初绽。
叫声	共采女喜开筵，等闲等闲，御园中排肴馔，酒注嫩鹅黄，茶点鹧鸪斑。	共采女喜开筵，等闲等闲，御园中排肴馔，酒注嫩鹅黄，茶点鹧鸪斑。	共采女喜开筵，等闲等闲御园中排肴馔，酒注嫩鹅黄，茶点鹧鸪斑。	共妃子喜开颜，等闲等闲，后园中列肴馔，酒注嫩鹅黄，茶点鹧鸪斑。	共妃子喜开颜，等闲等闲，趁嘉辰排嘉馔，酒注嫩鹅黄，茶点鹧鸪斑。
醉春风	酒光泛紫金钟，茶香浮碧玉盏，沉香亭畔晚凉生，亲自与你拣，拣，粉黛浓妆，管弦齐列，绮罗相间。	酒光泛紫金钟，茶香浮碧玉盏，沉香亭畔晚凉生，亲自与你拣，拣，粉黛浓妆，管弦齐列，绮罗相间。	酒光泛紫金杯，茶香浮碧玉盏，沉香亭畔晚凉生，将一搭儿拣拣，玳瑁筵前，管弦齐列，绮罗香散。	酒光泛紫金钟，茶香浮碧玉盏，沉香亭畔晚凉多，把一搭儿亲自拣拣，粉黛浓妆，管弦齐列，绮罗相间。	酒光泛紫金钟，茶香浮碧玉盏，沉香亭畔晚凉多，亲自与你拣，拣，粉黛浓妆，管弦齐列，绮罗相间。
迎仙客	香馥馥的味正甘，娇滴滴色初妍，恰便似九重天谪来到俺人世间，取时难得后艰，可惜不生长在长安，因此上驿使把红尘泛。	香馥馥的味正甘，娇滴滴色初妍，恰便似九重天摘来到俺人世间，取时难得后艰，可惜不生长在长安，因此上驿使把红尘泛。	香馥馥的味正酣，娇滴滴色初妍，恰便似九重天摘将来，摘将来到人世间，取时难得后罕，可惜不生长在长安，因此上教驿使把红尘贩。	香喷喷味正甘，娇滴滴色初绽，只疑是九重天谪来人世间，取时难得后悭，可惜不近长安，因此上教驿使把红尘践。	香馥馥味正甘，娇滴滴色犹丹，恰便似九重天谪来人世间，取时难得后艰，可惜不生长在长安，因此上驿使把红尘犯。

曲牌	盛世新声本	词林摘艳本	雍熙乐府本	古今名剧合选本	南北词广韵选本
红绣鞋	则不向金盘中托看，也宜将翠袖擎看，恰便似绛纱囊笼罩定水晶丸，为甚不生在北地，偏怎生长在南藩，这正是物稀人见罕。	则不向金盘中托看，也宜将翠袖擎看，恰便似绛纱囊笼罩定水晶丸，为甚不生在北地，偏怎生长在南藩，这正是物稀人见罕。	则不向金盘中托献，也宜将翠袖擎看，端的是绛纱笼罩水晶寒，为甚不生在北地，怎生长在南蛮，这正是物稀人见罕。	则不向金盘中好看，也宜将翠袖擎餐，绛纱囊光罩水晶寒，为甚教寡人醒醉眼，妃子晕娇颜，物稀也人见罕。	则不向金盘光灿，也宜将翠袖擎看，恰便似绛纱囊罩定水晶寒，一霎儿寡人醒醉眼，妃子晕娇颜，这便是物稀人见罕。
快活三	嘱咐那仙音院莫要怠慢，上膳局快叠办，将一个太真妃簇捧定在翠盘间，能结束宜宫扮。	嘱咐那仙音院莫要怠慢，上膳局快叠办，将一个太真妃簇捧定在翠盘间，能结束宜宫扮。	嘱咐那仙音院莫要怠慢，教坊司加紧迭办，将一个太真妃簇捧定翠盘间，他畅是能结束宜妆扮。	嘱咐你仙音院莫怠慢，道与你教坊司要迭办，把个太真妃扶在翠盘间，快结束宜宫扮。	嘱咐那仙音院莫要怠慢，上膳局快迭办，把太真妃簇捧定在翠盘间，能结束宜宫扮。
鲍老儿	双蹙起泥金衫袖挽，比着那月殿里霓裳按，郑观音琵琶准备着弹，你与我斜搭上鲛绡攀，有宁王玉笛花奴羯鼓，韵美声繁，有寿宁锦筝梅妃玉箫，嘹亮循环。	双蹙起泥金衫袖挽，比着那月殿里霓裳按，郑观音琵琶准备着弹，你与我斜搭上鲛绡攀，有宁王玉笛花奴羯鼓，韵美声繁，有寿宁锦筝梅妃玉箫，嘹亮循环。	双撮起泥金翠袖挽，比着那月殿里的霓裳按，郑观音琵琶准备着弹，你与我斜搭上鲛绡攀，有贤王玉笛花奴羯鼓，韵美声繁，有受宁王锦筝梅妃玉箫，嘹亮声环。	双撮得泥金衫袖挽，把月殿里霓裳按，郑观音琵琶准备弹，早搭上鲛绡襻，宁王玉笛花奴羯鼓，韵美声繁，寿王锦瑟梅妃玉箫，嘹亮循环。	双蹙起泥金袖挽，把月殿里霓裳按，郑观音琵琶准备弹，早搭上鲛绡襻，宁王玉笛花奴羯鼓，韵美声繁，寿王锦瑟梅妃玉笛，嘹亮循环。
古鲍老	磕剌剌撒开紫檀，见黄番绰向前手占板，低低的叫一声玉环，太真妃笑时花近眼，就着这红牙筋趁五音击着梧桐按，嫩枝柯犹然未乾，上带着瑶琴声范，卿，你则索出几点儿琼珠汗。	磕剌剌撒开紫檀，见黄番绰向前手拈板，低低的叫一声玉环，太真妃笑时花近眼，就着这红牙筋趁五音击着梧桐按，嫩枝柯犹然未乾，上带着瑶琴声范，卿，你则索出几点儿琼珠汗。	合剌剌撒开紫檀，见黄番绰向前手拈板，低低的一声玉环，太真妃笑时花近眼，则这红牙叫筋趁五音击着梧桐按，嫩枝柯犹然未乾，上带着瑶琴声范，卿呵，你则索出几点琼珠也似汗。	屹剌剌撒开紫檀，黄翻绰向手前拈板，低低的叫声玉环，太真妃笑时花近眼，红牙筋趁五音击着梧桐按，嫩枝柯犹未乾，更带着瑶琴声范，卿呵，你索出几点琼珠汗。	磕剌剌撒开紫檀，见黄旛绰向前手拈板，低低的叫声玉环，太真妃笑时花近眼，红牙筋趁五音击着梧桐按，嫩枝柯犹未泉，更带着瑶琴声范，卿你则索出几点琼珠汗。

续表

曲牌	盛世新声本	词林摘艳本	雍熙乐府本	古今名剧合选本	南北词广韵选本
红芍药	羯鼓声繁，罗袜弓弯，玉佩玎咚响珊珊，疾渐的舞鞞云鬟，施逞那蜂腰细燕体翻，拂两袖香风馥散，亲捧一锺玉露甘寒，你可也莫得留残，直吃的夜静更阑。	羯鼓声繁，罗袜弓弯，玉佩玎咚响珊珊，疾渐的舞鞞云鬟，施逞那蜂腰细燕体翻，拂两袖香风馥散，亲捧一锺玉露甘寒，你可也莫得留残，直吃的夜静更阑。	羯鼓声繁，罗袜弓弯，玉佩玎咚响珊珊，即渐的舞鞞云鬟，施逞他蜂腰细燕体翻，拂两袖香风馥散，亲捧一杯玉露甘寒，你可也莫得留残，直吃的夜静更阑。	腰鼓声乾，罗袖弓弯，玉佩玎咚响珊珊，即渐里舞鞞云鬟，施呈你蜂腰细燕体翻，作两袖香风拂散，寡人亲捧杯玉露甘寒，你可也莫待留残，直吃到夜静更阑。	腰鼓声乾，罗袖弓弯，玉佩丁冬响珊珊，即渐的舞鞞云鬟，施逞蜂腰疲燕体翻，两袖香风拂散，亲捧锺玉露甘寒，你可也莫待留残，直吃到夜静更阑。
剔银灯	止不过说说道天昏至晚，也合取一个迟急紧慢，等不的筵上笙歌散，走将来气呸呸的冒渎尊颜，过来波齐管仲郑子产，假忠孝龙逢比干。	止不过报说道天昏至晚，也合取一个迟急紧慢，等不的筵上笙歌散，走将来气呸呸的冒渎尊颜，过来波齐管仲郑子产，假忠孝龙逢比干。	我则听的报说道天昏至晚，你索取个迟急紧慢，等不的筵上笙歌散，走将来气呸呸冒渎尊颜，过来波齐管仲郑子产，假忠孝龙逢比干。	止不过奏说边庭上造反也，也合空看空便觑迟急紧慢，等不到俺筵上笙歌散，可不气丕丕冒突天颜，快过来齐管仲郑子产，假忠孝龙逢比干。	止不过报说道天昏日晚，一合觑一个迟急紧慢，等不的俺筵上笙歌散，走将来气丕丕冒突尊颜，过来波齐管仲郑子产，假忠孝龙逢比干。
蔓菁菜	险些儿慌杀了一个周公旦，你道我贪歌舞恋吹弹，您畅好是占奸，早难道羽扇纶巾笑谈间，那里也破强房三十万。	险些儿慌杀了一个周公旦，你道我贪歌舞恋吹弹，您畅好是占奸，早难道羽扇纶巾笑谈间，那里也破强房三十万。	险些儿慌杀一个周公旦，他道是因歌舞恋吹弹，你常好是占奸，早难道羽扇纶巾笑谈间，破强房三十万。	险些儿慌杀你个周公旦，你道我因歌舞坏江山，你好占奸，早难道羽扇纶巾坐间，破强房三十万。	险些儿慌杀你个周公旦，你道我贪歌舞乐吹弹，畅好是占奸，早难道羽扇纶巾谈笑间，那里一破强房三十万。
满庭芳				你文武两班空列些乌靴象简，金紫罗襕内中没个英雄汉扫荡尘寰，惯纵的个无徒禄山，没揣的撞过潼关，先败了哥舒翰，疑见昨宵向晚不见烽火报长安。	空列着文武两班乌靴象简，金紫罗襕内中没讨个英雄汉扫荡尘寰，惯纵的无徒禄山没揣的撞过潼关，先败了哥舒翰，疑怪昨宵向晚不见烽火报长安。

续表

曲牌	盛世新声本	词林摘艳本	雍熙乐府本	古今名剧合选本	南北词广韵选本
普天乐				恨无穷愁无限，争奈仓卒之际，避不得蓦岭登山，銮驾迁，成都盼，更那堪浐水西飞雁，一声声送上雕鞍，伤心故国，西风渭水，落日长安。	恨无穷愁无限，争奈仓卒之间，避不得蓦岭登山，銮驾迁，成都盼，更那堪浐水西飞雁，一声声送上雕鞍，伤心故国，西风渭水，落日长安。
尾声	端详了上马娇，怎支吾蜀道难，过了些嵯峨峻岭连云栈，从来不惯，娘娘几程儿捱出剑门关。	端详了上马娇，怎支吾蜀道难，过了些嵯峨峻岭连云栈，从来不惯，娘娘几程儿捱出剑门关。	端详了上马娇，怎支吾蜀道难，嵯峨峻岭连云栈，从来不惯，几程儿捱彻剑门关。	端详了你上马娇，怎支吾蜀道难，替你愁那嵫崄嵯峨连云栈，自来驱驰可惯，几程儿捱得过剑门关。	端详你上马娇，怎支吾蜀道难，则这些嵯峨嵫崄连云栈，你从来怎惯，几程儿捱得过鬼门关。

就五者曲牌数量而言，《古今名剧合选》与《南北词广韵选》最多，有14曲，较《盛世新声》《词林摘艳》《雍熙乐府》多出〔满庭芳〕〔普天乐〕二曲。就五者曲词内容而言，《盛世新声》《词林摘艳》《雍熙乐府》为一个版本系统，故三者曲词之间差异较小，三者之中《雍熙乐府》因后出转精而居于中心地位。而《古今名剧合选》与此三者及《南北词广韵选》在曲词方面均有一定差异。

为了深入分析，再以《王粲登楼》第一折〔仙吕·点绛唇〕套进行对比，因《盛世新声》《词林摘艳》《雍熙乐府》三者之间曲词差异较小，故此处选取《雍熙乐府》为代表，与《古今名剧合选》及《南北词广韵选》一起对比研究。三者所录曲词之间的差异详见下表：

曲牌	雍熙乐府本	古今名剧合选本	南北词广韵选本
仙吕点绛唇	子为我家业凋残，几层经惯，人轻慢，宝剑空弹，贫贱非吾患。	早是我家业凋残，少年可惯，我被人轻慢，似翻覆波澜，贫贱非吾患。	早是我家业凋残，少年可惯，被人轻慢，似□□□□，贫贱非吾患。

曲牌	雍熙乐府本	古今名剧合选本	南北词广韵选本
混江龙	我与人秋毫无犯，只为我气昂昂误的鬓斑，久居在筚瓢陋巷，受用些土榻柴关，穷不穷甑有蛛丝尘网乱，窘不窘炉无烟火酒瓶乾，天涯零落海角孤单，中年已过百无一全，揾不出伤官破祖穷愁限，划的在人间阎之下眉睫之间。	我与人秋毫无犯，则为我这气昂昂误得我这鬓斑斑，久居在筚瓢陋巷，风雪柴关，穷不穷甑有蛛丝尘网乱，窘不窘炉无烟火酒瓶乾，划的在天涯流落海角飘零，中年已过百事无成，揾不出伤官破祖穷愁限，多只在间阎之下眉睫之间。	我与人秋毫无犯，则为我气昂昂误得鬓斑斑，久居在筚瓢陋巷，风雪柴关，穷不穷甑有蛛丝尘网乱，窘不窘炉无烟火酒瓶乾，划的在天涯流落海角飘零，中年已过百事无成，揾不出伤官破祖穷愁限，多应在间阎之下眉睫之间。
油葫芦	你休笑书生胆气寒，看的我如等闲，子我这敝裘常怯晓霜寒，他把我做儿曹看，无端一郡苍生眼。我量宽如东大海，志高如西华山，子因我五行差，斡运难迭办，不能随圣主展江山。	小二哥你休笑书生胆气寒，赤紧的看承的我如等闲，则俺这敝裘常怯晓霜残，端的可便有人把我做儿曹看，堪恨那无端一郡苍生眼。我量宽如东大海，志高如西华山，则为我五行差，没乱的难迭办，几能勾青琐点朝班。	小二哥休笑书生胆气寒，看承的如等闲，在俺这敝裘常怯晓霜残，端的可便有人把我做儿曹看，堪恨无端一郡苍生眼，我量宽如东大海，志高如西华山，则为我五行差，没乱的难迭办，怎能勾青琐点□斑。
天下乐	因此上时复挑灯把剑弹，有那等酸寒，他每都怎挂眼，子待要论黄数黑在笔砚间。你道教蒙童数子顽，我子待辅佐皇朝百姓安。我怎肯教人一例看。	因此上时复挑灯把剑弹，有那等酸也波寒，可着我怎挂眼，只待要论黄数黑在笔砚间。你着我教蒙童教子顽，据王粲的心呵，我则待辅皇朝万姓安。哎，你可便枉将人做一例看。	因此上时复挑灯把剑弹，酸也波减，怎挂眼，只待要论黄数黑在笔砚间，你着我教蒙童数子顽，我则待辅皇朝万姓安，你可便枉将人做一例看。
那吒令	我怎肯空隐在严子陵钓滩，我子待走上韩元帅将坛，我虽贫乐有余，心无惮，咱人脱不得二字饥寒。	我怎肯空隐在严子陵钓滩，我怎肯甘老在班定远玉关，大丈夫仗鸿鹄之志，据英杰之才，我则待大走上韩元帅将坛，我虽贫呵乐有余，便贱呵非无惮，可难道脱不得二字饥寒。	我怎肯空隐在严子陵钓滩，怎肯甘老在班定远玉关，则待大走上韩元帅将坛，我虽贫呵乐有余，便贱呵非无惮，可难道脱不得二字饥寒。
鹊踏枝	赤紧的世途难，主人悭，那里也握发周公，下榻陈蕃，冻饿杀闲居的范丹，忧愁杀高卧袁安。	赤紧的世途难，主人悭，那里也握发周公，下榻陈蕃，这世里冻饿死闲居的范丹，哎，天呵，兀的不忧愁杀高卧袁安。	赤紧的世途难，主人悭，那里也握发周公，下榻陈蕃，这世里冻饿死闲居的范丹，兀的不忧愁杀高卧袁安。

续表

曲牌	雍熙乐府本	古今名剧合选本	南北词广韵选本
寄生草	伊尹埋没在耕锄内,傅说也勤劳在版筑间,宁戚谩叹白石烂,太公空钓在磻溪岸,先惮学鸡鸣落得人轻慢,食无鱼赢得自悲叹,你虽然紫袍金带禄千钟,养不的锦衣绣襖军十万。	伊尹曾埋没在耕锄内,傅说也勤劳在版筑间,有宁戚空嗟白石烂,有太公垂钓磻溪岸,有灵辄谁济桑间饭,哀哉堪恨您小人儒,呜呼不识俺男儿汉。	伊尹埋没在耕锄内,傅说也勤劳在版筑间,有宁戚谩嗟白石烂,有太公垂钓磻溪岸,有灵辄谁济桑间饭,哀哉堪恨小人儒,呜呼不是俺英雄汉。
六幺序	我没投奔望你为东道,倚靠你如泰山。似金乌玉兔冷枝寒,镜里空看剑上虚弹,前程事非易非难,想蛰龙奋起非为晚,待春来震破天关,有一日待志扶炎汉,离了绳枢瓮牖,平步上玉砌雕栏。	我投奔你为东道,倚仗你似泰山。划的似惊弓落叶冷枝寒,好教我镜里羞看,剑匣空弹,前程事非易非难,想蛰龙奋起非为晚,赤紧的待春雷震动天关,有一日梦飞熊得志扶炎汉,才结桑枢瓮牖,平步上玉砌雕栏。	我投奔你为东道主,倚仗你似泰山。划的是惊弓鸟叶冷枝寒,好教我镜里羞看,剑匣空弹,前程事非易非难,想蛰龙奋起非为晚,赤紧的待春雷震动天关,有一日梦飞熊得志扶炎汉,才结束桑枢瓮牖,平步上玉砌雕栏。
幺篇	得睹天颜,列在朝班,书压南蛮,威镇西番,整顿江山,平治尘寰,恁时节紫绶乌靴和象简,不教人下眼看,萍梗身寒,尘土衣单,一日天数循环,不平气空长叹,作塞平天地间,吁漫漫长夜何时旦,你看我斩蛟龙北海射猛虎南山。	要见天颜,列在鹓班,书嚇南蛮,威震诸藩,整顿江山,外镇边关,内剪奸顽。有一日金带罗襕乌靴象简,那其间难道不着眼相看,如今个旅邸身闲,尘土衣单,耽着饥寒,偏没循环,只落得不平气都付与临风叹,恨塞满天地之间,想漫漫长夜何时旦,几能勾斩蛟北海射虎南山。	要见天颜,列在鹓班,书口嚇南蛮,威震诸藩,整顿江山,外镇边关,内剪奸顽,有一日金带罗襕乌靴象简,那其间难道不着眼相看,如今个旅口身闲,尘土衣单,耽着饥寒,偏没循环,只落得不平气都付与临风叹,恨塞满天地之间,想漫漫长夜何时旦,怎能勾斩蛟北海射虎南山。
金盏儿	屈不知己岂愁烦,伸于知己有何难,他无心济鱼龙江汉,何愁晚,空教我趋前退后两三番,困于陈蔡地饿死首阳山,我想那挂冠归去好又手告人难。	虽然道屈不知己不愁烦,不知伸于知己恰是其时间,只落得一天怨气心中赞,空教我趋前退后两三番,又不是绝粮陈蔡地,又不是饿死首阳山,只不如挂冠归去好,也免得叉手告人难。	虽然是屈不知己不愁烦,须不知伸于知己恰是其时间,只落得一天怨恨心中赞,直教我趋前退后两三番,又不是绝粮陈蔡地,又不是饿死首阳山,只不如挂冠归去好,也免得叉手告人难。
醉扶归	论文呵笔扫烟云散,论武呵剑射斗牛寒,扫荡妖氛不足难,则磨得掌帅府居文翰,不消我羽扇纶巾坐谈,敢破虏军十万。		

续表

曲牌	雍熙乐府本	古今名剧合选本	南北词广韵选本
尾声	我子待翰林谒荆州，展羽翼腾霄汉，我得了这白金骏马雕鞍，我若是到荆襄，子愿的人马平安。稳情取峥嵘见您的眼。我略别你个放鱼的子产，你休笑我屠龙的王粲，你看我锦衣含笑入您长安。	[赚煞] 我持翰墨谒荆王，展羽翼腾霄汉，梦先到襄阳岘山，楚天涧争如蜀道难，我得了这白金骏马雕鞍，我若是到荆襄，则愿的在途间人马平安。稳情取峥嵘见您的眼。我略别你个放鱼的子产，你休笑我屠龙的王粲，你看我锦衣含笑入长安。	我持翰墨谒荆王，展羽翼腾霄汉，梦先到襄阳岘山，楚天阔争如蜀道难，我得了这白金骏马雕鞍，则愿的在途间人马平安，稳情取峥嵘见您的眼，我略别你个放鱼的子产，你休笑我屠龙的王粲，你看我锦衣含笑入长安。

就三者曲牌来看，《雍熙乐府》最多，共 12 曲，《古今名剧合选》与《南北词广韵选》次之，少［醉扶归］一曲。就曲词内容而言，《古今名剧合选》与《雍熙乐府》差异较大，而与《南北词广韵选》较为接近。《南北词广韵选》中所缺失或误写的字词还可以据《古今名剧合选》予以补正。如此剧第一折首曲［点绛唇］《南北词广韵选》本作"被人轻慢，似□□□□，贫贱非吾患"。《古今名剧合选》本作"我被人轻慢，似翻覆波澜，贫贱非吾患"。可知《南北词广韵选》中缺字当为"翻覆波澜"四字。第三支曲子［油葫芦］末句《南北词广韵选》作"没乱的难迭办，怎能勾青琐点□斑"。《古今名剧合选》本作"没乱的难迭办，几能勾青琐点朝班"。两相对比，则《南北词广韵选》此处缺字为"朝"，且"斑"为"班"之误写。同样，第九曲［幺篇］《南北词广韵选》之"如今个旅□身闲"，与《古今名剧合选》对勘可知应为"如今个旅邸身闲"。又如第七曲［寄生草］末句《南北词广韵选》"哀哉堪恨小人儒，呜呼不是俺英雄汉"。《古今名剧合选》作"哀哉堪恨您小人儒，呜呼不识俺男儿汉"。《古今名剧合选》的曲意更为合理通顺，可知《南北词广韵选》之"是"字当为"识"字之误。第九曲［幺篇］第二句《南北词广韵选》"书口赫南蛮，威震诸藩"，既失于对仗，又难解其意。《古今名剧合选》作"书嚇南蛮，威镇诸藩"，可知《南北词广韵选》将"嚇"误写为"口""赫"二字。

通过上列二表可见，《古今名剧合选》与戏曲选本所收剧作之相同曲牌所对应的曲词有诸多不同。这种不同有些表现为同一曲牌所统领曲句的多寡不一。如《王粲登楼》第一折［仙吕·点绛唇］套［那吒令］曲《古今名剧合选》较《雍熙乐府》《南北词广韵选》多"大丈夫仗鸿鹄之志，据英杰之才"二句；［尾声］曲《雍熙乐府》较《古今名剧合选》《南北词广韵选》少两句曲词："梦先到襄阳岘山，楚天阔争如蜀道难"。不仅本剧如此，其他剧作中也存在这种情况。如《范张鸡黍》第一折［仙吕·点绛唇］套［混江龙］曲《古今名剧合选》较《雍熙乐府》多"孟子没儒风已减，秦皇起圣道湮沦"二句。又如《梧桐雨》第四折［正宫·端正好］套［黄钟煞］曲《雍熙乐府》本较《古今名剧合选》本少"莫不是噀酒栾巴殿阁前度，铃声响栈道，似花奴羯鼓敲，入伯牙水仙操，洒回廊嫩竹梢，润堦前百草苗，洗黄花洒篱落，渍苍苔倒墙角，渲湖山漱石窍，浸枯荷溢池沼，湿残蝶粉渐消，洒流萤焰不着，绿窗前促织叫，声相近雁影高，催邻砧处处摇，动新凉分外早斟量"诸句，在曲词含量上仅为《古今名剧合选》本的二分之一。

有些表现为因部分曲句不同而引发的曲意及曲调风格的差异。如《王粲登楼》第一折［仙吕·点绛唇］套［寄生草］曲"太公空钓在磻溪岸"句后，《古今名剧合选》与《南北词广韵选》作"有灵辄谁济桑间饭，哀哉堪恨您小人儒，呜呼不是俺男儿汉"，而《雍熙乐府》作"先惮学鸡鸣落得人轻慢，食无鱼赢得自悲叹，你虽然紫袍金带禄千钟，养不的锦衣绣袄军十万"。虽然都表达了龙困浅滩终将腾飞在天的高远之志以及对势利小人鼠目寸光的讥笑，但在用事方面，《古今名剧合选》与《南北词广韵选》所举为灵辄乞食之事，《雍熙乐府》所举为鸡鸣狗盗与冯谖弹剑而歌二典，在曲意及曲风上有着细微不同。又如《丽春堂》第四折［双调·五供养］套［醉娘子］曲《古今名剧合选》本作"刚道不思量，教人越凄惶，我家里撇下一个红妆，守着一个空房，如何教我不思量"，《雍熙乐府》作［真个醉］"刚道不思量，教人越思量，对着这绿水青山，满目风光，如何教人不思量"。二者"思量"的对象完全不同，一为"红妆"，一为"绿水青山"，曲意有别。

因曲词不同而导致曲风不同，在《丽春堂》第四折［双调·五供养］套中得到了较为集中的体现。此套中《古今名剧合选》本与

《雍熙乐府》本曲牌所对应的曲词差异较大。如《古今名剧合选》本〔一锭银〕"他将那阿那忽腔儿合唱，越感起我悲伤"，《雍熙乐府》作"他将那阿忽腔儿合唱，子听的驼鼓响笙簧"；〔相公爱〕"泪滴千行与万行"，《雍熙乐府》作"妙舞千行与万行"；〔山石榴〕"夫人也我则道你一身亡，全家丧，三百口老小添悲怆，我怕你断送了别头项"，《雍熙乐府》作"我子见捧瑶觞葡萄酿，三百口老小添欢畅，今日富贵还皆兴旺"；〔得胜令〕"托赖着君王，高力士休拦挡，我若不斟量，又只怕李太白贬夜郎"，《雍熙乐府》作"见紫雾红光现瑞霭祥光降，列锦队成行，齐动着仙音满殿响"；〔风流体〕"我则道官封做官封做一字王，位不过位不过头厅相，想着老无知老无知焉敢当"，《雍熙乐府》作"子见那丹墀列丹墀列鸳鸯行，摆三公摆三公和卿相，玉路傍玉路傍、金殿上金殿上、伞盖擎伞盖擎云霞晃"；〔古都白〕"托赖着君王可怜我疏狂直来到宅上，死生应难忘"，《雍熙乐府》作〔忽都白〕"托赖着吾皇德过虞唐，圣恩宽量，幸遇着盛世昇平象，永坐蟠龙上"；〔唐兀歹〕"老臣怎敢道不谦让，可是当也波当"，《雍熙乐府》作〔倘兀歹〕"溥天下八方四海尽来降，齐祝讚吾皇"。其中既有曲词的差异，也有个别曲牌的异名，但更值得注意的是因曲词的简单改动而带来的曲风的变化。二本相较，《古今名剧合选》本曲词风格低沉滞涩，而《雍熙乐府》本曲词充满了歌功颂德、称扬盛世之意，故风格显得明快欢畅、雍容典雅。

还有些则仅表现为个别字词的改动。如《汉宫秋》第四折〔中吕·粉蝶儿〕套《古今名剧合选》"枕席间临寝处"，《词林摘艳》《雍熙乐府》均作"枕席间灵寝处"，虽仅一字之差，却使句意迥异。综合全剧来看，《词林摘艳》《雍熙乐府》等的改动有违曲意，"灵"当为"临"之误，可谓差之毫厘，谬以千里。又如《梧桐雨》第二折〔中吕·粉蝶儿〕套〔叫声〕《古今名剧合选》与《南北词广韵选》"共妃子喜开颜"句，《盛世新声》《词林摘艳》《雍熙乐府》均作"共彩女喜开筵"。"妃子"与"开颜"，"彩女"与"开筵"，哪个版本更为恰切，结合末句所云"后园中列肴馔，酒注嫩鹅黄，茶点鹧鸪斑"可知此曲所咏与筵席有关，故用"妃子""开筵"更为契合曲意。这种个别字词的改动有时则并未引起曲意的不同，但若从押韵

角度考量，则造成了曲的失韵。如《古今名剧合选》本《汉宫秋》
第三折［双调·新水令］套［鸳鸯煞］曲"猛听的寒雁南翔"，《词
林摘艳》作"猛听的寒雁南飞"。易"翔"为"飞"，虽未造成字义
的不同，但此曲为"江阳"韵，如此改动却使《词林摘艳》失韵。

二　选本中的《古今名剧合选》本明杂剧

（一）收录概况

选本 剧目	盛世新声	词林摘艳	雍熙乐府	南北词广韵选	共计
误入桃源				［仙吕·粉蝶儿］ ［仙吕·点绛唇］	1
城南柳			［仙吕·点绛唇］	［正宫·端正好］ ［南吕·一枝花］	2
萧淑兰				［双调·五供养］ ［越调·耍三台］ ［仙吕·八声甘州］	1
小桃红			［南吕·一枝花］ ［正宫·端正好］ ［双调·五供养］		1
庆朔堂			［仙吕·点绛唇］ ［正宫·端正好］ ［中吕·粉蝶儿］ ［双调·五供养］		1
风月牡丹仙	［仙吕·点绛唇］ ［南吕·一枝花］		［仙吕·点绛唇］ ［南吕·一枝花］ ［双调·五供养］		2
风云会	［正宫·端正好］	［正宫·端正好］	［正宫·端正好］		3
仗义疏财			［仙吕·点绛唇］ ［中吕·粉蝶儿］ ［正宫·端正好］ ［双调·五供养］ ［黄钟·醉花阴］		1

从总体来看，《古今名剧合选》之明杂剧为戏曲选本所收者共 8
种，占《古今名剧合选》所收明杂剧剧目总数（计 23 种）的百分之

三十五，略低于元杂剧的收录情况。具体而言，为三种选本收录的有
《风云会》1 种。为两种选本收录的有 2 种，即《城南柳》《风月牡丹
仙》。为一种选本所收录有 5 种，即《误入桃源》《萧淑兰》《小桃
红》《庆朔堂》《仗义疏财》。为两种及两种以上选本所收录者约占所
收剧目总数的百分之四十。入选剧作全是明名家剧，作者王子一、谷
子敬、贾仲明、朱有燉、罗贯中等，均为元末明初作家。其中朱有燉
剧作多至 4 种，有 2 种剧作全剧曲文为戏曲选本所收录，性质等同于
剧选本。其他四位作家各一种：王子一《误入桃源》，谷子敬《城南
柳》，贾仲明《萧淑兰》，罗贯中《风云会》。

　　由于《南北词广韵选》与《盛世新声》《词林摘艳》《雍熙乐
府》三本属于两个系统，所收曲牌差异很大，以下对选本收录情况进
行具体分析时仍以《盛世新声》《词林摘艳》《雍熙乐府》为中心，
附带说明《南北词广韵选》。

　　从剧作具体曲牌入录情况来看，《风云会》［正宫·端正好］套
为《盛世新声》《词林摘艳》《雍熙乐府》三本共收。《风月牡丹仙》
［仙吕·点绛唇］［南吕·一枝花］二套为《盛世新声》与《雍熙乐
府》收录，［双调·五供养］套仅为《雍熙乐府》所收。《城南柳》
虽为《雍熙乐府》与《南北词广韵选》共选，但入选套曲截然不同，
一为［仙吕·点绛唇］，另一为［正宫·端正好］［南吕·一枝花］。
其余五剧入选曲牌均仅为一本所收：《误入桃源》［仙吕·粉蝶儿］
［仙吕·点绛唇］和《萧淑兰》［双调·五供养］［越调·耍三台］
［仙吕·八声甘州］为《南北词广韵选》收录；《小桃红》［南吕·
一枝花］［正宫·端正好］［双调·五供养］与《庆朔堂》［仙吕·
点绛唇］［正宫·端正好］［中吕·粉蝶儿］［双调·五供养］及
《仗义疏财》［仙吕·点绛唇］［中吕·粉蝶儿］［正宫·端正好］
［双调·五供养］［黄钟·醉花阴］为《雍熙乐府》所收。值得注意
的是，虽然《古今名剧合选》中明杂剧入选剧目和元杂剧相差不是
太大（明杂剧为 8 种、元杂剧为 14 种），但若以入选曲牌的重复率相
比，则远低于元杂剧在选本中的收录情况。这种入选比例上的明显差
距，说明明杂剧还没有大量进入选家的视野范围，他们往往将目光更
多地投注于堪称"一代之文学"的典范的元杂剧。不过，上述四种

选本所收录的一些明杂剧从根本上来说，依然承袭着元杂剧的余绪，保持着元杂剧的风格和体式，如《风云会》《城南柳》等剧。而朱有燉剧作的大量入选，一方面缘于其明初皇室成员的独特身份，另一方面在很大程度上更有赖于其作"调入弦索，稳叶流丽，犹有金元风范"① 的特点。因此从某种意义上来说，这些剧作的入选也是选家对其能够承续"金元风范"的肯定。

（二）比较研究

1. 曲牌比较

《古今名剧合选》与《盛世新声》《词林摘艳》等选本中所收录的同一明杂剧在曲牌上的差异主要有三。

一是曲牌异名。如《古今名剧合选》本《风云会》第三折［正宫·端正好］套［二煞］，《盛世新声》《词林摘艳》均作［一煞］；同折［煞尾］，《雍熙乐府》作［尾］。《古今名剧合选》本《牡丹仙》第二折［南吕·一枝花］套［梁州］后［尾声］，《盛世新声》作［隔尾］。《古今名剧合选》本《三度城南柳》第一折［仙吕·点绛唇］套［醉中天］，《雍熙乐府》作［醉太平］。除了真正意义上的曲牌异名外，刊刻或抄录时的误写也会导致所谓的曲牌"异名"。如《牡丹仙》第二折［南吕·一枝花］套［骂玉郎］，《雍熙乐府》作［玉郎郎］。类似的例子较为多见，如［滚绣球］之于［衮绣球］、［上京马］之于［尚京马］等。

二是曲牌数量不同。如《古今名剧合选》本《牡丹仙》第二折［南吕·一枝花］套共十曲，而《盛世新声》仅录有前三曲［一枝花］［梁州］［尾声］，较《古今名剧合选》少［牧羊关］［隔尾］［骂玉郎］［感皇恩］［采茶歌］［草池春］［尾声］七曲。

三是曲牌联套方式不同。如《城南柳》第一折［仙吕·点绛唇］套［醉中天］（《雍熙乐府》作［醉太平］）曲后，《古今名剧合选》本为［后庭花］［醉扶归］［赚煞］三曲，而《雍熙乐府》则为［满庭芳］［清江引］［又］，不仅曲牌联套方式不同，与之所对应的曲词亦全然不同。

---

① 沈德符：《顾曲杂言》，《中国古典戏曲论著集成》（四），第 206 页。

2. 曲词比较

由前述《古今名剧合选》与选本所收元杂剧的曲词比较可知，《古今名剧合选》与《南北词广韵选》同一曲牌下所对应的曲词内容基本相同，而与《雍熙乐府》和《词林摘艳》的差别较大。鉴于此，在将《古今名剧合选》与选本所收明杂剧的曲词进行对比研究时，主要以《古今名剧合选》与《盛世新声》《词林摘艳》《雍熙乐府》的比较为中心。

各本之间曲词的差异有时是因曲牌联套方式不同而致。曲牌联套方式的变化，必然会引起曲牌规定的文字组成形式的改变。《城南柳》可谓典型一例。该剧第一折［仙吕·点绛唇］套［醉中天］后《古今名剧合选》本为［后庭花］［醉扶归］［赚煞］，《雍熙乐府》本则为［满庭芳］［清江引］［又］，曲词完全不同。但这种情况在明杂剧选本中极为少见。

在大多数情况下，各本同一曲牌所统领的曲词还是同大于异。有些曲牌中的曲词是部分不同，如《仗义疏财》第二折［中吕·粉蝶儿］套［醉春风］《古今名剧合选》本"他那里一片声叫着浪子燕青，便叫着山儿名姓"，《雍熙乐府》本作"叫着浪子燕青，更叫着山儿名姓"。《风云会》第三折［正宫·端正好］套首支［滚绣球］曲《古今名剧合选》"剪冰花旋风飘荡，践琼瑶脚步匆忙，用白襕两袖遮，将乌纱小帽搪，猛回头把凤楼凝望……粉填满封疆"，《盛世新声》作"舞冰花旋风儿飘荡，践琼瑶脚步儿匆忙，将白襕两袖遮，把乌纱小帽汤，猛回头则将凤楼凝望……恰便似粉匀满封疆"；［呆骨朵］《古今名剧合选》"冲风冒雪来相访"，《盛世新声》作"冲寒风冒冻雪来相望"。

有些仅为个别字词的不同。如《古今名剧合选》本《牡丹仙》第二折［南吕·一枝花］首曲"春满华堂"，《盛世新声》本作"春满昼堂"；［梁州］"翠红乡金缕飘扬"，《盛世新声》本作"翠红乡金缕悠扬"。《春风庆朔堂》第三折［中吕·粉蝶儿］套［红绣鞋］《古今名剧合选》"闹西风新雁一天秋，红添霜叶恨，青送远山愁"，《雍熙乐府》本作"闲西风新雁一天秋，红添枫叶恨，情送远山愁"。《风云会》第三折［正宫·端正好］套首曲《古今名剧合选》本"离禁门私出天街上"，《盛世新声》作"离金门私出天阶上"。《仗义疏财》第二折［中吕·粉蝶儿］套［红绣鞋］后［幺］《古今名剧合选》"莫不是护俺宋官家黑楼子上听弹筝"，《雍熙乐府》本作"莫不是护俺那宋官家黑楼子上听筝"。《古今名剧合选》与选本曲词中的这种细小差别，有些是因误写造成的。有同音相误，如《牡丹仙》第一折［仙吕·点绛唇］套［醉中天］《古今名剧合选》本"我也不是蔷薇刺藤"之"是"，《盛世新声》作"似"，联系上句"我自是国色天香旧有名"可知，《盛世新声》之"似"乃"是"之误。第二折［南吕·一枝花］套中，《古今名剧合选》本［隔尾］"只吃的醉后豪饮那情况"之"情"，《盛世新声》误作"清"。有形近相误，如《风云会》第三折［正宫·端正好］套最后一支［倘秀才］《古今名剧合选》"向御榻心劳意攘"之"攘"，《盛世新声》误作"穰"。

除了正字的不同而外，各本间曲词的差异还体现在衬字上。衬字是特定曲牌在定格规定字数外所增加的字，也叫"垫字"或"衬垫字"。巧妙使用衬字往往能产生一种特殊的艺术效果，"使曲词戏剧化，人物漫画化，声情音响化"[1]，不仅可以调节句法，协谐音声，更利于传情写意。衬字的有无、多少对剧曲内容的影响虽然不是很大，但衬字的灵活性却导致了曲词的变化。自元代起，文人及艺人们在记录杂剧文本时，往往以一己之意随意改动衬字，喜用者增添之，不喜者删减之，故而使衬字的差异成为各本曲词中最多变的一个部分。即以《古今名剧合选》与戏曲选本所收明杂剧而言，亦鲜明地体现了这一点。如《风云会》第三折［正宫·端正好］套第一［倘秀才］《古今名剧合选》"他把那铁桶般重门闭上，俺将这铜兽面双环叩响，敲门的是万岁山前赵大郎"，《盛世新声》作"我则见铁桶般重门闭上，我将这铜兽面双环叩响，敲门的我是万岁山前赵大郎"。二本曲词正字完全一致，不同处仅为加横线处衬字的差异。又如《牡丹仙》第一折［仙吕·点绛唇］套［天下乐］《古今名剧合选》"占断春光在洛城"，《盛世新声》作"今日个占断春光在洛城"，多出衬字"今日个"。《春风庆朔堂》第三折［中吕·粉蝶儿］套［十二月］《古今名剧合选》"一恁教绿惨红愁"，《雍熙乐府》作"一任教

绿惨红愁";［耍孩儿］"我将这人情冷暖都参透",《雍熙乐府》作
"我将人情冷暖都参透"。在《古今名剧合选》及选本所收录的明杂
剧中,同剧曲词间衬字的不同较为普遍,几乎在所选剧作的每一曲中
都存在这种现象。这些衬字有时是选编者的不同书写习惯所致,如
"看"与"觑""则"与"子(只)""则见"与"子(只)见""这
的是"与"你道是""原来"与"元来""教"与"交""我"与
"俺(咱)"等,整体上并没有改变剧曲的意思。但有些衬字的有无
却使曲词的情感内涵发生了细微的变化。如《仗义疏财》第二折
［中吕·粉蝶儿］套［上小楼］后［幺］《古今名剧合选》"我将一
双手揸住头梢",《雍熙乐府》作"一双手揸住头梢",《古今名剧合
选》本多出衬字"我将",感情色彩更为强烈,将剧中李逵对赵都巡
欺压百姓的痛恨之情表现得更为淋漓尽致。

　　总体来看,《盛世新声》《词林摘艳》《雍熙乐府》及《南北词广
韵选》等戏曲选本中所收录的《古今名剧合选》明杂剧在数量上明
显少于元杂剧,各本曲词间的差异亦小于元杂剧,有不少曲牌下的曲
词几乎完全一致,这在元杂剧中是极为罕见的现象。究其原因,大概
有二:一是较元杂剧而言,明杂剧流传时间短,文人或艺人对剧作的
改动不多。二是由于相隔时间并不久远,各选本在收录时所依据的底
本与原本更为接近。

第二节　曲谱收录

　　曲谱是伴随着戏曲创作和表演的繁荣而产生的,主要记录曲牌体
式和唱腔唱法,为曲家填词作曲提供准绳和依据。清代曲论家李渔曾
言:"曲谱者,填词之粉本,犹妇人刺绣之花样也。……是束缚文人,
而使有才不得自展者,曲谱是也;私厚词人,而使有才得以独展者,
亦曲谱是也。"① 曲谱既限定了每个曲牌的字数、句数、押韵、四声
等,为作曲者提供了一定的参照,又成为曲家施展才华的平台。古代
曲谱按性质和使用对象,可分为两大类:格律谱与工尺谱。格律谱又

----

　　① 李渔:《闲情偶寄》,《中国古典戏曲论著集成》(七),第38页。

名文字谱,习称曲谱;工尺谱又名音乐谱,习称宫谱。近代曲学家王季烈对这两种谱式作了界定:"厘正句读,分别正衬,附点板式,示作家以准绳者,谓之曲谱。分别四声阴阳,腔格高低,傍注工尺板眼,使度曲家奉为圭臬者。"① 前一句所说的曲谱即格律谱,后一句所说的即工尺谱。周维培则从戏曲体制特征入手,对这两类谱式作了深入阐释:"在体制上,文字谱以宫调为经纬,按照每一宫调所辖曲牌为序列,依次构谱。即先列其平仄谱式,再附以例曲,组成格式。有时一支曲牌分正变多种,即正格以外,别列'又一体'。平仄谱式上往往附点板眼,圈注开闭口字,指示韵脚;例曲之后一般缀附小字释文,纵论该调的格律变化及制谱者的曲学见解",而音乐谱则往往"参照吸收了当时折子戏选集的特点,以一整出戏为单元标注工尺乐谱,不再以宫调辖曲为线索。同时,这些音乐谱还多以梨园旧本的格范,舍弃平仄标注,不做格律解说,而是增添宾白,详注板眼口法,成为众多折子戏音乐演出本的集成"② 。按音乐内容,可分为三大类:北曲谱、南曲谱和南北曲合谱。如明朱权《太和正音谱》、范文若《博山堂北曲谱》、李玉《北词广正谱》等是专门研究北曲的曲谱著作;蒋孝《南九宫谱》、沈璟《南九宫十三调曲谱》、沈自晋《南词新谱》、张大复《寒山堂曲谱》等是专门研究南曲的曲谱著作;清庄亲王允禄奉命编纂的《九宫大成南北词宫谱》、近人吴梅《南北词简谱》则是南北曲谱合而为一的集大成之作。

收录元明戏曲曲文的载体有戏曲选本和曲谱,但前人在研究元明戏曲的文本流传时,多以戏曲选本收录为据,对曲谱收录多摒而不谈。不仅《北词广正谱》《九宫大成》等以宫调为序编排的曲谱不被重视,就连《纳书楹曲谱》《集成曲谱》等以剧为序编排的曲谱也未被列入讨论范围。研究者伏涤修认为这种研究倾向不利于全面深入地探讨戏曲的文本流传,他指出:"许多戏曲选本兼具选剧与指导唱曲两重功用,许多曲谱也兼具规范唱曲与戏曲选粹的两重功效"③ ,"一些以

① 王季烈:《论宫谱》,《集成曲谱》,商务印书馆1925年版。
② 周维培:《曲谱研究》,江苏古籍出版社1999年版,第7—8页。
③ 伏涤修:《西厢记接受史研究》,黄山书社2008年版,第69页。

剧、出为收录单位的工尺谱在功用上和戏曲选本是一致的"①，由此看来，那些以剧、出为序的工尺谱也可以看成是另一种意义上的戏曲选本。不过，值得注意的是，在中国古代戏曲的文本流传过程中，那些以宫调为序编排的文字谱也做出了不容忽视的贡献。故于此章专列一节，以考察《古今名剧合选》所收剧作在曲谱中的流传情况。

曲谱制作萌芽于宋元，大盛于明清，余绪一直绵延到近现代。早在元代，曲学家周德清即已认识到曲谱的独特价值与功能，强调其所著《中原音韵》"乃正语作词之法，以别阴阳字义"②，为北曲的创作提供了矩矱与范式，被刘熙载誉为"永为曲韵之祖"③。作为中国古代最早的一部戏曲曲谱，《中原音韵》开启了后代编纂曲韵、词韵专书的风气。明、清两代约有二十种南北曲韵书存世，无论是编排体例还是内容归类，都是在周德清曲韵的基础上产生的，属于《中原音韵》的裔派余脉④，如《太和正音谱》《啸余谱·北曲谱》《纳书楹曲谱》《北词广正谱》等。在为剧作家提供作曲依据的同时，曲谱编选者出于"以备一代之学"⑤的目的，在其编选的曲谱中保存了大量的元、明杂剧作品，对杂剧在后世的传播做出了不可磨灭的贡献。在这些曲谱中，收录有元、明杂剧相关曲牌及曲词的主要有《中原音韵》《太和正音谱》《啸余谱·北曲谱》《北词广正谱》《新定宗北归音》《纳书楹曲谱》《新定九宫大成南北词宫谱》以及《南北词简谱》等。现择要分述如下。

一 《中原音韵》

《中原音韵》，元周德清著。周德清（1277—1365）字挺斋，江西高安人。"工乐府，善音律"⑥，对北曲的音韵有深入了解，见解独到。因见世之作乐府者颇多失谬，为使"四方出语不偏，作词有

---

① 伏涤修：《西厢记接受史研究》，黄山书社2008年版，第68页。
② 周德清：《中原音韵后序》，《中国古典戏曲论著集成》（一），第255页。
③ 刘熙载：《艺概·词曲概》，《中国古典戏曲论著集成》（九），第122页。
④ 周维培：《太和正音谱及其裔派北曲谱》，《艺术百家》1993年第1期。
⑤ 永瑢等：《钦定四库全书总目》，中华书局1997年版。
⑥ 无名氏：《录鬼簿续编》，《中国古典戏曲论著集成》（二），第286页。

法",故作《中原音韵》"以为正语之本,变雅之端"①。

《中原音韵》"一书而兼有曲韵、曲论、曲谱、曲选四种作用"②。此书收集了大量的北曲曲牌,按十二宫调缀以曲名,但没有例曲,累计335支,是一本有曲无辞的北曲谱。同时,又兼具曲选的作用,此书卷下"中原音韵正语作词起例"部分录有分别选自6种元杂剧的支曲共6支:《岳阳楼》[金盏儿]、《王粲登楼》[迎仙客]、《西厢记》[四边静]、《切鲙旦》[落梅风]、《五柳庄》[庆宣和]、《金山寺》[折桂令]。其中为《古今名剧合选》所有者为《王粲登楼》。

《王粲登楼》[迎仙客]为第三折[中吕·粉蝶儿]套之曲。《中原音韵》作:

> 雕檐红日低,画栋彩云飞。十二玉阑天外倚。望中原,思故国,感慨伤悲,一片乡心碎。

《古今名剧合选》本作:

> 雕檐外,红日低。画栋畔,彩云飞。十二欄干,欄干在天外倚。我这里望中原,思故里。不由我感叹酸嘶。越搅的我这一片乡心碎。

主要不同有两处:第一,《中原音韵》对仗工整,音律协谐,文人化色彩浓厚。《古今名剧合选》曲文改动较大,如首二句改为三字一顿,第三句运用重叠复沓手法,第四句增加衬字等,虽句意基本不变,却充满了曲的俗趣。第二,《中原音韵》"感慨伤悲"《古今名剧合选》作"感叹酸嘶"。周德清评此曲曰:"妙在'倚'字上声起音,一篇之中,唱此一字,况务头在其上。'原'、'思'字属阴,'感慨'上去,尤妙。[迎仙客]累百无此调也。美哉,德辉之才,名不虚

---

① 永瑢等:《钦定四库全书总目》,中华书局1997年版。
② 任中敏:《作词十法疏证·序》,转引自叶长海《中国戏剧学史稿》,第61页。

传。"①《古今名剧合选》的"感叹酸嘶"给人的意味不同。

二 《太和正音谱》

《太和正音谱》,明朱权撰。朱权(1378—1448),出身皇室,系明太祖朱元璋第十六子,幼年才华过人,自号大明奇士,晚年韬晦养性,寄身道家,别号臞仙、涵虚子、丹邱先生等。卒后谥献,世称宁献王。他涉猎广泛,著述颇丰。所作杂剧有十余种,今仅《冲漠子独步大罗天》《卓文君私奔相如》两种流传于世。戏曲理论著作有《太和正音谱》《务头集韵》《琼林雅韵》三种,后两种今不传。《太和正音谱》是中国曲学史上的一部扛鼎之作,约成书于永乐五年或稍前②。全书内容可分为两部分:前一部分为中国古代戏曲理论和史料;后一部分为北曲曲谱(即"乐府"部分),按十二宫调的分类,分析了335支曲谱的句格谱式,作为创作北曲的规范,是现存唯一一部最古老的杂剧曲谱。在分析时,曲谱依次列出每一宫调所辖各个曲牌的句格谱式,每一曲牌收一支例曲,详细注明曲词的正字、衬字,正字旁标明平、上、去声,入声注明作上声、去声或是平声。《太和正音谱》"乐府"部分所收335支例曲多为散曲,包括小令和散套,也有诸宫调作品王伯成《天宝遗事》中的曲词,杂剧作品中的例曲不多。经检视,例曲中有94支曲子及一支套曲出自42种元杂剧作品,现将这些元杂剧剧名及曲牌详列如下:

郑光祖《倩女离魂》(第四折)[水仙子][寨儿令][尾声]

费唐臣《贬黄州》(头折)[寄生草][么]、(第二折)[端正好][么][滚绣球][煞][煞尾]

尚仲贤《归去来兮》(第四折)[倘秀才][灵寿仗]

白朴《梧桐雨》(第二折)[叫声][鲍老儿][古鲍老][红芍药]、(第四折)[伴读书][蛮姑儿][芙蓉花]

无名氏《鸳鸯被》(第二折)[笑和尚]

---

① 周德清:《中原音韵》,《中国古典戏曲论著集成》(一),第242页。

② 姚品文:《〈太和正音谱〉写作年代及"影写洪武刻本"问题》,《文学遗产》1994年第5期。

鲍吉甫《尸谏卫灵公》（第四折）［白鹤子］

无名氏《罟罟旦》（第三折）［穷河西］

马致远《黄粱梦》（头折）［醉中天］［金盏儿］［雁儿］［赚煞尾］、花李郎《黄粱梦》（第三折）［六国朝］［归塞北］［卜金钱］［怨别离］［雁过南楼］［催花乐］［净瓶儿］［玉翼蝉煞］

马致远《误入桃源》（第四折）［收尾］

郑德辉《翰林风月》（第二折）［念奴娇］［喜秋风］

乔梦符《金钱记》（头折）［点绛唇］［混江龙］［油葫芦］［天下乐］［那吒令］

郑光祖《王粲登楼》（头折）［醉扶归］

马致远《岳阳楼》（头折）［忆王孙］、（第二折）［梧桐树］

花李郎《钉一钉》（头折）［玉花秋］

王伯成《贬夜郎》（第三折）［迎仙客］

无名氏《收心猿意马》（第三折）［石榴花］［斗鹌鹑］

白仁甫《流红叶》（第三折）［柳青娘］［道和］［酒旗儿］

马致远《陈抟高卧》（第二折）［牧羊关］［菩萨梁州］［玄鹤鸣］［乌夜啼］［红芍药］

无名氏《蓝关记》（第三折）［贺新郎］

高文秀《谒鲁肃》（第二折）［草池春］

范子安《竹叶舟》（第二折）［新水令］［梅花酒］、（第三折）［煞］

王实甫《丽春堂》（第三折）［麻郎儿］［么］［东原乐］［绵搭絮］［络丝娘］、（第四折）［五供养］［离亭筵煞］

无名氏《勘吉平》（第三折）［镇江回］

康进之《黑旋风负荆》（第四折）［汉江秋］

秦简夫《赵礼让肥》（第四折）［小将军］

无名氏《火烧阿房宫》（第三折）［庆丰年］

尚仲贤《越娘背灯》（第四折）［太清歌］

王仲文《五丈原》（第四折）［挂玉钩序］

无名氏《赤壁赋》（第三折）［圣药王］［三台印］［煞］

郑德辉《月夜闻筝》（第二折）［送远行］

王实甫《西厢记》（第三折）[拙鲁速]、（第十七折）[小络丝娘]

周仲彬《苏武还乡》（第二折）[雪里梅]

陈孝甫《误入长安》（第三折）[古竹马]

无名氏《豫让吞炭》（第三折）[眉儿弯]

无名氏《伯道弃子》（第二折）[青山口]

无名氏《敬德不伏老》（第三折）[耍三台][么]

乔梦符《两世姻缘》（第二折）[集贤宾][上京马][金菊香]

无名氏《水里报冤》（第二折）[双雁儿]

无名氏《拂尘子》（楔子）[端正好]

无名氏《梦天台》（头折）[六么序]（第二折）[挂金索]

套曲一支：《货郎旦》（第四折）[九转货郎儿]

上述杂剧及曲牌为《古今名剧合选》所有者共 8 剧 30 曲，具体如下：

《倩女离魂》（第四折）[水仙子][寨儿令][挂金索][尾声]，《梧桐雨》（第二折）[叫声][鲍老儿][古鲍老][红芍药]、（第四折）[伴读书][蛮姑儿][芙蓉花]，《翰林风月》（第二折）[念奴娇][喜秋风]，《金钱记》[点绛唇][混江龙][油葫芦][天下乐][那吒令]，《王粲登楼》（头折）[醉扶归]，《丽春堂》（第三折）[麻郎儿][么][东原乐][绵搭絮][络丝娘]、（第四折）[五供养][离亭筵煞]，《黑旋风负荆》（第四折）[汉江秋]，《两世姻缘》（第二折）[集贤宾][上京马][金菊香]

明杂剧及其曲牌为 3 剧 5 曲，即：《城南柳》（第二折）[啄木儿煞]、（第四折）[滴滴金]，《风云会》（第四折）[驻马听]，《金童玉女》（第四折）[荆山玉][竹枝歌]。其中为《古今名剧合选》所有者共 2 剧 3 曲即：《城南柳》（第二折）[啄木儿煞]、（第四折）[滴滴金]，《风云会》（第四折）[驻马听]。

《太和正音谱》在选录的杂剧作品支曲和套数下，均详细注明出自"某人某剧某折"。其中所收元、明杂剧与《古今名剧合选》本在曲牌名及曲词内容两方面均有较大差异。

二者的不同首先表现为曲牌异名现象。详见下图。

《太和正音谱》所收剧作与《古今名剧合选》本的曲牌差异	
《太和正音谱》	《古今名剧合选》
《倩女离魂》第四折［水仙子］	［古水仙子］
《梧桐雨》第四折［蛮姑儿］	［蛮牌儿］
《两世姻缘》第二折［上京马］	［上马娇］
《城南柳》第二折［啄木儿煞］	［煞尾］

除了曲牌名称有所不同外，《太和正音谱》中某些剧作的曲牌及所对应的曲词均不见于《古今名剧合选》。如《丽春堂》第四折《太和正音谱》所收［离亭筵煞］"闲来膝上横琴竖"不见于《古今名剧合选》。《王粲登楼》第一折［醉扶归］"论文呵笔扫云烟散"不见于《古今名剧合选》。

其次表现为对应曲牌曲词内容的差异。《太和正音谱》与《古今名剧合选》大部分剧作曲词基本相同，个别剧作的曲词差异较大。如《丽春堂》第四折［五供养］《太和正音谱》作：

> 穷客程，旧行装，我可甚衣锦还乡。恰离了云水窟，早来到是非场。你与我弃了长竿抛了短棹，又惹起风波千丈。我这里凝眸望，见文官武职，排列着诸子诸王。

《古今名剧合选》画线部分差异较大，作：

> 我觑了这穷客程，旧行装，我可甚么衣锦还乡。我恰离了这云水窟，早来到是非场。你与我弃了长竿抛了短棹，我又怕惹起风波千丈。我这里凝眸望，原来是文官武职，一剗地济济跄跄。

又如《梧桐雨》第四折［蛮姑儿］《太和正音谱》作：

> 懊恼、暗约，怎禁那窗儿外梧桐上雨潇潇，一声声洒枝叶，一点点滴寒梢，把愁人定虐。

《古今名剧合选》作：

懊恼、暗约，惊我来的又不是楼头过雁，砌下寒蛩，檐前玉马，架上金鸡，是兀那窗儿外梧桐上雨潇潇，一声声洒枝叶，一点点滴寒梢，曾把愁人定谑。

画线的四句曲词是《古今名剧合选》多出来的，核之《脉望馆钞校本古今杂剧》，此处曲词与《古今名剧合选》完全一致，可见此剧在流传过程中已经明人润色。

又如《丽春堂》第三折〔络丝娘〕《太和正音谱》作：

流落的身无所居，甚也有安排我处。吕望严陵贯今古，也算春风一度。

《古今名剧合选》作：

到今日身无所如，想天公也有安排我处。可不道吕望严陵自千古，这便算的我春风一度。

画线部分为二者不一致处。

大多数剧作曲词差异较小，核心字句基本一致。有的表现为增加了衬字，如《丽春堂》第三折〔麻郎儿〕《太和正音谱》作：

生居在华屋，今日流落在丘墟。冷淡了歌儿舞女，空闲了宝马香车。

《古今名剧合选》作：

昨日个深居华屋，今日个流窜荒墟。冷落了歌儿舞女，空闲了宝马香车。

《古今名剧合选》增加了衬字"昨日个""今日个",今昔对比,感慨万千,更添韵味。

有的剧作因字词的变动导致了句意的微异。如《倩女离魂》第四折〔寨儿令〕《太和正音谱》作:

> 每日价萦萦阁不住两泪盈盈,手指着胸堂自招承,自感叹,自伤情,自悔懊,自由性。

《古今名剧合选》画线部分为不同之处,作:

> 我每日价萦萦阁不住两泪盈盈,如今有的罪过手拍着胸脯自招承,自感叹,自伤情,自恼悔,自由性。

相形之下,《古今名剧合选》对于离魂倩女追求爱情的内心情感的刻画显得更为细腻婉转。

还有的剧作仅表现为个别字词上的差异。如《梧桐雨》第二折〔叫声〕《太和正音谱》"对风景喜开颜""御园中排肴馔",《古今名剧合选》作"共妃子喜开颜""后园中列肴馔";第二折〔鲍老儿〕《太和正音谱》"贤王玉笛""寿宁锦筝",《古今名剧合选》作"宁王玉笛""寿宁锦瑟";第四折〔伴读书〕《太和正音谱》"四壁秋蛩闹""业眼难交",《古今名剧合选》作"四壁秋虫闹""业眼难熬"。《两世姻缘》第二折〔集贤宾〕《太和正音谱》"恰趁着游蜂儿在柳坞桃蹊","又随着蝴蝶儿过月榭风亭",《古今名剧合选》作"趁着那游丝儿恰飞过竹坞桃蹊","随着这蝴蝶儿又来到月榭风亭"。《翰林风月》第二折〔念奴娇〕《太和正音谱》"惊飞幽鸟""润破窗纸偷瞧",《古今名剧合选》作"惊飞宿鸟""润破纸窗偷瞧"。

三 《啸余谱·北曲谱》

《啸余谱》是明代声律学家程明善编纂的一部声乐理论丛书。该书成于万历二十三年(1595),有万历四十七年(1619)流云馆原刻本，通行本为清康熙元年（1662）张汉的重刻本。书中将相关声乐理论加以分类汇辑，目录依次为：啸旨、声音数、律吕、乐府原题、诗余谱、致语、北曲谱、中原音韵、务头、南曲谱、中州音韵、切韵。内容庞杂，但出己意者较少，多为对前人声乐著述的割裂增补。《北曲谱》在《啸余谱》卷五，其中收录了大量的元、明杂剧，按照北曲十二宫调分类，依次划分为黄钟、正宫、大石调等十二卷。其中所收元、明杂剧如下表所示：

《啸余谱》收录元、明杂剧及曲牌一览表

宫调	剧名	收录曲牌	折
黄钟	倩女离魂	水仙子、寨儿令、尾声	第四折
正宫	贬黄州	端正好、滚绣球、煞、煞尾	第二折
	归去来兮	倘秀才、灵寿枝	第四折
	鸳鸯被	笑和尚	第二折
	尸谏卫灵公	白鹤子	第四折
	货郎旦	九转货郎儿	第四折
	梧桐雨	蛮姑儿、穷河西①、芙蓉花、	第四折
	城南柳	啄木儿煞	第二折
大石调	黄粱梦	六国朝、归塞北、卜金钱、怨别离、雁过南楼、催花乐、净瓶儿、玉翼蝉煞	第三折
	翰林风月	念奴娇、喜秋风	第二折
仙吕	拂尘子	端正好	楔子
	金钱记	点绛唇、混江龙、油葫芦、天下乐、那吒令	第一折
	贬黄州	寄生草	第一折
	梦天台	六么序	第一折
	黄粱梦	醉中天、金钱儿（即醉金钱）、雁儿落、赚煞尾	第一折
	王粲登楼	醉扶归	第一折
	岳阳楼	忆王孙	第一折
	钉一钉	玉花秋	第一折
中吕	梧桐雨	叫声、鲍老儿、古鲍老、红芍药	第二折
	贬夜郎	迎仙客	第三折
	流红叶	柳青娘、道和	第二折

---

① 署名为无名氏《梧桐雨》第四折。

宫调	剧名	收录曲牌	折
南吕	陈抟高卧	牧羊、菩萨梁州、玄鹤鸣（即哭皇天）、乌夜啼、红芍药	第二折
	蓝关记	贺新郎	第三折
	岳阳楼	梧桐树	第二折
	谒鲁肃	草池春	第二折
	竹叶舟	煞	第三折
双调	竹叶舟	新水令、梅花酒	第二折
	风云会	驻马听	第四折
	丽春堂	五供养、离亭筵煞	第四折
	勘吉平	镇江回	第三折
	城南柳	滴滴金（即甜水令）	第四折
	赵礼让肥	小将军	第四折
	火烧阿房宫	庆丰年	第四折
	越娘背灯	太清歌	第三折
	连环记	秋莲曲	第四折
	五丈原	挂金索序	第四折
	金童玉女	荆山玉、竹枝歌	第四折
	误入桃源	收尾	第四折
越调	赤壁赋	圣药王、三台印（即鬼三台）、煞	第三折
	丽春堂	麻郎儿、东原乐、络丝娘、绵答絮	第三折
	月夜闻筝	送远行	第二折
	西厢记	拙鲁速小络丝娘	第三折 第十七折
	苏武还乡	雪里梅	第二折
	误入长安	古竹马	第三折
	豫让吞炭	眉儿弯	第三折
	流红叶	酒旗儿	第三折
	伯道弃子	青山口	第三折
	敬德不伏老	耍三台	第三折

续表

宫调	剧名	收录曲牌	折
商调	两世姻缘	集贤宾、上京马、金菊香、	第二折
	梦天台	挂金索	第二折
	水里报冤	双雁儿	第三折

检视上表可知,《啸余谱·北曲谱》所收元明杂剧与前述《太和正音谱》所收几近相同,而其中为《古今名剧合选》所有者亦同前。在例曲选择上《啸余谱·北曲谱》与《太和正音谱》迥乎寻常的一致性恰恰表明了《太和正音谱》作为第一部完整的北曲格律谱对后世的深远影响。程明善在编选《啸余谱·北曲谱》时将《太和正音谱》中的相关论曲文字,如自"乐府体式"至"词林须知"各章的正文置于卷首作为附录,而将"乐府"(《太和正音谱》的曲谱)部分抽出单立为册,按北曲宫调分为十二卷。因为内容与《太和正音谱》基本相同,所以《中国古典戏曲论著集成》将《啸余谱·北曲谱》视作《太和正音谱》的版本之一。①

《啸余谱·北曲谱》虽然基本上属于对《太和正音谱》的承袭,内容上无甚新意可言,但在具体曲牌的谱式表示上,也对《太和正音谱》进行了相应的改创。最为突出的是对每首例曲都逐句增注字数;分析句式韵律时在句尾标出"句""韵""叶",标注曲调平仄时改繁笔符号为简笔符号。经过这样的增饰修订后使曲谱更方便使用,也更为完善。《啸余谱·北曲谱》也存在许多明显的不足之处,例如常常将《太和正音谱》所收例曲中有[么篇]者与本曲并为一曲,以王实甫《丽春堂》第三折为例,《太和正音谱》收录其中[麻郎儿][幺][东原乐][络丝娘][绵搭絮]五曲,《啸余谱·北曲谱》则仅标[麻郎儿][东原乐][络丝娘][绵搭絮]四曲,而无[幺]。

四 《北词广正谱》

《北词广正谱》,清李玉撰。李玉(1602年前后—1671年后)字

---

① 朱权:《太和正音谱》,《中国古典戏曲论著集成》(三),第6页。

玄玉,号苏门啸侣、一笠庵主人。吴伟业曾云:"李子玄玉,好奇学古之士也。其才足以上下千载,其学足以囊括艺林。而连厄于有司,晚几得之,仍中副车。甲申以后,绝意仕进,以十郎之才调,效耆卿之填词,所著传奇数十种,即当场歌呼笑骂,以寓显微阐幽之旨。"[1]不过,作为一位蜚声于世的戏曲家,李玉的贡献不仅在于以笔为武器创作了大量批判现实的剧作,还在于编订了《北词广正谱》这一"有关北曲的最为精审的谱律著作"[2]。《北词广正谱》是李玉对戏剧学的一大贡献,吴伟业誉之为"骚坛鼓吹,堪与汉文、唐诗、宋词并传不朽"[3]。李玉"采元人各种传奇散套及明初诸名人所著中之北词,依宫按调,汇为全书。复取华亭徐于室所辑参而定之,"[4] 可知该曲谱是以徐于室、钮少雅的《北词谱》为据,重新增订而成。全书不分卷,内容依次为:新编北词广正谱目录、吴伟业序、音律宫调、原北词广正谱目录、各宫类题。其中"各宫类题"部分有为各个宫调所属曲牌列举的例曲,若曲牌有变格体式,则以"第二格""第三格"等示例。此部分涉及了相关元、明杂剧,具体如下表所示:

《北词广正谱》收录元、明杂剧及曲牌一览表

宫调	剧名	作者	收录曲牌
黄钟	潇湘夜雨	杨显之	喜迁莺
	魔合罗	孟汉卿	者剌古
	鸳鸯冢	朱仲谊	古寨儿令
	玉娇春	朱仲谊	神仗儿
	倩女离魂	郑德辉	(寨儿令)幺篇、尾声
	娇红记	汤舜民	刮地风
	世间配偶	刘东升	刮地风(附)、古水仙子

---

① 吴伟业:《北词广正谱序》,吴毓华《中国古代戏曲序跋集》,第320页。
② 叶长海:《中国戏剧学史稿》,第368页。
③ 吴伟业:《北词广正谱序》,吴毓华《中国古代戏曲序跋集》,第320页。
④ 同上。

续表

宫调	剧名	作者	收录曲牌
正宫	贬黄州	费唐臣	滚绣球、煞尾
	梧桐雨	白仁甫	滚绣球、伴读书、芙蓉花、双鸳鸯、蛮姑儿
	归去来兮	尚仲贤	倘秀才
	史鱼尸谏	鲍吉甫	白鹤子
	西厢记	王实甫	脱布衫、小梁州、（小梁州）么篇、尾声
	杨贵妃	岳伯川	脱布衫、转调货郎儿
	潇湘夜雨	汤显之	货郎儿
	杀狗劝夫	无名氏	货郎儿、笑和尚
	追韩信	金志甫	转调货郎儿
	货郎旦	无名氏	九转货郎儿
	连环记	无名氏	笑和尚
	李逵负荆	康进之	蛮姑儿
	谢天香	关汉卿	穷河西
	魔合罗	孟汉卿	穷河西（词见中吕）
	罟罟旦	无名氏	穷河西（词见中吕）
	箭射双调	白仁甫	六么遍（词见中吕）
	蝴蝶梦	关汉卿	收尾
	秦少游	鲍吉甫	煞尾
仙吕	金线池	关汉卿	端正好、（端正好）么篇、金盏儿
	西厢记	王实甫	（端正好）么篇、混江龙、油葫芦、村里迓鼓、上马娇、胜葫芦、后庭花、寄生草、青哥儿（词见商调）、那吒令、六么序、（六么序）么篇、八声甘州、赚煞
	叹骷髅	李寿卿	混江龙、元和令
	救风尘	关汉卿	混江龙
	红梨花	张寿卿	混江龙
	汉宫秋	马致远	天下乐
	黄粱梦	马致远	天下乐、后庭花
	张子房	王仲文	村里迓鼓
	云窗梦	无名氏	村里迓鼓、后庭花

续表

宫调	剧名	作者	收录曲牌
仙吕	范张鸡黍	宫大用	游四门（词见商调）、六么序、（六么序）么篇
	调风月	关汉卿	胜葫芦（词见商调）
	勘头巾	孙仲章	后庭花（词见商调）
	芙蓉亭	王实甫	后庭花
	单鞭夺槊	尚仲贤	后庭花（有目无此）
	金童玉女	贾仲明	河西后庭花（词见商调）
	绯衣梦	关汉卿	青哥儿
	赤壁赋	费唐臣	那吒令、鹊踏枝
	留鞋记	曾瑞卿	那吒令、醉扶归、金盏儿
	玉镜台	关汉卿	鹊踏枝、（六么序）么篇
	荐福碑	马致远	（六么序）么篇
	霍光鬼谏	无名氏	么篇
	箭射双雕	白仁甫	六么序（词见中吕）
	金线池	关汉卿	端正好、么篇、金盏儿
	窦娥冤	关汉卿	雁儿（一名醉雁儿）
	梧桐雨	白仁甫	忆王孙
	岳阳楼	马致远	忆王孙
	钉一钉	花李郎	玉花秋
	气英布	无名氏	玉花秋
	浮沤记	无名氏	四季花
	李逵负荆	康进之	上京马（词见商调）
	春衫记	关汉卿	尾声
南吕	黄鹤楼	朱士凯	一枝花
	陈抟高卧	马致远	牧羊关、玄鹤鸣（一名哭皇天）、菩萨梁州
	金童玉女	贾仲明	感皇恩、四块玉
	鸳鸯冢	无名氏	玄鹤鸣、乌夜啼、乌夜啼
	汉宫秋	马致远	玄鹤鸣、乌夜啼
	蓝关记	无名氏	贺新郎

续表

宫调	剧名	作者	收录曲牌
南吕	连环记	无名氏	草池春（一名斗蛤蟆或絮蛤蟆）
	谒鲁肃	高文秀	草池春
	栾巴噀酒	李进取	草池春
	谇范叔	高文秀	红芍药
	岳阳楼	马致远	梧桐树
	纸扇记	无名氏	鹌鹑儿
	酷寒亭	杨显之	煞尾（调本正宫）
	谢天香	关汉卿	隔尾黄钟煞
中吕	西厢记	王实甫	石榴花、斗鹌鹑、上小楼、么篇、四边静、贺圣朝、尾声
	贩茶船	王实甫	斗鹌鹑
	芙蓉亭	王实甫	斗鹌鹑
	汉宫秋	马致远	叫声（附坊本未载曲）、剔银灯、十二月
	梧桐雨	白仁甫	红芍药
	青衫泪	马致远	红芍药
	单刀会	关汉卿	剔银灯
	李克用	白仁甫	蔓青菜
	箭射双雕	白仁甫	柳青娘
	流红叶	白仁甫	柳青娘（词见正宫）、道和
	魔合罗	孟汉卿	道和、鬼三台
	云窗梦	无名氏	十二月
	呈呈旦	无名氏	播海令、古竹马
	金线池	关汉卿	尾声
	燕青博鱼	李文蔚	煞尾
大石调	㑇梅香	郑德辉	念奴娇、喜秋风、煞尾（调本正宫）
	黄粱梦	花李郎	雁过南楼、怨别离、玉翼蝉煞
	燕青博鱼	李文蔚	喜秋风、蒙童儿犯、雁过南楼煞
般涉调	西厢记	王实甫	煞、么篇（词见正宫）
	金线池	关汉卿	么篇（词见南吕）
	梧桐雨	白仁甫	么篇（词见双调）、么篇

续表

宫调	剧名	作者	收录曲牌
商调	西厢记	王实甫	逍遥乐、挂金索、金菊香
	救风尘	关汉卿	逍遥乐
	黄粱梦	马致远	高过浪来里、随调煞
	李逵负荆	康进之	双雁儿、高平随调煞
	金童玉女	贾仲明	贤圣吉、贤圣吉、河西后庭花（词见商调）、望远行、贺圣朝、凤鸾吟、凉亭乐、满堂红、芭蕉延寿
	两世姻缘	乔梦符	上京马、浪来里煞
	意马心猿	贾仲明	随调煞
	范张鸡黍	宫大用	高平煞
越调	东墙记	白仁甫	斗鹌鹑、东原乐、绵搭絮
	西厢记	王实甫	金焦叶、小桃红、麻郎儿、么篇、络丝娘、小络丝娘、东原乐、拙鲁速、拙鲁速、天净沙
	勘吉平	花李郎	圣药王
	哭香囊	关汉卿	络丝娘、绵搭絮、拙鲁速、雪里梅、么篇
	不伏老	无名氏	络丝娘、耍三台、么篇
	丽春堂	王实甫	东原乐、拙鲁速（附抄本）
	两世姻缘	乔梦符	绵搭絮
	月夜闻筝	郑德辉	绵搭絮、拙鲁速、鬼三台、送远行、寨儿令、庆元贞
	调风月	关汉卿	雪里梅、郓州春
	流红叶	白仁甫	酒旗儿
	豫让吞炭	无名氏	眉儿弯
	误入长安	陈存甫	古竹马、么篇
	留侄弃子	李直夫	青山口
	汗衫记	张酷贫	青山口
	赤壁赋	无名氏	随煞

续表

宫调	剧名	作者	收录曲牌
双调	箭射双雕	白仁甫	新水令（词见正宫）
	浮沤记	无名氏	新水令
	玉镜台	关汉卿	滴滴金、鸳鸯煞
	西厢记	王实甫	河西锦上花、搅筝琶、搅筝琶、沽美酒、五供养、月上海棠、么篇、离亭宴带歇指煞
	李逵负荆	康进之	搅筝琶、离亭宴带歇指煞
	青衫泪	马致远	搅筝琶、太清歌、鸳鸯煞
	丽春堂	王实甫	搅筝琶、一锭银、醉娘子、相公爱、风流体、么篇夕
	梧桐雨	白仁甫	搅筝琶、太清歌、风入松、胡十八
	拜月亭	关汉卿	沽美酒
	赵礼让肥	秦简夫	挂玉钩、小将军
	五丈原	王仲文	挂玉钩序
	追韩信	金志甫	川拨棹、梅花酒、鸳鸯煞、新水令、驻马听（此二曲在南戏北词正谬中）
	陈抟高卧	马致远	川拨棹
	虎头牌	李直夫	七弟兄、大拜门、也不罗、小喜人心、风流体、忽都白、么篇夕、月儿弯
	杜鹃啼	无名氏	梅花酒
	墙头马上	白仁甫	梅花酒
	金线池	关汉卿	梅花酒
	岳阳楼	马致远	梅花酒
	汉宫秋	马致远	梅花酒
	留鞋弃子	李直夫	梅花酒
	越娘背灯	尚仲贤	太清歌
	勘吉平	无名氏	镇江回
	谇范叔	高文秀	胡十八
	负桂英	尚仲贤	胡十八
	秦少游	鲍吉甫	小阳关
	汗衫记	张酷贫	小阳关
	意马心猿	贾仲明	相公爱

宫调	剧名	作者	收录曲牌
双调	金童玉女	贾仲明	小喜人心、青天歌、竹枝歌（词见南吕）、牡丹春、鱼游春水（词见仙吕）
	倩女离魂	郑德辉	荆山玉（一名侧砖儿亦入黄钟南吕）、竹枝歌（亦入黄钟南吕）
	两鬓皤然	侯正卿	牡丹春（词见商调）
	两世姻缘	乔梦符	得胜令（词见仙吕）
	火烧阿房	无名氏	庆丰年
	连环记	无名氏	秋莲曲
	酷寒亭	杨显之	尾声
	误入桃源	马致远	收尾（调本越调）
	切鲙旦	关汉卿	随煞
	荐福碑	马致远	歇指煞
正谬	唐三藏	无名氏	胡十八犯、沽美酒带过太平令、川拨棹、豆叶儿犯、春闺怨犯

表中所列杂剧及曲牌为《古今名剧合选》所有者如下：

《潇湘夜雨》［黄钟］［喜迁莺］、［正宫］［货郎儿］

《汉宫秋》［仙吕］［天下乐］、［南吕］［玄鹤鸣］［乌夜啼］、［中吕］［叫声］［剔银灯］［十二月］、［双调］［梅花酒］

《青衫泪》［中吕］［红芍药］、［双调］［搅筝琶］［太清歌］

《荐福碑》［仙吕］［六么序］［么篇］、［双调］［歇指煞］

《丽春堂》［越调］［东原乐］［拙鲁速］（附抄本）、［双调］［搅筝琶］［一锭银］［醉娘子］［相公爱］［风流体］［么篇歹］

《范张鸡黍》［仙吕］［游四门］（词见商调）［六么序］（六么序）［么篇］、［商调］［高平煞］

《金线池》［仙吕］［端正好］［么篇］［金盏儿］、［中吕］［尾声］、［般涉调］［么篇］、［双调］［梅花酒］

《玉镜台》［仙吕］［鹊踏枝］［六么序］［么篇］、［双调］［滴

滴金]［鸳鸯煞]

《窦娥冤》［仙吕]［雁儿]

《梧桐雨》［正宫]［滚绣球]［伴读书]［芙蓉花]［双鸳鸯]［蛮姑儿]、［双调]［搅筝琶]［太清歌]［风入松]［胡十八]、［仙吕]［忆王孙]、［般涉调]［么篇]、［中吕]［红芍药]

《墙头马上》［双调]［梅花酒]

《倩女离魂》［黄钟]［寨儿令]［么篇]［尾声]、［双调]［荆山玉]（一名侧砖儿亦入黄钟南吕）、［竹枝歌]（亦入黄钟南吕）

《燕青博鱼》［中吕]［煞尾]、［大石调]［喜秋风]［蒙童儿犯]［雁过南楼煞]

《魔合罗》［黄钟]［者剌古]、［正宫]［穷河西]（词见中吕）、［中吕]［道和]［鬼三台]

《李逵负荆》［正宫]［蛮姑儿]、［仙吕]［上京马]（词见商调）、［商调]［双雁儿]［高平随煞调]、［双调]［搅筝琶]［离亭宴带歇指煞]

《红梨花》［仙吕]［混江龙]

《㑳梅香》［大石调]［念奴娇]［喜秋风]［煞尾]

《谇范叔》［南吕]［红芍药]、［双调]［胡十八]

《两世姻缘》［双调]［得胜令]（词见仙吕）

总体来看，《北词广正谱》与《古今名剧合选》二本相同剧作之曲除少量曲牌及对应曲词有不断增删改动的痕迹外，还是同大于异。现针对其中少量剧作的不同情况进行比勘归纳，二者之间的差异大致可分为以下几种情况。

一是曲牌异名。如《古今名剧合选》之《窦娥冤》第一折［仙吕·一半儿]，《北词广正谱》作［雁儿]（一名醉雁儿）；《汉宫秋》第二折［南吕·哭皇天]，《北词广正谱》作［玄鹤鸣]；《梧桐雨》第四折［正宫·蛮牌儿]，《北词广正谱》作［蛮姑儿]。《燕青博鱼》第一折［大石调·憨货郎]［尾声]，《北词广正谱》作［蒙童儿犯]［雁过南楼煞]；《丽春堂》第四折［双调·唐兀歹]，《北词广正谱》作［么篇歹]；《玉镜台》第四折［双调·甜水令]，《北词广正谱》作［滴滴金]。

这种曲牌名称不同的现象多出现在每折末尾的曲子中，如《古今名剧合选》之《㑇梅香》第二折［大石调·随煞尾声］，《北词广正谱》作［煞尾］。《古今名剧合选》之《梧桐雨》第三折［双调·新水令］套［太平令］后［三煞］、［太清歌］后［二煞］，《北词广正谱》列在［般涉调］，均题为［么篇］。《古今名剧合选》之《金线池》第二折［南吕·一枝花］套［采茶歌］后［三煞］，《北词广正谱》列在［般涉调］内，题为［么篇］，并注明"词见南吕"；第三折［尾煞］《北词广正谱》作［尾声］。《古今名剧合选》之《燕青博鱼》第三折［尾声］，《北词广正谱》作［煞尾］。《古今名剧合选》之《范张鸡黍》第三折［商调·高过浪来里］，《北词广正谱》作［高平煞］。《古今名剧合选》之《荐福碑》第四折［双调·鸳鸯煞］，《北词广正谱》作［歇指煞］。

有时，二本曲牌并不存在异名现象，只是因为其中一者在刊刻时曲牌书写中出现错误。如《丽春堂》第三折［越调·拙橹速］，《北词广正谱》作［拙鲁速］。

二是对借宫现象的处理不同。《北词广正谱》在为特定宫调曲牌标举例曲时，对某些曲牌的借宫现象，往往会在曲牌下以"词见某调"的标注予以说明。如［仙吕调］［游四门］曲牌下以《范张鸡黍》为例，曲牌下注"词见商调"。上表中曲牌后注明"词见某调"的曲牌大多属于这种情况。而《古今名剧合选》对这些借宫现象，有些以评点的方式标出，如《范张鸡黍》第三折［商调·集贤宾］套中借用［仙吕］调曲牌，孟称舜于［屯里迓鼓］曲上加批曰："此下八阙皆仙吕"①，指出其后［元和令］［上马娇］［游四门］曲均属［仙吕］。虽未像《北词广正谱》那样在这些曲牌前一一标出［仙吕］，却以眉批这一独特方式点出了其中的借宫现象。不过，在《古今名剧合选》中，也有不少剧作对这种借宫并没有标出，如《两世姻缘》第四折［双调·新水令］套中［得胜令］为［仙吕］曲牌，孟称舜就没有注明此曲为借宫，而《北词广正谱》则于此曲牌下标注"词见仙吕"。

---

① 孟称舜：《酹江集》，第 658 页。

三是《北词广正谱》所收某些剧作的曲牌及曲词《古今名剧合选》同名剧作中没有。如《不伏老》〔越调〕之〔络丝娘〕〔耍三台〕〔幺篇〕三曲不见于《古今名剧合选》。

四是在曲牌所对应的曲词内容上存在不同。有时同一曲牌中曲词内容差别较大。如《汉宫秋》第三折〔梅花酒〕曲词差别较多,《古今名剧合选》作:

　　呀,我向这迥野荒凉,草却又添黄,色已早迎霜,犬褪得毛苍,人搦起缨枪,马负着行装,车运着餱粮,人猎起围场,他伤心辞汉主,望携手上河梁,前面早叫排行。愁銮舆,到咸阳,到咸阳,过萧墙,过萧墙,叶飘黄,叶飘黄,绕回廊,绕回廊,竹生凉,竹生凉,近椒房,近椒房,泣寒蛩,泣寒蛩,绿纱窗,绿纱窗,不思量。

《北词广正谱》作:

　　向着这迥野荒凉,塞草添黄,兔色早迎霜,犬褪的毛苍,人搦起缨枪,马负着行装,驼运着餱粮,人猎起围场,他伤心辞汉主,我携手上河梁,他部从入穷荒,我前面早叫摆行。愁銮舆,返咸阳,返咸阳,过宫墙,过宫墙,绕回廊,绕回廊,近椒房,近椒房,月黄昏,月黄昏,夜生凉,夜生凉,泣寒蛩,泣寒蛩,绿纱窗,绿纱窗,不思量。

二本曲词相较,《北词广正谱》整体上优于《古今名剧合选》。其一,《古今名剧合选》"色已早迎霜",《北词广正谱》改为"兔色早迎霜",不仅使曲句意思更为通顺,而且与前句之"塞草添黄"共同营造出一种苍凉的秋意。其二,《古今名剧合选》"车运着餱粮"之"车",《北词广正谱》将之改为"驼",不仅与前后之"犬""人""马"等相称,而且更带有一种塞外风情。其三,《北词广正谱》将《古今名剧合选》"望携手上河梁"之"望"改为"我",并于"前面早叫摆行"之前增加了"他部从入穷荒"一句及"我"一字，从而形成"他""我""他""我"回环往复的叙事模式，在对比中产生强烈的艺术感染力，较《古今名剧合选》更胜一筹。又如《丽春堂》第三折［东原乐］，《古今名剧合选》作：

> 纵得山林趣，惯将礼法疏，顿忘了马上燕南旧来路。如今拣西山好处居，为什么懒归去，被一片野云留住。

《北词广正谱》作：

> 自从在我山林住，惯纵的我礼数无，鞍马上驱驰燕南路。拣西山好处居，我为甚不回去，则被这一片野云留住。

《古今名剧合选》的曲词较为典雅，更具文人化色彩，《北词广正谱》的曲词则显得通俗浅易。

有时是曲牌中部分曲句曲词不同。如《潇湘夜雨》第四折［货郎儿］第三句《古今名剧合选》作"定道是一家大小丧黄泉"，《北词广正谱》作"大小里父南子北见黄泉"。《范张鸡黍》第一折［仙吕·点绛唇］（六幺序）［幺篇］有个别不同，《古今名剧合选》作"有一日天打算衣绝禄尽下场头，少不的吊脊筋""觑此徒何足云云""将云间太华平吞"，《北词广正谱》作"有一日天打算衣绝禄尽，吊颈抽筋""视此辈何足齿云""将世间太华平吞"。《荐福碑》第一折（六幺序）［幺篇］最后一句《古今名剧合选》作"一任着小儿欺弄，山鬼揶揄"，《北词广正谱》作"一任着小儿簸弄，山鬼揶揄"。

有时为个别字词的不同。如《梧桐雨》第四折［三煞］前［滚绣球］《古今名剧合选》作"听回廊祝誓约""不合把梧桐挨靠""尽言词絮絮叨叨"，《北词广正谱》作"听回廊咒誓约""不合将碧梧桐挨靠""戏言词絮絮叨叨"。《㑇梅香》第二折［大石调·念奴娇］"又不曾言期约"，《北词广正谱》作"又不曾道闲期约"。《倩女离魂》第四折［幺篇］"这的是俺娘弊病"，《北词广正谱》作"这的是俺娘的弊行"。《梧桐雨》第四折［蛮牌儿］《古今名剧合选》"曾把愁人定唬",《北词广正谱》作"曾把愁人定虐";《古今名剧合选》[伴读书]"业眼难熬",《北词广正谱》作"业眼难交"。

总之,《北词广正谱》为元明杂剧的文本保存与传播做出了重要贡献。作为曲谱,《北词广正谱》不仅在正格中举元、明杂剧为例,有时在一些曲牌的后面,也举了一些元、明杂剧为例,有的为全曲(上表中所有标注"附"者),有的为曲牌中的某几句,这些同样也是构成元、明杂剧文本传播的重要组成部分。如"黄钟类题"中郑德辉《倩女离魂》[刮地风]末二句"天公天公是怎生,不肯教失了人情";[四门子]末三句"咱两个门厮当,户厮应,则怕他言行不清";[古水仙子]"备雕鞍撒了锁鞿"等。

五 《新定宗北归音》

《新定宗北归音》,系清王正祥纂曲,卢鸣銮、施铨参订,储国珍点板。王正祥字瑞生,号友竹主人,茂苑人,康熙年间著名曲家,作有南曲谱《新定十二律昆腔谱》《新定十二律京腔谱》与北曲谱《新定宗北归音》。《新定宗北归音》今有《续修四库全书》第1753册影印康熙间停云室刻本,其内容主要分为序、凡例、次序、目录、正文几部分。正文依宫、商、角、徵、羽等五音编排,最后附录余音。其间收录元、明杂剧多种,兹详列如下:

《新定宗北归音》收录元、明杂剧及曲牌一览表

音调	剧名	收录曲牌
宫音	玉镜台	点绛唇
	西厢记	点绛唇、那吒令、胜葫芦、寄生草、后庭花、元和令、上马娇、青哥儿、六么序、八声甘州、满庭芳、四边静、粉蝶儿、石榴花
	梧桐叶	混江龙、那吒令、鹌鹑儿
	荐福碑	混江龙
	救孝子	混江龙
	酷寒亭	天下乐

续表

音调	剧名	收录曲牌
宫音	两世姻缘	鹊踏枝
	金钱记	寄生草
	伍员吹箫	村里迓鼓
	留鞋记	后庭花、醉春风
	小尉迟	后庭花
	货郎旦	金盏儿
	竹坞听琴	元和令、石榴花
	倩女离魂	元和令
	桃花女	柳叶儿
	秋胡戏妻	游四门
	城南柳	醉中天、白鹤子
	杏园春	醉中天
	还牢记	青哥儿
	后庭花	青哥儿
	隔江斗智	青哥儿
	鹣鹣会	青哥儿
	王粲登楼	六么序
	萧淑兰	八声甘州
	单鞭夺槊	端正好
	盆儿鬼	滚绣球
宫音	风云会①	滚绣球、脱布衫、醉太平
	气英布	叨叨令
	看钱奴	倘秀才
	救风尘	脱布衫
	老生儿	小梁州
	蝴蝶梦	上小楼、快活三、朝天紫
	海潮音	上小楼

① 此三曲《新定宗北归音》本误署为《蟠桃会》，应为《风云会》第三折中曲词。

音调	剧名	收录曲牌
宫音	秋胡戏妻	满庭芳、普天乐
	合汗衫	四边静
	王粲登楼	呆骨朵、迎仙客、十二月、尧民歌、红绣鞋
	误入桃源	醉太平
	对玉梳	赛鸿秋
	百花亭	粉蝶儿
	铁拐李	鲍老催
角音	刘行首	新水令
	西厢记	新水令、驻马听、乔牌儿、甜水令、锦上花、碧玉箫、步步娇、落梅风、殿前欢、五供养、月上海棠
	百花亭	驻马听、风入松
	隔江斗智	沉醉东风、碧玉箫
	陈州粜米	雁儿落
	误入桃源	得胜令
	李逵负荆	乔牌儿、搅筝琶、殿前欢
	鲁斋郎	甜水令
	燕青博鱼	折桂令
	鸳鸯被	锦上花、清江引
	谇范叔	步步娇
	楚昭公	落梅风
	神奴儿	庆东原
	竹叶舟	沽美酒
	玉壶冰	太平令
	金安寿	胡十八、大德歌、阿纳忽
	连环计	挂玉钩
	铁拐李	川拨棹
	碧桃花	七弟兄、收江南、豆叶黄
	金线池	梅花酒
	丽春堂	五供养
	伍员吹箫	月上海棠
	青衫泪	拨不断

续表

音调	剧名	收录曲牌
徵音	金线池	一枝花、牧羊关
	竹叶舟	梁州第七
	连环计	四块玉
	气英布	哭皇天
	忍字记	乌夜啼
	扬州梦	骂玉郎
	货郎旦	转调货郎儿、二转、三转、四转、五转、六转、七转、八转、九转
商音	两世姻缘	集贤宾、梧叶儿、上京马、双雁儿、浪里来
	西厢记	逍遥乐、挂金索、金菊香、醋葫芦、河西后庭花、小青哥
	范张鸡黍	挂金索
	隔江斗智	金菊香
	救风尘	醋葫芦
	岳阳楼	河西后庭花
	单鞭夺槊	小青哥
羽音	㑇梅香	斗鹌鹑、金焦叶、小桃红、圣药王
	黄孝子	斗鹌鹑、东原乐
	酷寒亭	紫花儿序、天净纱
	柳毅传书	调笑令
	老生儿	秃厮儿
	举案齐眉	麻郎儿、络丝娘
	西厢记	麻郎儿、络丝娘、绵搭絮
	丽春堂	东原乐、绵搭絮
	倩女离魂	拙鲁速
	谢金吾	寨儿令、雪里梅
	来生债	鬼三台
	魔合罗	醉花阴、喜迁莺、出队子
	单鞭夺槊	四门子
	潇湘雨	古水仙子
余音	西厢记	耍孩儿、煞

表中所列为《古今名剧合选》所有者计 26 剧 57 曲,具体如下:

元杂剧共 20 种 44 曲:《玉镜台》[点绛唇]、《荐福碑》[混江龙]、《两世姻缘》[鹊踏枝][集贤宾][梧叶儿][上京马][双雁儿][浪来里]、《金钱记》[寄生草]、《竹坞听琴》[元和令][石榴花]、《倩女离魂》[元和令][拙鲁速]、《王粲登楼》[六么序][呆骨朵][迎仙客][十二月][尧民歌][红绣鞋]、《老生儿》[小梁州][秃厮儿]、《李逵负荆》[乔牌儿][搅筝琶][殿前欢]、《燕青博鱼》[折桂令]、《谇范叔》[步步娇]、《铁拐李》[川拨棹]、《金线池》[梅花酒][一枝花][牧羊关]、《丽春堂》[五供养][东原乐][绵搭絮]、《青衫泪》[拨不断]、《范张鸡黍》[挂金索]、《㑇梅香》[斗鹌鹑][金焦叶][小桃红][圣药王]、《柳毅传书》[调笑令]、《魔合罗》[醉花阴][喜迁莺][出队子]、《潇湘雨》[古水仙子]。

明杂剧共 6 种 13 曲:《城南柳》[醉中天][白鹤子]、《隔江斗智》[青哥儿][沉醉东风][碧玉箫][金菊香]、《萧淑兰》[八声甘州]、《风云会》[滚绣球][脱布衫][醉太平]、《误入桃源》[醉太平][得胜令]、《对玉梳》[赛鸿秋]。

《新定宗北归音》所收之曲与《古今名剧合选》相较,总体来说仍然是同大于异,但较之前面所述的几种明代曲谱,《新定宗北归音》曲文与《古今名剧合选》的异文要远远少于前几种明代曲谱。经统计,《新定宗北归音》共收录了 57 支《古今名剧合选》剧作之曲,其中有一半以上的曲词二本完全一致,只有少数曲词存在异文,且多为个别曲句及字词的差异。不过,《新定宗北归音》在收录曲词时,对个别曲词所属剧作的题名有时竟出现差错,如将《风云会》第三折[滚绣球][脱布衫][醉太平]三曲误署《蟠桃会》剧下,这是明代戏曲曲谱中所不曾出现的状况,或许是相距年代久远所致。

就曲牌而言,二本的差异主要表现为少量曲牌存在异名现象。有的属于真正意义上的曲牌异名,如《两世姻缘》第二折[柳叶儿],《新定宗北归音》作[双雁儿];[上马娇]《新定宗北归音》作[上京马]。有的则可能属于曲牌误记,如《金钱记》第一折[寄生草]曲后[幺篇],《新定宗北归音》作[寄生草]。

就特定曲牌所包含的曲词内容来看，二本仅有少量曲牌的曲词存在异文。具体来说，有下述三种情况：

有的是部分曲词存在不同。如《玉镜台》第一折〔仙吕·点绛唇〕曲，《古今名剧合选》作："车骑成行，诣门稽颡来咨访，剖决条章，端的是语出人皆仰。"《新定宗北归音》作："车骑成行，诣门稽颡来咨访，无非那今古兴亡，端的是语出人皆仰。"《竹坞听琴》第一折〔仙吕·胜葫芦〕曲《古今名剧合选》作："抵多少兴废荣枯在眼前，人被利名牵，满目红尘关塞远，笑车尘马足，空中舞旋，空劳碌五更天。"《新定宗北归音》作："抵多少兴废荣枯在眼前，人被利名牵，满目红尘关塞远，笑车轮马足，晨钟暮鼓，空劳碌自年年。"

有的是个别曲句不同，但这些异文大多数意思并没有大的变化，如《㑳梅香》第三折〔越调·斗鹌鹑〕曲末句《古今名剧合选》作"如此般月朗风清，花浓气爽"，《新定宗北归音》作"如此般月白风清，花浓气爽"。《荐福碑》楔子〔混江龙〕曲，《古今名剧合选》作："常言道七贫七富，我便是阮籍般依旧哭穷途。我住着半间儿草舍，再谁承望三顾茅庐。则我这饭甑有尘生计拙，越越的门庭无径故人疏。常言道三寸舌为安国剑，五言诗作上天梯。既有这上天梯，可怎生不着我这清霄步。我可便望兰堂画阁，划地着我瓮牖桑枢。"《新定宗北归音》除将第三句作："越越的门庭无径旧游疏"，并无第四句外，其余曲句完全同于《古今名剧合选》。《两世姻缘》第二折〔商调·集贤宾〕"隔纱窗日高花弄影"曲之末句《古今名剧合选》作："则我这寸肠千万结，长叹两三声。"《新定宗北归音》作："多喒是寸肠千万结，只落得长叹两三声。"《潇湘雨》第三折〔古水仙子〕曲首二句《古今名剧合选》作："他他他忒狠毒，敢敢敢昧己瞒心将我来诬"，末句作："好哥哥来来来你是我的护身符。"《新定宗北归音》作："他他他忒狠毒，敢敢敢昧己瞒心将我图"，"来来来你是我的护身符"。

有时，曲词的异文仅表现为个别字词的不同。如《两世姻缘》第一折〔鹊踏枝〕《古今名剧合选》作"有等那花木瓜长安少年"，《新定宗北归音》作"有那筹花木瓜长安少年"。《范张鸡黍》第三折〔挂金索〕《古今名剧合选》作"我见他皮殼定个骷髅"，《新定宗北

归音》作"我见他皮殼骷髅"。《倩女离魂》第二折 [拙鲁速]《古
今名剧合选》"我情愿举案齐眉近书榻"之"近",《新定宗北归音》
作"傍"。《老生儿》第三折 [秃厮儿]《古今名剧合选》"着女婿别
无想望"之"想",《新定宗北归音》作"指";"则这家私里外你尽
当"之"当",《新定宗北归音》作"掌"。《风云会》第三折 [脱布
衫],《古今名剧合选》"取金陵飞渡长江,到钱塘平定他邦,西川路
休辞栈道,南蛮地莫愁烟瘴"。《新定宗北归音》仅有个别地方不同,
"到钱塘"作"下江南"。《两世姻缘》第二折 [梧叶儿]《古今名剧
合选》"火燎似身躯热,锥剜般额角疼",《新定宗北归音》作"火燎
也似身躯热,锥剜也似额角疼",《古今名剧合选》在文字上显得更
为整饬。《㑇梅香》第三折 [圣药王]《古今名剧合选》"请起来波
多愁多病俏才郎",《新定宗北归音》作"请起来多愁多病俏才郎",
少一"波"字,虽在曲意上无甚影响,但在小蛮形象的塑造上却稍
逊一筹。《古今名剧合选》用一"波"字,使小蛮性格中的调皮、狡
黠与热情跃然纸上。《隔江斗智》第三折 [金菊香]《古今名剧合选》
"哥哥你道我过门来事事有蹊跷",《新定宗北归音》作"你道我过门
来事有蹊跷"。

　　《古今名剧合选》与《新定宗北归音》在曲词上的异文现象固然
与二者所依据的不同版本不无关系,但更重要的是由二者编选意旨的
不同所致。《古今名剧合选》重在收录剧作,"以词足达情者为最,
而协律者次之",追求"可演之台上,亦可置之案头"①的双美效果。
而《新定宗北归音》的目的在于为作曲家提供填词作曲的准绳和依
据,正如此谱"凡例"所云:"曲体不可不辨也。元人填词既不专付
伶人协丝竹而演于剧场,所以句头不一、平仄皆歧,允为曲体者甚
少。而后之填词者既不按元曲之准绳专重词华,而又字句多寡、平仄
不叶,则宜另立纪纲为北曲定模范。"②可见,编选者王正祥对曲体
极为重视,为北曲树立曲体规范正是他编纂此谱的主要意图。王正祥
"既取通行中之一曲以配元曲,则体格俱备,使将来之词人按体而用

---

① 孟称舜:《古今名剧合选序》,朱颖辉辑校《孟称舜集》,第 558 页。
② 王正祥:《新定宗北归音》,《续修四库全书》第 1753 册,第 475 页。

衬以去旧衬,按格而填词点定准板,以此为垂后,北曲之典章可也"①,因而谱中所收例曲都是最能代表具体曲牌格调音律的典范之作。

六 《新定九宫大成南北词宫谱》与《纳书楹曲谱》

（一）《新定九宫大成南北词宫谱》

《新定九宫大成南北词宫谱》为清代钦定曲谱,系清庄亲王允禄奉乾隆皇帝之命主持,周祥钰、邹金生等人具体编纂的南北曲合谱,简称《九宫大成谱》。此谱成于乾隆十一年（1746）,内容共八十二卷,囊括南北曲曲牌2094个,曲调4466个（包含变体）,另有北曲套曲185套,南北合套36套,是一部集南北曲之大成的曲谱。

《新定九宫大成南北词宫谱》兼具"曲谱"与"宫谱"的作用,在详举各类曲牌体式时既区别正、衬,又标明工尺、板眼,既可供人依谱填词,亦可方便歌唱。此谱所收曲调广泛庞杂,不但元明散曲、杂剧乃至明清传奇中的常见曲调被搜罗殆尽,就连唐宋诗词、诸宫调中的曲调也被录入其中。所收北曲曲调涉及元杂剧一百一十种,其中见于《元曲选》者六十九种,见于《雍熙乐府》者二十四种,另有未见此两书者十七种②。其中剧曲来自《元人百种》者套曲44套,另曲260首,以单曲计共802首③。这些剧曲分属元杂剧剧作74种,明杂剧4种。这74种元杂剧中为《古今名剧合选》所有者共18种:《墙头马上》《梧桐雨》《范张鸡黍》《窦娥冤》《金线池》《玉镜台》《燕青博鱼》《汉宫秋》《任风子》《荐福碑》《青衫泪》《魔合罗》《柳毅传书》《丽春堂》《铁拐李》《㑇梅香》《倩女离魂》《王粲登楼》。明杂剧4种为:《城南柳》《金安寿》《萧淑兰》《刘行首》,其中《城南柳》《萧淑兰》二剧为《古今名剧合选》所有。来自《雍熙乐府》者单曲324首,套曲48套,以单曲计796首④。此外,《九宫

---

① 王正祥:《新定宗北归音》,《续修四库全书》第1753册,第477页。
② 伏涤修:《西厢记接受史研究》,第118页。
③ 吴志武:《新定九宫大成南北词宫谱研究》,博士学位论文,上海音乐学院,2007年,第76页。
④ 同上。

大成》还有部分曲来自《北词宫记》《盛世新声》《词林摘艳》《词林逸响》等书。除了这些注明出处的剧曲外，《九宫大成》还收录了一些不明出处的元、明杂剧，这些元、明杂剧及收录曲牌有 55 支单曲、15 套套曲。支曲有：《贬黄州》［那吒令］［寄生草］［滚绣球］［煞］［尾声］、《王粲登楼》［醉扶归］、《留鞋记》［醉扶归］、《梦天台》［六么序］［六么序］［挂金索］、《赤壁赋》［游四门］、《钉一钉》［玉花秋］、《李逵负荆》［上京马］［汉江秋］、《心猿意马》［石榴花］［斗鹌鹑］、《咠咠旦》［摇海令］［古竹马］、《哭香囊》［络丝娘］、《占花魁》［络丝娘］［眉儿弯煞］、《东墙记》［东原乐］［绵搭絮］、《赶苏卿》［拙鲁速］、《月夜闻筝》［拙鲁速］［送远行］、《苏武还乡》［雪里梅］［新水令］［挂玉钩］、《误入长安》［古竹马］［古竹马］、《锁魔镜》［古竹马］［古竹马］、《伯道弃子》［青山口］［梅花酒］、《调风月》［郓州春］、《御沟红叶》［酒旗儿］、《豫让吞炭》［酒旗儿］［眉儿弯］、《追韩信》［转调货郎儿］、《勘吉平》［镇江回］、《谒鲁肃》［草池春］、《西天取经》［草池春］、《栾巴噀酒》［草池春］、《水里报冤》［双雁儿］、《单刀会》［新水令］［驻马听］［沉醉东风］［沽美酒］、《火烧阿房宫》［庆丰年］、《秦少游》［小阳关］、《越娘背灯》［太清歌］、《荐福碑》［歇指煞］、《鸳鸯冢》［塞雁儿］、《中山狼》［绵搭絮］。套数有：《西天取经》［仙吕·点绛唇］套、［中吕·粉蝶儿］套、［中吕·粉蝶儿］套、［大石调·六国朝］套、［南吕·一枝花］套、［南吕·玉娇枝］套、［商调·集贤宾］套、［双调·豆叶黄］套、［正宫·端正好］套；《唐三藏》［双调·新水令］套①；《渔阳三弄》［仙吕·点绛唇］套；《赤壁赋》［越调·斗鹌鹑］套；《东窗事犯》［中吕·粉蝶儿］套；《御沟红叶》［正宫·端正好］套；《不伏老》［越调·斗鹌鹑］套。

其中为《古今名剧合选》所有者如下：

支曲有《王粲登楼》［醉扶归］、《李逵负荆》［上京马］［汉江

---

① 《九宫大成》此曲后注云："此套非吴昌龄所撰。据《广正谱》注无名氏撰。《唐三藏》剧，原本已失，无从考正。度其文义，必是元人之笔。此曲相传已久，向无题。"《新定九宫大成南北词宫谱》，《续修四库全书》第 1755 册，第 662 页。

秋]、《荐福碑》［歇指煞］、《中山狼》［绵搭絮］。套曲有《渔阳三弄》［仙吕·点绛唇］套、《不伏老》［越调·斗鹌鹑］套。这些都是《古今名剧合选》文本流传过程中的重要组成部分。

（二）《纳书楹曲谱》

《古今名剧合选》所收剧作的文本流传途径除了上述所列几种曲谱外，在清代叶堂编纂的昆曲谱《纳书楹曲谱》中亦有收录。叶堂字广明，号怀庭居士，其编纂的《纳书楹曲谱》共二十二卷，分正集四卷、续集四卷、外集二卷、补遗四卷、临川四梦八卷及单行刊刻的《北西厢记全谱》。其中所收元、明杂剧如下。

正集卷二：《货郎旦》女弹；《红梨花》卖花；《两世姻缘》离魂；《雍熙乐府》（即风云会）访普；《不伏老》北诈；《昊天塔》五台；《东窗事犯》扫秦；《莲花宝筏》北饯；《马陵道》摆阵、孙诈、擒庞；《昊天塔》五台；《气英布》赚布；《单刀会》训子；《苏武还朝》告雁；《四声猿》骂曹。

续集卷二：《单刀会》刀会；《渔樵记》渔樵；《唐三藏》回回；《千金记》追信、点将；《连环记》北拜。

续集卷三：《西游记》撇子、认子、胖姑、伏虎、女还、借扇。

外集卷一：《渔樵记》逼休、寄信；《连环记》拜月、问探。

补遗卷一：《苏武还朝》还朝；《西游记》揭钵、女国、饯行、定心。

补遗卷二：《连环记》赐环。

《纳书楹曲谱》从音乐的角度规范了所收剧曲的演唱节奏，将之配以工尺，点板定眼，昭显出这些剧作在昆腔风靡天下的情况下，仍然具有鲜活的艺术生命。其中为《古今名剧合选》所有者有：《红梨花》《两世姻缘》《风云会》三剧，可见直至清代，《古今名剧合选》中的某些剧作仍然以折子戏的形式活跃于昆曲舞台上。

七 《南北词简谱》

《南北词简谱》作于 1921 年至 1931 年，是吴梅先生历十年而成的一部曲谱，也是其平生最重要的一部著作。吴梅在逝世前曾致书其弟子卢前曰："往坊间所出版诸书，听其自生自灭可也；惟《南北谱》为治曲者必需，此则必待付刻者。"① 其对这部著作的重视可见一斑。吴梅在前代南、北曲谱的基础上"竭毕生之力，梳爬搜剔，独下论断"，使"旧谱疑滞，悉为扫除"，"不独树歌场之规范，亦立示文苑以楷则，功远迈于万树《词律》"。② 曲学大家吴梅南、北曲都颇为精通，更善于制曲、谱曲，还长于度曲、演曲。故此谱在体例上的一大特色就是对所列的每支曲牌都选有一首比较合律的例曲作为规范，除了注明句读、用韵、字调外，还在例曲后作有一篇说明性文字，不仅分析该曲的沿革情况，比较以往曲谱的正误，将其中遗留的问题都加以疏释，有时还指出曲子的旋律特色，如用何管色，宜施生旦或净丑口吻等，为剧作家写曲提供了很好的参考。

《南北词简谱》共十卷，前五卷为北词谱，后五卷为南词谱。北词谱部分收曲牌 332 支，大多出自《太和正音谱》与《北词广正谱》，南词谱部分收曲牌 871 支，大多出自《南词定律》与《九宫谱定》。其中北词谱收录了不少出自元明杂剧的曲子，现表列如下：

《南北词简谱》收录元、明杂剧及曲牌一览表

宫调	剧名	作者	收录曲牌
北黄钟宫	世间配偶	刘东生	刮地风、四门子
	倩女离魂	郑德辉	尾声
北正宫	贬黄州	费唐臣	滚绣球、煞、煞尾
	梧桐雨	白仁甫	伴读书、蛮姑儿、芙蓉花
	连环计	无名氏	笑和尚
	史鱼尸谏	鲍吉甫	白鹤子
	货郎旦	无名氏	九转货郎儿
	义勇辞金	朱有燉	货郎儿
	魔合罗	孟汉卿	穷河西
	西厢记	王实甫	尾声

---

① 卢前：《南北词简谱跋》，王卫民编校《吴梅全集》之《南北词简谱》卷下，河北教育出版社 2002 年版，第 781 页。

② 同上书，第 782 页。

续表

宫调	剧名	作者	收录曲牌
北大石调	㑇梅香	郑德辉	念奴娇、喜秋风
	黄粱梦	花李郎	玉翼蝉煞
北仙吕宫	金线池	关汉卿	端正好
	西厢记	王实甫	点绛唇、油葫芦、那吒令、寄生草、八声甘州
	汉宫秋	马致远	天下乐
	梦天台	杨景贤	六幺序
	张子房	王仲文	村里迓鼓
	梧桐雨	白仁甫	忆王孙
	黄粱梦	马致远	雁儿、赚煞
	钉一钉	花李郎	玉花秋
北中吕宫	贬夜郎	王伯成	迎仙客
	心猿意马	无名氏	石榴花、斗鹌鹑
	西厢记	王实甫	上小楼
	云窗怨	无名氏	十二月
	梧桐雨	白仁甫	鲍老儿、古鲍老、红芍药
	汉宫秋	马致远	剔银灯
	箭射双雕	白仁甫	柳青娘
北南吕宫	货郎旦	无名氏	一枝花
	陈抟高卧	马致远	牧羊关、菩萨梁州、玄鹤鸣
	汉宫秋	马致远	乌夜啼
	蓝关记	无名氏	贺新郎
	诨范叔	高文秀	红芍药
	连环计	无名氏	草池春
	竹叶舟	范子安	煞
北双调	西厢记	王实甫	新水令、沽美酒、离亭宴带歇指煞
	丽春堂	王实甫	五供养、醉娘子、一锭银、风流体
	勘吉平	无名氏	镇江回
	城南柳	谷子敬	甜水令

续表

宫调	剧名	作者	收录曲牌
北双调	李逵负荆	康进之	汉江秋
	赵礼让肥	秦简夫	小将军
	火烧阿房	无名氏	庆丰年
	越娘背灯	尚忠贤	太清歌
	秦少游	鲍吉甫	小阳关
	连环记	无名氏	秋莲曲
	五丈原	王仲文	挂玉钩序
	金童玉女	贾仲名	荆山玉、竹枝歌
	杜鹃啼	无名氏	梅花酒（第一格）
	墙头马上	白仁甫	梅花酒（第二格）
	金线池	关汉卿	梅花酒（第三格）
	岳阳楼	马致远	梅花酒（第四格）
	追韩信	金志甫	梅花酒（第五格）
	汉宫秋	马致远	梅花酒（第六格）
	伯道弃子	李直夫	梅花酒（第七格）
	虎头牌	李直夫	大拜门、也不啰
	两世姻缘	乔梦符	得胜乐
	误入桃源	王子一	收尾
北越调	赤壁赋	无名氏	圣药王
	西厢记	王实甫	麻郎儿、拙鲁速、小络丝娘
	丽春堂	王实甫	东原乐、络丝娘、绵搭絮
	月夜闻筝	郑德辉	送远行
	误入长安	陈存甫	古竹马
	豫让吞炭	杨梓	眉儿弯
	流红叶	白仁甫	酒旗儿
	伯道弃子	无名氏	青山口
	赤壁赋	无名氏	三台印、煞

宫调	剧名	作者	收录曲牌
北商调	两世姻缘	乔梦符	集贤宾、上京马
	西厢记	王实甫	逍遥乐、金菊香、挂金索
	黄粱梦	马致远	尾声
北般涉调	金线池	关汉卿	煞（第七格）
	梧桐雨	白仁甫	煞（第九格）

其中为《古今名剧合选》所有者为：

《倩女离魂》［尾声］、《梧桐雨》［伴读书］［蛮姑儿］［芙蓉花］［忆王孙］［鲍老儿］［古鲍老］［红芍药］［煞］、《魔合罗》［穷河西］、《㑇梅香》［念奴娇］［喜秋风］、《金线池》［端正好］［梅花酒］［煞］、《汉宫秋》［天下乐］［剔银灯］［乌夜啼］［梅花酒］、《译范叔》［红芍药］、《丽春堂》［五供养］［醉娘子］［一锭银］［风流体］［得胜乐］［东原乐］［络丝娘］［绵搭絮］、《城南柳》［甜水令］、《李逵负荆》［汉江秋］、《墙头马上》［梅花酒］、《误入桃源》［收尾］、《两世姻缘》［集贤宾］［上京马］。

《南北词简谱》所收之曲与《古今名剧合选》相较，总体来说仍然是同大于异。就二本相异之处而言，主要表现为以下几个方面。

一是整支曲子的有无存在不同。《南北词简谱》所收某些剧作的曲牌及对应曲词不见于《古今名剧合选》。如《李逵负荆》第四折《南北词简谱》所收［汉江秋］曲不见于《古今名剧合选》。《南北词简谱》所收《误入桃源》［收尾］曲不见于《古今名剧合选》。

二是曲牌异名。如《古今名剧合选》中《汉宫秋》第四折［蛮牌儿］，《南北词简谱》作［蛮姑儿］。《古今名剧合选》中《三度城南柳》第四折［滴滴金］，《南北词简谱》作［甜水令］。《古今名剧合选》中《两世姻缘》第二折［上马娇］，《南北词简谱》作［上京马］。《金线池》第二折［二煞］，《南北词简谱》作［煞］（第七格）。《梧桐雨》第三折［三煞］，《南北词简谱》作［煞］（第九格）。

三是曲牌所对应的曲词内容存在不同。有时同一曲牌的曲词内容差异较大。如《金线池》第四折［梅花酒］《古今名剧合选》作：

> 忆分离自去年。争些儿打散文鸳，拆破芳莲，咽断顽涎。为
> 老母相间阻，使夫妻死缠绵。两下里正熬煎，谢公相肯矜怜。

《南北词简谱》作：

> 俺分离自去年。谢尊官哀怜，看本人颜面，得相公周全。为
> 老母相间阻，俺夫妇死熬煎。两下里正贪恋，累谢承可怜见。来
> 时节助财钱，去时节送盘缠。

二本曲词相较，《古今名剧合选》整体上优于《南北词简谱》。
《南北词简谱》的曲文在容量上虽明显多于《古今名剧合选》，却显
得较为冗繁，不如《古今名剧合选》精练。其中"谢尊官哀怜""累
谢承可怜见"等语意重复处，《古今名剧合选》中则以"谢公相肯矜
怜"一句总括。又《南北词简谱》"俺分离自去年"之"俺"，《古
今名剧合选》则为"忆"，使曲词更具文人化色彩。又如，《丽春堂》
第四折［风流体］《古今名剧合选》作：

> 我则道官封做官封做一字王，位不过位不过头厅相。想着老
> 无知老无知焉敢当。哎怎比的你左丞相左丞相洪福量。

《南北词简谱》作：

> 我便似官封到官封到一字王，位不过位不过头厅相。老奴婢
> 老奴婢焉敢当。小使长小使长休拦当。

有时同一曲牌中，《古今名剧合选》曲词较《南北词简谱》为
多。如《㑇梅香》第二折［喜秋风］《古今名剧合选》作：

> 亏你也用工描筒儿蒲捧剪梢，却不是无心草。恁的般好门庭

倒大来惹人笑。我将<u>这</u>紫香囊待走向夫人行告。<u>你是个</u>女孩儿<u>家</u><u>端的可是</u>甚为作。

《南北词简谱》作：

> 亏你也用工描，却不<u>见</u>无心草。好门庭倒大来惹人笑。我将<u>那</u>紫香囊待走向夫人行告。女孩儿甚为作。

又如《丽春堂》第四折［五供养］《古今名剧合选》作：

> <u>我觑了</u>这穷客程，旧行装，我可甚<u>么</u>衣锦还乡。<u>我</u>恰离了这云水窟，早来到是非场。你与我弃了长竿，抛了短棹，<u>我又怕惹</u>起风波千丈。我这里凝眸望，<u>元来是</u>文官武职，<u>一</u>划地济济跄跄。

《南北词简谱》作：

> 穷客程，旧行装，我可甚衣锦还乡。恰离了云水窟，早来到是非场。你与我弃了长竿，抛了短棹，又惹起风波千丈。我这里凝眸望，<u>见</u>文官武职，<u>排列着诸子诸王</u>。

《梧桐雨》第二折［红芍药］《古今名剧合选》作：

> 腰鼓声<u>乾</u>，罗袖弓弯，玉珮玎咚响珊珊。即渐<u>里</u>舞<u>鞞</u>云鬟。施<u>呈</u>你蜂腰细，燕体翻。作两袖香风拂散。<u>寡人</u>亲捧<u>杯</u>玉露甘寒。<u>你可也</u>莫<u>待</u>留残。直吃到夜静更阑。

《南北词简谱》作：

> 羯鼓声<u>繁</u>，罗<u>袜</u>弓弯，玉佩丁咚响珊珊。即渐<u>的</u>舞<u>鞾</u>云鬟。施<u>逞</u>蜂腰细，燕体翻。两袖香风拂散。亲捧<u>钟</u>玉露甘寒。莫<u>要</u>留

残。直吃到夜静更阑。

《诌范叔》第二折［红芍药］《古今名剧合选》作：

> 哎呀，一轮红日为谁藏，地老天荒。我则见半空中瑞雪乱飞扬。一划癫狂。则恁这待佳宾筵会上。端的个华堂别是风光。放下那一盘家剉草半青黄，拌上些粗糠。

《南北词简谱》作：

> 一轮红日淡无光，地老天荒。我则见半空中瑞雪舞飘扬。上下癫狂。看了那待宾筵会上。恰不道画堂致别是风光。放下那一盘家剉草半青黄，拌上些粗糠。

此外，《丽春堂》第四折［醉娘子］［一锭银］等在曲词方面都存在较大差异。

有些曲牌中的曲词是部分不同。如《倩女离魂》第四折［尾声］《古今名剧合选》作"陌地心回猛然省，兀良草店上一盏孤灯，早子照不见伴人清瘦影"。《南北词简谱》作"蓦地心回猛然省，兀良草店上见一点孤灯，照不见伴人清瘦影"。《㑇梅香》第二折［念奴娇］《古今名剧合选》作"惊飞宿鸟，荡残红扑簌簌，胭脂零落。门掩苍苔书院悄，润破纸窗偷瞧。这生则为那一操瑶琴，一番相见，又不曾言期约，似这般多情多绪，等闲间肌骨如削"。《南北词简谱》作"惊飞幽鸟，荡残红扑簌簌，胭脂零落。润破窗纸偷瞧。则为一操瑶琴，一番相见，又不曾道闲期约，多情多绪，等闲肌骨如削"。《金线池》楔子［端正好］《古今名剧合选》"郑六遇妖狐，崔韬逢雌虎。那大曲内尽是寒儒，想知今晓古人家女，都待与秀才每为夫妇"。《南北词简谱》作"说郑生遇妖狐，崔韬逢雌虎。恰向那大曲内尽是寒儒，想那知音晓古人家女，都待与秀才每为夫妇"。《梧桐雨》第二折［古鲍老］《古今名剧合选》"屹刺刺撒开紫檀，黄翻绰向手前拍板"。《南北词简谱》作"吃刺刺撒开紫檀，却原来黄番绰向前手

占板"。《汉宫秋》第四折［剔银灯］《古今名剧合选》"恰才这答儿
单于国使命，呼唤我那昭君名姓。偏寡人唤娘娘不肯向灯前应。却原
来是画上的丹青。猛听得仙音院凤管鸣，便奏着箫韶九成"。《南北
词简谱》作"恰才这答儿单于国使命，呼唤俺王昭君名姓。偏寡人
唤娘娘不肯灯前应。却元来是画来的丹青。猛听得仙音院凤管鸣，更
做道箫韶九成"。《丽春堂》第三折［东原乐］《古今名剧合选》"纵
得山林趣，惯将礼法疏。顿忘了马上燕南旧来路。如今拣溪山好处
居，为甚么懒归去，被一片野云留住"。《南北词简谱》作"纵得山
林趣，惯得礼法疏。鞍马区区燕南路。我如今拣溪山好处居，为什么
不归去，被一片白云留住"。除此而外，《两世姻缘》第二折［集贤
宾］［上京马］、《金线池》第二折［二煞］、《丽春堂》第三折［络
丝娘］［绵搭絮］等曲在《古今名剧合选》与《南北词简谱》中均表
现出不同程度的曲词差异。

　　有些为个别字句的不同。如《汉宫秋》第一折［天下乐］《古今
名剧合选》"则他那瘦岩岩影儿可喜杀"，《南北词简谱》作"则见那
瘦岩岩影儿可喜煞"；第四折［伴读书］《古今名剧合选》"一点儿心
焦躁""业眼难熬"，《南北词简谱》作"一点心焦躁""业眼难交"；
［蛮牌儿］《古今名剧合选》"檐前玉马""会把愁人定謔"，《南北
词简谱》作"檐间玉马""把愁人定虐"。《智勘魔合罗》第四折［穷
河西］《古今名剧合选》"谁向官中指攀着伊"，《南北词简谱》作
"你问我谁向官中指攀伊"。《梧桐雨》第二折［鲍老儿］《古今名剧
合选》"宁王玉笛"，《南北词简谱》作"贤王玉笛"。《三度城南柳》
第四折［滴滴金］《古今名剧合选》"倒涵着云影天光"，《南北词简
谱》作"涵着云影天光"。

结　　语

　　关于选本的价值与影响，鲁迅曾在其《集外集·选本》中作了十分精练的概括："凡选本，往往能比所选各家的全集或选家自己的文集更流行，更有作用。册数不多，而包罗诸作，固然也是一个原因，但还在近则由选者的地位，远则凭古人之威灵，读者想从一个有名的选家，窥见许多有名的作品。"① 戏曲选本自然也在所言之列。由明末著名曲家孟称舜所编选的戏曲选本《古今名剧合选》，以其自身所具有的独特价值，不仅为整个明代曲坛增添了浓墨重彩的一笔，也对后世的戏曲创作和理论阐发产生了深远影响。

　　《古今名剧合选》的价值首先体现在其珍贵的戏曲文献价值方面。《古今名剧合选》共收录元明二季杂剧 56 种，在数量上虽不如《元曲选》，更远逊于《脉望馆钞校本古今杂剧》，但就其保存文献的价值而言，却是不可抹杀的。如《张生煮海》杂剧仅见于《元曲选》与《古今名剧合选》，《古今名剧合选》本第二折有毛女歌〔出对子〕一套，乃院本串入之体，《元曲选》本则将此弃而未录，二本相较，《古今名剧合选》的文献学价值不言自明。又如，《扬州梦》第一折据孟称舜评点所言乃"杨升庵重订，故后人混收入升庵黄夫人集内。其中间有异同，则出吴兴臧晋叔本也"②，此事世人不尽知，赖《古今名剧合选》得以发之。同样，《牡丹仙》第一折有孟称舜评点曰："古质俊丽，与宪王他剧气味稍别。若咏众花仙折出元人虞伯生笔，而剧中略同。意元人原有此曲，此特是其改本耳。"指出该剧第三折

---

　　① 《鲁迅全集》第七卷，人民文学出版社 1981 年版，第 135 页。
　　② 孟称舜：《柳枝集》，第 296 页。

乃是对虞伯生之作的承袭。第三折又有评曰："《雍熙乐府》载虞伯生《十花仙》。此剧俱出虞作无疑。"《雍熙乐府》卷六载有虞伯生《咏十花仙》，核其文，与《牡丹仙》完全一致，可知孟称舜所言不假，《古今名剧合选》保存文献史料的价值可见一斑。

除了保存文献之功外，《古今名剧合选》的文献价值还体现在其独特的版本价值上。《古今名剧合选》中所录众杂剧主要以《元曲选》为底本，兼采他本，择善而从。《元曲选》对所录剧作进行了大量参伍校订、增删补遗的工作，虽然使全书体例统一，便于阅读，却模糊了元杂剧的本来面貌。由于臧懋循对剧中删改之处未加说明，使得后人更无从探寻元杂剧的最初面貌。《古今名剧合选》的编选则体现出孟称舜科学严谨的校勘思想。孟称舜在评点《汉宫秋》第三折〔梅花酒〕诸曲时曾曰："数枝情既悲怆，音亦弘畅，吴兴本改数语亦颇有次第而原本固自佳，不若仍之存饩羊之旧，吾意古本非甚讹谬，不宜轻改，改本有胜前者，始不妨稍从之耳。"① 明确提出自己对待古本的态度。正因如此，《古今名剧合选》对《元曲选》时从时不从，孟称舜几乎在每一剧的评点中都会提到吴兴本（即《元曲选》本）如何，原本如何，指出臧懋循对于原作的改动之处，品评二本的高下轩轾，因此，其"校勘文字极有裨于曲学，与懋循书不可同日而语"②。《古今名剧合选》所录剧作中有依《元曲选》本而改者，如《柳毅传书》第一折〔油葫芦〕曲，原本"苏武"句下接"黄犬又音乖"四句，而无〔天下乐〕一曲，孟称舜认为此曲断不可少，故依吴兴本增入。有依原本而不从《元曲选》本者，如《张生煮海》第三折，原本是仙母做媒，吴兴本改为石佛寺长老，孟称舜认为曲词与长老口角不肖，故在《古今名剧合选》中仍改从原本。也有综合各本而以己意订正修改者，如《倩女离魂》一剧历来版本众多，因"杂本相沿，讹谬甚众"，孟称舜宣称"余为订其八九，吴兴本等所改撰有意旨胜原本者，间亦从之"③。又如《沽酒游春》第一折各本

---

① 孟称舜：《酹江集》，第 599 页。
② 孙楷第：《戏曲小说书录解题》，第 434 页。
③ 孟称舜：《柳枝集》，第 226 页。

均缺少岑参及岑秀才说白，孟称舜觅得"每枝曲下皆有问答语"的余姚孙氏藏本，认为此本"较为妥当"，故在编选《古今名剧合选》时"特改从之"①。还有既不依原本，也不依通行本，而参照另一善本者，如《昆仑奴》总评曰："旧有徐文长评本，品骘甚当。其中所删润处亦胜原本，今改从之。"② 又如《渔阳三弄》《替父从军》二剧所据均为徐渭改定本，与通行本亦有异同。总之，孟称舜在编选《古今名剧合选》时既不盲从原本与《元曲选》本，更不轻易以一己之意改动古本，从而使许多原始珍贵文献得以保存流传，也使此选有裨于考校，具有极为重要的版本价值。

　　说到《古今名剧合选》的版本价值，值得一提的还有其中所附刻的《录鬼簿》。《古今名剧合选》序言后所附刻的《录鬼簿》，学界称为孟本《录鬼簿》，与通行本有明显差异：通行本自董解元至张洪范宣慰目为前辈已死名公，自郝新庵至王继学中丞为方今名公，孟本则以郝新斋、曹以斋、刘时中并入前辈已死名公目中，方今名公自李溉之起。孟本《录鬼簿》是《录鬼簿》众多版本中的又一重要版本，不管是对于《录鬼簿》的研究，还是元杂剧的研究，都显得意义重大。

　　其次是理论批评价值。若将《古今名剧合选》置于整个明代戏曲理论批评的大坐标系中进行考察，其所具有的理论建树与批评价值无疑是影响深远的。就理论批评的形态而言，《古今名剧合选》将选本、自序、评点三种批评形态融为一体，完全超越了它之前的戏曲选本，如《元曲选》没有评点；《盛明杂剧》没有沈泰自序，虽也有评点但却是众人之评。在《古今名剧合选》中孟称舜不仅留下了一篇著名的戏曲专论《古今名剧合选序》，而且还对其中的52种剧作进行了精彩的评点，留下了近六百条精当的评语，这种将选本、自序、评点三者融合在一起的全新形式"使孟称舜的戏曲理论批评无论从广度上还是深度上都卓绝不凡"③，也被后世的许多戏曲选本所借鉴，如

---

① 孟称舜：《酹江集》，第251页。
② 同上书，第291页。
③ 朱万曙：《明代戏曲评点研究》，第146页。

清代邹式金编选的《杂剧三集》就采用了这一形式。

就理论批评的内容而言,《古今名剧合选》的理论批评价值集中体现在其中所彰显的戏曲风格论上。在《古今名剧合选》序及评点中,孟称舜从戏曲本体论的角度出发,对戏曲所具有的艺术特性进行了理论概括与分析,涉及了戏曲与诗词的异同、戏曲的风格、戏曲人物形象塑造以及场上表演等诸多内容,真知灼见迭出,但所论在当时及后世影响最为深远的莫过于其戏曲风格论。孟称舜驳斥了王世贞、王骥德等人所主张的北主劲切、南主柔远的戏曲风格论,更不赞成其重南轻北以地域论风格的做法,而是从整体上将戏曲风格划分为婉丽与雄爽两大类,从美学的角度明确了戏曲风格的两大类型,并以此为据将《古今名剧合选》分为《柳枝集》与《酹江集》二编;同时也强调同一作家作品风格的多样性与差异性,注重分析不同作家作品风格的同中之异与异中之同。如郑光祖的杂剧有三种入选《古今名剧合选》,其中《倩女离魂》《翰林风月》被选入《柳枝集》,而《王粲登楼》被选入《酹江集》,这本已见出同一作家的剧作有着不同的风格了,但孟称舜还在《王粲登楼》剧前总评中写道:"德辉《倩女离魂》及《翰林风月》二剧为传情第一手。此剧雄放处似非马东篱诸公之敌,而秀气干云,冷焰惊人,可为空群鹤立者也"①,再次指出郑光祖创作风格的多样性,同时又强调此剧虽雄爽豪放,但与马致远作品的雄放却又不同,从而点明了不同作家作品之间的风格差异。又如《汉宫秋》《梧桐雨》二剧,就其归属于《柳枝集》来看,很显然孟称舜认为它们在整体上都属婉丽风格,但在对《梧桐雨》的评点中又进一步区分了二者风格的差异:"此剧与《孤雁汉宫秋》格套既同,而词华亦足相敌,一悲而豪,一悲而艳,一如秋空唳鹤,一如春月啼鹃,使读者一愤一痛,淫淫乎不知泪之何从。"② 其比较之细致,所论之精妙,得到了现代研究者的赞叹,认为"其中所言'悲而豪'、'悲而艳'可谓两剧之千古定评"③。

---

① 孟称舜:《酹江集》,第 1 页。
② 同上书,第 630 页。
③ 叶长海:《中国戏剧学史稿》,第 272 页。

　　《古今名剧合选》这种对戏曲风格的细腻品评较之前人无疑是一大进步，以朱权《太和正音谱》之《古今群英乐府格式》为例，其中虽对许多剧作家的作品风格进行了品评，但仅为四字喻体式的评价，诸如"马东篱之词，如朝阳鸣凤"，"张小山之词，如瑶天笙鹤"，"白仁甫之词，如鹏抟九霄"① 等，未免流于简单，失之朦胧，较之《古今名剧合选》中深入细致的风格评点最多只能算是戏曲风格论的萌芽之作。《古今名剧合选》中的风格品评最常用的方法有二：一是多角度、多视点的比较分析。有作品与作品的比较，如在评点《丽春堂》时认为其较《西厢记》而言"特为雄俊而本色固在"；有作家与作家的比较，如《中山狼》总评中对康海与王九思二人的比较，《潇湘雨》总评中对关汉卿、杨显之二人的比较，由作家风格的比较最终转向对作品风格的解读。二是意象鉴赏法。孟称舜将中国古代诗歌评论中常用的意象批评引入了其《古今名剧合选》的评点，借助一些具体可感的意象展开风格评述，引发读者的审美想象，使之通过意会明了评点的内容。如指出《两世姻缘》第二折［商调·集贤宾］曲词"如清夜闻猿，使人痛绝"②；评《窦娥冤》曰："汉卿曲如繁弦促调，风雨骤集，读之觉音韵泠泠不离耳上，所以称为大家"③；认为读《汉宫秋》剧"真若孤雁横空，林风肃肃"④。

　　《古今名剧合选》将戏曲风格分为婉丽与雄爽两大类，并以此出发将选本分为《柳枝集》与《酹江集》两部分，这一分法也得到了后世许多学者的认同。如清代的刘熙载曾言："《太和正音谱》诸评，约之只清深、豪旷、婉丽三品。清深如吴仁卿之'山间明月'也，豪旷如贯酸斋之'天马脱羁'也，婉丽如汤舜民之'锦屏春风'也。"⑤ 将风格总括为清深、豪旷、婉丽三类，其所言之豪旷即同于孟称舜所言之雄爽，可见，刘熙载的风格论不过是在《古今名剧合选》所划分出的婉丽、雄爽两种风格之外又增加了清深一种。要之，

① 朱权：《太和正音谱》，《中国古典戏曲论著集成》（三），第 16 页。
② 孟称舜：《柳枝集》，第 285 页。
③ 孟称舜：《酹江集》，第 19 页。
④ 同上书，第 591 页。
⑤ 刘熙载：《艺概·词曲概》，《中国古典戏曲论著集成》（九），第 117 页。

尽管《古今名剧合选》在戏曲理论批评上取得了多方面的成就，但如果从理论的独创性来看，其最大的贡献恰恰就是戏曲风格论。《古今名剧合选》序及评点中所体现出的孟称舜之戏曲风格观念在明代戏曲理论史上乃至整个中国戏曲理论史上都是独特的，富有价值的。①

再次是文化学价值。《古今名剧合选》还具有重要的文化学价值。文学源于生活，戏曲亦然。《古今名剧合选》中的杂剧不论何种题材，均与当时的社会现实有着千丝万缕的联系，犹如一面镜子，从不同的角度反射出当时社会的政治经济、婚丧礼仪、家庭观念、文化娱乐等诸多方面的特点，具有不可忽视的文化学价值。以往的研究者多聚焦于杂剧中所反映出的政治经济因素，而忽略了其中所蕴含的文化色彩。《古今名剧合选》中的一些剧作艺术地展示了特定时代下民众的文化娱乐活动与节日风俗。

文化娱乐活动有"打双陆""围棋""博鱼""蹴鞠"等游戏，如《度柳翠》第三折中月明和尚借与柳翠弈棋、赌双陆、蹴气球等游戏，巧设禅喻，以坚定柳翠的向佛之心。有时，当以游戏结果决定某一贵重物品的归属时，日常游戏便衍化为赌博游戏，如《丽春堂》中乐善和李圭以赌双陆争夺皇上所赐八宝珠衣和先王所赐宝剑。这一类赌博游戏也往往会成为某些下层小人物的谋生手段，如《燕青博鱼》中所记载之"博鱼"游戏。该剧第二折［那吒令］［金盏儿］［油葫芦］三曲及曲中带白对博鱼游戏过程摹写得极为生动细致。兹详列如下：

> ［那吒令］（正末）这鱼呵重七斤八斤，你若是博呵，要五纯六纯，着小人呵也觅一文半文。主人家有么？快与我抹下浅盆，磨下刀刃，你看我雪片儿也似批鳞。（燕大）将头钱来，我和你博这尾鱼咱。（正末）哥也，你真个要博鱼呵？
>
> ［金盏儿］比及问武陵人，先顶礼二郎神。哥也，你便博一千博，我这胳膊也无些儿困。我将那竹根的蝇拂子，绰了这地皮尘。哥也，老实的博。（燕大）我也只是博耍子，有什么老实不

───────────

① 朱万曙：《明代戏曲评点研究》，第149页。

老实。（正末）不要你蹲着腰虚土里纵，叠着指漫砖上墩，则要你平着身往下撇，不要你探着手可便往前分。（燕大）你拿头钱来我看咱。（正末）这个是头钱。（燕大）这个昏字锾不好。（正末）哥也，这钱不昏，你则睁眼儿看者。

[油葫芦] 则这新染来的头钱不甚昏，可不算先道的准，手心里明明白白摆定一文文。（燕大做博科云）我博了六个锾儿，我赢了也。（正末）呀呀呀，我则见五个锾儿乞丢磕塔稳，更和一个字儿急留骨碌滚，唬得我咬定下唇，掐定指纹，又被这个不防头爱撒的瓯儿隐。可是他便一博六浑纯。①

通过这些曲白，"不仅可以了解古代博戏的方法，而且可见，作者将博鱼双方开始讲价、摊牌，博时的你争我论，终时的分出胜负，胜者的喜悦、负者的窘态，描绘得淋漓尽致。是古代博戏的珍贵资料"②。

较之上述带有赌博性质的游戏，那些充满文人雅趣的游戏，诸如拆白道字、顶针续麻等，更是深得杂剧作家的青睐，每每被融入杂剧创作中以彰显剧作家们高超的文字驾驭能力。如《昆仑奴》第一折昆仑奴所唱 [那吒令]，曲词中就使用了拆白道字：

[那吒令] 你坐瑶台露凝，敢只为乌啼的酒醒？你卧苍苔月明，敢只为花飞的梦萦？你忽苏苏泪零，须不是伤春的病症。看你门里面却挑心，虫儿底还添皿，那些个防意如城。③

画线部分就是典型的拆字游戏，所言即"闷""蛊"二字。孟称舜在此曲上加批曰："拆白道字，元人常有此等。"④ 可见这一文字游戏在元代的盛行。

节日风俗有上巳节的踏青或水边游乐，如白朴《墙头马上》、乔

---

① 孟称舜：《酹江集》，第 155 页。
② 李修生主编：《古本戏曲剧目提要》，第 29 页。
③ 孟称舜：《酹江集》，第 294 页。
④ 同上。

吉《金钱记》二剧都反映了此节的风俗。《墙头马上》第一折裴少俊
上场云:"……今日乃三月初八日,上巳节令,洛阳王孙士女,倾城
玩赏。"①《金钱记》第一折也有相关记载:

> (冲末扮孤引同张千上)……今奉玄宗圣人命,明日三月初
> 三,但是在京城里外官员、市户军民、百姓人家,或妻或妾或
> 女,都要赴九龙池赏杨家一捻红。②

可见,元代的上巳节在三月上旬,日期不定,有时在三月初三,
有时在三月初八。在这个春意盎然的日子里,人们一般是到水边嬉戏
游乐,以消除不祥,但也可以郊外踏青,或是蹴鞠、荡秋千,在尽情
玩赏的过程中放飞心情,同时也使这个节日充满了诗情画意的浪漫气
息,许多青年男女以此为契机,踏上了人生中的爱情之旅。《墙头马
上》中的裴少俊与李千金,《金钱记》中的韩翃与柳眉儿即是如此。

清明节的祭祖也是《古今名剧合选》中较常出现的节日风俗。如
《萧淑兰》第一折:

> (外扮萧公让引老旦崔氏上云)……今日清明,举家俱往祖
> 茔祭祀。妹子身体有些不快,不能去的。留下管家嬷嬷并梅香看
> 视,问候汤粥,俺祭扫毕便回来也。手下人收拾春盛盒担,往山
> 头走一遭去。③

清明时节要举家祭祖,不仅要带上各类食品祭祀先人,还要为祖
茔添土洒水。

端午节的"射柳"是杂剧中出现频率较高的节日风俗。如《丽
春堂》第一折:

---

① 孟称舜:《柳枝集》,第346页。
② 同上书,第306页。
③ 同上书,第468页。

（正末引属官上云）老夫完颜女真人氏，小字乐善，……今日五月端午蕤宾节令，奉圣人命，都着俺文武官员御园中赴射柳会。圣人着左丞相徒单克宁为押宴官。①

《丽春堂》写朝中大臣在端午节奉命以射柳游戏一争高下，"射着者有赏，射不着者无赏"。久经沙场的右丞相乐善弓马娴熟，射柳技艺最为高超，剧中对其精彩的射柳场面进行了的形象生动的描绘：

[胜葫芦] 不剌剌引马儿先将箭道通，伸猿臂揽银鬃，靶内先知箭有功。忽的呵弓开秋月，扑的呵箭飞金电，脱的呵马过似飞熊。

[幺] 俺只见一缕垂杨落晓风，人列绣芙蓉翠袖殷勤捧玉锺，赢得这千花锦缎万金宝带，拚却醉颜红。②

乐善凭借其精湛的骑射本领，最终赢得了御赐的锦袍玉带。

七夕节也是元明杂剧中出现频率较高的节日，据宋代孟元老《东京梦华录》记载，此节有"种生"（即浸谷物使之发芽）、"乞巧"（即对月穿针）、"得巧"（即贮蜘蛛结网）等独特的游戏风俗。③《梧桐雨》第一折中详细地描述了七夕的节日风俗：

（旦扮贵妃引宫娥上云）……今日是七月七夕，牛女相会，人间乞巧令节，已曾吩咐宫娥排设乞巧筵在长生殿，妾身乞巧一番。④

杨贵妃正在设瓜果之会问天孙乞巧，唐明皇驾临，看到乞巧筵上的排设有：

---

① 孟称舜：《酹江集》，第 137 页。
② 同上书，第 138 页。
③ 孟元老等：《东京梦华录》（外四种），文化艺术出版社 1998 年版，第 54 页。
④ 孟称舜：《酹江集》，第 633 页。

[醉中天] 龙麝焚金鼎，花萼插银瓶。小小金盆种五生，供养着鹊桥会丹青帧，把一个米大来蜘蛛儿衔定。挽夺尽六宫宠幸，更待怎生般智巧心灵。①

剧中所反映的虽为皇家的乞巧盛景，但也由此可知元代七夕节的风俗与宋代相近。七夕节因有牛郎织女相会的传说，也被看成男女相会定情的好日子，《梧桐雨》第一折末尾，唐明皇与杨贵妃对着牛女二星盟誓，就是当时七夕风情的艺术再现。

《古今名剧合选》所收录的杂剧中类似的记载很多，但都较为零散，若将之予以钩稽整理，其所具有的文化内涵则不容小觑：一方面可借以了解宋元以来独特的社会风貌；另一方面，其中所折射出的"元杂剧应节演出促进戏剧繁荣的经验，剧作家和演员对元代节日文化心理的恰当把握"② 也为当今的剧坛提供了可资借鉴的实证。

----

① 孟称舜：《酹江集》，第 634 页。
② 罗斯宁：《元杂剧和元代民俗文化》，广东高等教育出版社 2011 年版，第 113 页。

参考文献

一 古籍

1. （元）钟嗣成著，王钢校：《校订录鬼簿三种》，中州古籍出版社1991年版。

2. （元）佚名：《录鬼簿续编》，《中国古典戏曲论著集成》本，中国戏剧出版社1959年版。

3. 《元刊杂剧三十种》，《古本戏曲丛刊四集》影印本，商务印书馆1958年版。

4. 宁希元：《元刊杂剧三十种新校》，兰州大学出版社1988年版。

5. （明）孟称舜：《新镌古今名剧柳枝集》，《续修四库全书》本，上海古籍出版社2002年版。

6. （明）孟称舜：《新镌古今名剧酹江集》，《续修四库全书》本，上海古籍出版社2002年版。

7. （明）孟称舜著，朱颖辉辑校：《孟称舜集》，中华书局2005年版。

8. （明）孟称舜著，王汉民、周晓兰辑校：《孟称舜戏曲集》，巴蜀书社2006年版。

9. （明）臧懋循：《元曲选》，中华书局1979年版。

10. （明）赵琦美：《脉望馆钞校本古今杂剧》，《古本戏曲丛刊四集》影印本，商务印书馆1958年版。

11. 《古本戏曲丛刊》编辑委员会编：《古本戏曲丛刊四集》，商务印书馆1958年版。

12．中国戏剧研究院编：《中国古典戏曲论著集成》（全十册），中国戏剧出版社 1959 年版。

13．（明）沈泰：《盛明杂剧》（初集、二集），中国戏剧出版社 1958 年版。

14．（明）戴贤：《盛世新声》，文学古籍刊行社 1955 年版。

15．（明）张禄：《词林摘艳》，影印原刊本，文学古籍刊行社 1953 年版。

16．（明）郭勋：《雍熙乐府》，《四部丛刊》本。

17．（明）徐复祚：《南北词广韵选》，《续修四库全书》本，上海古籍出版社 2002 年版。

18．（明）程明善：《啸余谱》，《续修四库全书》本，上海古籍出版社 2002 年版。

19．（明）吕天成：《曲品》，《中国古典戏曲论著集成》本，中国戏剧出版社 1959 年版。

20．（明）吕天成著，吴书荫校注：《曲品校注》，中华书局 1990 年版。

21．（明）祁彪佳：《远山堂剧品》，《中国古典戏曲论著集成》本，中国戏剧出版社 1959 年版。

22．（明）何良俊：《曲论》，《中国古典戏曲论著集成》本，中国戏剧出版社 1959 年版。

23．（明）王世贞：《曲藻》，《中国古典戏曲论著集成》本，中国戏剧出版社 1959 年版。

24．（明）王骥德：《曲律》，《中国古典戏曲论著集成》本，中国戏剧出版社 1959 年版。

25．（明）沈德符：《顾曲杂言》，《中国古典戏曲论著集成》本，中国戏剧出版社 1959 年版。

26．（明）沈宠绥：《度曲须知》，《中国古典戏曲论著集成》本，中国戏剧出版社 1959 年版。

27．（清）高奕：《新传奇品》，《中国古典戏曲论著集成》本，中国戏剧出版社 1959 年版。

28．（清）邹式金：《杂剧三集》，清顺治间刻本。

29．郑振铎：《清人杂剧初集》，长乐郑氏影印本，1931 年。

30．郑振铎：《清人杂剧二集》，长乐郑氏影印本，1931 年。

31．（清）李玉：《北词广正谱》，《续修四库全书》本，上海古籍出版社 2002 年版。

32．（清）王正祥：《新定宗北归音》，《续修四库全书》本，上海古籍出版社 2002 年版。

33．（清）叶堂：《纳书楹曲谱》，《续修四库全书》本，上海古籍出版社 2002 年版。

34．（清）周祥钰等：《新定九宫大成南北词宫谱》，《续修四库全书》本，上海古籍出版社 2002 年版。

35．（清）佚名：《古人传奇总目》，《中国古典戏曲论著集成》本，中国戏剧出版社 1959 年版。

36．（清）笠阁渔翁：《笠阁批评旧戏目》，《中国古典戏曲论著集成》本，中国戏剧出版社 1959 年版。

37．（清）钱曾：《也是园藏古今杂剧目录》，《玉简斋丛书》本。

38．（清）黄文旸撰，佚名重订：《重订曲海总目》，《中国古典戏曲论著集成》本，中国戏剧出版社 1959 年版。

39．（清）黄丕烈：《也是园藏书古今杂剧目录》，《中国古典戏曲论著集成》本，中国戏剧出版社 1959 年版。

40．（清）支丰宜：《曲目新编》，《中国古典戏曲论著集成》本，中国戏剧出版社 1959 年版。

41．（清）姚燮：《今乐考证》，《中国古典戏曲论著集成》本，中国戏剧出版社 1959 年版。

42．（清）李调元：《雨村曲话》，《中国古典戏曲论著集成》本，中国戏剧出版社 1959 年版。

43．（清）焦循：《剧说》，《中国古典戏曲论著集成》本，中国戏剧出版社 1959 年版。

44．（清）梁廷枏：《曲话》，《中国古典戏曲论著集成》本，中国戏剧出版社 1959 年版。

45．（清）刘熙载：《艺概》，《中国古典戏曲论著集成》本，中国戏剧出版社 1959 年版。

46．（清）王国维：《曲录》，《王国维文集》本，中国文史出版社 1997 年版。

47．（清）王国维：《王国维戏曲论文集》，中国戏剧出版社 1984 年版。

48．（清）王国维：《宋元戏曲史》，上海古籍出版社 1998 年版。

49．（清）永瑢等：《钦定四库全书总目》，中华书局 1997 年版。

50．王秋桂主编：《善本戏曲丛刊》，（台北）学生书局 1984—1987 年版。

二 现代著作

51．王季烈、刘富梁：《集成曲谱》，商务印书馆 1925 年版。

52．周贻白：《中国剧场史》，商务印书馆 1936 年版。

53．赵景深：《读曲随笔》，北新书局 1936 年版。

54．周贻白：《中国戏剧史略》，商务印书馆 1936 年版。

55．孙楷第：《也是园古今杂剧考》，上杂出版社 1952 年版。

56．周贻白：《中国戏剧史》，中华书局 1953 年版。

57．冯沅君：《古剧说汇》，作家出版社 1956 年版。

58．傅惜华：《元代杂剧全目》，作家出版社 1957 年版。

59．傅惜华：《明代杂剧全目》，作家出版社 1958 年版。

60．董康等校订：《曲海总目提要》，人民文学出版社 1959 年版。

61．北婴：《曲海总目提要补编》，人民文学出版社 1959 年版。

62．傅惜华：《明代传奇全目》，人民文学出版社 1959 年版。

63．阿英：《晚清文学丛钞·小说戏曲研究卷》，中华书局 1960 年版。

64．严敦易：《元曲斠疑》，中华书局 1960 年版。

65．阿英：《晚清文学丛钞·传奇杂剧卷》，中华书局 1962 年版。

66．陶君起：《京剧剧目初探》，中国戏剧出版社 1963 年版。

67．孙楷第：《沧州集》，中华书局 1965 年版。

68．郑骞：《景午丛编》，（台北）中华书局 1972 年版。

69．叶德均：《戏曲小说丛考》，中华书局 1979 年版。

70．曾永义：《明杂剧概论》，（台北）学海出版社 1979 年版。

71. 周贻白：《中国戏曲发展史纲要》，上海古籍出版社 1979 年版。

72. 吴国钦：《中国戏曲漫话》，上海文艺出版社 1980 年版。

73. 张庚、郭汉城主编：《中国戏曲通史》，中国戏剧出版社 1980 年版。

74. 王季思：《玉轮轩曲论》，中华书局 1980 年版。

75. 张庚：《戏曲艺术论》，中国戏剧出版社 1980 年版。

76. 孙楷第：《元曲家考略》，上海古籍出版社 1981 年版。

77. 傅惜华：《清代杂剧全目》，人民文学出版社 1981 年版。

78. 戴不凡：《戴不凡戏曲研究论文集》，浙江人民出版社 1982 年版。

79. 蒋星煜：《中国戏曲史钩沉》，中州书画社 1982 年版。

80. 庄一拂：《古典戏曲存目汇考》，上海古籍出版社 1982 年版。

81. 王卫民编：《吴梅戏曲论文集》，中国戏剧出版社 1983 年版。

82. 赵景深：《中国戏曲初考》，中州书画社 1983 年版。

83. 王季思：《玉轮轩曲论新编》，中国戏剧出版社 1983 年版。

84. 董每戡：《说剧——中国戏剧史专题研究论文集》，人民文学出版社 1983 年版。

85. 余秋雨：《戏剧理论史稿》，上海文艺出版社 1983 年版。

86. 秦学人、侯作卿：《中国古典编剧理论资料汇辑》，中国戏剧出版社 1984 年版。

87. 董每戡：《五大名剧论》，人民文学出版社 1984 年版。

88. 聂石樵、邓魁英：《古代小说戏曲论丛》，中华书局 1985 年版。

89. 邵曾祺：《元明北杂剧总目考略》，中州古籍出版社 1985 年版。

90. 余秋雨：《中国戏剧文化史述》，湖南人民出版社 1985 年版。

91. 唐文标：《中国古代戏剧史》，中国戏剧出版社 1985 年版。

92. 彭隆兴：《中国戏曲史话》，知识出版社 1985 年版。

93. 赵景深：《中国戏曲丛谈》，齐鲁书社 1986 年版。

94. 徐扶明：《元明清戏曲探索》，浙江古籍出版社 1986 年版。

95. 苏国荣：《中国剧诗美学风格》，上海文艺出版社 1986 年版。

96. 蔡钟翔：《中国古典剧论概要》，中国人民大学出版社 1988 年版。

97．王季思：《玉轮轩曲论三编》，中国戏剧出版社 1988 年版。

98．蔡毅：《中国古典戏曲序跋汇编》，齐鲁书社 1989 年版。

99．夏写时：《论中国戏剧批评》，齐鲁书社 1989 年版。

100．李春祥：《元杂剧史稿》，河南大学出版社 1989 年版。

101．李晓：《比较研究：古剧结构原理》，中国戏剧出版社 1989 年版。

102．郑传寅：《传统文化与古典戏曲》，湖北教育出版社 1990 年版。

103．吴毓华：《中国古代戏曲序跋集》，中国戏剧出版社 1990 年版。

104．孙楷第：《戏曲小说书录解题》，人民文学出版社 1990 年版。

105．赵山林：《中国戏曲观众学》，华东师范大学出版社 1990 年版。

106．王季思主编：《中国古典十大悲剧集》，齐鲁书社 1991 年版。

107．胡世厚、邓绍基主编：《中国古代戏曲家评传》，中州古籍出版社 1992 年版。

108．郑传寅：《中国戏曲文化概论》，武汉大学出版社 1993 年版。

109．徐朔方：《晚明曲家年谱》，浙江古籍出版社 1993 年版。

110．谢柏梁：《中国悲剧史纲》，学林出版社 1993 年版。

111．邓长风：《明清戏曲家考略》，上海古籍出版社 1994 年版。

112．许金榜：《中国戏曲文学史》，中国文学出版社 1994 年版。

113．王永宽、王钢：《中国戏曲史编年》（元明卷），中州古籍出版社 1994 年版。

114．赵山林：《中国戏剧学通论》，安徽教育出版社 1995 年版。

115．吴新雷：《中国戏曲史论》，江苏教育出版社 1996 年版。

116．李修生：《元杂剧史》，江苏古籍出版社 1996 年版。

117．郭英德：《明清传奇综录》，河北教育出版社 1997 年版。

118．李修生主编：《古本戏曲剧目提要》，文化艺术出版社 1997 年版。

119．郑振铎：《郑振铎全集》（全二十卷），花山文艺出版社 1998 年版。

120．李占鹏：《关汉卿评传》，南京大学出版社 2000 年版。

121．廖奔、刘彦君：《中国戏曲发展史》，山西教育出版社 2000 年版。

122. 葛兆光:《中国思想史》,复旦大学出版社2001年版。

123. 徐慕云:《中国戏剧史》,上海古籍出版社2001年版。

124. 郭英德:《明清传奇史》,江苏古籍出版社2001年版。

125. 吴梅著,王卫民编校:《吴梅全集》(理论卷),河北教育出版社2002年版。

126. 徐子方:《明杂剧史》,中华书局2003年版。

127. 樊树志:《晚明史》(上、下卷),复旦大学出版社2003年版。

128. 吴梅:《中国戏曲概论》,中国人民大学出版社2004年版。

129. 朱崇志:《中国古代戏曲选本研究》,上海古籍出版社2004年版。

130. 朱万曙:《明代戏曲评点研究》,安徽教育出版社2004年版。

131. 叶长海:《中国戏剧学史稿》,中国戏剧出版社2005年版。

132. 郑振铎:《中国俗文学史》,商务印书馆2005年版。

133. 谭坤:《晚明越中曲家群体研究》,上海三联书店2005年版。

134. 龚鹏程:《晚明思潮》,商务印书馆2005年版。

135. 谭帆、陆炜:《中国古典戏剧理论史》,华东师范大学出版社2005年版。

136. 卢前:《卢前曲学四种》,中华书局2006年版。

137. 罗宗强:《明代后期士人心态研究》,南开大学出版社2006年版。

138. 徐朔方、孙克秋著:《明代文学史》,浙江大学出版社2006年版。

139. 金宁芬:《明代戏曲史》,社会科学文献出版社2007年版。

140. 周贻白:《中国戏剧史长编》,上海书店出版社2007年版。

141. 郑振铎:《插图本中国文学史》,中国文联出版社2009年版。

142. [日]青木正儿原著,王古鲁译著,蔡毅校订:《中国近世戏曲史》,中华书局2010年版。

143. 倪莉:《中国古代戏曲目录研究综述》,知识产权出版社

2010 年版。

144．戚世隽：《明代杂剧研究》，广东高等教育出版社 2011 年版。

145．赵建新、陈志主编：《中国戏曲理论批评简史》，中国社会科学出版社 2014 年版。

三　论文

146．甄炜旎：《〈元刊杂剧三十种〉研究——以元、明版本比较为中心》，博士学位论文，复旦大学，2007 年。

147．李灿朝：《明末清初越中文人及文学研究》，博士学位论文，浙江大学，2008 年。

148．吴庆晏：《孟称舜研究》，博士学位论文，华东师范大学，2010 年。

149．窦开虎：《〈脉望馆钞校本古今杂剧〉研究》，博士学位论文，西北师范大学，2012 年。

后 记

时光总是悄然而逝，如手握流沙。看着窗外朵朵绽放的梨花，我才发现不知不觉中离校的日子已日渐临近，三年的博士生生活即将画上一个句号。翻看着手中的学位论文，却并没有预想中如释重负的欢欣，内心更多的是忐忑与惭愧。限于学力与素养，论文中粗疏浅陋之处仍有不少，但文章虽然浅陋，我仍想用它来表达我所有的谢意。

首先要衷心感谢我的导师李占鹏教授！蒙师不弃，允入门墙，实乃幸甚。我的学位论文题目《〈古今名剧合选〉研究》是在李老师的建议下确定的，从资料搜集到谋篇布局乃至斟字酌句，无不浸透着老师的心血。论文的写作过程是漫长而艰辛的，每次惴惴不安地打开老师修改后的论文，都让我内心油然生出新的敬意。那些标红的内容或涉及理论的阐发，或有关结构的安排，甚至连细微的标点符号之误也被一一指出，纠谬补缺，一丝不苟，不厌其烦。老师严谨的治学态度，敏锐的思维，开阔的学术视野，对我形成了有力的感召，鞭策我脚踏实地，潜心向学。从师三载，我所取得的每一个小小的进步都得益于老师的引导与教诲。老师对待人生的乐观、平和与豁达亦深深地影响着我，可以说，他既是我学业上的导师，也是我人生的导师。还记得初见老师时，他那和蔼可亲的笑容使我感受到浓浓的暖意，如沐春风。这蔼然如春的笑容已定格为我记忆中最美的画面，激励我直面困难，勇敢前行。

西北师范大学的赵逵夫、尹占华、伏俊琏、郝润华、张兵、韩高年先生及兰州大学的宁希元、张崇琛先生对本论文的开题与写作进行了悉心全面的指点，提出了很多建议，他们以渊博深厚的学养，高屋建瓴的学术视野，带给我莫大的启迪与鞭策，使我获益良多。借此机会，谨向诸位先生致以最诚挚的谢意！

感谢我的硕士导师赵建新教授！自 2002 年考入兰州大学，师从赵教授攻读古代文学硕士，至今师生情谊已逾十年。在我读博期间，他经常关切询问，在资料查找及论文写作方面曾给予我不少帮助与指导，殷殷之情令我感动难忘。

求学期间，众多师长、朋友、同事都给予我无私的关心、支持与鼓励，在此一并向他们表示衷心的感谢！还要感谢张春红、窦开虎、张志峰诸同门！感谢同年学友王圣、赵鲲、康勇、王福元、边思羽、魏代富，三年间共同学习，相互勉励，在我的脑海中留下了无数美好的回忆。感谢我的家人，他们是我求学路上最坚实的依靠，我能如期完成学业，离不开他们的默默付出与理解襄助。

漫漫求学路，西北师范大学虽只是我人生旅途中的一个驿站，却在我心中播下了思念的种子，因为这里有我的良师益友。如果说人生贵在经历，那么三年来我于美丽的师大校园内所收获的师友之情将永存心间，成为我人生中最珍贵的一笔财富，无论身处何方，心向往之。

金艳霞

2013 年 4 月 15 日

以上是笔者完成博士学位论文时所写的后记，附于此，主要是想借此机会再次向其中所提及的诸位师友致以深深的谢意。

时光荏苒，转眼间五年过去了，对当年这一论题的进一步研究却一直没有中断。本书就是在笔者的博士学位论文《〈古今名剧合选〉研究》的基础上修订而成的。在书稿即将付梓出版之际，特别要感谢我的导师李占鹏教授。回想 2010 年 9 月初入学时，我对戏曲文献及戏曲选本还不甚了了，及至毕业竟得以完成近 30 万字关于戏曲选本研究的博士学位论文，我深知李师所倾注的大量心血。此论题有幸获教育部 2015 年度人文社会科学研究青年基金项目资助，实离不开恩师独特的学术眼光和悉心指导。我会永远铭记师恩，朝着更高的方向踏实前行。

　　感谢兰州文理学院文学院院长马晖教授和副院长王金娥教授对我的关爱与支持，感谢同事们的帮助！

　　本书蒙中国社会科学出版社厚爱，惠予出版。田文编审良好的专业素养和细致的审阅，使书稿避免了不少疏漏，在此深表谢意。

　　拙作面世，错漏之处定当难免，敬请专家读者不吝赐教。

金艳霞

2018 年 5 月 20 日于兰州